湛庐CHEERS

与最聪明的人共同进化

HERE COMES EVERYBODY

战略规划的兴衰

Henry Mintzberg
[加] 亨利·明茨伯格 著

赵剑波 王亮 译

THE RISE AND FALL OF STRATE-GIC PLANNING

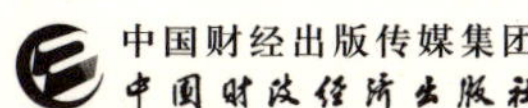

你是否中了战略规划的圈套?

扫码激活这本书
获取你的专属福利

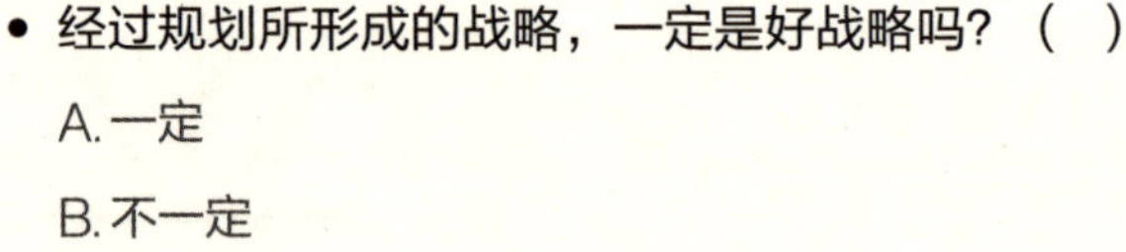

- 经过规划所形成的战略，一定是好战略吗？（ ）

  A. 一定

  B. 不一定

- 规划工作是否等同于管理工作？（ ）

  A. 是

  B. 否

扫一扫获取全部测试题
及答案，
一起看看你是否中了
战略规划的圈套

- 企业总是需要做战略规划吗？（ ）

  A. 是

  B. 否

扫描左侧二维码查看本书更多测试题

计划学派的发展历程

“我躺在温床上，突然却成了计划的一部分。”

——伍迪·艾伦（Allen Stewart Konigsberg）

《影与雾》（*Shadows and Fog*）

这是一本关于“战略规划”发展历程的著作。通过查阅相关文献，我们追溯了这一概念的历史：战略规划在 1965 年左右兴起，经历了繁荣发展阶段，然后逐渐走向没落。我们试图厘清什么是规划、什么是战略以及两者之间存在什么关系。我们还试图从狭义上理解为何管理文献有时会逐末忘本；从广义上理解分析在组织中的适当定位；从现实角度理解，在当今的组织中，规划者和规划在规划制定中可以发挥怎样的作用和价值。战略规划的兴衰历程不仅向我们表明了规划的正式技术，还阐明了组织运作的方式，以及管理者如何妥善处理这种运作方式。更重要的是告诉我们，人类是如何思考以及如何停止思考的。

本书最初是一部宏大作品的一部分。1968 年，我着手撰写《管理政策的理论》（*The Theory of Management Policy*），因此汇集了有助于描述一般管理过程的研究文献。我原本准备将关于管理工作、组织结构和组织权力等内容，以及关于战略形成过程的内容分别纳入书中作为章节，但最终前三个章节分别独立成书。之后，我便打算将剩下的章节也以一本书的形式呈现，但未能成功，因为剩余章节的内容太多，一本书放不下，所以我便将这些内容分成两册，一册是《不同思想学派的战略构成》（*Strategy Formation: Schools of Thought*），另一册是《战略历程》（*Strategy Formation: Toward a General Theory*）。起初，第一册写得很顺利，但到了有关“计划学派”的第 3 章，内容还是太长了，只好再次单独成书。这才形成了目前出版书籍的内容彼此相关的情况。

了解本书的成书背景，可能有助于解释其内容聚焦点。有些读者可能会觉得本书中与规划相关的观点性论述有些狭义。我在本书中确实限制了规划的边界，但我相信我对这个过程的狭义定义是恰当的。我们将看到的一个问题是，规划的支持者根本不愿意限制规划这个概念的范围。实际上，换个角度看，本书的内容也是非常宽泛的，因为我们试图解决规划最基本的问题：分析的定位，不仅是在组织中的定位，还有在人类的认知结构中的定位。如果只是将模棱两可的“理性”分析冠以“系统的”“客观的”“合理的”名头，那只会缩小我们看待世界的视野，有时甚至会带来灾难性的后果。我情愿有人诟病本书的狭隘之处，即我试图将那些损害我们的综合能力的分析过程推回到它们在人类认知中所属的地方（可能是左脑？）。

在进入本书正题之前，有必要先介绍战略管理十大学派，如表 P-1 所示。其中有三个学派是规定性的，它们试图说明战略制定的“正确”方式。第一个学派我称之为“设计学派”（Design School），它认为战略制定是一种非正式的构想过程，通常产生于领导者有意识的头脑中。设计学派的模型有时被称为 SWOT 分析，这也是第二个学派“计划学派”（Planning School）的基础模型。计划学派接受设计学派的前提假设，除了两个基本观点（将在第 1 章讨论）：第一，战略规划是非正式的；第二，首席执行官是关键角色。这两个差异可能看起来很细微，但我们认为它们是根本性的。

第三个学派我称之为“定位学派”（Positioning School），该学派的关注点侧重于战略的内容（差异化、多元化等），而不仅仅关注制定战略的过程（通常默认与计划学派的过程相同）。换句话说，定位学派只是将计划学派的观点扩展到实际战略内容的领域。请读者原谅，本书并未过多涉及定位学派的观点，因此很少提及波士顿矩阵、市场份额分析方面的战略与绩效分析（Profit Impact of Market Strategy，简称 PIMS）等工具，以及迈克尔·波特的一些更实质性的观点。我会在适当的时候介绍它们。

表 P-1　战略形成的十大思想学派

思想学派	对战略形成过程的概述
设计学派	构想（conceptual）
计划学派	正式化（formal）
定位学派	分析（analytical）
认知学派（Cognitive School）	心智（mental）
企业家学派（Entrepreneurial School）	构筑愿景（vasionary）
学习学派（Learning School）	自发的（emergency）
权力学派（Political School）	协商（power）
文化学派（Cultural School）	集体思维（ideological）
环境学派（Environmental School）	适应性的（passive）
结构学派（Configurational School）	变革（episodic）

我并不想在本书中介绍太多关于其他七个学派的内容，这些学派本质上是说明性（descriptive）的而不是规范性的，如果介绍太多，可能会泄露构成本书结论的基础主题，即除了规划外，肯定还有其他制定战略的方法。但请允许我在这里指出它们之间的区别：

- 认知学派认为战略形成过程实质上是人们对战略的认知过程；

- 企业家学派将战略形成过程描述为伟大领导者构筑愿景的过程；
- 学习学派强调在集体学习过程中发现战略；
- 权力学派侧重于关注战略形成过程中的冲突和对权力的争夺；
- 文化学派从群体协作的维度考虑战略形成过程；
- 环境学派将战略制定视为对外部力量的被动反应；
- 结构学派试图将所有其他学派调和在一起，明确界定了它们的适用环境。

本书偶尔会提及其中的一些学派，也会偶尔提及它们关于文化和政治的概念等，并特别将战略制定作为一种规划过程与愿景过程，尤其视作一种学习过程。在这段战略规划的兴衰史中，通过对战略规划文献的研究，我们试图从中汲取一些经验与教训。

20 世纪 90 年代中期也许是出版本书的最佳时期。在 1973 年之前，它可能不会被大众接受，因为当时正处于规划兴盛时期，规划被视为“绝对正确”的。但在此之后，反规划的情绪浪潮持续了十余年之久。

在规划受到冲击之后，也许人们会以一种更合理的方式来看待它：规划既不是灵丹妙药，也绝非一无是处，它是在特定情况下具有特殊益处的过程。换句话说，我相信，我们现在已经准备好从战略规划的洗澡水中捞出规划这个婴儿了。在大萧条中解雇所有规划者，与期望他们的系统能够为所有人制定战略一样，都没有意义。是时候为组织中的规划制定过程、规划和规划者找到属于他们的定位了。

最后，本书大部分内容都带有一些讽刺的语气。希望读者能看在我最终的工作成果上，原谅这一点。为了写作这本书，我阅读了大量极其平庸的文献。在此过程中，我听到一则消息，有人开辟了一座新金矿，矿主预计每吨矿石中可以提取约 0.75 盎司[①] 的黄金。我的第一反应是，要是我也能从这些文献中找到这么多“黄金”就好了！我确实找到了一些“黄金”，这使我能够以积极的态度完成这本书。确实有一些方法可以将规划者的技能和偏好与管理者的权威和灵活性结合起来，从而确保拥有一个充分了解情况的、全面的、能够即时响应组织环境变化的战略制定过程。

① 1 盎司 ≈ 28 克。——编者注

目录

THE RISE AND FALL OF STRATEGIC PLANNING

RECONCEIVING ROLES FOR PLANNING, PLANS, PLANNERS

第 1 章

规划与战略

规划不是制定决策或战略的最佳方法。

THE RISE AND FALL
OF STRATEGIC PLANNING

规划与战略之间是什么关系？战略的制定，是如计划学派所秉承的那样，仅仅是一个规划的过程，还是走向另一个极端，认为战略规划是一种自我矛盾的概念，就像“进步保守主义”、巨型虾等一样？换言之，制定战略应该总是需要规划，还是从不需要规划，抑或是偶尔需要规划？还是说，应该以其他与规划相关的方式来制定战略？

几乎还没有任何与规划或战略相关的文献能够全面解答上述问题。本书希望能够找到答案。本章开篇将先阐释几个基本问题。首先，究竟什么是规划？在参考了一系列获得广泛认可的定义之后，我们将范围缩小到自己的定义上。其次，为什么要进行规划？对于这个问题，我们将展示众多规划者的回答，以及我们自己的回答。最后，什么是战略？不同于上述定义规划的方式，我们认为，战略需要多种定义。在简要地思考了规划制定过程、规划人员以及规划的不同之后，本章结尾会介绍关于本书的规划。

究竟什么是规划

究竟什么是规划？ 20 世纪末，规划在美国和欧洲已经盛行相当长的时间，此时提出这个问题似乎有些奇怪。大约在 20 世纪 50 年代，美国开始推行预算制度，之后广为流行。到了20世纪60年代中期，预算制度已在大部分大型企业中站稳脚跟。战略规划的概念风靡一时。在随后的几十年里，美国企业对此概念近乎痴迷。美国政府也是如此，它广泛采用了计划－项目－预算制（Planning-Programming-Budgeting System，PPBS）。

事实上，战略规划的概念可以追溯到更久以前。早在2 500年前，《孙子兵法》中就提到了“战略计谋者”的概念。我的一个中国学生认为将《孙子兵法》翻译成《战争的艺术》（*The Art of War*）很不贴切。普遍认为，规划发源于“现代经营管理之父”亨利·法约尔（Henri Fayol）的著作。他在书中描述了自己20世纪作为法国矿业公司总裁的经历，其中提到规划是“对未来十年的情况进行预测……每五年修改一次”。尽管规划如此受关注，但事实上，在相关文献里，“究竟什么是规划”从未得到恰当的回答。实际上，规划甚至从未受到认真对待。

对这一主题进行过认真论证的文章为数不多，其中一篇来自布赖恩·罗斯比（Brain Loasby）的文章（写于1967年）写道：“‘规划’这个词现在被赋予许多不同的意义，以至于有退化为情绪噪声的危险。”大约在同一时间，计划学派举办了多场集会。其中令人印象最深刻的一次，是由经济合作与发展组织（OECD）在意大利贝拉吉奥主办的集会。杰伊·福里斯特（Jay Forrester）在对会议的“反思”中提出一个评价：“尝试明确定义‘规划’和‘长期预测’等词语，但并未成功。”此后的这种尝试也没有成功。

阿伦·威尔达夫斯基（Aaron Wildavsky）是一名政治学家，因其对规划的批评而闻名。他认为规划企图四处插手，但最后成了“四不像”。

> 规划的触手四处延伸，使规划者无法辨别它的形状。规划者可能是经济学家、政治学家、社会学家、建筑师或科学家，但他们强烈渴求的东西——规划，却无处可寻。他们发

现，规划通常无处不在，却又没有确切的含义。为何规划如此难以捉摸？

规划之所以如此难以捉摸，可能是由于它的支持者关注的是宣扬模糊不清的理念，而非取得切实的地位；关注的是规划可能是什么，而非实际上它已成为什么。最终，无论是在国家层面还是企业内部，都无法给规划一个准确的定位。尽管如此，我们仍坚信规划已经从它的成败中开辟出符合其自身实际的位置。因此，我们现在需要做的，不是为规划创造一个位置，而是去认识它已经取得的地位。

本书旨在描述整个战略范畴中规划应处的位置，确切地说，是在战略制定的背景下赋予规划一个更具操作性的定义。我们并不想事先假设规划是所谓的规划者所做的事，也不认为规划等同于任何制订正式计划的过程。所谓的规划者，有时会做些奇怪的事情，但战略有时恰巧就形成于这些奇怪的过程中。如果不想让规划这个词因含义太模糊而被剔除出管理类文献，我们就需要仔细地描述清楚它的定义。接下来，我们先思考规划的正式定义，再探讨在实际操作中它的定义。

有些人认为：**规划是对未来的思考，只考虑未来。**博兰（Bolan）于1974年写道："规划意味着思考未来。"乔治·索耶（George Sawyer）的描述更具诗意："规划是预设之行动。"

以上定义的问题在于规划的概念边界不明晰。不管是即时的还是短期的组织活动，都会考虑未来。威廉·纽曼（William Newman）早在1951年就承认了这一点，他引用亨利·丹尼森（Henry Dennison）的观点："为了完成任务，几乎任何工作都需要规划，哪怕是非正式的、仅提前几分钟做出的规划（也是规划）。"根据这一定义，提前订三明治午餐是规划，建立一个部门以占领三明治市场也是规划。事实上，法约尔在1916年便注意到规划的定义过于宽泛，他写道：

> “管理意味着向前看”的格言体现了规划在商业世界的重要性，如果远见不是管理的全部，那么至少也是它的一个重要组成部分。

如果真如叶海卡·德洛尔（Yehezkel Dror）所说的那样，“简而言之，规划就是管理”，那为什么还要如此麻烦地使用“规划”这个词，只用“管理”不就够了吗？

另一些人认为：**规划就是控制未来，即不仅仅要思考未来，也要采取行动，或者就像卡尔·维克（Karl Weick）所说的，“发起行动”。**拉塞尔·阿克夫（Russell Ackoff）认为，“规划是设计理想的未来，以及设计实现理想未来的有效方法”。其他人也表达了类似想法，对于规划的目的，哈桑·奥兹贝克恩（Hasan Ozbekhan）的观点是“在环境中引发可控的变化”，或者更直接一些，如福里斯特的观点“对社会系统的设计”。在这个方面，约翰·肯尼斯·加尔布雷思（John Kenneth Galbraith）1967 年在他的《新工业国》（*The New Industrial State*）一书中论证到，大型企业致力于将规划“代替市场”，以“实现对销售和供应的控制……”。

相对于第一个定义，规划的第二个定义其实只是硬币的另一面，同样有定义过于宽泛的问题。如果将规划与自由意志相联系，规划就会和“管理”一词的通常用法含义一样，从而失去自己的特定含义。威尔达夫斯基指出：

> 几乎所有有未来结果的行动都是经过规划的行动，所以规划无处不在，没有经过规划的行动几乎不存在。只有当人们没有目标、随意行动或意图不明时，无规划的情况才存在。如果每个人都进行规划，就不可能区分什么是经过规划的行动、什么是无规划的行动。

E. F. 舒马赫（E. F. Schumacher）提供了一些概念上的帮助。通过区分过去与未来、行动与事件、确定性与不确定性，他列举了 8 种可能的情况：

1. 行动—过去—确定。
2. 行动—未来—确定。
3. 行动—过去—不确定。
4. 行动—未来—不确定。
5. 事件—过去—确定。
6. 事件—未来—确定。
7. 事件—过去—不确定。
8. 事件—未来—不确定。

这种方式可用于区分“规划”、“预测”和“估计”等词语，而且可用于对规划进行定位。前文关于规划的两个定义明显把规划放在第 2 种和第 4 种情况下，即如何对确定的或不确定的未来采取行动，或者如何通过发起行动以使未来变得确定。任何与事件相关的事情，如“的确发生”了的事情，都在规划的范围之外：“如果事件超出规划者的控制范围”，那么即便可以对它进行“预测”，使用“规划”一词也是荒谬的。由此，即使舒马赫指出，在第 8 种情况下，预测常常“看起来像规划一样”，规划也还是被排除在这种情况之外，第 5 种情况也是如此，这两种情况分别对应着既定事实与不确定、不受控的未来。换一个词——“估计，但经过审视，估计也成了规划”。对于“过去”（如在第 1 种情况下），规划起不到作用，但我们将在本书末尾看到，在对可能影响未来事件的过去行为的研究中，规划制定者可能在其中发挥了作用（比如在第 2 种情况和第 4 种情况下）。

因此，我们需要定义清楚规划的概念，它不是要告诉我们必须思考未来，甚至不是要告诉我们应尝试控制未来，而是要帮助我们知道该如何去做这些事情。换言之，规划必须是由它所代表的过程所定义的。在这方面，许多学者提出了意见，有些是无意中提到的：**规划就是决策。**早在 1949 年，戈茨（Goetz）就将规划定义为“本质上就是选择”；1958 年，哈罗德·孔茨（Harold Koontz）将规划定义为“为完成目标而进行的有意识的行动决策。所以，规划就是决策”。与此类似，斯奈德（Snyder）与威廉·格卢克（William Glueck）虽然并未明确说明规划就是决策，但他们也认为规划“是与为实现目标而提前确定该如何行动，如何分配所需人力、物力资源有关的活动，包括制订、分析备选方案，然后从中挑选最佳方案”。同样，在公共部门（即所谓的公共规划）的文献中，“规划”一词被用作“决策制定”及“项目管理”的同义词，如纳特（Nutt）在 1983 年和 1984 年发表的一些文章。其他人则尝试对规划的定义进行细微的区分，例如，彼得·德鲁克曾提到“当前决策的未来性”，奥兹贝克恩则描述为“面向未来的决策过程”。

除非有人能想出不以未来为导向的决策过程，否则这些细微的差别不会带来什么帮助①。假设决策意味着要采取行动，那么每个决策都意味着要面向未来采取行动，无论是在 10 年内将产品推向市场，还是在 10 分钟内推出一款产品，都是如此。乔治·赖斯（George Rice）也认可这一点，他论证道：“所有决策在制定的时候都精心考虑了未来”，每个决策制定者都有“做出决策的原因”，这就相当于“规划”②。

然而，第三个定义其实可以被归结为第一个定义，因为采取行动是出于自由意志，所以也可以被归结为第二个定义。因此，规划又一次等同于一切管理工作，成为“政策制定者们为了做出决策所进行的思考过程的一部分”，只不过这个过程是“非正式、非结构化的”。事实上，为了证明管理者确实会做规划，斯奈德与格卢克举了一个学校校长的例子，校长曾试图阻止一名议员扰乱校董会并诋毁他的行为。但是，如果规划就是为了应对短期内的压力，那又有什么不是规划呢？这些学者引用了乔治·克劳德

① 德洛尔将规划描述为“改善决策的手段”，伊戈尔·安索夫（Igor Ansoff）和布兰登伯格（Brandenburg）将规划描述为“为公司的行为设定正式的准则和约束的过程”。

② 与上述其他人一样，赖斯也将规划等同于决策。“虽然战略规划可能并不广泛，也不够正式或精确，但从已有的战略决策中可以推测出，战略规划确实是存在的”。

（George Claude）的话：

> 当然，规划并不是独立的、可辨别的行为……每项管理工作，无论是头脑上的还是身体上的，都不可避免地与规划交织在一起。规划是每项管理工作的一部分，就像呼吸之于人类一样。

但如果真是这样，那为什么不把组织活动都描述为规划？换句话说，当有决策或者管理就足够时，谁还需要规划这个标签呢？塞尔斯（Sayles）指出，规划（无论是以上哪种定义）和决策在"（管理者的）互动模式中彼此交缠、密不可分，企图将它们分开是一种错误的幻象"。

因此，让我们从一个比较局限的范围开始思考规划的定义：**规划是综合决策。**对施温迪曼（Schwendiman）来说，规划是"综合的决策结构"；对万·冈斯特恩（Van Gunsteren）来说，规划"意味着将持续进行的活动整合成一个有意义的整体""规划意味着更有组织性……意味着切实可行的投入，都是围绕已经确定好的行动方案进行的"。

这个定义似乎与第三个定义较为相似。但是，由于它关注的不是决策的制定，而是有意识地尝试整合不同的决策，所以它与第三个定义有着本质上的不同，它已经开始呈现出规划的定位。参考安索夫的说法就是：

> 当我们期望的未来状态涉及一系列相互依存的决策时，就必须进行规划，即需要一个决策系统……规划主要的复杂性源于决策之间的相互关联，而非源于决策本身……

由于这个过程也涉及处理组织中（重要）决策之间的相互关系，所以这种关于规划的观点最终将我们引向战略制定的领域。但是，这通常需要很长时间，因此决策之间的协调很困难。规划作为综合决策的制定过程，提出了非常严苛的要求：决策需要被分批处理，定期地通过一个更加集中的过程，一次性解决所有决策问题（或至少得到批准）。正如奥兹贝克恩所指出的那样，"'规划'是指一种综合的、分组织层级的行动约束，在这个约束下，各种决策的职能十分有序"。

这一要求可能有助于解释为什么规划有时会被视为决策的同义词。如果必须一次性批量处理不同的决策，那么它们似乎就成了一个决策。因此，计划学派的学者曾尝试混淆决策制定和战略制定，他们假设战略制定一定会涉及对单一行动方案的选择，即在某个时间选择一个综合战略。事实上，针对安索夫关于规划的那部著作，理查德·诺曼（Richard Normann）提出过这样的观点：

> 安索夫将战略选择的过程和策略形成的过程视作决策过程：先确立目标，然后可能对原始目标进行一些调整，再（采用一系列分析技术）推演出备选方案，最后（仍采用分析技术）在备选方案中做出选择。

但是，正如我们将看到的，还有其他方法可以用来制定战略，特别是可以随着时间的推移而动态地制定战略，因此在某个时间整合所有决策的过程就不是战略制定，而仅仅是战略制定的一种规划方法，这反而限制了战略制定。由此，规划的定位就变得更加清晰了，但还不够清晰。有远见的领导者同样会整合决策，而且经常是非正式的，或者也可以说他们是凭直觉在整合决策。然而，如果将他们的行为放在规划的标签下，那么似乎会再次将规划置于合理（通用）的应用范围之外。事实上，在这一领域，一些最有影响力的学者认为，规划过程与管理直觉是相互对立的。因此，还需要更多内容来明确什么是规划。

在我们看来，理解规划的关键是"正式化"（formalization）。**规划是一种正式的程序，它以综合的决策系统的形式来促成明确的结果。**我们认为，上述所有观点的核心在于：规划重视正式化，在实际应用中体现为制度化的现象。这是最能将规划在文献中的定义区分开来，并将规划与其他流程区分开来的关键一点。因此，约翰·布赖森（John Bryson）将战略规划称为“有纪律地工作”，实际上“只是一套概念、过程和测试”，而在一些研究文献中，术语 FSP（Formal Sublime Plan）取代了战略规划，其中 F 就代表正式。

这里的“正式化”似乎有三个含义：分解、清楚说明，以及将组织中决策的制定和综合过程合理化。

对正式的合理化的强调充斥于规划文献中。巴兹尔·丹宁（Basil Denning）将“系统的”方法与“随意的”方法进行了对比，而乔治·斯坦纳（George Steiner）认为，“在制定目标和设计实现目标的方法时，规划应该客观、实事求是、合理和务实”。同样，德洛尔也指出，在公共部门，“规划是目前最结构化、最专业的政策制定模式”，因为它“明确关注内部一致性”，并“致力于提供结构化的合理化”。

当然，这种正式的合理化是以分析而不是以综合为基础的。最重要的是，规划具有分析的解构性，即将状态和流程拆分成不同的部分。因此，规划过程本质上就是正式地解构。这似乎很奇怪，因为规划的目的是综合决策。正是因为这一本质，规划的表现一直令人费解。在这里，我们试图通过规划流程的性质，而不是其预期的结果来描述规划的特征。事实上，战略规划背后隐含的关键假设就是，分析将形成“综合”：将战略制定过程分解为一系列明确的步骤，并按照规定的顺序执行，就会形成一个综合的战略。①事实上，这是一个老旧的“机械式”假设——流水线生产的设计基础（流水线本身就是一种执行人类工作步骤的机械装置）。如果每个部件都是按照规

① 这一观点在明茨伯格的另一部著作《战略反击》中也有深入探讨。这本书已由湛庐引进，浙江教育出版社于 2023 年出版。——编者注

定的顺序由机器生产和组装，那么生产线的末端将出现一个完整的产品。事实上，正如我们将看到的，这种类比存在于规划领域一些最重要的思考中，但它已被证明明显是错误的。组织战略不能用组装汽车的逻辑来创建。

除了合理化和分解，正式化的第三个关键含义是清楚说明。规划的产物，即规划本身，被仔细地分解为战略和子战略、程序、预算和目标之后，必须用文字清晰、明确地表述出来，但最好用数字在图表中呈现。因此，赞（Zan）在一篇论文《正式规划带来了什么？》（What is Left for Formal Planning?）中悉心论证道，各种规划系统的“共同特征”是，“将事情描述清楚”，包括结果和过程。斯坦纳可能是最多产的企业规划学者，他指出，“规划”这个词来自拉丁语“planum”，意思是“平面”。斯坦纳还指出，这个词“于 17 世纪进入英语语言体系，主要指的是画在平面上的图形，例如地图或蓝图”。因此，这个词长期以来一直与正式的文献联系在一起。

现在我们似乎对规划有了一个更具操作性的定义，因为这个词可以用组织中两个可观察到的现象来识别：使用正式程序和存在明确结果，特别是综合的决策系统。

在一些人看来，可能没有必要限制这个词的定义范围，但我们不这么认为。本书在前言部分已经表明，规划只是众多战略制定方法中很受欢迎的一种。但它没有涵盖整个战略制定的过程。规划理论家意图对这个词进行更广泛的定义，不过即使规划的现实，也就是它的实践应用，已取得了一些成就，却也讲述了一个截然不同的故事。虽然不够明显，但通过规划者自身的行为可以看出，这些理论家提出的定义与规划为自己创建（或者说是为自己选择）的定义最为接近。相信我们的这个观点将在本书的其余部分得到证明。换句话说，在本书中，规划是基于“它实际是什么”来定义的，而且明显与威尔达夫斯基的定义不同。

对一些人来说，当企业高管去山边的度假村讨论战略时，就是去做规划；对另一些人来说，不断非正式地适应外部压力也是一个规划。理论上讲，这种看法一点问题都没有。然而在实践中，这种看法会造成各种混乱。例如，规划者可能不明白为什么那些参加静修的高管没有更系统地组织讨论。如果他们把静修当作“战略思考”，那当然不够系统。因为“规划”这个词，该含蓄的时候就不会那么明确，这与制定规划过程的程序有关，采用它的前提是必要的分解、清楚说明和合理化。但对于那些仍然没有接受我们的定义的读者，我们建议，每当你看到“规划”一词时，请都把它当成是“正式的规划”。我们希望，当你开始同意我们的观点时，就可以把“正式的”这个形容词抛在一旁。

显然，正式化是一个相对的术语，而不是一个绝对的术语。同样明显的是，规划制定者会进行一系列活动，有些是正式的，有些则不那么正式。但我们认为，作为一个过程，制定规划是所有组织行为的正式终点（我们将在最后一章中详细说明）。规划绝不能被视为决策或战略制定，当然它也不是管理，更不是做这些事情的首选方法，规划只是通过分解、清楚说明和合理化，来使这些活动的组成部分变得正式化。

为什么要规划（来自规划人员的观点）

既然有了规划的定义，那么问题就变成：为什么要规划？或者说，为什么要正式化？与此相应，为什么要分解，为什么要清楚说明，为什么要合理化？这些问题的答案必须贯穿我们的整个讨论过程：从某种意义上说，这就是这本书的内容——为什么做以及为什么不做这些事情。但是现在，应该先考虑一下规划制定者自己是如何回答这些问题的。

讨论这些答案是必要的，因为很多关于规划的文献中都探讨过它们。对许多学者来说，规划不只是管理组织未来的一种方法，而且是他们唯一相信的方法，更极端一些则是这些狂热的信徒几乎将规划奉为一种宗教。美国一家重视规划的公司中的规划部门负责人评论道："如果你问我，'通用电气的每个部分都经过了战略规划吗'，那我不得不说，不是这样的。"他总结道："一些战略（或称为战略业务单元，Strategic Business Units，简称 SBU）并没有制定出好战略！"弗雷德里克·泰勒（Frederick Taylor）是"科学管理"的最初实践者，他进行了半个世纪的持续优化，使之日益成为理性的管理方法。他曾指出，规划自称为"最佳方法"。

第一，组织必须通过规划来协调内部活动。"协调"、"整合"和"综合"是规划"字典"中大量使用的词。正如前文提出的第三个定义所表明的那样，支持规划的一个主要观点是，在一个过程中正式地制定出的综合决策，可以确保各项组织活动协调一致。因此，迈克尔·波特（Michael Porter）在其著作《竞争战略》（*Competitive Strategy*）中写道：

> 当今美国和国外公司对战略规划的重视反映了这样一种主张：通过正式且明确的战略制定过程可以获得极大的益处，可以确保至少不同职能部门的策略（或行动）能够协调一致，并且它们是为了实现共同的目标。

当组织中各项活动的目标不一致时，比如销售人员已经签完订单，但工厂不能生产，或者昨天建成的办公大楼，今天空间就不够用了，问题的根源通常被归咎于缺乏（有效的）规划。通过将战略或战略成果分解为组织中各个业务单元的具体目标，可以确保组织整体目标的实现。但前提是每个业务单元都照常执行（即"贯彻"）各自的计划。不过如此一来，我们会再次面临老旧的"机械式"假设。

此外，对规划的清楚说明提供了一种沟通机制，能够促进组织各部门之间的协调。例如，索耶写道，"需要（通过规划）将组织的管理过程从一个或几个领导者的头脑中转移到管理团队的讨论会中"，以便分享和讨论，也许如赞所说，这样做有助于达成共识。事实上，一些学者声称，规划本身就是有价值的（“有价值的是规划的过程”），因为它能够促进组织中的沟通。例如，阿诺尔多·哈克斯（Arnoldo Hax）和尼克拉斯·迈勒夫（Nicolas Majluf）称，规划能够“促进人们对企业的目标和业务达成共识”。法约尔甚至声称，“规划……建立了一致性和信任”，并且“……拓宽了视野”。

毫无疑问，规划本身和制定规划可以作为将不同活动结合在一起的重要机制。但是如果将它们视为一种命令，或者正如维克所描述的基本假设那样，“组织通过规划将人和工具合理地安排在一起”，就是另一回事了。协调也可以通过其他方式来实现，比如通过不同参与者之间的非正式沟通（即“相互协调”），或者通过共享共同的文化规范和信仰，也可以通过一个共同的领导者的直接管理。即使规划确实起到了协调作用，也不能假定它经过了规划过程（即正式的过程）。至于规划过程会自然地促进沟通这种看法，可以说，拥有任何目的的会议都可以做到这一点！

第二，组织必须制定规划，才能确保将未来纳入考量。罗斯比指出，“以系统的方式思考未来的第一个理由是，了解当前决策对未来的影响”，以及“未来事件在当前的影响”。规划在这方面的具体作用是引入“公司内部长期思考的原则”。

我们归纳总结了将未来纳入考量的 3 个基本方面：

1. 为不可避免的事情做准备。
2. 预防不受欢迎的情况。
3. 控制可控因素。

显然，任何一位有自尊心的管理者都不会回避这些事情。这些都是尝试将未来纳入考量的充分理由。但是，将未来纳入考量需要通过系统的、正式的方式来进行吗？也就是说，需要制定规划吗？毫无疑问，在多数情况下应该制定规划，但总是需要吗？其实也可以通过其他方式考虑未来，例如，由有洞察力的人以非正式的方式，甚至是本能来考虑未来。例如，松鼠为了过冬而采集坚果当然是考虑到未来。事实上，它同时做到了前面提到的 3 个方面，因为冬天是不可避免的，饥饿是不受欢迎的，坚果是可控的！因此，我们是否可以得出这样的结论：松鼠的“思想”比我们想象得要缜密，或者规划没有那么复杂？

对这个问题的一个明显回应（文献中常见的解释）是，管理者（可能不像松鼠）有太多事情要考虑，以致可能会忘记考虑长远的未来。罗斯比认为，规划至少可以成为“将话题提上议程的一种手段”。正如詹姆斯·马奇（James March）和赫伯特·西蒙（Herbert Simon）在其著作《格雷欣规划定律》（*Gresham's Law of Planning*）中所说的那样，“日常工作会将规划排除在外”，或者正如他们强调的那样，高度程序化的工作往往优先于高度非程序化的工作。因此，规划成为将非程序化工作程序化的一种手段。用通用电气的一位规划者的话来说，规划可以“编排高管的时间”。但这是否能解释下面的问题：强制用正式的方式认识未来，而不管过程如何正式化，是否一定意味着未来得到了适当的考虑？

第三，组织必须制定规划，才能趋于“理性”。必须制定规划的主要原因是，规划是一种优秀的管理形式——正式的决策比非正式的决策更优越。用施温迪曼的话来说就是，规划“迫使人们进行更深入的思考”。波特在《经济学人》中也声称，“战略思考很少是自发的”。且不说波特没有提供任何证据来证明这一惊人言论，这里只需问：是否有证据能够证明战略规划促进了战略思考？“如果没有指导方针，”波特还指出，“很少有管理者知道什么是战略思考”。难道波特的意思是，有了这样的指导方针，管理者就能顿悟什么是战略思考了吗？有这么容易吗？管理者真的需要规划者来告诉他们什么是战略思考吗？威尔达夫斯基再次捕捉到其中的关键。

> 规划并不是为了捍卫它具体做什么，而是为了它的象征意义。具有理性特征的规划，被认为是用智慧解决社会问题

的方式。规划者的成果可能会比其他人的成果更好，因为他们提出的政策提案是系统的、有效的、协调一致的和理性的。正是这些词语表达出规划的优越性。规划的优点在于，它体现了理性选择的通用形式。

尽管缺少证据，但文献很快指出将组织行为正式化能带来什么好处。然而它几乎从未言明正式化可能会造成什么损失。典型的例子就是查尔斯·希奇（Charles Hitch）的评论，他阐述了有史以来最大的规划活动（也是最失败的规划活动），即20世纪60年代美国军队和政府其他部门对PPBS的应用。希奇认为，管理者不仅很忙碌，而且接收到的信息泛滥，因此如果没有正式分析系统的帮助，他们就无法有效地做出决策。

我们几乎从来没有见过，有谁能够仅凭直觉就掌握与重大国防问题相关的所有领域的知识……总的来说，特别是当选项不只有两个，而是有许多个时，系统分析是必不可少的。每当涉及的相关因素纷繁复杂时，比如国防问题，通常仅凭直觉是无法做出权衡和明智决策的。

但是，靠“系统分析”就能做到这一点吗？它是有益于直觉还是阻碍了直觉？就算规划领域的两位著名学者彼得·洛朗厄（Peter Lorange）和理查德·范希尔（Richard Vancil）声称，规划的重点在于“正确的问题集合”，但这同样没有支持性证据，那么我们能否认定规划能够以正确的方式侧重于“正确的问题集合”？是否有实际的证据能够证明，诺亚·亚维茨（Noah Yavitz）和纽曼所谓的“关注方向、进度设定机制”的规划确实能鼓励人们思考得更加长远？而且最重要的是，我们能否通过正式化来改进非正式化的思维？本书后面所引用的证据，包括希奇提出的PPBS实践失败的证据（见第3章），将会表明我们对规划文献中关于上述所有问题回答的质疑，而这些文献中的回答一贯是于规划有利的。

第四，组织必须制定规划来进行控制。在这些文献中，用规划来实现控制是一个棘手的主题，因为文献作者们同时也认为规划有利于激励人心、鼓励参与和达成共识。然而，规划的目的就是实现控制（“规划”和“控制”这两个词经常同时使用或交替使用，如“规划和控制系统”），这显而易见，而且为了实现控制所采用的方法就是规划。德洛尔指出：“规划是社会人通过理性的力量努力掌控自我，并塑造集体未来的一种活动。”

控制通过规划四处扩大影响力，前面列举的需要制定规划的理由很明显地表明了这一点。可以肯定的是，规划意味着控制组织中的其他人，即那些工作需要得到“协调”的人。因此，施文迪曼列出了规划者的“主要职责”。

1. 公司的规划人员应负责规划“系统”，并确保各个步骤按照适当的顺序执行。
2. 规划人员应确保他人所做规划的质量、准确性和完整性达到要求。
3. 规划人员应负责协调整体规划工作，并将各部分的工作整合在一起。

请注意，受控制的不只是组织中的底层员工，如果规划将战略制定也正式化，那么高管的一些工作也将处于规划的控制下。但规划的控制作用并不止于此，规划还意味着控制组织的未来，因此也意味着控制组织外部的环境。加尔布雷思写道，“如果市场不可靠”，公司就“无法规划”。因此，“公司认为是规划的大部分工作，实际是在最大限度地减少或消除市场影响”。正如前文中德洛尔关于“掌控自我”的观点所表明的那样，“规划甚至控制了制定规划的人，他们的直觉受到他们的理性程序的控制”。赞写道，规划可以“将外部复杂性简化为‘可管理’的形式”，他指的就是概念上的控制——用简单到可以理解的形式来描述世界。因此，洛朗厄在一篇论文《首席执行官在战略规划和控制过程中的角色》（Roles of the CEO in Strategic Planning and Control Processes）中指出，虽然首席执行官“通常不能亲自设计实施过程，但他必须充分参与才能控制整个过程”。当然，他必须通过规划来参与。“他甚至可能得出结论：这……是他管理庞大而复杂的组织唯一现实的选择”。也许洛朗厄应该将这称为“遥控”！

耶利内克的规划案例

玛丽安·耶利内克（Mariann Jelinek）在其著作《制度化创新》（*Institutionalizing Innovation*）一书中，提出了支持战略规划的一个观点，这是少数经过精心论证的观点之一。耶利内克试图为正式化做辩护，她的观点基于管理科学的历史发展，或者更准确地说，是科学管理。这个术语来自20世纪早期泰勒的研究成果。

耶利内克指出，泰勒在他那著名的关于手工劳动的正式研究和惯例试验中所做的贡献，不仅极大地改进了流程，而且在工作的组织方式上掀起了一场真正的革命，即“将日常工作标准化、规范化”。泰勒“第一次使大规模的细节协调成为可能，包括规划和策略层面的思考，超越了任务本身的细节”。这让任务的执行和协调之间形成了基本的劳动分工。这反过来又使管理“抽象出来”，即从日常经营中抽离出来，从而“可以专注于例外情况”。

耶利内克还指出，亚历山大·汉密尔顿·丘奇（Alexander Hamilton Church）将泰勒的成果拓展到管理职能上，在成本会计方面，“通过明确描述和监控绩效，来提供使管理抽象出来的手段”。之后，由于出现了部门制的组织结构，所以科学管理方法进一步拓展到管理层，最初是在杜邦公司推行，随后通用汽车公司也开始推行。这一创新使企业经营和制定企业战略两个任务正式地分离开来。

> （这）第一次使这类组织中协调一致……以及制定真正的策略成为可能。只要管理层被任务执行的细节压得无法喘息，就不会出现规划和策略……也就是说，只有实现管理系统化

> 和绩效可复制化且无须管理层广泛关注，管理层的注意力才会从日常工作上移开。在杜邦公司和通用汽车的时期，任务规范已经从规范工人的日常活动发展到规范管理者的日常活动。

耶利内克基于这一发展过程提出了她的基本观点：泰勒在工厂中发起的变革向最高层发展，而且基本一直是在重复，没有什么变化。新变革的核心与泰勒的工作方法研究的核心是一样的，只不过前者在更高的抽象层次上，即“建立正式的战略规划和控制系统”“只有通过管理系统，规划和策略才有可能存在，因为只有系统能捕捉到关于任务的知识……”。管理系统“能够创建一种共享的思维模式，使重点明确地转移到模式上，而不是转移到具体的内容上”；管理系统“对知识的归纳远远超越了知识最初的发现者或发现情境”，并且“在这种归纳过程中，知识也得到了改进和精进”。因此，“真正的例外管理和真正的策略导向现在是可能实现的，因为管理不再完全沉浸于任务本身的细节中”。

耶利内克著作的主要内容是OST系统。[①] 这个系统是20世纪90年代初由德州仪器公司开发的。在她看来，这个系统的出现有着重大意义，可以说是20世纪又一个巨大的进步，因为它“与更高的逻辑层次有关”。

> OST系统的侧重点不是协调多个常规任务，而是生成新的、最终可能成为常规任务的任务……作为一个系统，OST概括了获取新知识的必要过程，创建了一个创新性思维共享模式……OST系统规定了如何开展、监控和评估创新。

因此，耶利内克强调了战略规划实践的一些核心前提：战略管理可以与经营管理彻底分离，战略形成过程是可以通过正式系统程序化的，用她的话

① 即目标（Objective）、战略（Strategy）和战术（Tactic）的英文缩写简称。——编者注

说就是“制度化”；只要通过“制度化”，就能实现两者的分离。泰勒在工厂中实现了的变革，现在规划系统只需要在高管的办公室里通过外推就能完成。凭借正式化的力量，规划已经成为制定和实施战略的手段。换句话说，战略规划过程就是战略形成过程，至少在最佳实践中是这样的。因此，人们普遍倾向于交替使用这两个术语。

耶利内克的观点是很基本的观点，也许还是规划文献中最大胆的观点。它揭示了关键的前提，如果这些前提是真的，就为支持规划提供了基础；如果是假的，就会推翻规划领域中一些最积极的成果。因此，我们将在下文讨论的一个关键点上回到她的观点（包括她后来的观点）。但在此之前需要探讨最后一个问题，同时我们要开始考虑战略规划和战略形成是同义词的这一前提，至少在最佳实践上是同义词。

什么是战略

什么是战略？对于这个问题，无论是规划者还是其他人，几乎全部会告诉你：战略是一种计划（plan），或类似计划的东西，如一种面向未来的行动方向、准则或方针，或一条从这里到那里的路径，等等。如果再让这些人描述他们组织的战略或过去 5 年中实际实施的竞争战略，你会发现大多数人都非常乐意回答这个问题，但他们也都忽略了一件事，那就是他们的答案违反了自己对战略这个术语的定义。

对于战略这类术语，我们不可避免地会以一种方式来定义它，却以另一种方式来使用它。战略也是一种模式（pattern），即久而久之形成的行为一致性。例如，一家公司致力于在行业中销售最昂贵的产品，采取的就是通常所说的高端战略；而一个人总是从事最具挑战性的工作，可能采取的就是所谓的高风险战略。

战略的这两种定义似乎都是合理的：组织会为未来制订计划，也会从过去的经历中发展出一些模式。我们可以称其为“预期战略”（intended strategy）和“已实现的战略”（realized strategy）。因此，重要的问题就变成：“已实现的战略”总是预期的那个战略吗？

有一个简单的方法可以找出答案，只需要问问那些乐于描述过去 5 年中（已实现的）公司战略的人，他们 5 年前预期的战略是什么。一些人可能会声称，他们的目标已经完美实现。这种回答的真实性值得推敲。另一些人可能会声称，他们已经实现的战略与之前的目标无关。那就要思考一下他们的行为是否存在什么问题。我们推测，大多数人的回答会介于这两个极端的回答之间。毕竟，完美实现意味着杰出的远见，而如果暂且不提缺少灵活性，那么没有实现就意味着不用心。在现实世界，不可避免地要进行一些前瞻性思考，以及做出即时的适应调整。

如图 1-1 所示，完美实现的目标可以被称为深思熟虑的战略，那些根本没有实现的目标可以被称为未实现的战略。关于战略规划的文献认识到这两种情况，但明显倾向于支持前者。那些文献没有认识到的是第三种情况，我们称之为自发形成的战略——一种不符合最初预期的、已实现的模式。组织采取的一项项行动最终会集合在一起，形成某种一致性或模式。例如，一家公司没有特意追求多元化战略（规划），只是为了探索市场而逐一做出了多元化决策：先收购了一家城市酒店，然后又收购了一家餐厅，之后是一家度假酒店、一家带餐厅的城市酒店……最终呈现出带餐厅的城市酒店的多元化经营战略（模式）。

正如前文所述，很少有纯粹的深思熟虑的战略和纯粹自发形成的战略。前者意味着没有学习，后者意味着没有控制。在现实世界中，所有的战略都需要以某种方式将这些因素混合在一起，在不断学习的过程中进行控制。例如，组织经常会追求所谓的“伞形”战略：整体框架是经过深思熟虑的，且允许具体情况具体分析。因此，自发形成的战略不一定是坏战略，而深思熟虑的战略不一定是好战略，好战略通过反映当前情况的方式将两者的特性结合在一起，既要有预测能力，也要有应对意外的能力。

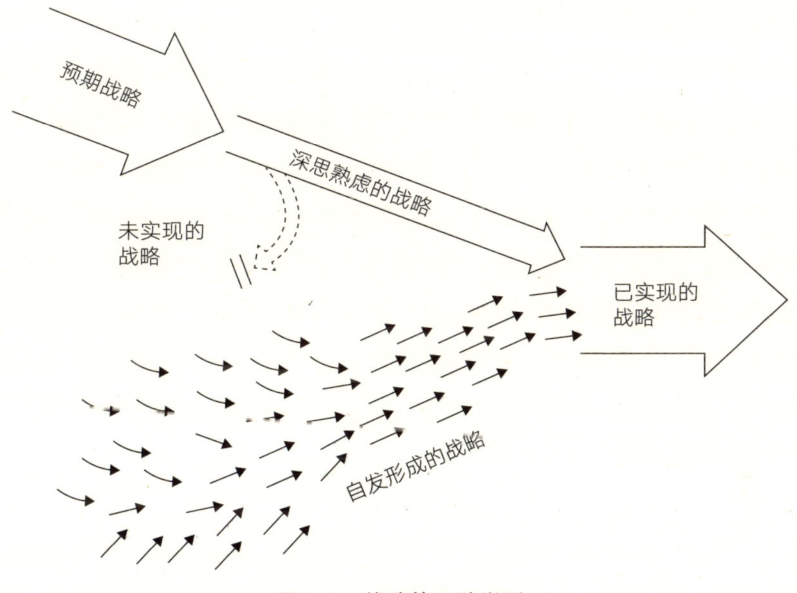

图 1-1　战略的 5 种类型

然而，（包括耶利内克的那部著作在内的）规划文献认为，有效的战略制定是一个深思熟虑的过程，这种观点实际上排除了紧急情况（或意外情况）。偶尔也会有关于灵活规划的讨论，但一些显著的矛盾之处很少被提及。当然，那些相信规划是个无可挑剔的概念的人除外。

《财富》杂志的专栏作家沃尔特·基希勒（Walter Kiechel）曾经对咨询顾问进行了一项调查，结果表明只有不到 10% 的战略能够成功实施。托马斯·彼得斯（Thomas Peters）称这个数字“极度夸张”。通常，当一个战略失败时，那些处于高层的管理者会将失败原因归咎于低层级员工执行不力。“如果你们这些无知的人能理解我们制定的伟大战略……”那些下属可能会争辩道：“如果你真的这么聪明，为什么不考虑我们很无知的事实呢？”换句话说，每一次战略执行的失败，按照定义，也是一次战略形成的失败。如果一定要将两者区分开，让一方在另一方行动之前思考，那么显然，前者在思考的过程中必须考虑到后者的行动能力。

但是进行思考的一方究竟能有多聪明呢？换句话说，真正的问题可能并不在于战略执行不力或没有制定好，而在于人为地将两者区分开。如果制定战略的人（典型代表就是企业家）能紧密关注战略的实施，或者实施战略的人（指具有内部企业家精神）对战略制定过程有更大的影响，那么战略制定可能会取得更大的成功。深思熟虑的战略需要这种人为的区分，自发形成的战略则不然。事实上，在自发形成的战略中，“制定”一词必须替换成“形成”，因为这种战略可能不是精心制定而是自发形成的。因此，本书其余部分将主要使用“战略形成”这个术语，这并不是为了说明战略必须是纯粹自发形成的，而只是为了表明战略可以自发形成这一点，或者更现实地说，战略几乎不可避免地在一定程度上可以自发形成。

自发形成的战略还有另一个重要含义，却在大多数规划文献中被忽视了。战略不一定来自组织的核心部分。深思熟虑的战略隐含着这样一种意义，即相信战略完全来自某个核心部门，即一般管理部门（或规划部门）。用流行的比喻来说就是，用头脑思考，让身体行动，或者建筑师（在图纸上）进行设计，以便建造者可以用砖头和水泥施工。但是对于自发形成的战略，大战略可以从小点子（举措）发展而来，可以在任何不同寻常之处或意外时刻出现，所以组织中几乎所有人全部可以是战略家。他们需要的只是一个好想法以及实现它所需的自由和资源。事实上，即使战略举措在整个组织中渗透（将成为一个有广泛基础的战略），也不需要在正式日程中以正式的形式进行集中控制，更不用说集中规划了。例如，销售人员可能会有将现有产品销售给一些新客户的想法。其他销售人员意识到这个人在做什么时，也开始效仿，几个月后的某一天，管理层突然发现公司已经进入一个新市场。新模式当然不是规划出来的，相反，为了阐述一个我们在本书中重点推介的区别，我们会这样说：新模式是在一个集体过程中学来的。这样不好吗？有时使用这种方法很好，但有时正相反，就像精心规划的行为一样，都会有好有坏。

自发形成的战略的最后一个含义是：在规划文献中，有一个源自军事领域的长期传统，即区分战略和战术。对喜欢预先分解和确定事物重要性的文献来说，这是一种方便的区分方式。这些文献认为，战略指的是重要的事情，战术则是指细节。但自发形成的战略的真正意义在于，人们无法事先确定什么将一定是什么。换句话说，只有细节最终可能具有战略意义。毕竟，正如那句谚语所指出的那样，一场战争很可能会因为缺少一颗铁钉而彻底失败。因此，必须小心，不要随意将事物贴上战术或战略的标签（在前面多元化战略的案例中，那家公司购买第一家城市酒店可能是无意的）。引用理查德·鲁梅尔特（Richard Rumelt）的话就是，“一个人的战略可能是另一个人的战术——是不是战略可能取决于你所处的位置”，可能也取决于你什么时候处于那个位置，因为昨天看起来是战术的事物可能明天就会被证明是战略性的。因此，本书不会使用“战术”一词，在描述采取行动之后形成的模式以及行动之前的目标时，本书将用“战略（性）的”这个形容词来表示相对重要的含义。

本书还没有完成对战略的定义，除了计划和模式，对于战略的定义，至少可以再添加两个以“p”开头的单词。麦当劳曾推出一款名为“麦满分”的新产品，以吸引人们来麦当劳用早餐。如果你问一群管理者：推出麦满分算不算麦当劳的战略性变革？你将不可避免地听到两个答案：“当然是的，它把门店带到了早餐市场”，以及“拜托，还是老样子，只是包装变了而已”。在我们看来，这些管理者观点的不同之处并不在于那是不是一种战略性变革，而在于他们心中对战略性内容的定义标准从一开始就不同。

对一些人来说，尤其是对波特和他的追随者来说，战略就是定位（position），即在特定市场中对特定产品所做的决策。然而，对另一些人来说，战略是一种观念（perspective），即一个组织做事的方式，用彼得·德鲁克的话来说，就是组织的业务概念。作为定位，战略要向下看[①]，看到产品满足用户需求的“x”点；还要向外看，看到外部市场。相反，作为观念，战略要向内看，着眼于组织内部，也就是战略家的头脑；同时要向上看，看到组织的宏伟愿景（不能只见树木不见森林，也不能只是雾里看花）。

对于上述两个定义，规划文献偏向于认为战略是一种定位。有人强调，一旦将事情正式化的实践开始发挥作用，战略就不可避免地会简化为一系列定位。所有“x”点都可以很容易地标记、识别和清晰表述出来。但是，视角并不容易分解。

我们仍然需要这两个定义。麦当劳成功推出吉士蛋麦满分是因为新的定位与现有的战略视角一致。麦当劳的高管们似乎很清楚，不能随意忽视视角［不过他们可能没有使用与我们一样的术语，有人支持“麦香橙”（McDuckling à I’Orange）吗？］。在原有视角内改变定位可能相对容易，但在保持定位不变的情况下，改变战略视角会很难（只要问问瑞士钟表制造商关于“石英革命”的事情，你就知道了）。图 1-2 举例说明了这一点。

显然，组织在战略形成过程中必须同时考虑定位和视角。忽视任何一方都会对战略形成过程有负面影响。[②]但规划文献偏偏就是这样做的，它们更偏爱计划而不是模式。本书中的结论是，“战略规划”不能等同于“战略形成”，也与战略形成过程的有效性无关，战略形成包括上述所有定义。这意味着规划与战略制定可能没有人们所声称的那样具有很强的相关性，而且规划制定者需要做的工作可能比他们意识到的更多！

---

①《战略反击》一书中对明茨伯格的战略视角理论进行了详细说明。——编者注

② 此处可以将战略的第 5 个定义补充进去，即“战略是一种计谋（ploy）”，也就是说，战略是一种为智胜对手或竞争者而采取的具体权术。

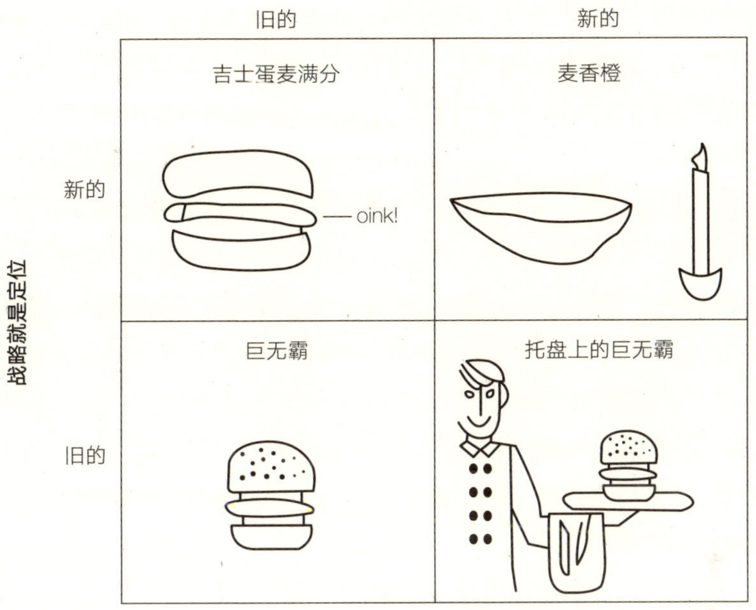

图 1-2 战略就是视角 vs. 战略就是定位

规划、规划制定过程和规划人员

许多商业规划方面的文献作者都讨论过高管在战略形成过程中的重要性，即首席执行官是最重要的规划制定者。但其他很多内容揭示了一个完全不同的观点。如果真如这些文献所说的那样，直觉是随意的和不可靠的，那么管理者的角色必定是有所限制的；如果真如人们所说的那样，管理者真的太过繁忙而无暇规划，那他们就不能在规划过程中发挥关键作用；如果真的应该使用正式系统来制定战略，那么也许管理者就不应该制定战略；如果真的必须使用 OST 和 PPBS 这类系统将战略与经营分开，那么也许规划也应该与管理分开。

波士顿咨询公司早期发表过一份报告《战略规划对高管行为的影响》

（The Impact of Strategic Planning on Executive Behavior），其中罗伯特·迈纳（Robert Mainer）将规划工作与传统的组织管理工作进行了对比。

> 问题的症结在于，规划作为一项管理任务的行为要求，往往与组织中通常的管理工作的过程和内容不同或相冲突……在非常真实的程度上，规划是一种新型的管理活动。

规划制定者这个角色在战略形成过程中的作用十分不明确，也没有被系统地研究过。从规划文献中可以看出，规划制定者是个人或专业部门的成员，对直线运营本身没有任何责任，但在规划方面有一些模糊不清的授权，例如是否进行规划，是否鼓励规划，抑或是会不会交由他人完成。由于正式的权力属于直线管理者，所以文献作者通常会小心翼翼地将规划制定者的正式角色描述为辅助支持角色。

> 规划理论的一个基本原则是“规划总是由直线管理部门完成的”。规划人员是直线管理者的辅助者，通常负责保障规划“系统”的运行。

但这些文献中真正的观点意有他指，与规划制定者本身有关。斯坦纳声称，“如果有一个直觉力很强的天才在掌舵，就不需要正式规划”。因此，人们可能会推测，由普通人领导的组织必须进行规划。其实未必如此，“即使是不那么有天赋的公司，也有可能在没有正式规划的情况下取得成功。例如，这家公司可能运气很好”。然而，对那些恰巧缺乏天才和明星配置的公司来说，斯坦纳所传达的信息就很明确了。

偶尔，文献作者们也会变得更加大胆。例如，莱昂蒂亚德斯（Leontiades）曾质疑“公司规划人员的存在只是为了帮助管理者制定规划”这一点，并指出“在实现公司整体目标方面，可能部门管理者反而扮演的是次要角色”。但有人曾听到他的同事呵责他要谨言慎行。即使到了 20 世纪 90 年代，美国大型公司贝灵巧（Bell & Howell）的规划部门负责人也仍然声称，战略规划制定者“负责指导公司的方向”[①]。

莱昂蒂亚德斯和马夸特（Marquardt）可能是最坦率的。因为如果规划是为使战略形成程序化而设计的，并且如果这个程序化过程是由正式系统完成的，那么这些系统的设计和运行肯定必须交由能付出必要时间且拥有必要技能的人来完成。无论他们的头衔是什么，他们都是规划制定者。因此，当这些文献深入细节时，管理者和规划制定者的角色就会变得更加清晰。来看看彭宁顿（Pennington）对规划制定者提出的指导方针，其中包括：“让执行者参与规划制定过程”和“在关键点上，并且仅在关键点上让高管参与进来”。他以一家大型钢铁公司为例，“首席执行官在规划制定过程中只‘重点参与’4个节点，一次一天”。10月，首席执行官进行“审查”预测工作（随后，公司规划由其他人准备）；2月，首席执行官“参加”了一场规划会议，检查了绩效和目标之间的差距；6月，首席执行官“审查”了更新后的5年规划，并“给予鼓励”；9月，首席执行官“审查、批准了年度计划”。露西曾经告诉查理·布朗（Charlie Brown），伟大的艺术不可能在半小时内完成，至少需要45分钟。但首席执行官每年只用4天时间就探索出公司的未来！这难道不是耶利内克所说的制度化过程的自然结果吗？

到目前为止，在本章，我们已经探讨了规划和规划制定者的概念。如前所述，我们将用名词“规划”（planning）来表示以综合决策系统的形式产生明确结果的正式化过程。至于规划制定者（planner），指的是拥有这个头衔（或类似头衔）但没有部门（经营）职责的人。因此他们有时间考虑组织的

---

① 更好的例子来自基恩的《战略规划外部促进者》（The Strategic Planning External Facilitator）一文，其中提到了总裁委托外部的“战略规划顾问”制定规划。这位顾问发起了一项大规模的消费者调研，采访了所有相关人员，进行了环境研究，并组织和主持了与高管层的一系列战略规划会议。“这些工作都汇集在公司的第一份战略规划文件中”“这份文件完全由外部顾问负责”，基恩继续夸口道，“在这个过程中，顾问在不同程度上承担了本文中描述的大多数角色。”。一些所谓的“外部促进者”！

未来（许多人采用的规划系统并不总是能做到这一点）。我们的讨论强调的另一个术语是“计划”（plan）。我们将用名词“计划”来表示明确的目标陈述（书面文字），通常在规划文献中指具体的、详细的、有文字记录的事物。然而，我们也会使用动词“规划”（plan）来表示考虑未来，包括正式的和非正式的两种形式。

综合上述观点，我们认为，战略规划文献的一个主要假设就是，所有这些术语一定会趋于一致：**战略形成是一个规划过程，由规划制定者来设计或提供支持，规划的目的是形成计划。**因此，引用斯坦纳的话［他也引用了1932年詹姆斯·麦肯锡（James McKinsey）的话］：“规划……‘是管理思维的有形证据’。它源于规划制定。”但索耶在他关于规划的专著中提供了一个值得注意和受欢迎的例外解读：“正式系统只是达到目标的一种手段，它不会引起规划的出现，而且当它过于强调形式而不是实质时还会妨碍规划。”

相比之下，本书将假设：所有这些术语可以相互独立：一个组织可以在不通过（正式程序）规划（planning）的情况下制订计划（plan，考虑其未来），即使由此形成了制订计划（plans，明确的意图）；或者，一个组织可以通过（正式程序）制定规划（planning）但不规划（plan，考虑其未来）；规划制定者可能会做所有这些事情或其中的一些事情，但是，正如我们将在结论中看到的那样，即使有时什么都不做，也仍然能为组织服务。

关于本书内容的规划

如果这种澄清基本术语的尝试让读者感到困惑，那么欢迎“上船”①：后面的其余部分读起来也是一样的。但无论我们的努力多么微不足道，我们都

① 原文为“welcome aboard”，本书参考了其他文献的译法，意为“上了明茨伯格的贼船”。——编者注

为之自豪。这是我们的规划。[①]社会心理学家得出的结论是，要改变一个人，必须首先“动摇”他的基本信念。如果每个人都知道什么是规划，应该如何制定，而且规划本身显然很有益处（“就像母性一样”，威尔达夫斯基写道，“每个人都推崇它，因为它如此高尚”），我们写这一章的目的就是使人们产生动摇。本书其余部分将指向接下来的两个阶段：“改变”信念，以及“重新建立”新的信念。

在第 2 章中，本书将描述规划文献中提出的战略规划的基本模型，以及一些更广为人知的模型变体。在回顾了规划的各个步骤，包括一个遗漏的细节（战略本身的来源）之后，我们将根据一个框架来探讨这个模型及其变体。这个框架主要包含 4 个体系：目标、预算、战略和程序。

第 3 章主要就一些证据进行探讨，以证明战略规划的基本模型是有效的。这些证据可能不那么有力，规划领域的学者对它们的反应也不热情。这种反应在很大程度上类似于心理学所说的“逃避”：规划制定者回归信仰，希望得到救赎，提出详细说明，或者回归到“基础”。“但最普遍的反应是指责他们”，通常被贴上“陷阱”的标签：不按应有的方式支持规划的管理者，或者不适合规划的组织。

在第 4 章中，我们将对这些陷阱进行详细思考，开始阐述对计划学派的严肃批评。我们展示了一些“规划的陷阱”，它们会阻碍投入和重大变革，并导致组织内部政治斗争。

在第 5 章中，因为“专家是对某个主题有足够了解的人，可以避开在他

---

① 相比之下，洛朗厄是一位备受业界尊敬且不持有如此观点的内部人士。他被迫对自己基于实证的文献做出总结性评论：为了这次调查，我们查阅了大量文献，但令人难受的是，我们很难将这些分散的概念拼凑在一起。当涉及诸如规划系统本质的关键要素是什么、是什么构成了相关的实证研究领域等核心问题时，文献似乎缺乏共识。

们走向谬误道路上的所有陷阱”，所以这一章转而考虑制定规划的基本谬误——我们认为这是战略规划失败的真正原因。我们讨论了预测（预测未来）的谬误，脱节（战略脱离运营，管理者脱离他们应该管理的事物）以及正式化的谬误，所有这些构成了大谬误：分析可以产生综合。这是我们批评的本质。

在第 6 章，我们将一改之前的批判基调，讨论规划制定过程、规划本身以及规划人员的定位。首先，我们将探讨规划的有效作用，并进一步探讨规划的含义和合理应用。其次，从我们的角度阐述规划和规划人员承担的有效角色。简言之，我们认为可能存在两类规划人员：左手型和右手型。最后，讨论规划的背景，也就是规划制定过程、规划、规划人员的各种角色适合什么样的环境和什么类型的组织。

这是我对本书的结构安排，本书就是这样规划的，而且没有通过制定规划或得到规划制定者的帮助。

第 2 章

战略规划的模型

战略的形成应该是一个开放的、

发散的过程，

但具有讽刺意味的是，

规划反而使战略形成受到了限制。

THE RISE AND FALL
OF STRATEGIC PLANNING

吉尔摩（Gilmore）和布兰登伯格 1962 年在《哈佛商业评论》上发表的一篇题为《企业规划剖析》（Anatomy of Corporate planning）的文章，可能是最早的战略规划方面的文献。自那之后，计划学派的文献已经提出数百种关于规划过程的模型。通过运用这些模型，战略得以正式地制定出来并实施。然而，事实上，除了一些特例（尤其是资本预算和政府同类规划中的 PPBS 模型）外，这些模型都是基于一个概念框架或基本模型构建而成的，几乎没什么差异，只是在一些细节上有所不同。这些模型从简单到复杂，既有对过程框架的简单阐述，也有使用各种清单、表格、图表和技术来对过程步骤进行高度详细的规范。

本章将从一些基本的战略规划模型开始讨论，然后介绍两种主流的变体。在此之后，我们将用两种方式解析战略规划：第一种是对战略规划文献的作者所描述的基本步骤进行分解；第二种是将战略规划分解为我们设定的 4 种不同的层次结构——目标、预算、战略和程序，这些层次结构应该是战略规划的基础。第二种方式将使我们能够在本章末尾重建各种不同形式的战略规划。

基础的战略规划模型

设计学派的核心模型

所有关于战略形成过程规范化的建议几乎都基于一个基本模型，即SWOT分析模型。该模型广泛出现在哈佛商业政策研究者的著作中，而广为人知，其基本想法至少可以追溯到菲利普·塞尔兹尼克（Philip Selznick）那本影响深远的著作——《行政管理中的领导力》(*Leadership in Administration*)。

本书倾向于将SWOT分析模型当作设计学派的模型，因为前者的构建基于一种信念，即战略形成的过程就是一种构想的过程，运用一些基本的想法便可以设计战略。其中最重要的是，组织的外部因素和内部因素之间的一致性或契合度。用肯尼斯·安德鲁斯（Kenneth Andrews）的话来说就是，"经济战略将被视为确定企业环境定位的资格和机会之间的匹配"。"抓住机会获得成功"似乎是他们的座右铭。

图2-1是本书基于设计学派模型进行的演绎。与其他模型类似，在这个模型中，战略会同时对组织外部环境中的威胁和机会，以及组织内部的优势和劣势进行评估，并打造独特的竞争力。外部的机会要被内部的优势所利用，而且要避免外部威胁、克服内部劣势。在战略的形成、评估和选择的过程中，也要考虑到领导力价值、社会道德以及社会责任等方面。一旦选定了一种战略，就要实施。

图2-1的模型本质上就是一个简单的"思路框架"（informing idea），安德鲁斯也是这样认为的，他甚至不愿意称之为模型。

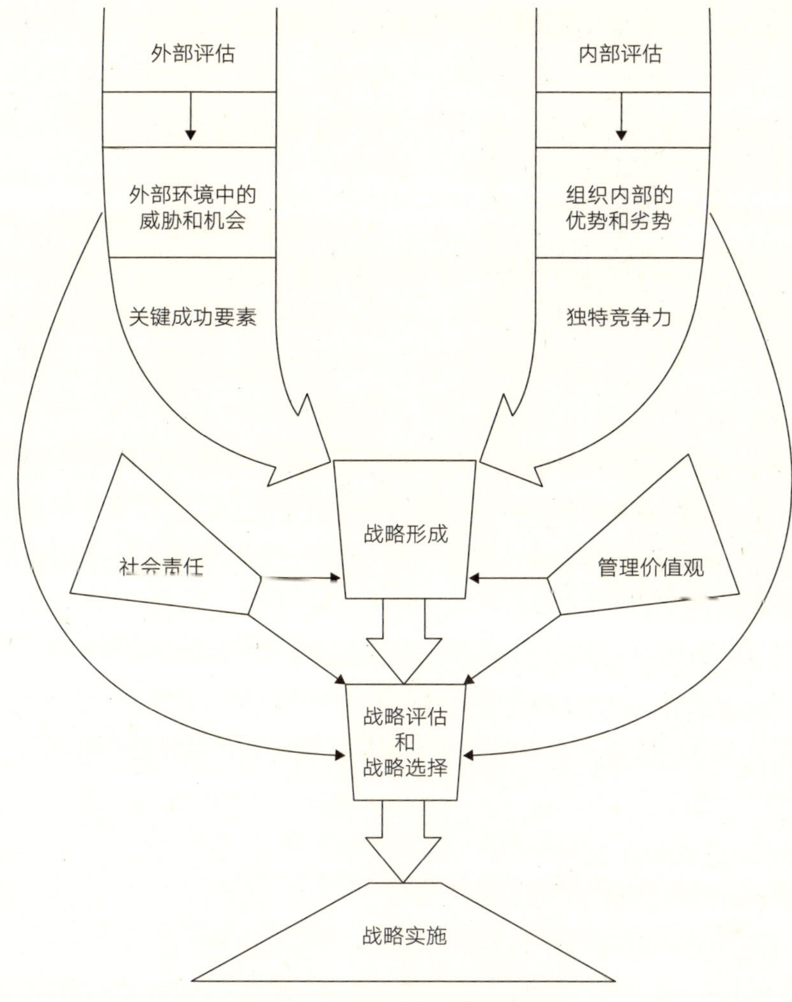

图 2-1　设计学派的基础模型

设计学派的前提假设

尽管如此，我们也想称 SWOT 分析为模型，这个概念有许多前提假设。设计学派的学者宣称，他们一直坚持采用这个模型最简单的形式，而不是按照计划学派的意志来改进它。下面列出了这些前提假设，基本引用自 1982 年版的哈佛大学教材，例外情况另有说明。

第一，战略形成应该是一个受控制的、有意识的构想过程。这意味着，需重点关注的不是行动，而是推理。也就是说，战略是经过严格受控的、有意识的构想过程所形成的（一旦形成了战略，就会采取行动）。因此，安德鲁斯认为，既不能凭直觉制定战略，也不能任由战略自发形成（或以应急的方式制定战略），战略的制定必须“尽可能地深思熟虑”。他还指出，需要将“直觉技能”转变为“有意识的技能”。他还分别将“意图”与“即兴发挥”、“有规划地前进”与“随机”进行了对比，把自发形成的战略视作“侵蚀”，给它贴上“投机主义”的标签，并当作“战略在概念上的敌人”。

第二，战略形成过程必须由首席执行官负责：首席执行官就是战略家。罗伯特·海斯（Robert Hayes）将这一前提假设称为“命令和控制思维”。“设计师”一直是这类文献中最受欢迎的类比：首席执行官被视为设计师，其他人则根据他的设计来执行任务。因此，在战略形成过程中，组织的其他成员处于从属地位，属于编外人员，但这不包括为首席执行官提供建议的董事。基于上述观点，对于社会责任需要重点强调的是，如果领导者自愿承担社会责任，那么他需要考虑的是社会需求，而不是社会对组织施加了什么影响。

第三，战略形成的模型必须是简明的和非正式的。这一观点的忠实支持者反对对模型进行加工细化。他们认为，战略形成终究是“一种主观判断行动”。

第四，战略应该是独特的：最佳战略来自创造性的设计过程。战略是在独特竞争力（现在称为核心能力）基础上构建的，因此查尔斯·霍弗（Charles Hofer）和申德尔（Schendel）将这种方法称为“情境哲学”。

第五，战略必须经过充分发展的设计过程才能完全形成。对具体战略的描述和选择是战略形成的最后一步。因此，安德鲁斯反复将战略“选择”和战略形成称为“决策”的过程。从某种意义上看，战略形成的结果非常神奇：

宏大、完善的战略会突然形成，展现出来。因此，我们将这个过程描述为一种设想！

第六，战略应该明确，如果可能的话，最好易于表达，这意味着战略必须是简明的。只要满足这一前提，战略就可以被“检验或质疑”。设计学派的学者认为,“好的艺术本质上是简单的，而战略能使复杂的组织变得简单”。通用电气的某位规划师也曾说：“好战略用两页纸就可以解释清楚。如果不能，那它就不是一个好战略。”

第七，一旦这些独特、完备、简明的战略完全形成，就必须认真实施。设计学派的学者认为，组织结构必须始终与战略相匹配①，因此每次制定新战略时都要重新考虑。同时也要考虑预算、日程安排、激励措施等管理机制是否能在战略实施过程中发挥作用。

计划学派的前提假设

计划学派和设计学派是一同发展起来的。事实上，计划学派早期最著名的文献与哈佛大学教科书的初版是在同一年出版的。正如前文所提到的那样，图 2-1 所示的基本模型也是计划学派的基础，两者唯一真正的区别可能是，计划学派强调的是设定正式的目标，而不是隐含在内部的管理价值观。两个学派有许多共同的前提假设，都主张要经过一个深思熟虑的构想过程，才能形成完备的战略，然后将其阐明并正式实施。但这些前提假设之间也存在三点差异，计划学派强调：第一，战略过程必须是简单的和非正式的；第二，至少在行动上，首席执行官就是战略家；第三，战略必须是独特的。

第一点是造成两种文献存在差别的前提条件。正如前文所述，规划的最大特性就是努力使过程正式化。因此，在设计学派看来尚不严密的那些概念

① 根据“钱德勒命题”，组织结构是随着经营战略的变化而变化的。——编者注

框架，尽管其构成元素只能被理论化地划分，在实践中还难以明确区分，但在计划学派的文献中已经被当作高度正式化的流程，并被分解成一系列获得了技术支持的、精心设计的步骤，几乎可以机械地执行。例如，著名的安索夫模型（如图 2-2 所示）就包含 57 个流程框。因此，在最初的两部规划文献问世一年后，主要作者勒尼德（Learned）与他的同事斯普罗特（Sproat）一起写道：

> 安索夫和哈佛大学团队之间的明显区别可能在于，前者试图将制定战略决策的过程尽可能地程序化。为此，他提供了相当详细的清单，上面列有战略制定者必须考虑的因素，并提供了一种方法，来为这些因素确定权重和设定优先级，还有许多决策流程图和选择规则。

尽管基本模型相同，但是这两类文献之间仍存在分歧。最能说明这种分歧的观点，或许来自安德鲁斯。他在区分自己的作品与计划学派的作品时声称，他的文字不是教“公司规划人员如何做战略规划的清单”。事实上，它基于“脱离战略就失去了相应的目标”这一理由，几乎忽略了规划的机制。

首席执行官就是战略设计师的前提也被有意地回避了。虽然计划学派为首席执行官作了大量表面文章，但大量文献中都暗含着要将规划人员置于首要和核心地位的意思。正如我们所看到的那样，规划人员有时被当作不只具有被动影响力的顾问；有时被当作战略制定系统的设计者，甚至是战略本身的设计者（这可能会让首席执行官变为批准战略而不是制定战略的角色）；还有时被当作监管人员，负责确保其他人都按照规划执行指定的程序。

最后，这是一本关于规划过程而非关于规划内容的书。虽然通常很少有人提及保持战略独特性这一前提，但这种本质上基于正式化的过程往往会破

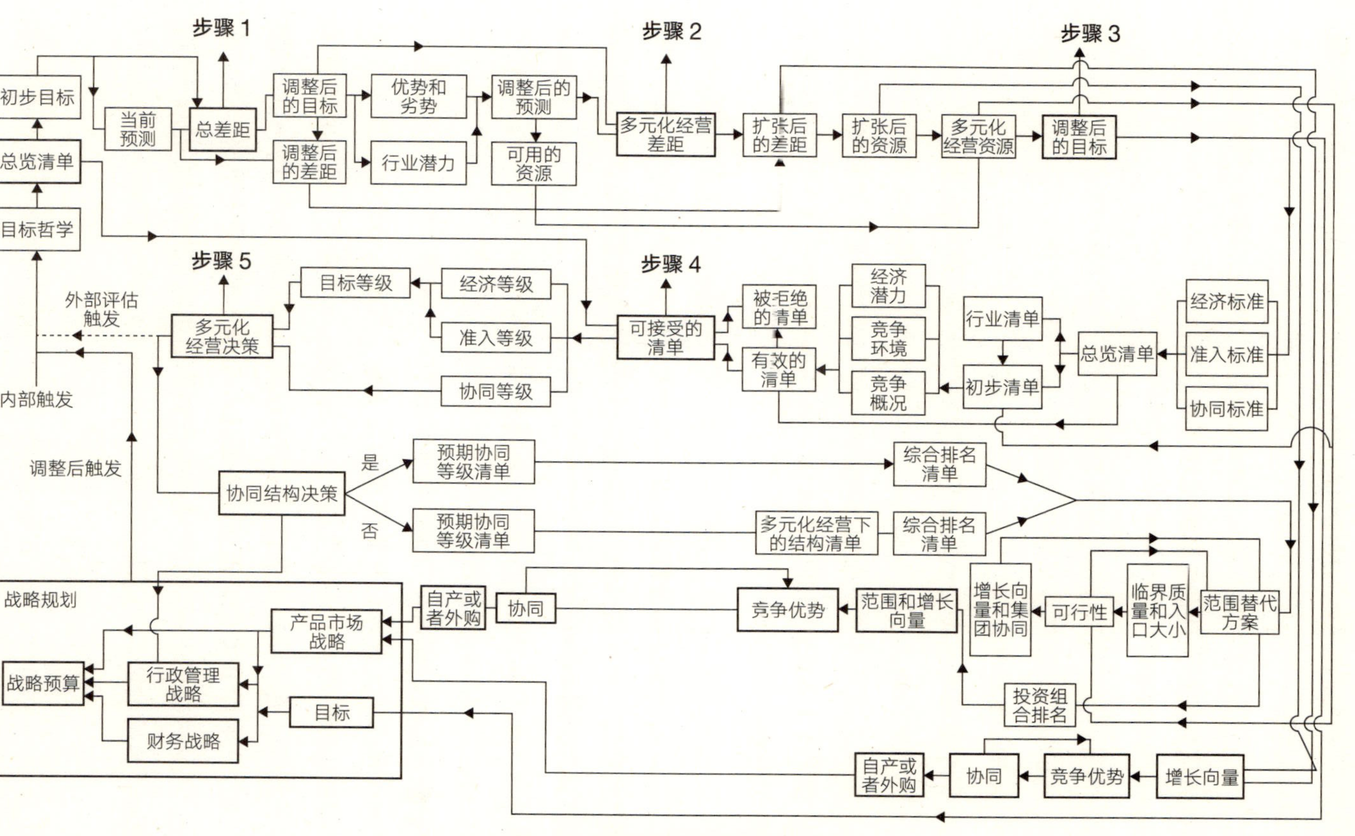

图 2-2 安索夫的战略规划模型

注：粗线框代表管理决策要点。

坏创造力，从而使战略更加通用化而非具有独特性[①]，我们将在第 4 章探讨这一问题。

因此，我们可以将计划学派的基本前提总结如下：

1. 战略形成过程应该是可控的且有意识的，并且是一个正式化的、精细的过程，能够被分解成不同的步骤，每个步骤之间都有行动清单和相应的技术支持。
2. 整个过程原则上应该由首席执行官负责，执行则由实际工作中的规划人员负责。
3. 战略在这个过程中得到了充分的发展和清楚说明，通常作为一般性定位，以便通过对目标、预算、程序和各种经营规划的密切关注来实施相应的战略。

在寻找这种战略规划过程模型时，你会发现很多选择。我们无意在此过多介绍这种模型，而是将从两个模型开始分析：一个是具有重大影响的早期模型，并且是对战略进行详细阐述的典型示例；另一个是当战略规划文献最活跃时最受欢迎的模型，并且是一个战略未被详细阐述的典型示例。

安索夫的初始模型

安索夫的著作《公司战略》（*Corporate Strategy*）的出版是 1965 年管理学界的大事件。在早期的文献中，这本书代表了战略规划理论的一个发展高潮，达到了一种后人难以企及的完备程度（至少在出版物中是这样的）。奇怪的是，安索夫在书中并没有讨论战略规划的通用过程。相反，他将模型的重点放在更狭窄的产品－市场战略下的企业扩张和多元化问题上，这反映了

① 当然，这里再次将定位学派与计划学派的文献区分开来。前者源于后者，但前者对战略内容的关注并没有改变我们的结论：事实上，通用战略是定位学派的文献中最常见的术语之一。

20世纪60年代人们的乐观心态。

> 战略决策的最终结果看似很简单，为公司选择了一种产品和市场的组合。这种组合的确定是通过增加新的产品市场、剥离一些旧产品市场，以及扩大现有的市场来实现的。

安索夫关于战略的观点，也是计划学派的通用观点，即战略是一种定位（当然也是一种计划），而不是一种视角："战略被视为一个操作者，被设计成在现有能力和潜力的限制下，使公司从当前的位置转移至目标位置。"

安索夫将《公司战略》一书的副标题定为"关于增长和扩张的经营策略分析方法"。他在这本书出版前一年发表的一篇文章中，将这种方法称为"近似分析法"（quasi-analytic）。除了"最早为战略问题的重要部分列出行动清单"这一成就，安索夫还"为这些项目赋予了逻辑关系，构建了每个项目的内部分析结构，并提供了一个整体的方法论"。

图2-2让我们对安索夫模型的复杂性有了一些了解，这是他自己对书中各种图表的归纳总结。安索夫将其模型的特征描述为"决策层级，从高度聚合的决策开始，向更具体的决策层级深入"。正如他在书中所指出的，"这看起来是在多次解决同一个问题，但是得到的结果会越发精确"。第一步是决定公司是否要多元化经营，第二步是选择一个广阔的产品市场范围，第三步是细分市场范围。安索夫将这些步骤关联到了他的总结图中。

> 决策流程从最初步的多元化决策（步骤1）开始，基于后续逐步丰富的信息，经历3个连续的准备阶段（步骤2）、（步骤3）和（步骤4），形成最终的多元化决策（步骤5）。沿着这一系列步骤，就形成了公司中组织战略的重大决策（协同结构决策），然后依次对战略的4个组成部分（产品市场范围、增长向量、协同、竞争优势）做出决策，最终决定是自产还是外购。

安索夫对整个过程的描述非常详细，虽然本书不能回顾整个过程，但确实希望掌握它的本质。这里有两个概念可以帮助我们理解它的本质。第一个就是差距分析。

> 层级决策中每个步骤的执行过程都很相似：①建立一组目标；②估计公司当前状况与目标之间的差异（“差距”）；③提出一个或多个行动方案（战略）；④检验这些方案中能够“缩小差距的特性”。如果一个方案确实能缩小差距，就接受这个方案；如果不能，就要尝试新的替代方案。

第二个概念是协同效应。这个概念后来在管理学领域变得非常流行，人们认为它可能是安索夫的这本著作最历久弥新的贡献[①]。《兰登书屋词典》（*Random House Dictionary*）将协同定义为“联合”或“合作行动”，就像人体神经的相互作用或化学药物之间的反应一样。安索夫用这个词来辅助解释关于组织战略设计的基本概念。他首先将协同效应称为“2+2=5”效应，意为公司要追求一种产品市场态势，达到综合绩效大于各部分总和的效应。后来，安索夫进一步扩展了他对这个概念的定义，将所有“能使公司资源的综合回报大于各部分总和的效应”都包括在内。霍弗和申德尔则更加简明地将这种效应称为“联合效应”。当然，就像安索夫所指出的，协同效应也可能是负面的（罗斯比将这种情况称为“过敏”）。

从本质上说，协同是设计学派模型最基本概念的衡量标准，协同意味着匹配或一致性，将各组成部分联系起来以获得竞争优势。用安索夫的话来说就是：“在许多方面，衡量协同效应的方法与通常大家认为的‘优缺点评估’相似。”

---

① 协同这个概念最早出现在 1962 年吉尔摩和布兰登伯格发表的文章中，他们都对安索夫提供这个术语表达了感谢。

安索夫模型是由几个步骤组成的。首先，安索夫对目标投入了大量的关注，特别是对“一个实用的目标体系”的开发，这也是他的著作中某个章节的标题。仅在关于长期投资回报目标的章节下，他就列出了其中的 19 个目标。在他的模型中，这些目标应该是暂时设定的，后续还要根据内部和外部的评估结果进行修正。

其次，构建“能力体系”，“以便在同一分析框架内实现协同，并分清优势和劣势”。再次，进行内外部评估。“内部评估要考虑的是，公司能否在不进行多元化的情况下解决问题”。也就是说，公司能否通过当前的产品－市场战略所提供的增长和扩张机会来实现目标。如果目标无法实现，就要进行外部评估。外部评估“需要对公司目前产品市场范围之外的机会进行调研”，包括在每个可能的行业内发展公司的能力体系，以评估协同的可能性或潜力。安索夫还在书中提供了详细的行动清单，例如用于进行“行业分析”的 29 个项目清单，并对这部分内容进行了复杂的解释。

最后，构建“产品－市场进入策略的组合方案”。仔细评估各个目标，并考虑决策理论之后，就要制定一套完整的产品－市场战略，细化至财务、行政管理和预算等方面。安索夫将上述所有步骤称为“战略规划”。

《公司战略》的内容远比本书概述的要丰富得多，它不仅对以上每个步骤都有深入的细节阐述，还包含大量的真知灼见。例如，“重要的是避免将能力多元视作能力优秀”，书中对“战略概念”本身的讨论仍然是商业文献中最好的。早在 1980 年波特的《竞争战略》出版使战略这一概念广为人知之前，安索夫就已在《公司战略》中提出了一些关于通用战略的有趣概念。除了对扩张战略和多元化战略做出区分外，他并没有将它们真正作为安索夫模型的中心主题。

《公司战略》一书的主要价值在于安索夫模型本身。安索夫在书中总结道：本书涉及的分析范围与其他著作不同，书中的这个模型“为解决公司的整体战略问题提供了一个全面的概念框架和方法框架”。第一部分是关于范围的，到现在可能仍然是正确的［这本书于 1988 年再版时更名为《新公司战略》（*The New Corporate Strategy*），我们在后续讨论中所提到的都是这个版本］。但明显的问题是，这个模型是否真的奏效过？安索夫是否真的解决了某个“战略问题”，甚至“整体”的战略问题？他的贡献在于提供了一个可行的战略制定模型，还是在于仅仅提出（但绝不仅仅是）了一些有趣的想法、很多灼见和大量有用的术语呢？

斯坦纳的经典模型

在关于严格规划的短小篇幅中，乔治·斯坦纳取得了比安索夫更丰富的成果，他与安索夫的观点略有不同，他甚至可能是该领域贡献最大的人。斯坦纳的主要著作《高级管理规划》（*Top Management Planning*）出版于 1969 年，全书不到 800 页，在该书出版前后，他还发表过其他著作。无论从哪方面评价，斯坦纳提出的模型都不如安索夫的模型完善，但更普及，而且没那么复杂。与其说斯坦纳是一个开创者，不如说他是一个被大众普遍接受的规划概念的普及者：他于 1979 年出版的《战略规划》一书的副标题“每个管理者都必须知道的事情”便是有力的证明。下面将对斯坦纳在《高级管理规划》中提出的模型进行简要总结，因为这是 20 世纪 70 年代该领域主流思想的精髓。

在《高级管理规划》一书中，斯坦纳在前 4 章介绍了规划的本质、规划模型、全面规划的重要性以及高层管理人员在规划中的作用，随后用了 7 章的篇幅来讨论“规划制定过程”，其中包括规划的组织、企业目标、环境评估、战略的本质、政策和程序，以及从规划到行动等主题。该书的第三部分基于“理性规划的工具”这一主题，介绍了定量工具和管理信息系统。第四部分则涉及许多职能领域的具体规划，包括营销、财务和多元化经营。

图 2-3 再现了斯坦纳所论述的模型。① 虽然这个模型看起来与设计学派的模型非常类似，但它对实施步骤进行了细分，在全面性、严格的步骤顺序以及执行细节方面，都与设计学派的模型有显著差异。

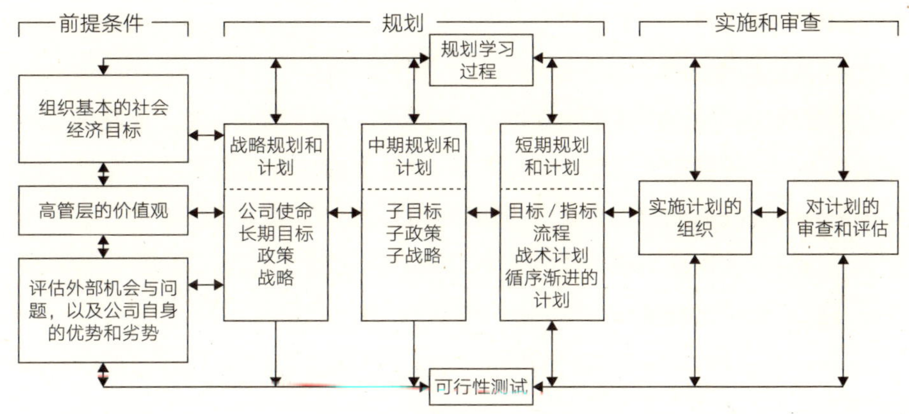

图 2-3　斯坦纳的战略规划模型

下面是他对这个模型的部分介绍。

> 战略规划涵盖的主题可能包括每一类企业经营活动。例如，盈利、资本支出、组织、定价、劳资关系、生产、市场营销、财务、人事、公共关系、广告、技术能力、产品改进、研发、法律事务、政治活动，以及管理人员的选拔和培训等。
>
> 中期规划是指：为选定的业务板块制定协调一致、全面详细的规划，以部署资源、实现目标。公司的所有中期规划和计划都有一个期限，通常为 5 年。无论涉及的时期长短，中期规划期内的每一年都要制订相当详细的计划。
>
> 短期预算和详细的职能规划包括制定销售人员的短期目

① 在《新公司战略》中，斯坦纳对这个模型进行了修订，如“目标”和“价值观”变成了“主要的外部期望”及“内部利益”，“战略规划”和“规划”则变成了“总体战略”和“程序战略”。

标、材料采购预算、短期广告计划、库存补充计划和用人规划等。

图 2-4 再现了斯坦纳为一家大型企业所作的规划图，这一规划图可以消除任何对计划学派的成果的质疑。

如果你对同一时期基本规划模型在公共部门的应用感兴趣，那么可以看一看图 2-5。这幅图介绍了美国陆军在 1970 年前后的战略规划，这是一份惊人的首字母缩略词的大合集。难怪日本的一位规划制定者在看到一家美国公司全面的、由计算机辅助的战略规划过程后，惊讶地说："天啊，它看起来和建造化工厂一样复杂！"

基本模型的分解

这些流程图上的每个方框以及每个缩略词，通常都包含相当多细节，美国陆军可能就有满满一屋子的规划文件。这些图表至少为组织提供了详细的行动清单，有时还会明确规定执行顺序。除此之外，特别是从 20 世纪 70 年代中期开始，有人提出了系统的科学管理方法，可以用来处理许多有关问题[①]。德鲁克试图论证战略规划"不是一个魔术箱，也不是一堆技术"，但他的主张对像里亚（Rea）这样的人来说意义不大。里亚曾写道："设计预测和规划系统的一般方法是：①确定在资源分配过程中必须执行的职能；②寻找可用于执行这些职能的分析工具；③分析每个工具的投入和产出、效益和成本；④根据既定标准评估其需求和性能；⑤选择最佳工具组合以形成系统。"

① 在 1978 年出版的《战略形成：分析性概念》（*Strategic Formulation: Analytical Concepts*）一书中，霍弗和申德尔提供了大量在 20 世纪 70 年代末常用的分析技术清单［也可参考霍弗和雷格（Reger）关于战略规划技术的一些后期的文献］。实际上，霍弗和申德尔的著作表明，他们将关注点从计划学派转移到定位学派，从关注过程规范发展到关注技术应用，但还没有系统地论述。不过，系统的论述很快就出现了。

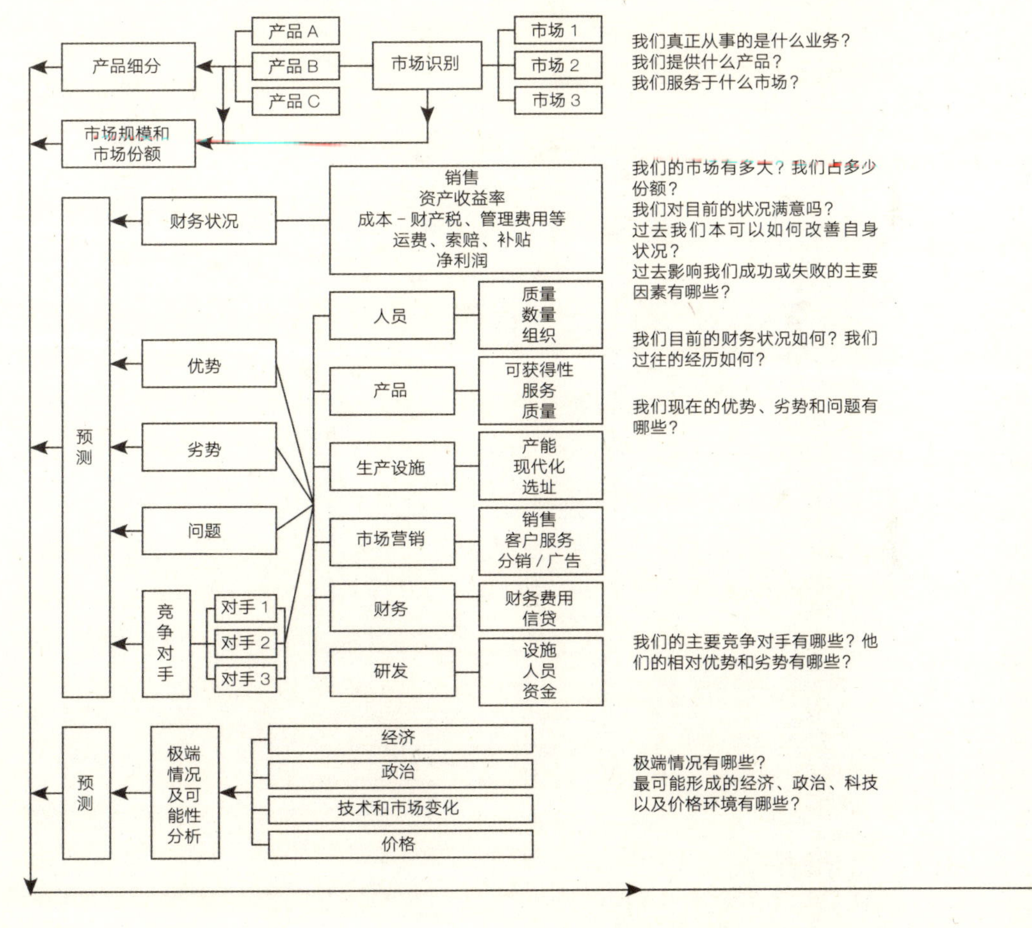

产品细分
产品 A
产品 B
产品 C
市场识别
市场 1
市场 2
市场 3
市场规模和
市场份额
我们真正从事的是什么业务？
我们提供什么产品？
我们服务于什么市场？
销售
资产收益率
成本－财产税、管理费用等
运费、索赔、补贴
净利润
财务状况
我们的市场有多大？我们占多少份额？
我们对目前的状况满意吗？
过去我们本可以如何改善自身状况？
过去影响我们成功或失败的主要因素有哪些？
预测
优势
劣势
问题
竞争对手
对手 1
对手 2
对手 3
人员
质量
数量
组织
产品
可获得性
服务
质量
生产设施
产能
现代化
选址
市场营销
销售
客户服务
分销 / 广告
财务
财务费用
信贷
研发
设施
人员
资金
我们目前的财务状况如何？我们过往的经历如何？
我们现在的优势、劣势和问题有哪些？
我们的主要竞争对手有哪些？他们的相对优势和劣势有哪些？
预测
极端情况及可能性分析
经济
政治
技术和市场变化
价格
极端情况有哪些？
最可能形成的经济、政治、科技以及价格环境有哪些？

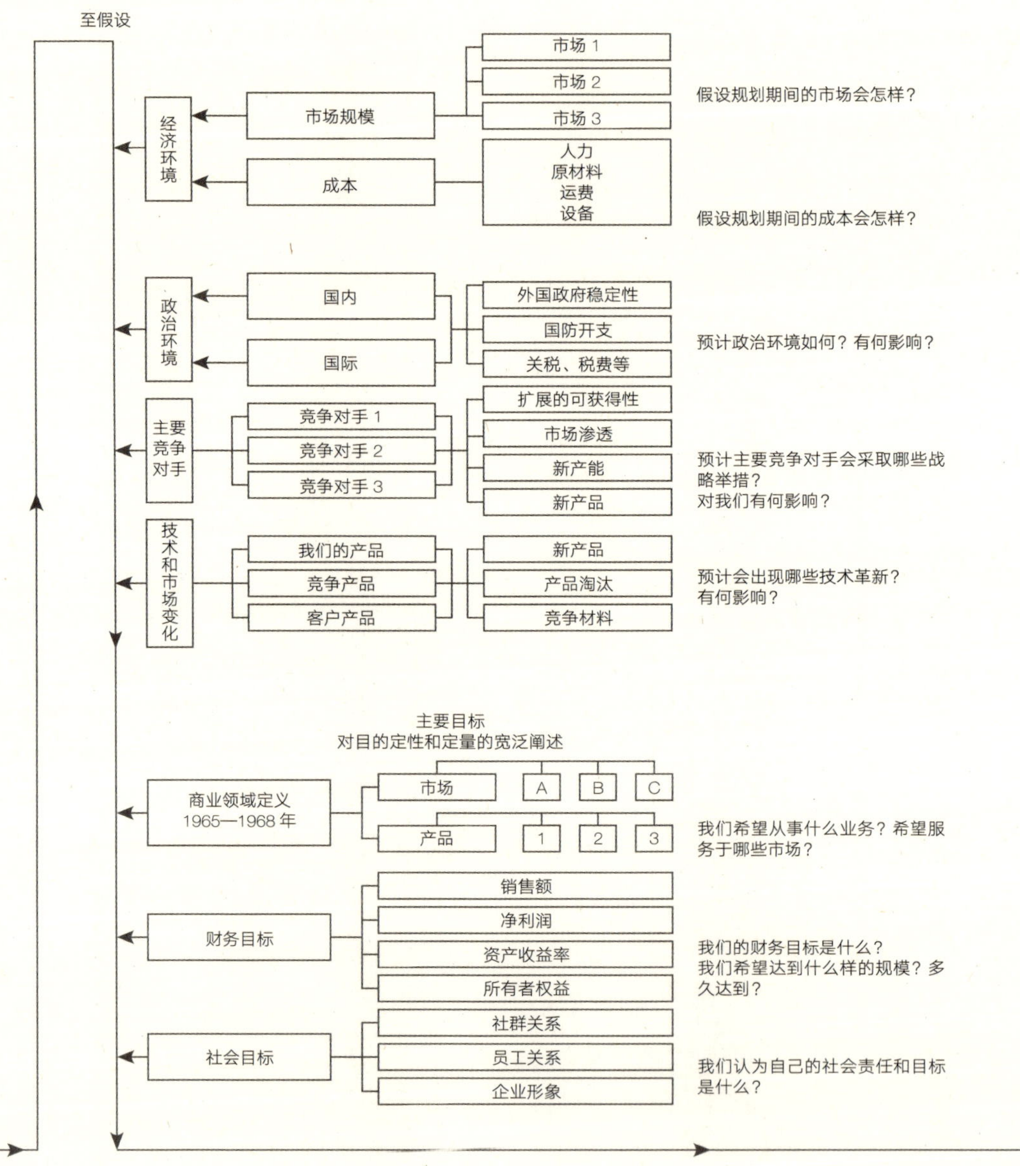
至假设
经济环境
市场规模
市场 1
市场 2
市场 3
假设规划期间的市场会怎样？
成本
人力
原材料
运费
设备
假设规划期间的成本会怎样？
政治环境
国内
国际
外国政府稳定性
国防开支
关税、税费等
预计政治环境如何？有何影响？
主要竞争对手
竞争对手 1
竞争对手 2
竞争对手 3
扩展的可获得性
市场渗透
新产能
新产品
预计主要竞争对手会采取哪些战略举措？
对我们有何影响？
技术和市场变化
我们的产品
竞争产品
客户产品
新产品
产品淘汰
竞争材料
预计会出现哪些技术革新？
有何影响？
主要目标
对目的定性和定量的宽泛阐述
商业领域定义
1965—1968 年
市场
A
B
C
产品
1
2
3
我们希望从事什么业务？希望服务于哪些市场？
财务目标
销售额
净利润
资产收益率
所有者权益
我们的财务目标是什么？
我们希望达到什么样的规模？多久达到？
社会目标
社群关系
员工关系
企业形象
我们认为自己的社会责任和目标是什么？

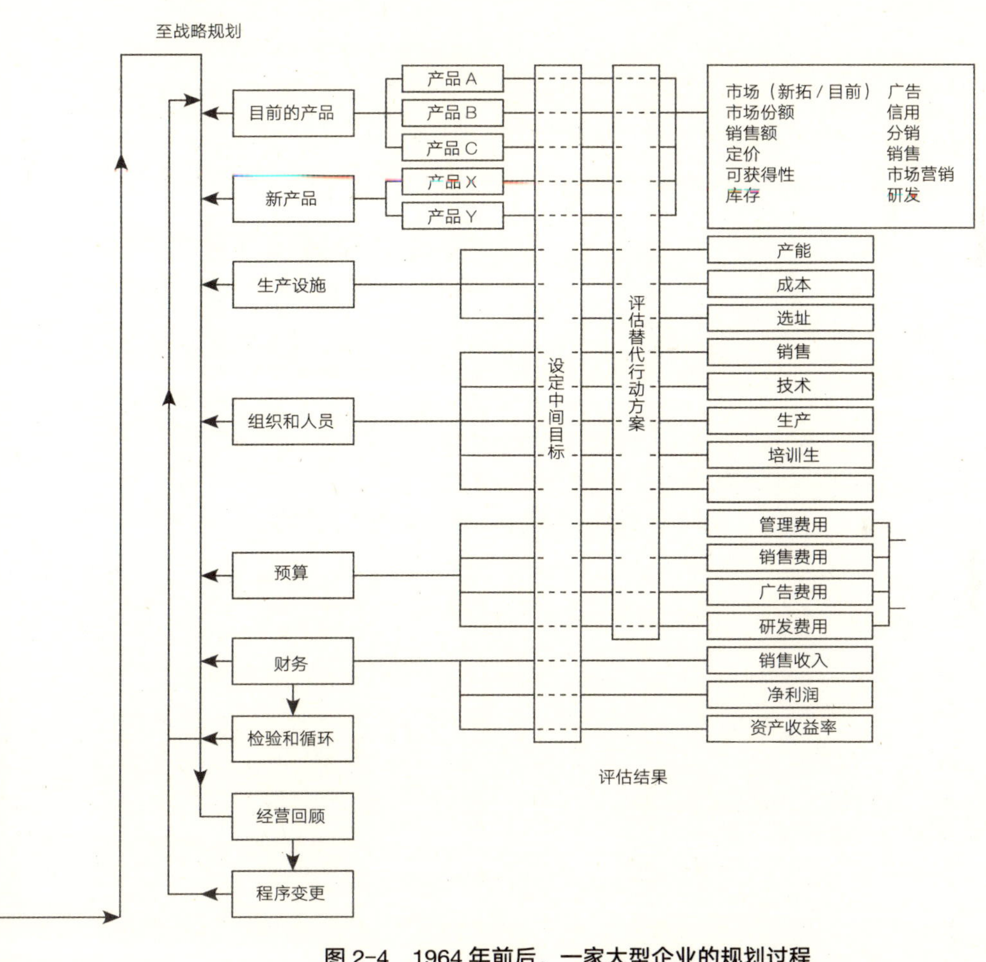

图 2-4　1964 年前后，一家大型企业的规划过程

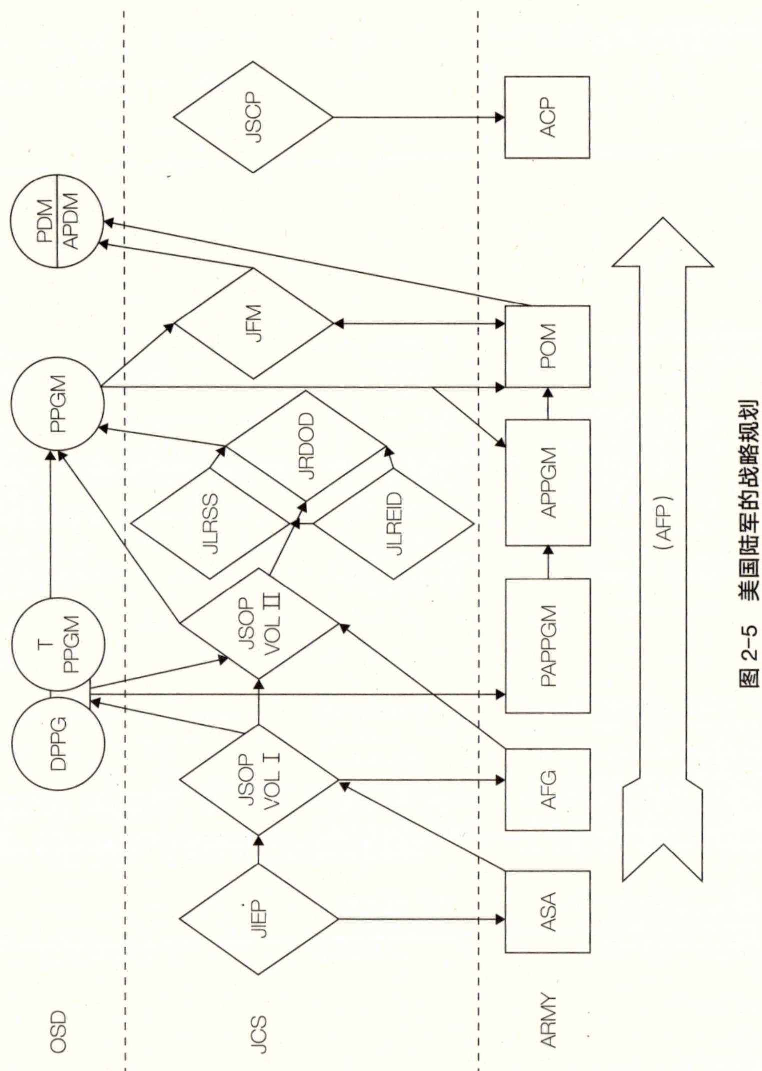

图 2-5　美国陆军的战略规划

但是，无论对技术的关注度如何，都有一个共识：战略规划必须明确划分步骤，然后按照明确规定的顺序将各个步骤联系起来。因此，斯坦纳将《新公司战略》称为“循序渐进的操作指南”。利纳曼（Linneman）和柯乃尔（Kennell）则将他们在1977年发表于《哈佛商业评论》的文章主旨描述为“通过我们所谓的多场景分析，提供一种简化的十步法来制定灵活的战略”。在后来对美国近千名规划人员的调查中，金特（Ginter）等人发现，他们在步骤的基本顺序上达成了强烈的共识，即使命、目标、外部分析、内部分析、战略替代方案的制订、战略选择、战略实施和战略控制，其中只有使命的重要性相当低。金特等人总结道：

> 尽管战略管理的规范模型有些过于理想和机械，它按顺序从一个明确的阶段逐渐发展到另一个阶段，这与某些人的预期相反，但并不会使那些在组织中实际从事战略管理的人感到困惑或害怕。相反，他们似乎很容易认同这种规范模型。

下面将简要回顾这一基本规划模型的主要阶段[①]，并介绍它们通常采用的顺序（有一个例外）。

目标设定阶段

计划学派的作者已经详细阐述了在战略形成过程中评估价值的一个简单概念，即通过制定全面的流程，来解释并尽可能量化组织的目标（通常借助数字形式来表示目标）。我们已经在安索夫和斯坦纳的模型中看到了他们对目标设定的关注。其他学者同样对目标设定有所关注，他们认为在某些情况

① 之所以用阶段一词来表述，是因为每个阶段通常都包含很多“步骤”。

下可以采用较为宽松的方法进行目标设定，如德尔菲法①。这种方法相信并鼓励参与者通过对一个或多个参数进行连续评估后，最终能达成共识。

1977 年，研究战略规划的学者们举办了一次关键会议，随后申德尔和霍弗基于会议内容写就了《战略管理》(*Strategic Management*) 一书。该书提出，“一种模型将目标和战略形成任务分开，另一种模型将目标和战略形成任务结合起来”。学者们的文章恰好能分成两类：第一类大部分都是从规划的角度来写的；第二类则从拥护设计学派理念的角度来写。换句话说，倾向于规划方法的人更愿意将目标与战略区分开来。

只有当目标的终点和战略的起点之间存在某些合理且明确的分界点时，才能对两者做出区分。有人可能会认为这样一个分界点很容易找到，但是当他们了解到像安索夫这样杰出的规划文献作者会将“产品线的扩展”和“合并”列入目标清单，而洛朗厄会使用“目标”一词来表示战略时②，可能就不会这样认为了。有时在极端情况下，战略和目标似乎很难区分，就像战略和战术的区别一样。

申德尔和霍弗“赞成将目标设定过程和战略形成过程分开，原因是：第一，这些过程在许多组织中实际上是分开的；第二，个人价值观和社会习俗在目标设定过程中往往比在战略形成过程中更具影响力”。但第一个论断并不准确，也没有提供支撑性证据，这使得第二个论断也变得值得怀疑。除非人们已经将世界万物都划分为准确的类别，否则这样的论断怎么能成立呢？理论上，组织当然可以决定什么是目标，什么是战略。但是，这些理论标签与现实的工作流程有什么关系呢？例如，谁能否认价值观对战略制定的影

---

① 依照系统的程序，采用匿名发表意见的方式，即专家之间不得互相讨论、不发生横向联系，只能与调查人员有关联，基于多轮调查中专家对问卷所提问题的看法，反复征询、归纳、修改，最后汇总成基本一致的看法，作为预测的结果。——编者注

② 洛朗厄认为，第一阶段是目标设定，主要是为了确定相关的战略选择，即整个企业及其子单元应该走向何处或朝着何种战略方向发展。

响，甚至衡量它呢？

我们对这个假设问题的推论既反映了规划方法的一大趋势，也反映了规划方法本身的价值。我们之所以能捕捉到一种现象，是因为这种现象能够书面化、标签化、规范化，并且能够用数字精确地表示。正如威尔达夫斯基在谈到政府目标时所说的那样："每一个目标都被整齐地贴上标签，就好像是从天空中一个巨大的国家香肠机中生产出来的。"

事实上，价值观是规划模型中最没有操作性的要素，特别是在组织这样的集体环境中。正如我们将在第 5 章中所阐述的，量化虽然在原则上是可行的，任何人都可以在一张纸上用数字来反映他们所关心的任何东西，但在实践中，却可能会使"组织"这个包含复杂的价值观集合的人类系统中产生严重的不公现象。尽管如此，在规划模型中，量化还是得到了广泛应用。事实上，许多所谓的战略规划活动只不过是目标的量化，沦为一种控制手段。

外部审查阶段

正如设计学派的模型一样，目标设定后的两个阶段，就是评估组织的外部和内部条件。按照正式化的、系统化的规划方法的原则，本书将把这两个阶段称为审查阶段。

在对组织外部环境进行审查时，对未来状况的一系列预测是一个主要考虑因素。长期以来，计划学派的学者们一直专注于做此类预测，因为如果缺乏环境控制能力，就无法预测未来环境，也无法进行规划。因此，拉塞尔·阿克夫的名言"预测并做准备"成为设计学派的座右铭。为了更好地预测未来，设计学派提出了大量的清单，涵盖所有能想到的外部因素，并开发了无数的技术，从简单的方法（如移动平均线）到极其复杂的技术，无所不包。近年来特别流行的方法是情景构建，即对组织未来环境可能出现的不同状态提出情景假设。我们将在第 5 章中对此展开更详细的讨论。

除了预测这个主题以外，还出现了一类研究战略情报的文献，主要为搜集外部环境信息提供了更广泛但不准确的方法。大多数规划模型都提供了外部审查中要考虑因素的清单，通常分为经济、社会、政治和技术等类。此外，在波特的《竞争战略》一书的推动下，20 世纪 80 年代出现了一些关于行业和竞争对手分析的重要文献。图 2-6 展示了波特进行竞争对手分析时所运用的基本框架。尽管有这么多关注和努力，但一项对某大型企业的前沿研究发现，人们“在进行环境分析、适应规划过程和评估其贡献方面都有困难”。在针对这项研究的追踪调查中，研究人员发现，对正式实践的关注减少了。

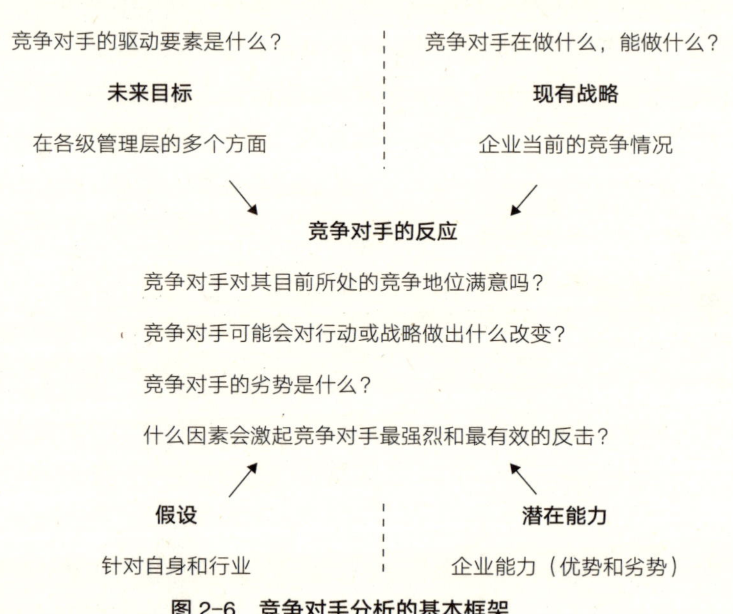

图 2-6　竞争对手分析的基本框架

资料来源：Porter,1980:49。

内部审查阶段

为了与计划学派的理念保持一致，对优势和劣势的研究再次被全面分解，但在这里使用的方法通常只是简单的行动清单和各种表格，耶利内克和戴维·阿马尔（David Amar）称之为“根据细目清单制定的公司战略”。也许对独特能力的评估本质上倾向于主观判断，因此不太适合进行严格的分析（或者分解）。

安索夫的“能力体系”框架是一个矩阵，包含职能领域和组织能力类型（人员、设施和设备等），这个矩阵似乎已经为随后的大部分工作设定了标准。表 2-1 再现了他在《公司战略》中提出的模型。自那之后的少数创新是由波士顿咨询公司、麦肯锡公司和通用电气共同推动的，它们在竞争优势和市场属性的矩阵中明确了通用电气的定位（由此产生了著名的波士顿矩阵[①]）。然而总体来说，自安索夫的著作发表以来，内部审查方面几乎没什么发展，仍然停留在用检查清单进行主观判断上，与设计学派核心模型中的通用表述没有很大不同。

表 2-1　能力体系框架

	设施和设备	人员技能	组织能力	管理能力
总体管理和财务	数据处理设备	总体管理深度	多部门组织结构	投资管理
		财务	客户	集中控制
		产业	产业融资	大型系统管理
		关联	规划和控制	分权控制
		法务	自动化商业数据	研发密集型业务
		人员招聘和培训	处理过程	资本 - 设备密集型业务
		会计		销售密集型业务
		规划		周期性业务
				客户多
				客户少

① 用来分析和规划企业产品组合的一种方法。这种方法的核心在于，要明确如何使企业的产品品类及其结构适合市场需求的变化，以及如何将企业有限的资源有效地分配到合理的产品结构中。——编者注

续表

	设施和设备	人员技能	组织能力	管理能力
研发	专用实验设备	专用领域	系统开发	利用先进的技术水平
	通用实验	先进研究	产品开发	对当前技术的应用
	设备	应用研究	产业消费者流程	性价比优化
	测试设施	产品设计	军事化	
		产业消费者	规范化	
		军事化	合规	
		规范化		
		系统设计		
		消费类		
		工作类		
经营	通用机器商店	机器操作	大规模生产	在周期性需求下的经营
	精密仪器	工具制作	持续流程化处理	规格化
	流程设备	装配	批量处理	技术的
	自动化生产	精密仪器	作业工坊	质量的
	大型高跨度设施	精密公差工作	大型复杂产品装配	严格的成本控制
	受控环境	流程操作	子系统集成	严格的计划调度
		产品规划	复杂产品控制	
			质量控制	
			采购	
销售	仓储	逐门逐户出售	直销	工业品营销
	零售市场	零售	经销商连锁	消费品销售
	销售办公室	批发销售	联合零售	国防部营销
	服务办公室	直接企业出售	消费者服务组织	国家和地方性营销
	运输设备	国防部门销售	工业品销售服务	
		交叉行业销售	组织	
		应用工程	国防部产品支持	
		广告	存货分销和管理	
		促销		
		服务		
		合同的执行		
		销售分析		

资料来源：Ansoff,1965:98-99。

战略评估阶段

相比内部审查阶段，在战略评估阶段，规划方面的学者取得了不少新的研究进展。评估过程本身就是一个精密的标准化过程，战略评估阶段出现了很多技术：从简单的早期投资回报分析，到一系列较新的评估技术，如“竞争战略估值法”“风险分析法”“价值曲线评价法”“股东价值分析法”等。

从上面提到的技术标签中可以明显看出，大多数技术都应用于财务分析，似乎只有战略创造的经济利益（或绩效）才是真正重要的，而且可以直接衡量。因此，“价值创造”成为计划学派的一个流行术语，涉及公司的市价对账面价值比（market-to-book value）和权益资本成本。这些技术潜在的假设似乎是，企业不必考虑产品、市场和客户这些混杂因素，只要算算账就可以赚钱。在后面的章节，我们将会探讨对财务定量方法的痴迷可能会产生完全相反的效果的原因。将财务这驾马车放在战略这匹马之前，实际上会导致公司的业绩恶化。

在任何情况下都要明确，设计方法只是试图从广义上判断拟议战略的可行性，而规划方法倾向于通过精确计算来判断拟议战略的可行性。后者只不过是将前者的方法正式化了。但这两种方法所产生的结果不同，且效果也不相同。

在那几年里，还有人对其他评估战略的方法有所关注。从原理上分析，这些方法也许是合理的，但难以实际执行。例如，曾有人试图使用计算机全面模拟一家公司，来测试拟议战略的结果。这类模拟试验最早出现在 20 世纪 60 年代末，后来在 70 年代遇到问题而陷入停滞，但是它们的支持者在 80 年代重新燃起了热情。奇怪的是，这类模拟方法往往是理论强于实践，因为其支持者似乎更热衷于开发，而不是将它们实际应用在战略规划上。就像西姆（Shim）和麦克格雷德（McGlade）引用的一项研究成果所提到的，“这类模拟模型最终通常由战略规划小组，即财务主管部门使用”。当然也有值得关注的例外：罗杰·霍尔（Roger Hall）和威廉·门齐斯（Willliam Menzies）在1983年发表过一篇文章，详细介绍了一家体育俱乐部利用模型所做的实践。该俱乐部全面使用系统动力模型来测试各种战略对会员产生的效果。据说，俱乐部还依据模拟结果对一些关键战略做出了改变。[①]

必须牢记的是，战略评估阶段的假设并不是在一个特定的时间点形成或发展而成的，而是在一个特定的时间点显现出来的，而且战略的所有方面都可以被清晰描述，所以可以对它们进行评估，并做出一个明确的选择。在这方面，索耶的注解具有指导意义。

> 德军总参谋部在计划征服法国时，制定了一系列备选战略，并且在做出选择之前，为每个战略准备了完整的作战计划。在选择并实施特定战略之前，通常需要考虑各种备选方案可能产生的结果。

战略实施阶段

在战略实施阶段，大多数模型变得越发详细（安索夫模型是一个明显的例外），就像是规划过程突然突破了战略制定过程的瓶颈，加速进入了看似开阔的战略实施空间。事实却恰恰相反：在现实中，战略形成应该是一个开放的、发散的过程，因为蓬勃的想象力可以创造出新的战略；而战略实施应该是一个稳定的、收敛的过程，因为在实施过程中，制定的战略会在实施层面上受到限制。但是具有讽刺意味的是，由于注重正式化，反而使得战略形成过程受到严格的限制。在战略实施阶段，战略规划的层次结构被不断扩大，这让战略可以被自由地分解、细化和合理化。后果是，在规划过程中，战略形成过程失去了创造性潜力，而战略实施过程却提供

---

① 当然，这类计算机模型也可以应用于外部审查阶段。如果关键参数可以量化，就可以用于了解环境的作用及影响。霍尔利用这类模型分析了《星期六晚邮报》（*Saturday Evening Post Magazine*）的命运。如今看来，这次实践表明此类模型可以被当作诊断工具使用。

了强力的控制。因此，由于评估外部环境存在困难、无法清晰识别独特能力，以及选择战略评估方法比较随意等问题，规划模型反而过于重视战略落实的具体细节，而这自然顺应了正式化的要求。

显然，当时分解被认为是战略实施阶段的必要步骤。正如斯坦纳所指出的，“所有战略都必须分解为子战略，才能成功实施”，这种说法就好像是没有实施战略的其他方法了。约瑟夫·鲍尔（Joseph Bouer）将整个分解结果称为“逐级推演”，而诺曼和埃里克·瑞安曼（Eric Rhenman）则称其为“手段－目的模型”（means-ends model）。他们的这种说法受到赫伯特·西蒙的影响，后者的观点“极大地吸引了这些‘理性’规划技术的追随者”。西蒙的观点是，“规划问题可以通过将整个问题理性地划分为目的和手段，按层次结构进行排序来解决”。

在战略实施阶段，会产生一套完整的层次结构，不同层次的规划所包含的时间段不同。长期的、全面的或“战略性的”规划处于最高层，着眼于长远发展（通常是 5 年）；随后是中期规划，一般可能是 2 ～ 3 年期；经营或短期规划通常位于最底层，一般只有 1 年期。通过对层次结构进行如上的垂直分解，首先会产生一个目标体系，在这个体系中，整个组织要实现的基本目标会被分解为具体目标，再分解为子目标。这样分解的结果又会转化为整个预算体系，从而对组织的每个部门施加财务约束（根据不同的角度，也可视为激励的诱因）。

同时，战略本身也被细化为斯坦纳所提及的一个整体的子战略体系。人们通常认为这个体系中存在三个层次，包括：公司层战略，该战略考虑的是多元化公司的整体业务组合（例如，在不同行业的定位组合）；业务层战略，用于描述每个单独业务[①]的产品市场定位；职能层战略，可以定义营销、制

① 或称为战略业务单元，该术语创建于 20 世纪 70 年代通用电气的早期战略规划中。它可能对应正式的部门，也可能不对应，一些部门包含各种不同的战略业务单元。

造、研究等方面的经营方法。所有这些子战略的成果（作为定位，而不是作为观念）又被依次转化为另一个体系，即行动计划体系，包括引入特定的新产品、推出具体的广告活动、建设新工厂等，每一个行动计划都有具体的时间表。

最后，包括目标、预算、战略、程序在内的整个工作都会被精心整合到一整套经营规划中，这种规划有时被称为“总体规划”。“总体规划的基本特征便是全面，它不仅涵盖业务的所有主要要素，而且将这些要素整合到一个均衡且一致的经营程序中”。毋庸置疑，这样的总体规划会非常复杂，图2-7显示了斯坦福国际咨询研究所广泛宣传的“规划系统”。

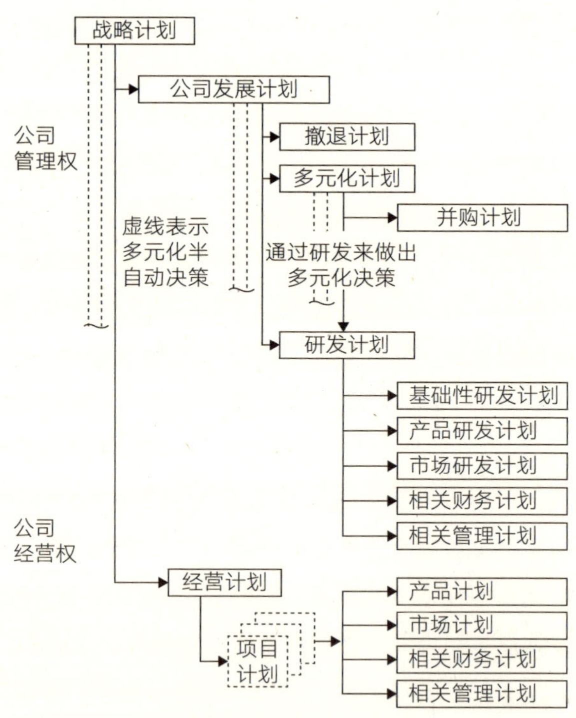

图 2-7　斯坦福国际咨询研究所提出的“规划系统”

资料来源：Stewart, 1963:i。

在战略实施阶段，所有这些工作都被称为规划，但实际上，它们的真正意图是控制。每份预算、子目标、经营计划和行动计划都覆盖到组织中不同的实体上，无论是分公司、组织内的部门、分支机构还是个人，最终都要按照规定执行。正如劳斯比所指出的，责任是“以一种非常严密的方式”分配的。斯坦纳认为，“所有战略都必须分解为子战略，才能成功实施”，因为他假设每个人都要有精确的目标，才能完成自己的工作，“战略实施的最后一步关注的是如何控制并激励人们按照规划采取行动”。如果分解工作做得正确，那么将所有这些单独的任务合并起来，就能实现组织的总体战略目标。一切都是那么条理分明，像流水线上的机器一样。

制定日程

规划过程中的所有步骤都是程序化的，执行这些步骤的时间表也是如此（更不必说这些步骤的结果，即规划本身了，这些规划本应为所有项目制定时间表，为所有预算规定时限）。斯坦纳在《战略规划》中将整个模型的前面增加了一个初始步骤，称为“规划的规划”：如果规划是好的，那么它对规划制定者也必然有好处。图 2-8 显示了 1980 年前后通用电气使用的年度规划周期表，该规划表从 1 月 3 日开始，到 12 月 6 日结束。通用电气的一位规划人员这样描述同一时期的这一过程：

- **1 月：** 基于对公司内外部环境的审查，确定了整个公司层面关注的问题，例如两位数通货膨胀或能源危机的影响。SBU 收到指示，明确了公司的主要优先事项和目标。

- **2 月至 6 月：** 每个 SBU 更新其 5 年战略规划。重点在于提高自身的长期竞争地位。另外，还需要确定如何响应公司的指导意见。

- **7 月至 9 月：** 由董事长、副董事长和高管们组成的公司管理委员会审查 SBU 的规划。他们会评判规划的质量、评估风险，并决定资源

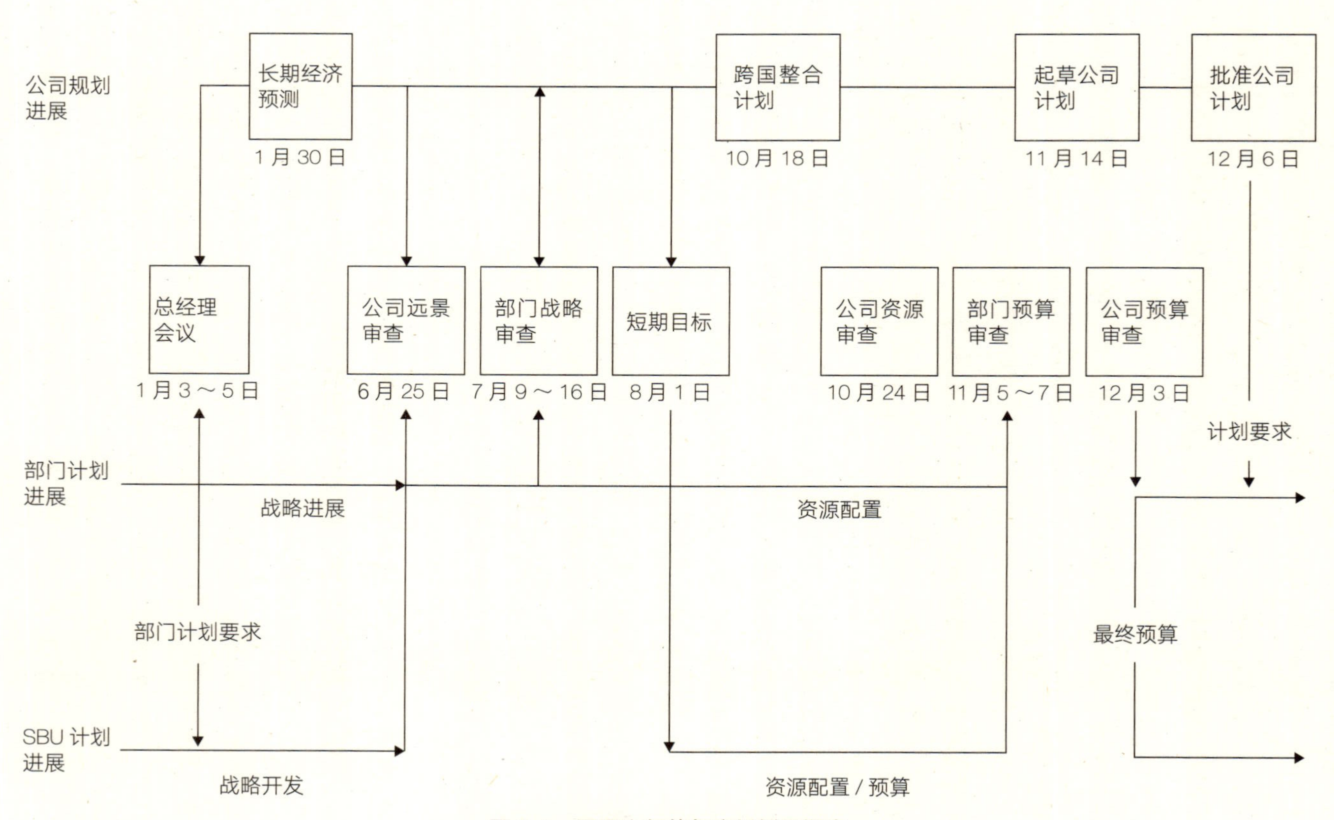

图 2-8 通用电气的年度规划周期表

资料来源：Rothschild,1980:13。

分配的优先级。公司管理层关注的重点是 SBU 的目标和资源需求，并会尽量减少对 SBU 为实现目标所制定的具体战略的干预。

- **10 月至 12 月：** 每个 SBU 为来年制定详细的经营规划和预算。

- **12 月：** SBU 的预算最终获得公司批准，成为来年衡量经营绩效的基础。

尽管每件事在实施时并不能像图表中规划得那么细致，但这种环环相扣的安排，确实能够规划好具体的事情应该在何时发生。在讨论一家大型多元化跨国公司的规划时，洛朗厄和理查德·范希尔认为："到了 6 月中旬，最高管理层已经准备好一份明确的关于公司战略和目标的说明。"通过这个描述，似乎能想象到这样一个场景：这些高管在 6 月 14 日晚 11 点围坐在一张桌子旁疯狂工作，努力完成他们的战略。尽管洛朗厄声称，规划模型"规定了一个合理的步骤顺序，公司应该遵照这个顺序执行，以使规划过程在公司内部发挥作用"，但我们应该想想，这样做会扼杀多少公司的生命力。

一个被遗漏的细节

正如我们所看到的，整个规划工作都有非常详细的程序：划分好步骤，运用相应的检查清单和技术，制定一个细致的时间表，确定每件事的责任人。但是，在这个过程中有一个细节被遗漏了，那就是战略形成本身。规划的实践过程中最明显的目标为什么会被遗漏呢？在这个过程中，没有任何一个步骤告诉我们如何形成战略。虽然这个过程告诉我们如何搜集信息、如何评估战略，以及如何实施战略，但却没有首先告诉我们如何形成战略。每个文献作者实际上都只是在围绕步骤进行讨论。1972 年，玛穆罗（Malmlow）在《长期规划》（*Long-Range Planning*）杂志上的一篇文章中，把标有"理解投入"和"增加见解"的文本框放在了规划图表中，他呈现的只是所有规划方面的文献都存在的最糟糕的问题：假设已经捕捉到了某种现象，即某项行动仅仅因为符合理论的框架，就会被采用。所有事情都只有分解，没有整合。尽管安索夫提出“协同”的概念，但规划仍然七零八落地摆在表面上。当然，这一切都需要在战略形成这一个步骤中应对。但是他们都忘了指出这个步骤，没有分解，没有阐述，没有合理化。实际上，他们根本没有说明该如何形成战略！

事实上，虽然人们在研究战略规划方面付出那么多努力，但我们并未因此更加了解战略及其制定方式。这些努力可能主要使有才华的人避重就轻，让他们不去处理如何制定战略这个棘手问题。因此，在写了那么多书、考虑了那么多正式化问题之后，斯坦纳终于在 1979 年出版的《战略规划》一书中承认：“尽管在开发识别和评估战略的分析工具方面取得了很大进展，但这个过程仍然是一门‘艺术’。”我们似乎又回到了设计学派的模型①！

但是，如果战略形成过程仍然是一门“艺术”，那么规划从何而来呢？如果正式化是规划的核心，但战略形成又不能正式化，那么这些年来“战略规划”在做什么呢？如果战略规划必须考虑前端的目标设定和后端的战略实施（无论战略从何而来），那么怎样才能使规划正式化呢？

战略规划的 4 个体系：目标、预算、战略和程序

撇开那些缺失的细节不谈，规划模型中所有表面清晰的顺序确实将整个过程中存在的大量混乱之处掩盖了。尤其是，这个模型提供了一系列组成部

① 这个模型本身并不能提供更多的帮助。布赖森认为：“设计学派模型的主要缺陷就在于，它没有就如何形成战略提供具体的建议，只是指出有效的战略应当建立在优势之上，要利用机会，克服劣势和威胁，或将它们的影响降至最小。”

分，但在实践中从未明确过这些组成部分之间的关系。目标、预算、战略和程序这 4 个体系并不像基本模型所假设的那样契合。安索夫是这样解释战略实施的：

> 下一步是将规划好的层次变为公司各个单元协调一致的行动程序。这些程序规定了行动时间表、目标和指标、检查节点和要达成的里程碑。然后，行动程序被转化为资源预算，包括所需的人力、材料、资金和空间。行动程序和资源预算构成了利润预算的基础，即净成本的衡量标准，以及绩效水平的达成程度。

但不知道为什么，从来没有人清楚所有这些转化应该如何进行。因此，实践往往会产生不同的结果，并因难以成功地执行所制定的战略而产生各式各样的抱怨（请回想一下彼得斯关于战略实施成功率“疯狂膨胀”10% 的评论）。并且，执行起来不那么艰难但也不够全面的模型也受到欢迎，如已被实践证明比较实用的 PPBS 模型。在某种程度上，这些问题可能正好反映了基本模型的不完善——所有组成部分之间的关系都尚未明确或模棱两可。但更重要的是，我们认为这些问题反映了模型本身的假设是错误的。

根据综合模型，组织最开始的目标由高层设定的，反映了高层管理者的基本价值观，然后会层层向下传递。然而，如果最初的目标是通过曾经流行的目标管理方式设定的，那么目标还会以累积汇总的方式向上流动，在这种情况下，就无法判定会在哪一层级形成整体的价值观了。斯坦纳似乎坚持认为目标也可以来自战略，即“规划过程可以从制定战略开始。一旦制定了可信的战略，就很容易确定战略恰当实施时会实现的目标”。①但无论如何，这些目标都应该激励战略的发展，就像安索夫的差距分析一样。在设定目标

① 更令人困惑的是另一种观点，即“通过分析公司的机会和威胁、优势和劣势，管理者和员工将发现备选的目标和战略，并最终从中确定公司的目标”。

后，会出现一系列战略，这些战略又会产生一系列程序。然而，资本预算中的一个假设是：程序由下层发起，并沿着组织结构向上流动，以获得批准，在这种情况下，又不清楚战略从何而来了。至于位于第三个层次的预算，通常被认为是以常规的方式从目标中产生的，完全独立于战略。其实预算与目标一样，经常是以自下而上的方式协商出来的。然而，在一些特定战略上，预算也被认为应该反映战略的变化，因为这是战略本身的变化方式。事实上，常规预算和特定战略之间的关系问题似乎从未得到实质的解决。

那么，在这个过程中到底发生了什么呢？在特定情况下采用特定规划系统的规划人员可能知道答案。换句话说，他们可能为解决组织的问题而做出妥协。但有谁会知道通用情况呢？这里真的有什么明确的概念性知识吗？还是说，只是规划文献混淆了假设和实践？

让我们尝试用另一种方法来厘清其中的一些问题。目标、预算、战略和程序显然是 4 个不同的体系，并不像规划文献指出的那样容易联系在一起。更有可能的是，它们之间的联系要么根本不存在，要么比表面上看到的要复杂得多。特定的战略有时会引发特定的程序，而目标有时有助于确定预算，这些结论似乎都有充分的理由。但是，还没有足够的论据可以认定这些体系可以互相嵌套，例如，认定预算体系源于战略体系（反之亦然）。特定程序如何被纳入常规的预算，这一点还不是那么清楚；目标如何促进战略的制定也尚未可知。此外，如前所述，基本模型中规定的过程似乎与目标管理或资本预算等系统相矛盾，这些系统完全是以相反的过程运行的。以上这些矛盾都有待调和。

为了在这种混乱的研究情况下取得一些进展，我们觉得有必要自己分解战略规划。我们应该垂直地分解，将目标、预算、战略和程序完全分开，以便重新考虑它们在实践中可能存在什么联系。我们使用“可能”这个词，是因为在这里我们只能推测，而任何进一步的结论都需要进行一些非常仔细的实证研究。图 2-9 显示了在公司、业务、职能和经营等不同管理级别是如何划分这 4 个体系的，这些体系的任何结构单元都可以被替换。图的底部显示了组织采取的行动，也就是所有这些工作的目标。

图 2-10 在理论上展现出成熟的规划模型。模型的起点是公司总体目标（1）。由此，一方面产生了整个子目标系统（1a ～ 1c）；另一方面引起了自上而下逐级的战略发展（2a ～ 2c），并进一步形成了资本和经营程序的体系（3a ～ 3c），从而决定组织将采取的行动。同时，目标和子目标体现在各级的预算过程中（4a ～ 4d），各种程序的成果也体现在预算过程中。因此，必须考虑到这些程序对预算的影响。大体上，整个系统就是这样整合在一起的[①]。现在让我们仔细看看它的组成部分，然后再回到这个问题。我们将分别回顾 4 个体系，然后考虑它们之间的相互关系。

目标体系

战略规划的假设似乎是：目标由整个组织的最高管理层决定，目标设定后会引发战略形成过程。在这一过程中，目标作为激励和控制的手段，沿着组织层级结构逐级向下传递。也就是说，在战略制定过程中，目标既提供激励，又成为一种绩效评价的依据。但是，如果目标真的能够提供激励，那么根据行为科学家的说法，人们必须参与自己的目标的设定环节。这样一来，与其自上而下地传递目标，不如由各部门、各位工作人员自己制定目标，然后将目标汇总起来。但如果真这样做，这些目标又如何与战略联系起来呢？如果一些目标是向上汇总的，另一些是自上而下传递的，它们如何才能形成统一的目标呢？艾格曼（Eigerman）认为："在一个纯粹的自下而上的系统中，跨单元的战略集成是通过类似订书机一样的机制实现的！"

---

① 20 世纪 60 年代，美国政府的 PPBS 实践是以大致相同的方式进行的，只是它往往涉及更多的自下而上的资本预算，并且在其假定的全面性上更有信心。

绩效控制
行动计划
预算体系
目标体系
战略体系
程序体系
公司管理
项目收益报表
总体目标（如投资回报率）
公司战略（组合）
业务管理
部门收益和资金流动报表
子目标（如增长、利润）
业务战略（定位）
资本程序
职能管理
职能方面的预算和经营计划
次级子目标（如收益、成本）
职能战略
资本和经营程序
经营管理
子单元的预算和经营计划
最低级别的目标（如收入目标、降低成本）
资本和经营程序
组织采取的行动

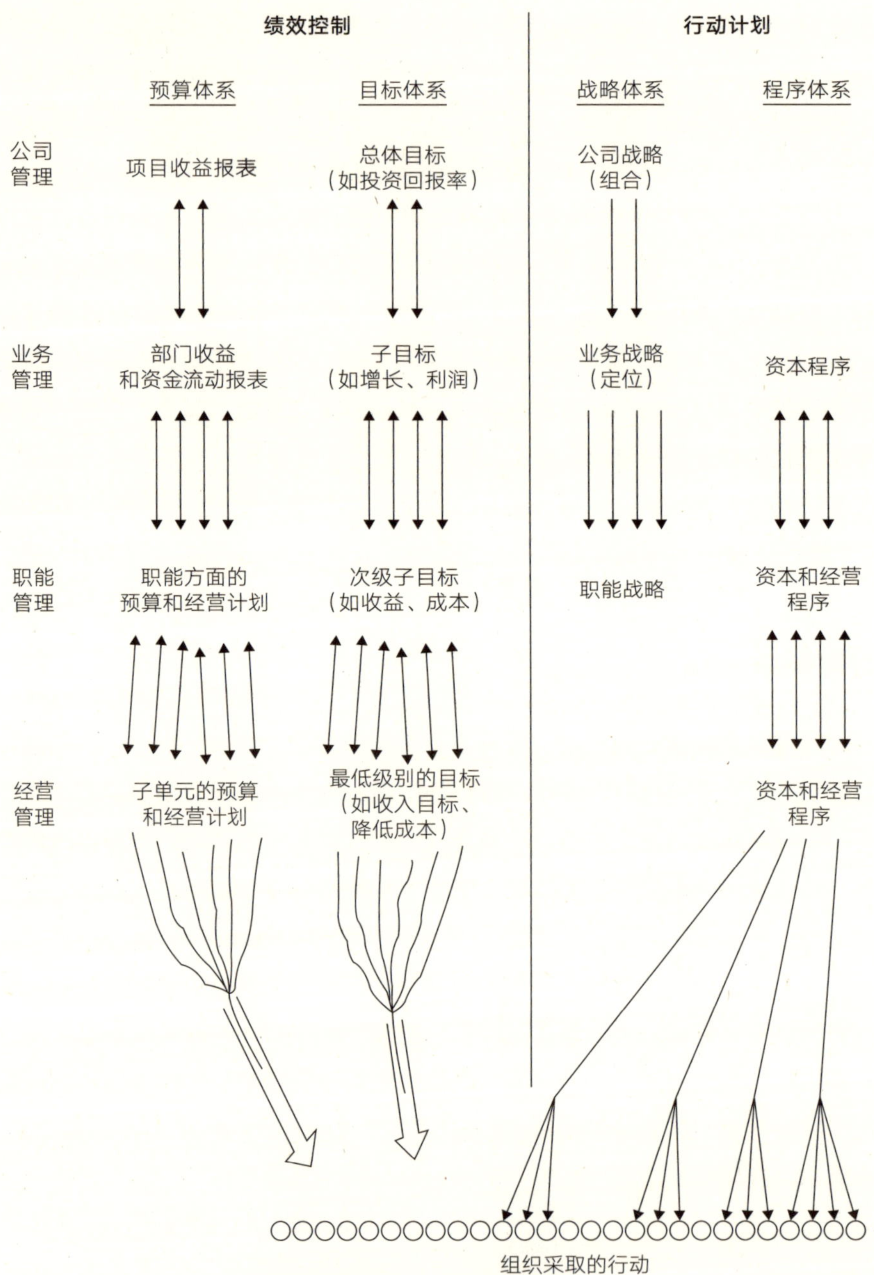

图 2-9　4 个规划体系

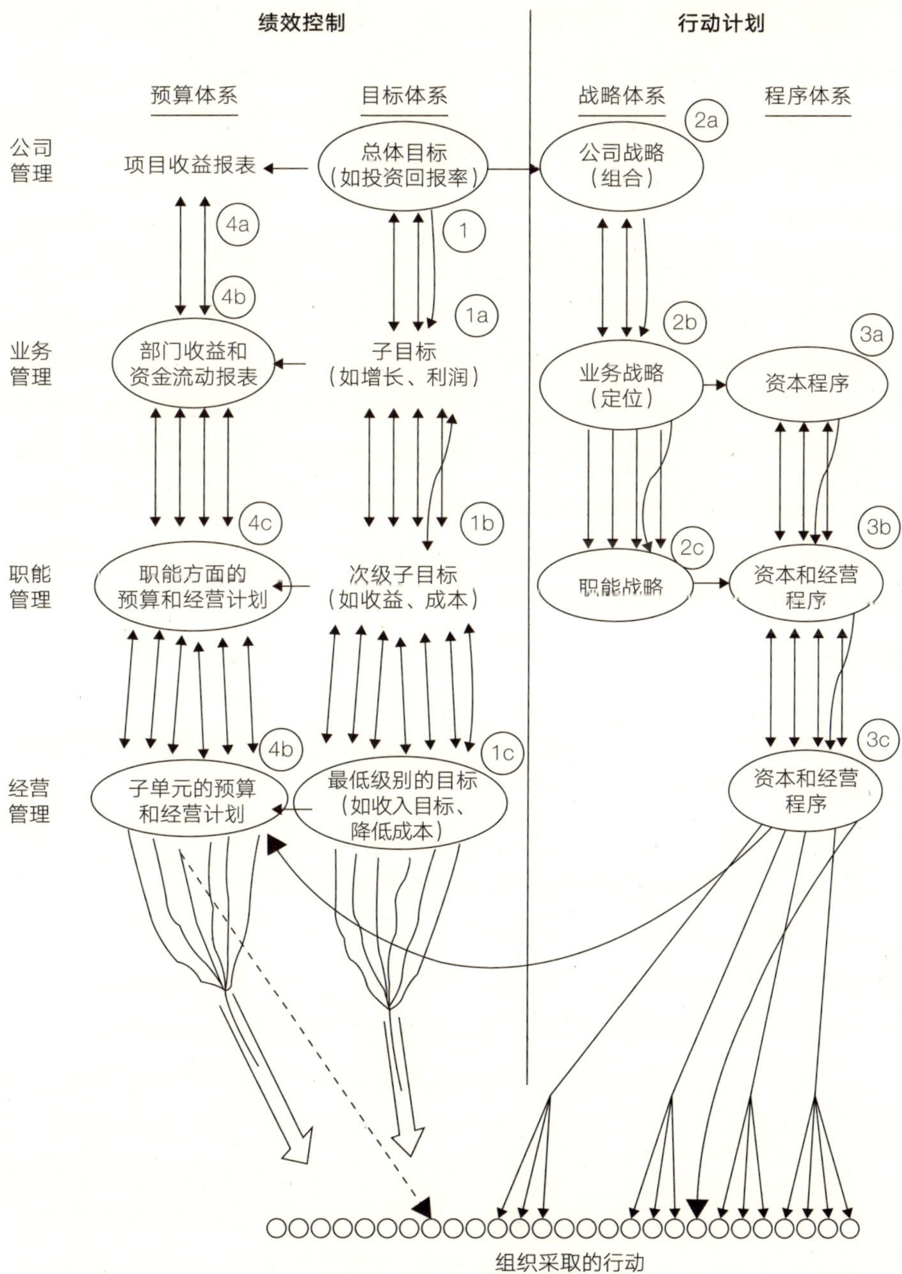

图 2-10 传统的全面规划模型

因此，除了文献中一些泛泛的说明外，目标设定与战略形成之间的联系仍然未被阐明。与设计学派的模型一样，规划方面的文献也只是将战略大致描述为由价值观驱动，却从未说明其如何与正式的定量目标建立联系。

预算体系

预算与目标并没有太大的不同，因为它们都是一系列子目标的集合，这些子目标是根据层级结构中的单元分解而成的。在这里，预算还可能包括各种经营规划，涉及财务、人力、物力和其他资源，以及资金流和项目损益报表。与目标一样，预算会沿着组织层级结构向下传递，也会向上聚集，或者通过协商的过程双向流动。同样，预算的主要作用是控制（可能也有一小部分激励作用），并且往往适用于组织的每个子单元。即使会进行频繁的周期审查（如每月或每季度审查），预算也更倾向于定期建立（如一年一次）。

预算几乎是每个组织的关键因素，它不可避免地成为资源分配和控制的主要手段。正如西格尔（Siegel）在谈到政府预算时所指出的：

> 对任何政府而言，预算都是最重要的政策声明。预算的支出情况展现出在公共资金中“谁得到了什么”，收入情况则展现出“谁支付了成本”。任何政府活动或规划都需要资金支出，未经预算授权不得动用公共资金。预算决定了要增加、减少、终止、启动或更新哪些规划和政策。预算是公共政策的核心。

但是，“预算是公共政策的核心”的说法还存在不少问题：预算以何种形式、怎样做才能成为公共政策的核心？预算的作用是制定战略、表达战略、响应战略，还是脱离了战略？很少有作者关注与预算相关的明显问题，如各方面相关者之间的摩擦、政治伎俩和增加预算的各种手段，以及逐年有意识地推断预算的趋势。但也有例外，威尔达夫斯基在《预算过程的政治学》（*The Politics of the Budgetary Process*）一书中提供了关于公共部门预算编制的详尽的研究文献。他针对“预算到底是什么”的问题展开论述，并提出预算是一种预测、一个计划、一种合约、一个前提的观点。他的观点值得详细引用。

> 那些制定预算的人似乎认为预算所计划的内容与未来事件之间存在直接联系。因此，我们可以将预算视为预期，是一种预测……预算……成为财政资源和实施行为之间的纽带……
>
> 预算也可以被称为一系列带有价格标签的目标。由于资金有限，必须以各种方式分配，所以预算成为一种在各种支出方案之间做出选择的机制。当为了达成预期目标而协调各种选择时，预算可以被称为计划……
>
> 从另一个角度来看，预算也可以被看作一种合约。美国国会和总统承诺在指定条件下提供资金，政府部门也同意按照商定的方式使用资金。
>
> 预算一旦通过，就会成为惯例。如果某些事项曾经完成过，那么就会大大增加再次执行这些事项的可能。由于通常只有与前一年的预算有重大差异的地方才会受到严格审查，因此，一个项目可能会在下一年保持不变，理所当然地继续执行……
>
> 现在应该可以很清楚地看出，预算的目的会随着相关者的目的而有所不同。

上述这些关于预算的定义似乎都有一个共同点：它们都表明预算是公共政策的表达形式，换言之，是战略形成过程的结果。正如威尔达夫斯基所说，“预算记录了为控制国家政策所进行的斗争的结果”。“如果有人问‘谁能得到政府供给’，那么答案马上就会被记录在预算中。”但预算也可以是投入：可以正式化的战略（或者更确切地说，不能正式化的战略）会受到已分配预算的显著影响，特别是当预算紧张时。但无论哪种情况，战略和预算之间是如何相互转换的呢？

尚克（Shank）等人讨论了规划和预算周期之间的三种联系形式，这三种联系存在于“战略形成与对战略的量化解释之间”：第一种，在规划和预算数据之间存在内容联系，两者的文档存在格式差异；第二种，负责规划和预算的单元之间存在组织联系，特别是在负责预算的控制人员与规划制定者之间；第三种，规划和预算在顺序上存在时间联系，特别是要决定哪一个先完成时。然后，尚克等人将以规划优先的松散型联系与先预算再规划的紧密型联系进行了比较。他们提出，紧密型联系由于过度关注成本削减和控制，所以“会破坏战略活动”；而松散型联系可能有助于自由地形成创造性战略。但他们只是得出了上述结论，并没有回答如何建立松散型联系的问题。

战略体系

如前所述，战略体系通常是自上而下的，从公司战略到业务战略，再到职能战略。其中，公司战略是关于业务组合的意向，业务战略是在特定产品市场上的预期定位，职能战略是关于营销、生产、采购等的意向。战略规划模型中明显的假设是，每次（通常是每年）制定战略时，都要按照既定的时间表，从顶层的公司战略开始逐层向下进行规划过程。然而，没有证据可以证明，战略应该、能够或实际上确实会定期改变。事实上，所有的证据（其中一些将在第 3 章提出）表明的结果都是相反的：真正的战略变化都是突发性的、不规律的，战略往往会在很长一段时间内保持稳定，然后突然完全改变。每个人都可以把 6 月 14 日的会议当作敲定公司战略的最终日程，但公司的关键竞争对手可能也早已准备好在 6 月 15 日针对刚刚敲定的战略展开行动。这时公司该怎么办呢？是否应该等到明年 6 月 14 日才做出回应呢？

而且，也没有任何证据表明战略可以逐级平稳地向下传递。预算很容易以数字形式分解并汇总，但是战略不能。当规划文献从理论上都未能将目标与战略区分开时，人们在实践中又怎么可能做到呢？战略不是有形的实体，不能像仓库中的集装箱一样堆叠起来，而是只存在于人们头脑中的独特概念。因此，像“公司的”、“业务的”和“职能的”这样的形容词，在理论上听起来不错，但它们在现实中却说不清楚，它们实际上所反映的是战略和战术之间的区别。同样，预算自然而然地叠加在公司的层级结构之上，战略则不然。从来没有人解释过公司战略与业务战略的关系或业务战略与职能战略的关系。当人们从应急的角度考虑战略过程时，会出现更大的问题，因为逐层降低的主动性可能会导致更高层级的战略调整，这些是预期之外的，也是规划之外的。

程序体系

程序看起来足够清晰，是一套特定的活动，如收购外国公司、推出新产品、扩建工厂并配置人员。每个程序通常有一个时间规范，被称为时间表。在程序体系中，层级关系可能看起来很清楚。例如，如果在制造部门的级别运行扩建工厂的程序，将会引起工厂经理级别的人员配置程序。有些程序是资本性质的（如前者），有些程序则是经营性质的（如后者）。

当然，程序可以在组织结构的任何级别独立启动（如更换工厂车间的维护机器），但是那些涉及重大资本支出的程序，通常必须得到组织高层的批准。因此，在程序体系中，自下而上的程序是常见的，并且，当采用共同的报告格式和时间表、设定同样的审议时间时，它们就成为正式的资本预算系统的一部分了。但是，这种针对特定程序的预算形式，并不能与前面讨论的子单元定期预算相混淆。所谓的零基预算似乎结合了两种预算形式：就像考虑资本项目一样，定期地重新考虑每个预算单元的存继问题。例如，在政府的预算中，应该每年重新决定是否继续保留某部门。

在传统的战略规划中，自上而下的预期战略会被简单地转化为实施它们所需的资本和经营程序。例如，某家汽车公司的业务扩张战略是收购竞争对手的工厂，因此该公司必须实施相应的程序来实现这一战略。但是，战略规划在何处结束，程序又从哪里开始呢？如果这家汽车公司为了收购一家特别理想的工厂而被迫收购了一家特定的公司，结果发现还附带收购了一个养猪场，后来汽车业务衰落，反而养猪场经营得非常好，并拯救了自己，那会怎样呢？这个收购程序是否会对战略造成影响？或者，该公司应该把目标范围扩大，将养猪也纳入战略？格罗斯曼（Grossman）和林德（Lindhe）坚持认为："资本预算决策应该在组织的长期战略的背景下做出。"但这是为什么呢？仅仅因为这对规划制定者来说更方便吗？即使项目中有一些意想不到的事情可能会带来更好的战略，也不改变现有的战略吗？难道每件事都必须按照原定规划进行吗？如果首席执行官真的对养猪场有兴趣，而收购的真实目的就是满足他的秘密愿望，那么战略和目标应该改变其定位吗？

我们的重点不是在哪里划定界限，而是如何在最应该的地方划出这样的界限。更重要的是，为什么一定要划定界限呢？规划方面的理论试图在规划的所有问题上都任意地划明界限，但结果实际上除了混淆问题，对问题的梳理毫无益处。如果战略是为了智胜竞争对手，或者仅仅是为了把组织放在一个安全的利基位置，那么相比尊重现有的界限，打破它们、重新划定界限反而是一种创造性举动。

那么资本预算和战略之间的关系又如何呢？达菲（Duffy）声称，"程序制定阶段……弥补了规划和预算阶段之间的差距"。但是约翰·卡米勒斯（John Camillus）认为，对战略和程序之间的联系的阐述是规划文献中最薄弱之处。推动资本程序时是否要考虑现有的战略？如果考虑了现有战略，那么如何才能在第一时间就将它们考虑在内？如果没有考虑现有战略该怎么办？如果一个程序在推进时完全独立于现有战略，那么它要如何与战略联系起来呢？当这些程序改变或驱动战略时，就像养猪场的例子一样，会发生什么情况？

在一个短小但富有见地的关于资本预算的专著中，马什（Marsh）等人提出疑问："战略和项目究竟哪一个在先？"尽管文献中针对这一问题已经有了一些观点，但他们发现这些观点仍然"远远无法自证"。他们认为，战略投资决策"是一个漫长而复杂的学习和探索的过程，包括要对经营细节投入大量关注，这些细节决定了战略的适当性和可行性"。因此，他们发现"在'集体战略'和他们所观测的三个部门项目之间只有非常微弱的联系"；事实上，在某种情况下，这两者之间"似乎在很大程度上是不一致的"。他们最终得出结论，认为自己提出的问题"几乎是不可能回答"的，唯一清楚的是"规划并非来自任何正式的过程"。他们甚至认为，"战略融合"一词可能更准确。

从另一个角度来看，程序体系和预算体系之间是如何建立联系的？传统的规划理论认为，应将前者纳入后者，将具体活动的特定规划要素纳入整个单元的常规规划。但没有人解释过具体怎么做。

规划的"大鸿沟"

现在我们尝试总结一下前述讨论内容。在深入探究这 4 个体系之间看似清晰的关系时，我们发现了各种变化无常且混乱的情况。具体来讲，我们似乎在规划中发现了两个彼此孤立的活动，我们将两者之间的分裂称为规划的"大鸿沟"。如图 2-9 所示，一个活动是绩效控制，另一个活动是行动计划。

图 2-9 的左侧是目标体系和预算体系，它们都处于绩效控制之下。这两个体系本质上就是例行公事，可以采取定量的方法，有逻辑地定期执行，主要由财务人员重点关注，很容易贯彻到现有组织结构上。为了使这两个体系起到激励和控制作用，它们加上了绩效控制的标签。在每个时期，组织中的每个单元都会收到或需要协调一项预算和一组目标，这些都旨在获得一个绩效水平标准，并以此来衡量各单元的工作成果。请注意，此处的

控制是事后的操作。换言之，目标和预算体系并没有预先规定具体的行动，它们仅仅是为了控制整体绩效，即控制许多行动的累积结果。因此，目标和预算与战略本身的形成关系不大。更确切地说，绩效控制只是间接影响组织行动的方法。经营规划、目标和预算只概括出特定单元的一系列行动达成的大致预期结果。例如，养猪部门下一年一切工作的利润应该达到100万美元。因此，图2-9左侧的宽箭头没有落到图底部指定的行动上。

图2-9的右侧是战略体系和程序体系，它们都属于行动规划，因为它们的目的是预先对行动进行规范——由战略引出程序，程序应该规定具体行动的执行细节。例如，一家公司预期的扩张战略会转化为并购程序，从而收购更多的特定工厂。因此，在图2-9中，程序体系与具体行动之间有直接的连接。纽曼等人将这些规划称为“一次性规划”，而不是绩效范畴中的“长期规划”。与目标体系和预算体系相比，战略体系和程序体系往往不会定量，即使定量，程度也不大。它们更多的属于部门经理的职权范围，或许也能够得到规划人员的支持，但它们之间的联系远没有那么清楚。

无论程序和行动之间有多么直接的联系，通常程序和组织结构都没有直接的联系。当然，某个特定的单元可能会负责特定的程序，但这也不是必然的。事实上，这种一一对应的联系可能是人为强行建立的，因为行动规划有自己的需求，它们通常完全独立于组织的结构层次。这一观点同样适用于特定的业务战略或职能战略。因此，正如规划人员努力将SBU概念应用于商业和将PPBS应用于政府工作时所发现的那样，行动规划不能简单地在组织结构中推行。

阿瑟·刘易斯（Arthur Lewis）在对比“诱导性规划”与“指令性规划”时，也做出了类似的区分。诱导性规划，即间接影响行动的规划（如绩效控制范畴中的规划）；指令性规划，即由组织的最高层下达具体指令的规划（如行动规划）。他发现，诱导性规划在西欧国家的政府经济规划中更为常见，在这种规划中，预算“是规划的主要工具”。指令性规划在东欧国家的经济规划中更为常见。

> 有些国家实行“指令性”经济体制。这意味着，如果规划规定在1968年生产X百万吨钉子，那么政府就会向每个制造钉子的工厂发出命令，要求它们告知有多少吨钉子的生产配额属于政府，可以拥有多少员工，应该向谁购买原材料钢铁，以及生产出来的钉子应该向谁出售。

保持两方面的独立，并将控制权集中在其中一方似乎很容易。但是当试图将两方面结合在一起时，真正的问题就出现了。对于这个问题，诺维克（Novick）是这样认为的（他所说的“规划”似乎就是我们说的行动规划）：

> 在关于业务预算制定的文献中，“预算是规划的财务表达”这种说法是很常见的。尽管如此，我们都知道，其实制定预算的时候还没有制定规划（尤其是长期规划）。事实上，也许可以公平地说，在大多数预算中，规划都是在现有经验的基础上略做补充。换个角度来看，我们都知道一些规划永远不会转化为预算。

接下来将探讨规划中存在的巨大鸿沟：如何从一边的绩效控制过渡到另一边的行动规划。或者反过来，如何将总体的目标或预算与具体的战略和程序联系起来。

在与墨菲（Murphy）合作的一篇文章中，洛朗厄指出，“预算与战略规划之间存在充分联系这个假设”“存在问题”。许多预算“并不能明确地反映战略”，而仅仅算是一年一度的“百分比更新”。对于规划理论家来说，这是一个必须纠正的情况，但他们很少解释应该如何纠正。格雷（Gray）指出：“战略规划和预算之间的矛盾是最常见的不协调领域。”“大多数首席执行官都希望”有某种预算能够展示战略的结果，但“他们又被告知，只有打破现有的整个会计系统，才有可能得到这样的预算”。

卡米勒斯在1981年发表的一篇文章中，试图提供一种“综合性的概念框架”来“定义从战略到行动的各个过渡阶段”。但这个框架仍然只是将各个阶段划分为黑箱（从“业务战略”到“行动规划”，再到“预算编制”，最后到“执行规划”），对各个阶段之间的实际联系几乎没有提出深入的见解。事实上，卡米勒斯的文章提供了大量的参考资料，其中大部分内容都被纳入包含“结构”、“过程”、“内容”及“连接维度”四个维度的矩阵中。但所有这些研究成果，就像他自己的文章一样，都只是概念性的内容，没有经过实践验证，这意味着这篇文章是基于规划的概念而不是实践经验写成的。卡米勒斯只是告诉读者，“行动规划和预算之间的结构和内容联系”是“相关文献中最薄弱的部分”。

奈杰尔·皮尔西（Nigel Piercy）和托马斯（Thomas）在一篇经过深入思考写成的文章中指出，“许多研究表明，公司规划和预算的无效整合是规划失败的根源……而且由于与预算的联系太过脆弱，公司规划可能会远离决策中心”。“最极端”的观点则认为，规划和预算“需要区别对待”。总的来说，“无论是关于公司规划还是预算的文献，对如何整合公司规划和预算的问题，都没有任何实质性的关注”。这些作者只指出了两者在概念上的差异：定性判断与定量评估，长期与短期，理性与政治，目标导向与行动导向，非增量与增量，以及“粗略的”与细致的数据。然后，他们考虑了努力消除这种概念上的差异要做的工作，得出的结论是通常要“尝试将预算框架的内容扩展到企业规划中”，就像政府的PPBS实践一样。在“整合机制”中，他们发现有一个案例中的整合方法是“利用项目预算、财务模型，以及在公司的规划部门和运营部门或职能部门之间暗中进行工作人员轮换”，并称为“充分的‘教科书式的’整合”。最后，他们声称，还需要进行“进一步的调查”。

但是，总的来说，这些文献中的观点都并未超越布赖森，他在 1988 年的著作中指出，虽然“为了确保能够建立重要的联系并减少不兼容性，必须付出格外的努力”，但这种努力“不应该过度阻碍整体规划进程”。但为什么不应该呢？只是因为他这么说吗？虽然我们看起来对战略规划模型左右两边的联系都非常清楚了，例如目标和预算之间的联系，但双方的交叉往往是假设的，而不是确定的。接下来，让我们在不同的规划背景下考虑其中的一些问题。

战略规划的形式

我们现在可以用 4 个体系来表示战略规划标签下的不同流程。

传统的战略规划

由于需要考虑不同体系之间的相互关系，例如程序从属于战略，因此传统的战略规划通常不会如图 2-9 所示的那样。图 2-11 展示了传统意义上它们之间的相互关系：目标高于战略，两者合称为战略形成，而目标和战略高于程序，这三者都在推动预算（后两者统称为战略实施，但真正采取实际行动却没有在战略规划过程中提及）。然而，如果将战略规划的传统观点融入 4 个体系的图示中，并将模糊的地方清晰化，那么传统的战略规划观点对我们还是有一定的指导意义的（如图 2-12 所示）。

我们先用虚线将整体目标与战略体系联系起来，表明虽然整体目标应该驱动战略体系的形成，但这种联系是间接的，而且实际上对这种联系的理解还不够深入。然后，我们没有展示战略体系的一系列结构，而是将整个战略体系圈起来，表明其内部运作仍然是一个神秘的战略形成的“黑箱”，难以深入并正式地理解。之后，所有预期战略都会去激活程序，正如图 2-12 所示，程序体系下的程序会自上而下逐层细化，最终形成组织行动，因此该过程全部以实线显示。但由于程序也能激活战略，所以我们用一条虚线指向了战略。最后，这些特定程序的变动应该以某种方式、在某些地方被纳入日常财务预算。但由于我们不知道如何以及从哪里整合，所以我们也用虚线表示这种联系。

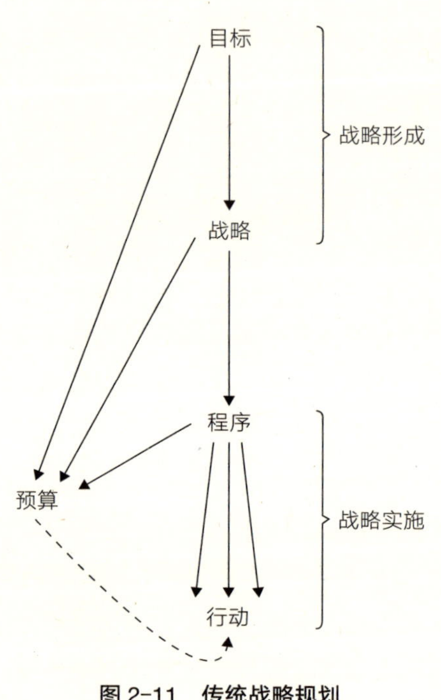

图 2-11　传统战略规划

数字游戏式战略规划

在绩效控制方面，另一种规划过程出现了。事实上，尽管有时这种规划也会被错误地称为战略规划，但其实它比战略规划更为常见，原因在于它更容易执行。它之所以被称为战略规划，可能是因为反映了一种愿望，即希望目标能神奇地形成战略，有时甚至假设目标就是战略；或一种一厢情愿的行为，即认为通过执行所谓的战略规划就等于创建战略。

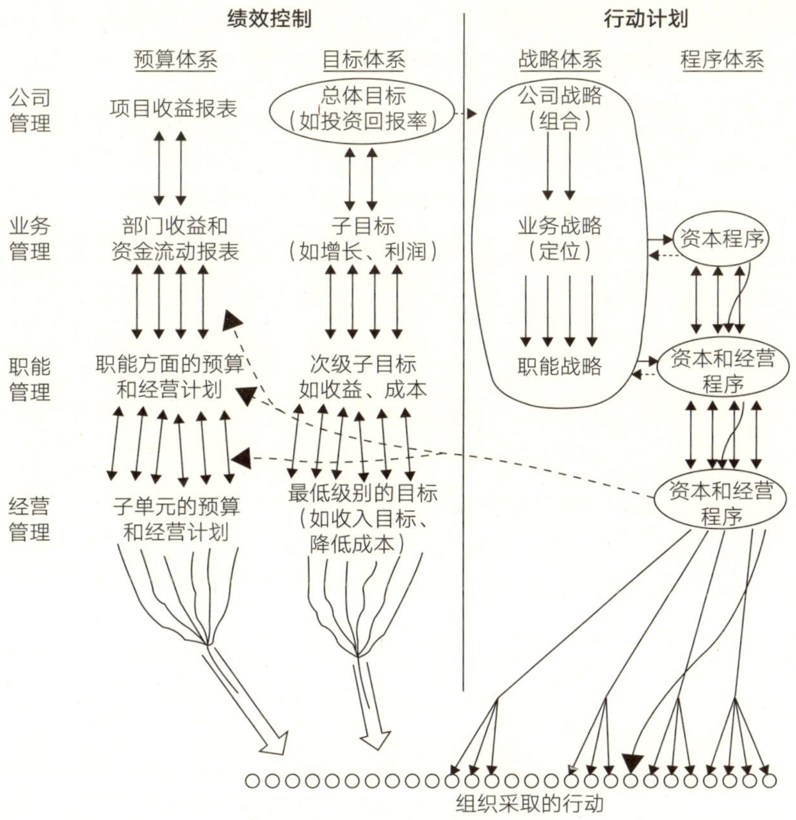

图 2-12　传统的“战略规划”

无论是在哪种情况下，这个规划过程都如图 2-13 左侧描述的过程，即目标体系和预算体系可以自上而下、自下而上或上下协同发展，每个层级的目标都将作为预算的一个决定因素。这种绩效控制当然比图 2-12 中的传统战略规划更容易理解和实施。事实上，很多组织试图完成战略规划过程，却往往止步于绩效控制。换言之，所谓的战略规划通常只产生数字，而不是想法，产生的是目标和预算，而不是战略。因此，从战略形成的角度来看，这个过程就像是一个数字游戏，在组织中盛行。

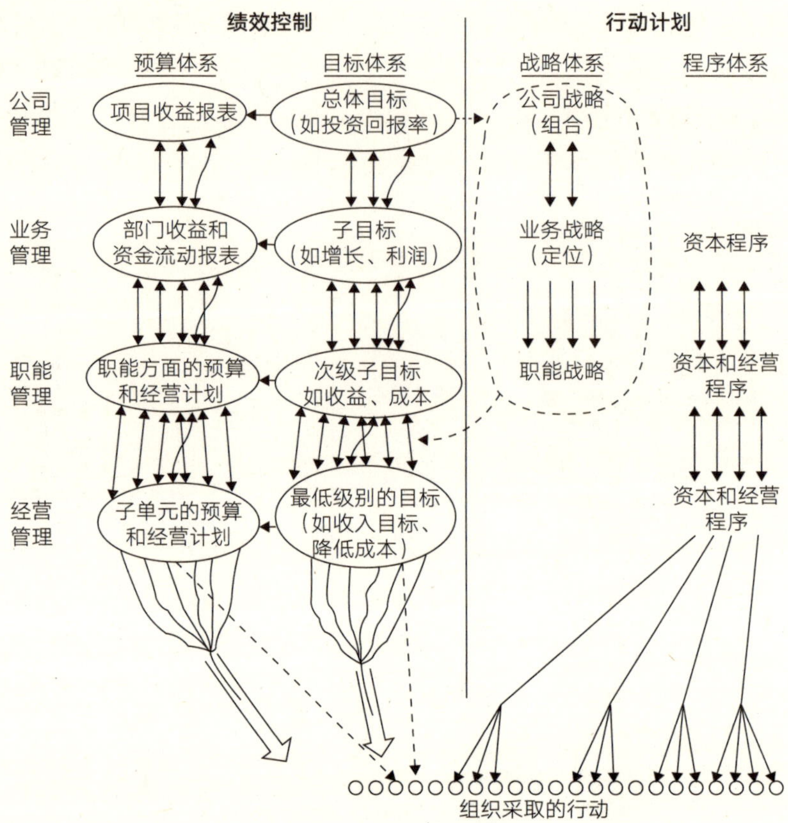

图 2-13　数字游戏式战略规划

格雷发现，这种数字游戏在 20 世纪 80 年代中期仍然很常见：“在我们的样本中，大约有 70% 的公司只是在对战略规划表决心，包括提升市场渗透率或内部效率，以及一些通用的目标，如追求卓越。”这些“不成熟的”或“财务”战略通常在制定时没有考虑以下战略性问题，“竞争对手的反应……隐藏在数字背后的其他问题，以及财务战略与其他战略不一致，却优先把财务战略作为决定企业资源分配的终极因素”。格雷的发现与富兰克林（Franklin）等人早期的发现是一致的。富兰克林等人发现，55% 的“规划者认为最重要”的方法听起来和上面提到的方法很像，只有 59% 的规划者选择我们所说的传统战略规划的方式，10% 的规划者选择了设计学派的方法。并且，有些规划者选择了多种公司规划方法，还有些规划者则没有选择任何方法。富兰克林等人还发现，“70% 的公司规划者提到，在他们的规划中有某种形式的财务报表。60% 的公司规划包含人员、厂房和设备、研发等方面的具体计划和预算”。但他们并没有提到有多少规划包含战略！

当然，就实质而言，这些规划是绩效控制系统，而不是游戏，是一种激励员工并规范其行为的有效手段。因此，阿莱尔（Allaire）和菲西罗托（Firsirotu）对他们所说的“数字驱动的规划”是这样评价的：“无论规划中可能包括什么，都可以将规划的实质归结为编制和监控一组数字，这些数字可以与薪酬方案挂钩。”只有当规划与战略相混淆时，比如组织每年编制大量数字，假装满足战略思考的需求时，以及认为建立控制就是设定（而不仅仅是保持）方向时，规划才是一个游戏。这两位作者在更早期的一本专著中指出：这样的“战略规划……只不过是把经营规划换了种说法，每隔几句话就会出现战略一词，为的只是产生引人注目的效果而已”。根据我们的定义，数字游戏与战略思考不同，参与“规划”不一定就是“去做规划”。西摩·蒂尔斯（Seymour Tilles）早就指出了这一点。

> 对大多数公司来说，关于未来的思考主要是从金钱方面进行的。财务规划没有错，但大多数公司要做的都不应该仅此而已。但如果把财务规划和“想要公司变成什么样”的思考混为一谈，就会存在一个基本的谬误。这就像是在说：“我40 岁的时候，就会变得富有。”

事实上，数字游戏可能会阻碍战略思考，因为它把太多注意力放在由现状推测出来的结果上，以致根本不考虑战略上的重大变化。请记住，绩效控制与行动规划不同，前者自然依附于现有的组织结构，这使得人们很难想到那些会改变组织结构的战略，而战略上的变化通常需要改变组织的现有结构。因此，数字游戏式战略规划所做的，通常就是重复每个人都已经知道的事情，在现有战略的背景下制定一套目标和标准。这一过程可能会忽略突发的战略变化。罗伯特·安东尼（Robert Anthony）是少数认识到这一点的学者之一，他在一部描述“规划和控制系统”的不同形式的早期著作中指出：

> 实际上，与战略规划过程相比，长期规划过程的特征更接近我们所认为的管理控制过程的特征。5年规划通常只是基于已批准的政策和项目来预测预期成本和收入，而不是作为对新政策和项目进行思考和决策的工具。5年规划反映的只是已经采取的战略决策，而不是做出新决策的过程的核心。

20世纪70年代，很多所谓的战略规划实际上都是以“数字运算”为基础的仪式化战略形成，实际上阻碍了战略变革。罗杰斯（Rogers）将这个过程称为“严苛的财务预测和预算编制”，在这个过程中通常要填写“冗长而复杂的表格”。例如，摩托罗拉的每个部门经理需要填写20页表格。针对这一过程，他评论道：

> 很多时候，文件填写工作往往掩盖了财务规划占主导地位的事实。那些要填的表格里包括复杂的市场预测、竞争分析或所有职能领域的详细计划，但只有经验丰富的部门经理才知道“公司总部真正感兴趣的是什么”。

专门控制预算的战略规划

第三种形式的战略规划位于行动规划那一侧，但因为它是自下而上的，并且完全绕过了神秘的战略形成过程，所以它基本能够按照预定的方式发挥作用。这种战略规划就是资本预算，一个审批重大资本开支的系统。

如图2-14所示，一个新程序（如建造新设施或购买新机器）是由程序体系中某个层级的发起人（通常在职能部门内）构思出来的。在该层级中，通常以量化的方式对长期成本和收益进行评估，理想情况下要利用现金流折现估值模型，以便对整体绩效做出评估（如投资回报率）。然后，该程序逐级上报，并与其他项目比较，如果该程序的价值足够大，就能从资本预算中分一杯羹。

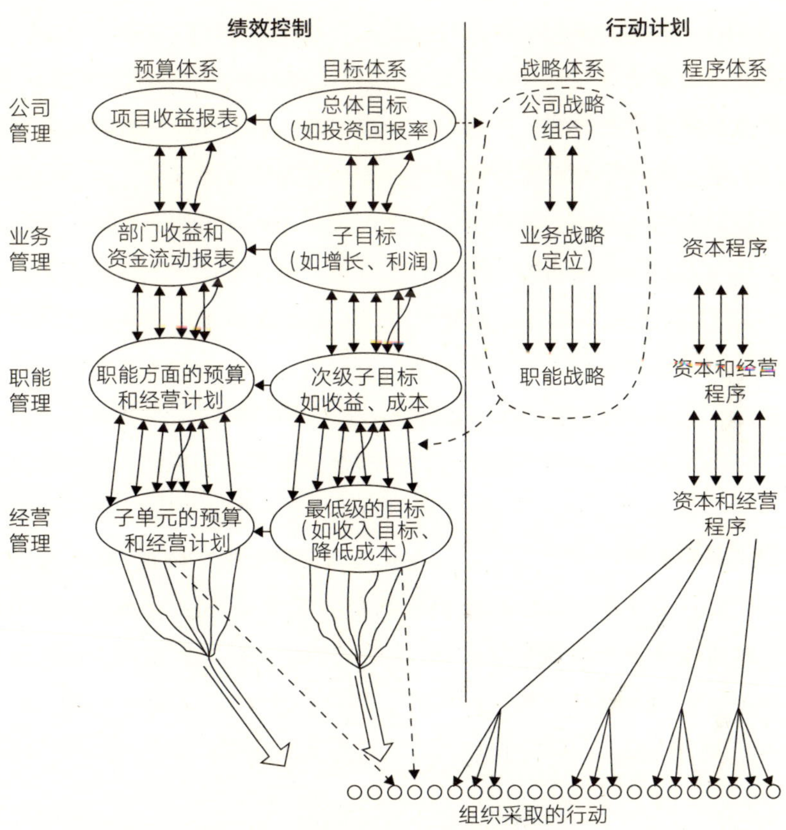

图 2-14 “专门控制”预算的战略规划

程序似乎确实应该以这种方式生成和评估，并逐层上报、审查。但对它们的评估并不一定是客观的，因为这些评估通常是由偏向它们的支持者在未来包含各种不确定性的情况下进行的。评估也不是一个简单的过程，因为在程序审批过程中可能会有大量的公司政治斗争。此外，虽然资本预算与战略制定有关［博格（Berg）1965 年发表在《哈佛商业评论》的一篇文章标题“企业集团的战略规划”就暗示了这一点］，但是这两个过程之间的联系还不是很清楚。同时，战略制定如何影响程序的形成和选择，或者程序如何影响战略的形成，甚至影响在两者之间是如何流动的等问题，从来没有得到过精确的描述。

因此，我们在图 2-14 中所展示的资本预算程序是从程序体系开始的，然后跳过战略形成的黑箱，直接进入预算体系。在对拟议的程序施加财务约束之后，再将通过审批的程序推回到程序体系执行。事实上，资本预算似乎主要是控制资本支出的一种手段，用于审查单个程序的财务影响。鲍尔论述过关于这一过程的实证研究，他在开头说道，这是一个“资源的有效分配问题”。只要保证总预算不会超出资本限制，在决策时无论用任何方式都不能把不同程序整合到一起，就没有关系。这就与上文中提到的艾格曼的“用订书机整合”观点类似。亚维茨和纽曼认为，“该模型假设程序是自下而上推进的，并基于估计的回报率做出选择，却很少或根本不关注长期战略”。

后文将回顾资本预算与战略形成有关的一些证据，以及 PPBS 在政府中应用的经验。后者是一种更为雄心勃勃的尝试，试图将战略形成与某种资本预算以及常规预算联系起来。PPBS 可能是将全面规划模型投入实际应用的最大努力，但仍具有自下而上的原理。然而，PPBS 的结果又回到了数字游戏和资本预算活动上，所以它并不是战略形成的过程。

综上所述，战略规划实际上包含三种相互独立的方法，或者说它是一种规划技术组合。战略规划模型的一面是数字游戏，注重的是激励和控制，而不是战略形成；另一面是资本预算，这是一种通过决策而非战略制定来控制资本支出的技术。两者之间的作用过程似乎与战略制定有关，但往往空有虚名，因为实际过程在很大程度上尚未明确。战略制定的黑箱从未被打开，它与其他体系的联系也没有得到具体说明。

经过讨论，我们认为，由于自身强调分解的本质，规划被分解为三种独立的方法。一些规划学者，如格鲁克（Gluck）和安索夫等声称，随着时间的推移，这些方法相互融合，从而形成一个完整的系统。先是数字游戏，然后是预测技术，后来又引入制定战略的各种方法……最终形成一个包含所有要素的综合规划系统。但在教科书和规划手册之外，很难找到系统的实证证据来证明上述所有观点。换句话说，在规划与战略形成存在直接联系方面，至今没有任何实质发现。为了进一步探讨这个问题，我们将在第 3 章回顾关于规划本身绩效的证据。

THE RISE AND FALL OF STRATEGIC PLANNING

RECONCEIVING ROLES FOR PLANNING, PLANS, PLANNERS

第 3 章

关于规划的证据

规划的主要作用不在于形成战略，

而更多地在于对已经存在的战略进行梳理。

THE RISE AND FALL
OF STRATEGIC PLANNING

规划本身的表现如何？本章将介绍三种证据：调查型、逸事型、深入型。然后再阐述一些规划人员是如何应对这些证据的。

规划人员显然不愿意探究其研究工作对组织的职能和效率有什么影响，他们不仅不愿意研究自己做过的事情，更不愿意研究自己及自己的规划过程真正的成效如何。规划人员一直忙于号召其他人收集数据，并保持客观，但他们很少用同样的方式开展自己的活动。例如，威廉·海恩斯·斯塔巴克（William Haynes Starbuck）就没有发现任何“评估长期规划成功实施与否会产生什么结果”的研究。在20世纪六七十年代计划学派开始衰落时，洛朗厄曾尝试“调查与企业的长期正式规划过程有关的实证研究文献”，却只梳理出不足30篇，而且几乎全部与“规划是否值得”这个调查问卷的主题不相符。其中一些是试验性研究，对规划活动进行了模拟。在斯坦纳的著作《高级管理规划》中，参考文献多达38页，而这只是1969年的版本。

尽管如此，关于特定环境下规划的成绩如何，并不缺乏逸事型证据，尤其是在20世纪80年代初，计划学派开始受到猛烈抨击。在管理学（非规划）文献不起眼的角落里，到处都有对规划在特定环境中的真实作用（或未能发挥作用）的深入研究。下面我们将依次审视这些证据。

关于“规划是否值得”的调研证据

如果规划能带来更高的利润，那怎么还会有人批评它呢？从 20 世纪 60 年代末开始，许多学者开始证明规划是有好处的。但他们的方法多数明显存在缺陷。①

要证明这一点很简单，衡量业绩就足够了。至少当你仅使用传统的短期商业经济业绩作为评判指标时，确实如此。或者像某些研究那样，依据调查对象对企业业绩的主观评分，衡量业绩将会更简单。衡量规划的方法看起来也很简单：你只需将一份问卷邮寄给规划部门主管（或首席执行官，但他很可能会把问卷顺手交给规划人员，甚至随手扔掉②），让大家以七分制或类似的方法表明公司进行了多少规划工作。然后把所有的分数都输入电脑，就能看到相关系数了。这些工作在办公室里就能完成③，但这意味着，你永远不会考虑到这类调查中的歪曲问题。

第一个歪曲问题是报告的可靠性。七分制问卷很方便作答。但规划人员在评估规划时能有多客观？引用斯塔巴克对这些研究的评论就是：“这类研究几乎全部是通过邮寄问卷的方式来收集数据的，调查对象很快（几分钟）就可以填完，并且这些由调查者自行选定的人未必会做出准确的回答，他们可能都不知道自己在说什么。”斯塔巴克还提到，这些问卷的回收率大部分会低至 20%，有些甚至低至 7%。杰克 · 韦尔奇在一项研究中解释说，他使

① 在美国管理学会的一次会议上，研究人员提到，他采用了一种方法来验证数据，但他期望的关系却没有出现，所以他尝试了一遍又一遍，却一直没有成功。因此，他公布结论说他的方法肯定有错，但从未考虑过他最初的假设可能就有错。

② 1972 年，斯坦纳就某个与众不同的主题（规划的“陷阱”）进行了一次调查，他向 600 家公司发放了问卷，“打算从首席执行官、部门经理和总部管理者的代表性群体中获得回复”。在 215 份回复中，“出乎意料地……大多数公司（75%）只让公司规划人员填写问卷”。

③ 一个显著的例外是，1974 年格林尔（Grinyer）和诺博尔（Norburn）通过访谈对他们邮寄的问卷进行了补充。它们并未反映出其他许多研究人员所具有的缺陷。

用邮寄调查问卷的方式是为了更好地"获取事实信息，而不是为了详细研究规划过程"。然而他收集的"事实信息"却是：公司是否考虑到了"发现并分析替代性的战略选择"和"规划的指导方向"等因素。

第二个歪曲问题是如何衡量规划工作。约翰·皮尔斯（John Pearce）等人在对18项此类研究的回顾中指出，尽管"正式的战略规划"这个术语被广泛使用，但这18项研究中只有1项提供了这个术语的概念性定义。[①]阿姆斯特朗（Armstrong）也对其中一些研究进行了回顾。他评论说，"事实上，在大多数研究中，无法找到任何关于规划过程的描述"。[②]撇开这一点不谈，制作了所谓的规划文件，声称使用了一整套程序和技术，甚至建立了所谓的规划部门或者规划师职位，就能代表组织已经（根据任何合理的定义）将"规划"内化了吗？正如威尔达夫斯基所言，"尝试规划并不意味着真正的规划，正如不能将渴望智慧的人称为智者，或者将渴望财富的人称为富翁一样"。就连洛朗厄也批评道，这些研究把正式规划当成"一种广泛的现象"，"几乎从未尝试……区分清楚研究的是哪类正式规划"。

马什等人在对资本预算技术的研究中，深入探讨了3个案例。他们指出，"在问卷调查的研究中，这3个案例都使用了现金流折现技术，它们的完善程度都是最高的"，但"正式系统和现实之间仍存在着广泛的差异"。关于规划的此类研究，还没能揭示出这样的问题！

第三个歪曲问题也是最重要的问题，就是推断规划失败的原因。这些都是相关性研究，而不是因果关系研究。根据规划和业绩之间的正相关性，并不能得出值得规划的结论。因果关系也可能是相反的：只有富有的组织，才

---

① 格林尔和诺博尔仍是例外。

② 他补充说，莱昂蒂亚德斯和泰泽尔（Tezel）的一项研究认为这是一种优势。他们要求首席执行官对规划的重要性进行评分，但没有提供定义，也没有要求后者给出定义。他们声称，"我们的方法的一个优点……是它消除了对正式规划的质量进行外部判断的必要性"。但考虑到这个词本身的模糊性（我们在一开始就提到了这一点），这确实是一个惊人的观点。

有能力进行规划，或者至少拥有规划人员。斯塔巴克提出了另一种可能性：做得好的公司自然会重视规划活动（因为他们完成或超额完成了目标），而做得差的公司对规划活动缺乏信心，因此对规划活动不够重视。在这种情况下，规划和业绩可能是不相关的，两者都是由某个第三种力量驱动的（比如聪明的管理者，他们通过其他方式提高了业绩，而且知道即使只是为了给股市分析师留下深刻印象，最好也要有规划）。总的来说，如果假设某个最终数字与某个组织碰巧使用的某个流程之间有着可识别、可衡量的关系，那么这种假设即使不算过于自大，也可以说是过于天真。

即便不提这些问题，这些研究仍无法证明自己的观点。有些研究支持这种相关关系，另一些则不支持。布雷塞尔（Bresser）和毕晓普（Bishop）评论道，总的结果是“不确定的”。一篇文章（《正式战略规划与财务业绩之间的微弱关系》）和查尔斯·施雷德（Charles Shrader）等人的综述文献中也表明了相同结论：“不一致的，经常互相矛盾。”洛朗厄的结论是，“即使确定了哪种形式的正式规划活动是有利的，也仍然存在问题”。

图恩（Thune）和罗伯特·豪斯（Robert House）发表于 1970 年的研究文献是最早的文献之一，可能也是最严谨且引用最广泛的研究文献之一。他们的研究结果得到了很多人的肯定，他们对正式规划的衡量方法值得深思：“调查问卷的结果表明，至少要先确定好公司未来 3 年的战略和目标，才能制定具体的行动流程、项目和程序。”安索夫和他的同事在同一年发表的另一项研究成果表明，以“系统规划”的方式从事收购活动的公司普遍取得了更高和更可预测的业绩，但是“一些没有从事规划活动的公司”业绩却超越了有规划的公司中业绩最好的那一家。当两年后（1972 年）赫罗尔德（Herold）对这些结论发表了支持性文献时，一切似乎都对规划非常有利。

但是到了 1973 年，即使没发生能源危机，这一年也不适合从事规划活动。第一条裂缝出现在莱斯利·鲁（Leslie Rue）和富尔默（Fulmer）的一篇论文中，该论文得出的结论是，虽然规划在耐用品业务中有助于提升业绩，但在服务业务中却收效甚微，而且规划在非耐用品业务中是否有效尚不清楚。从那时起，对业绩和规划的关系的讨论就在不断进行。1975 年，马利克（Malik）和卡格（Karger）发现了有利的结果，而希恩（Sheehan）、格林尔和诺博尔并未提到这样的发现。斯塔巴克认为这三位学者的研究"可能"是迄今为止最好的研究。后来，伍德（Wood）和拉福吉（LaForge）发现，在大型银行中，这两者之间存在正相关关系。随后理查德·鲁滨逊（Richard Robinson）和皮尔斯发现，在小型银行中，这两者之间没有这种关系。夏皮罗（Shapiro）和卡尔曼（Kallman）在汽车运输公司中也没有发现这种关系。莱昂蒂亚德斯和泰泽尔"无论如何调节数据"都没有找到有这种关系的代表性样本。库德拉（Kudla）也是一样，但是他观察到规划确实有"暂时"降低风险的作用。

1986 年，在一项对处于"稳定、成熟环境"中的（干洗业）小企业的研究中，布拉克（Bracker）等人研究者将"结构化的战略规划"、"结构化的经营规划"、"基于直觉的规划"和"非结构化的规划"区分开来。他们发现，更高的增长业绩与结构化的战略规划相关（其他三类规划活动在业绩方面的有效性无法区分）。那些更有直觉力的人，尤其是其中最成功的那些人，会不会更愿意填写问卷呢？尽管研究者多次通过邮件甚至电话联系调查对象，但仍有 53% 的人没有回复。同年，赖恩（Rhyne）发现，在《财富》1 000 强企业中，那些更倾向于采用"战略规划"（而不是"长期规划""年度规划"等）的企业往往业绩更高，但每年都会有一些变化。

研究继续进行，增加了很多变量，学者们开始寻求更多可能的关系。1987 年，赖恩再次声称，他发现业绩与正式化"没有关系"，高业绩公司"似乎采用的是不太复杂的规划系统"；贾维登（Javidan）也在同年深入研究分析了规划人员所承担的不同角色的有效性；若曼努健（Ramanujam）和文卡绰曼（Venkatraman）则认为，"对规划的抵制"和"为规划提供的资源"对"广义上的规划系统的有效性产生了主要影响"；而来自加拿大的咨询顾问鲁尔（Rule）发现，自我评价较高的规划人员会得到更高的回报。

1988 年，布拉克等人发表了一篇论文，探讨了成长型行业中小型企业“规划过程的复杂性”和业绩之间的关系，并声称研究结果表明，“采用结构化战略规划过程的企业更可能拥有一个可预测的和可应对变化的框架”，但是“其余公司不一定会失败”！鲁滨逊和皮尔斯展开了一项复杂的研究，分析了“战略导向”（战略的一致性和承诺）和“规划的复杂度”，发现业绩最佳的案例公司在这两方面都很强。1989 年和 1990 年出现了其他类型的研究，如库卡利斯（Kukalis）对企业与规划特征之间的关系的研究，以及辛哈（Sinha）关于正式规划对各种决策的贡献的研究。

最后，在本书即将完成时，博伊德（Boyd）就这些研究成果发表了一篇内容详尽的“元分析综述”。他总共找到了 49 篇相关的期刊文章和图书章节，其中有些是对文献的回顾，有些相互重复，有些（作者告诉他）“无法获取”必要的支持数据。博伊德将可以使用的实证研究文献精减到 29 个，共对 2 496 个组织进行了抽样调查，他发现“规划对业绩的总体影响……非常微弱”。即使将业绩指标充分细分（共 9 种类型），规划和业绩的相关性也仅仅是“一般”。但是“大量的测量问题表明，这些发现低估了规划与业绩之间的真正关系”。此外，“虽然平均来说作用很小，但许多企业确实报告称，参与战略规划过程带来了显著的可量化效益”。科学的客观性到此为止！博伊德最后呼吁对规划进行“更严格的测量”、“更多的控制”和“独立分析”。这真是条妙计！

毫无疑问，将会有更多的证据出现，即使它们不能提出深刻洞见，也能提供详细的说明。经过 17 年的研究，皮尔斯等人在 1987 年提出“一个存在争议且尚未解决”的问题，如今仍是争议颇多，未得到解决。不过我们至少已经发现，规划并不是“唯一的最佳方式”，它肯定不会在所有情况下都有效，它仅可能在特定环境下具有一定的适用性，如在大型组织、从事大规模生产业务的组织中。

逸事型证据

作为优秀的专业人员，我们都需要依赖系统收集的硬数据。逸事型证据是软性的、有偏见的和粗浅的证据。然而，前面提到的硬数据却同样存在这些问题，也一样会不可靠。系统地收集关于不规范流程的数据，并不能让人对实际事情有更多的了解。

因此，让我们转向一些逸事型证据，这不是为了解决什么问题，而是为了对它们多一些了解。下面选择的逸事型证据可能仅代表我们自己的观点，我们选择它们是为了突出规划方面的问题。在大众媒体的报道中，似乎关于规划的逸事越具体，往往越可能是负面的：赞扬规划的往往是一些笼统的评论，而批评规划的大都是具体的例证。

我们引用的证据可以追溯到战略规划的早期，始于 20 世纪 70 年代中期的涓涓细流，发展成为一股重要的支流，到 20 世纪 80 年代已经成为名副其实的洪流。下面将通过一些逸事来讲述战略规划的发展历程。

1970 年：在一部广为人知的规划著作的第一页，美国一位最敬业的专家写道："最近，我询问了三位公司高管，去年有没有做过一些基于公司规划才做出的决定。他们都没能找出这样的决策。他们的每项规划都被标记为'机密'或'保密'，所以我又问他们，如果他们的竞争者知道了规划内容，会不会因此受益。每个人都有些尴尬地说竞争对手并不会从中受益。然而，这些高管都是公司规划的积极倡导者。"这位专家得出上述论断后，却并没有去调查背后的原因，而是用 144 页的篇幅讲述了公司规划的优点和过程。

1972 年：一位著名的规划倡导者在 1967—1972 年广泛访问了欧洲和美国的各类公司，并在一本权威的规划期刊上总结道："大多数公司发现，正式的规划并非他们最初设象的万能药或解决方案。成功的规划并不容易实现……无论是在美国和欧洲，还是在日本，甚至极推崇公司规划的发展中国家，都同样如此。”尽管如此，这家期刊机构仍然以极大的热情继续推崇规划。

1972 年：美国一家公司的副总裁在同一个期刊上更直言不讳道：“在实践中，规划已经彻底成为一次巨大而昂贵的失败经历。”

1973 年：一位腼腆的学者在 20 世纪 60 年代末咬紧牙关，勇敢地走出大学的象牙塔，去观察美国的管理者到底在做些什么。然后，他讲述了自己的所见所感：“在我的研究中，管理活动几乎毫无例外地全部关注的是具体问题，而非普遍性问题。在工作时间，很少有首席执行官参与抽象的讨论或进行总体规划……显然，将管理者视为规划制定者的传统观点并不实际。如果真的是由管理者制定规划，那肯定也不是通过关起门来、边抽烟边思考伟大的想法这种方式。”

1972 年：另一位学者也冒险走出象牙塔，开始研究高管是否真的认为计算机模型对规划有用。简而言之，他的结论是“没有”。在许多情况下，研发工作已经减少或停止，许多已经取得的成果并未付诸实践，而大多数已经应用的成果也并没有显著影响公司内部实际的战略制定过程。

1977 年：在战略规划领域颇有名气的学者安索夫花了大量时间与实践者打交道，他在自己具有开创性的著作发表十多年后评论道，“尽管战略规划技术已经存在近 20 年，但如今大多数企业都在采用更让人安心的、更容易掌控的外推式长期规划”。

1977 年：几年后，有两位学者在那个非常权威的规划期刊中指出，“毫无疑问，在管理文献中，最受广泛认可的观点是“完善的战略规划的必要性”，除此之外，几乎没有其他观点被普遍接受而不受质疑”。在这一点上，

“学者和研究人员……几乎是一致的”（“几乎”意味着存在大量的反面证据）。与安索夫一样，他们也发现在 5 家“主要”的美国公司中，没有一家“真正开展了战略规划”。

1978 年：法国的一位教授在 1973 年发生能源危机后，调查了几家欧洲公司，其中一些公司因能源危机缩小了规划范围或完全放弃了规划。一家规模约 7 000 人的公司中一位高管说道：“那些声称制定了规划并且起效了的人都是骗子。长期规划是愚蠢的，明天一切都会改变。”另一位高管说：“这场危机向我们表明，长期规划毫无用处。”

1980 年：公司似乎没有按照规定进行战略规划，而且有些公司似乎在刻意避免规划。一群咨询顾问指出，部门经理为了不做规划，甚至史无前例地放弃了正式权力。“有些部门经理甚至建议，至少先出丁规划日的将其业务并入其他战略经营单元，从而摆脱‘无用的’年度规划工作的负担”。

1985 年：贾维登调查了 15 家公司的管理者对其规划人员表现的满意程度。简而言之，他们的回答大都是“不太满意”。没有一个管理者认为规划人员“非常成功”，半数首席执行官认为规划人员“有点儿失败”（接受调查的规划经理想法较为乐观）。许多接受调查的管理者认为，规划对公司的战略决策和管理创新产生了“负面影响”。

1985 年：哈佛商学院教授罗伯特 · 海斯在报告中指出，“无数部门经理在解释公司遇到的竞争困难时，反复提到一个主题”，“他们一次又一次地争辩，许多困难都源于公司的战略规划过程，在制造业公司中尤其如此。然而，他们抱怨的不是战略规划的失灵，而是运作不顺畅”。

1987 年：迈克尔 · 波特在《经济学人》的一篇文章中评论道，“对战略规划的批评丝毫不为过。大多数公司的战略规划并没有促成战略思考”。他的解决方案是：“战略规划需要重新思考。”（是通过规划吗？）

1988 年：美国经济评议会战略规划会议项目总监沃尔特·舍尔（Walter Schaffir）认为，战略规划是："正式化的、系统化的、被批评的、被重塑的、被误解的、被过度吹嘘（和过度接受）的，再次被重新定义、被误用、被丢弃……又重焕生机。"他声称，战略规划"在现实的商业世界中生存良好"，并指出"战略规划在某些方面名声不好，而且往往是理所应当的"，"这种'实践'的肤浅性质……没有真正的意义"。

通用电气先行先试的实践

1984 年，劳恩旅坦因（Lawenstein）指出，"国际收割机公司和 AM 国际公司等在遭遇危机前不久，还在年度报告中吹嘘其战略规划系统"。这种现象非常普遍。安索夫在 1975 年的一篇文章中提到了这种现象：

> 20 世纪 60 年代中期，世界上最大的企业集团之一的管理层自豪地展示了其规划和控制能力。在公开展示一周后，管理层却又红着脸承认，发生了两个涉及数百万美元的意外：办公家具部门和造船部门都出现了严重超支的情况。

尽管如此，安索夫在后来的一本书中仍然指出，"管理体系的历史是一系列发明"，其中一些"失败"了，另一些"成功"了，但总体而言是在向更好的实践迈进。"例如，当今领先的战略规划实践者——通用电气在尝试了两次，并且都失败了之后，才有了目前成功的流程，并成为公司整体管理的一部分。"然而，安索夫选择的时机很不好，因为"成功的流程"也刚刚瓦解，并且闹得沸沸扬扬。

1984 年，对规划的批评愈演愈烈，而《商业周刊》上的一篇封面故事让争论进入白热化，该故事对规划进行了强烈而无情的抨击："在近乎独裁地对美国企业的未来统治了近 10 年之后，战略规划的统治可能要结束了"；"规划制定者们炮制出的所谓高明的战略，几乎从未实施成功"；在进行了三次设立总部规划系统的“不成功尝试”之后，通用汽车的首席执行官无奈地说道，“我们把这些伟大的规划集中到一起供起来，然后奋力去做那些无论如何都要做的事情。但我们很快就意识到，规划对我们没有任何帮助”。《商业周刊》评论道，这场剧变“无异于”规划者和管理者之间的一场血战，“最终的结果是，战略规划破坏了公司评估外部世界和制定拥有可持续竞争优势的战略的能力”。

通用电气主导着《商业周刊》的文章内容，因为它从一开始就对规划抱有极大的热情。如果我们把通用电气在规划方面的经验打上“先行先试”（First In-First Out，FIFO）这样的标签，那会计师们可能会不太愿意。

对规划的倡导者来说，通用电气一直是模范。许多被广泛接受的概念和技术都是从该公司的规划部门发展起来的，如 SDU、过程信息管理系统项目、衡量行业吸引力和业务实力的 3 × 3 矩阵等。通用电气的规划人员是文献中最常见的。例如，威尔逊（Wilson）、阿利安（Alien）和罗思柴尔德（Rothschild）等人的著作中都曾提到该公司的案例。引用《华盛顿邮报》中一篇文章的说法就是，“关于通用电气的规划文献能写成一本书”。

1972—1981 年，通用电气的规划工作得到了时任首席执行官雷金纳德·琼斯（Reginald Jones）的大力支持。在 1979 年的一篇文章中，他将“通用电气战略规划时代”的起源追溯到该公司进军计算机业务失败后，对权力的重新集中上。正如汉默麦希（Hamermesh）所讲述的那样，20 世纪 60 年代末，公司业绩低迷，再加上“神圣的”AAA 债券评级受到威胁，导致公司“开始寻找新的战略规划形式”。

汉默麦希极为详细地描述了在琼斯的指导下，规划是如何发展的。例如，截至 1980 年，该公司大约有 200 名高级规划人员，他们和战略经营单元的总经理都需要参加特殊的战略规划研讨会。会上，他们会观看幻灯片和录像带，以向其下属传达会议内容。汉默麦希描述了一个为使高管层在有限的时间内了解自身的复杂性和多元化，而不断寻找正确模式的组织。例如，琼斯对 1977 年引入的“部门”概念（战略经营单元集群，最初为 6 个，后来达到 43 个）非常感兴趣。他说：“我可以同时阅读 6 本规划图书，并充分理解它们，提出正确的问题。”

在整个 20 世纪 70 年代，通用电气在规划方面做了许多尝试，遇到了许多困难（那些规划并不是文献中描述的完美系统）。负责规划的新任高级副总裁访问美国国防部，以便了解一项关于规划系统的全面调查时，被告知“他可能接触到了世界上最有效的战略规划体系，而且令其他规划体系望尘莫及”。

然而有一个问题正如《财富》杂志作者沃尔特·基希勒所说，虽然通用电气将“战略规划当成信条”，但公司的“股价在整个 70 年代几乎仍处在濒危水平，而且市盈率在逐渐下降”。

因此，在 80 年代初，一位行事风格截然不同的管理者——杰克·韦尔奇，在就任董事长兼首席执行官后不久，就废除了规划体系。再回到《商业周刊》的那篇文章，其中提到韦尔奇“将公司规划人员从 57 人削减至 33 人，并将经营层级、工作团队和事业部的规划人员彻底清退”。

通用电气家电公司也是一个典型案例。其副总裁在《商业周刊》上说：“要将业务的所有权从独立的、官僚主义的规划人员手中夺回来。”对《商业周刊》的作者来说，该公司的经历“是一个极好的案例，能很好地说明战略规划的破坏性有多强”。截至 70 年代末，该公司的规划人员共有 50 人，其中许多人曾是咨询顾问，因此对部门经理带有“自然的抵抗反应，并迅速升级为彻头彻尾的敌意”。问题在于，“规划人员痴迷于预测无法预测的情况，比如油价，然后在事情没有按照预期发展时匆忙做出反应”。另一个问题是，规划人员“依靠数据而不是市场直觉来做出判断”，这造成了错误的假设，进而导致一些错误的战略。最大的问题是，“高管层也缺乏对市场的了解，他们没有发现规划人员的数据未能反映真实情况”。因此，规划过程越是“官僚化”，“管理者就越是将战略的规划与实施混为一谈”。《商业周刊》称，1984 年，通用电气家电公司在这位副总裁的管理下，一名规划人员也没留下来。

这位副总裁对规划的愤怒之情并不罕见。在我们接触过的有正式规划过程的组织中，没有任何一位中层管理者声称自己喜欢这个过程！痛恨规划的人，以及倾向于将规划描述为“某种反常的管理欺凌行为”的人也并不少见。

一些更深层的证据

前面讨论过的调查研究以一种超然的方式追溯了规划历程，因此几乎没有揭示其在环境中的实际表现。即使是逸事型证据，也没有真正深入问题的内核。显然，所有这些证据都表明，人们迫切需要对规划本身进行深入调查。在对工厂里的工人做了这么多年的调研后，是不是也该对那些拿着丰厚薪水的规划人员进行同样的评审，看看他们到底做了些什么，真正取得了什么成果？“分析人员，不妨分析分析你们自己吧！”威尔达夫斯基恳切地呼吁道。

遗憾的是，很少有人这么做。虽然洛朗厄建议“以实证研究为基础的设计，重视对特定企业的规划需求和能力进行深入评估”，但恐怕在规划领域连他自己都从未重视过，更别提其他人了。然而，从外部来看，一些研究人员确实深入研究了规划过程，以探寻到底发生了什么，有时结果让他们感到惊讶。下面将回顾其中的一些研究。

萨拉辛对典型规划项目的研究

有两项最有意思的研究是在法国进行的，但鲜为人知。法国人长期以来一直热衷于正式规划，也许是因为他们的笛卡儿传统强调理性和秩序。雅克·萨拉辛（Jacques Sarrazin）是巴黎综合理工学院（Ecole Polytechnique）一名年轻的管理学研究人员，他记录了法国通用电气的规划过程，这家公司的规划体系非常出名。他的研究发现有许多令人惊讶之处。他得出结论，规划是一个无效的战略决策过程，但它作为一种控制工具，具有一种政治性质，因而被保留下来，以便可以在组织中集中权力。

萨拉辛发现，规划过程没有综合各项战略研究的结果，这些战略根本没有按计划完成。他指出，“公司不能每年等到 2 月才来解决问题”。因此，“在规划周期内，组织几乎没有做出什么关键决策”。规划过程也不允许“真正的整合”，因为它根本无法处理相关的复杂性。“……环境的复杂性使得大型公司几乎不可能将规划定义为一个涵盖公司所有未来活动的决策过程”；涉及的数据太多，而用于规划的数据太少。在最好的情况下，规划也只不过能发挥“事后的整合”作用，或是“对已决定且当时几乎不需要审查和修订的行动的正式许可”。规划并不是为了避免未来的不一致，而是为了揭示已经存在的不一致[①]。

实现整合的问题在于，组织不是由传统规划模型中假设的“单一决策中心”构成的，而是拥有多个决策中心和各种“行动逻辑”：管理者“遵从的往往是自己对公司战略的个人想法，而不是高管层设定的战略”。因此，规划不但没有发挥出集体力量，反而加剧了人们的矛盾冲突。

既然如此，组织为什么要参与规划过程？原因可能有四个。第一，规划过程可以“将不同方面的各个决策正式化”，也就是说，能够“以书面形式记录某些事情”，并要求管理者遵守某些行为准则。第二，规划提供了一种

① 在我们对预算与战略的讨论中，值得注意的是萨拉辛的评论：“实际上综合规划与预算似乎很困难。”在他看来，这主要是因为预算是一个独立于规划的程序，在引入战略规划时，预算通常按照自身需要发挥作用，而不会为了适应规划而进行修改。

机制，可以系统地收集关于组织活动的信息。第三，规划可以让某些差距暴露出来，它确实有助于启动某些战略研究。第四，规划是最高管理层用来重新控制组织的一种工具。

> 由于出现了多个决策中心，所以最高管理层试图利用现有的规划流程，重新掌控因此而失去的战略决策权，并让这些决策与公司战略之间保持最低限度的一致性。

在萨拉辛看来，“这可能解释了为什么法国的大型企业即使不顾成本和明显的失败，也仍维持着规划流程”。

戈默对规划在危机下的研究

瑞典人霍坎·戈默（Hakan Gomer）在法国发表过一篇论文，他对规划系统在应对 1973 年能源危机中所起的作用特别感兴趣。那场危机是由于石油输出国组织（OPEC）的成立，导致油价急剧上涨而引起的。戈默研究了瑞典的三家大型企业，一家是保险企业，另一家基于第一产业开展多元化经营，还有一家为采矿和其他行业制造设备，这三家企业的规划活动都“反映了通用规划模型”。

戈默总结道，“正式的规划为解决与危机相关的问题的活动提供了一些评估支持，但没有提供‘早期预警’或使组织对环境变化更敏感”。换句话说，“规划人员没有参与响应措施的确认阶段”，高管层应对此负责。这项研究得出的结论是，规划是一个“滞后系统”，它更关注的是战略制定的产出，而不是投入。戈默发现，规划人员总是在评估危机对绩效标准的影响，开展专项研究，总结各类管理人员所做的评估，提出新的措施，评估部门预算。在部门层面，规划和预算也可以作为模型，如被用来评估价格上涨对绩效的影响。

因此，尽管规划人员在应对危机方面有所帮助，但人们通常认为规划没有这种功劳。规划“在解决问题方面似乎没什么用，它更多地与实施措施有关”。事实上，戈默称规划的“总体贡献”“相对不明显”，并指出“在一场超过 12 小时的非指导性访谈中，部门经理谈到了公司应如何应对危机，但涉及‘正式规划系统’及其相关主题的谈话时间只有不到 8 分钟”。

奎因对规划在“逻辑渐进主义”条件中的研究

萨拉辛和戈默直接研究了规划，其他更关注战略形成过程的研究者也发现，规划在战略形成过程中明显缺失。其中一位研究者是詹姆斯·布赖恩·奎因（James Brian Quinn），他对许多大型企业（主要是美国企业）的战略形成过程进行了研究，并在 1980 年的著作中提出“逻辑渐进主义”（logical incrementalism）的概念。这个概念是指，战略形成是一个由有意识的管理思想所驱动的逐步发展的过程。关于规划，奎因总结道：

> 我的数据表明，当管理良好的大型组织在战略上做出重大改变时，它们使用的方法往往与规划文献中所描述的理性分析系统几乎没有相似之处。

更确切地说，“正式的规划系统很少能促成公司的核心战略”。与戈默的观点一致，奎因也发现，“年度规划过程很少是新的关键问题或使组织彻底转向完全不同的产品或市场领域的根本原因”。“个别规划人员可能会发现潜在问题，并提请最高管理层注意”，“但这些问题几乎总是来自突发事件、专项研究或外来的概念”。事实上，奎因的结论是，“正式的规划实践通常是一种制度化的渐进形式”，这是相当“合理的”。

奎因提供了两个理由来说明规划本身倾向于渐进形式。首先，大多数规划是由一线管理者在一个长期存在的假设框架内，根据部门产品、服务或流程的细分需求，自下而上地进行的。其次，大多数管理层“合理地设计出”

了灵活的规划，将规划“仅作为指导框架，使在短期经营周期内逐步做出的未来决策保持一致性”。

然而，事实上，尽管管理层能够制定出灵活的规划，但正式的规划往往缺乏灵活性。

> 远景展望成为例行公事，主要作用仅仅是证明不断发展的规划是合理的。应急规划变成了预先设置的束缚（和条条框框），面对复杂多变的突发状况却依然墨守成规……如果是一年期规划，那么所有人都会假设这一年不会有什么新的（通常是可预见的）变化。

通常，正式规划的结果主要是“冗长的原则表述及详细编制的预算方案”。它“阻碍了跨部门协调和投入，而这些正是战略的本质”；它“过分重视财务分析方法，这些方法会排除有意义的战略选择，鼓励短期的想法和行为，也会排除潜在的重大创新，误导资源分配，并大肆破坏企业的预期战略”；它“将规划部门变为只会制定年度规划的官僚机构，而不是将规划部门变为能适当干预制定战略的渐进过程的推动者团体”。自认为是规划过程忠实拥护者的文献作者，都有一堆小毛病！

尽管如此，奎因还是发现了规划的一个作用，这个作用与萨拉辛和戈默所提出的作用类似，那就是规划“提供了一种机制，从而可以确认战略的早期决策”。换句话说，规划有助于对“协调一致的目标、投入模式和行动顺序”进行编排、正式化和调整。在决策方面，规划“为评估和调整年度预算提供了系统的手段”，“为保护长期投资和长期投入奠定了基础”，并“有助于实施战略变革”。在“过程”方面，它“创建了一个信息网络”，扩展了经营管理者的视角，帮助他们减少未来的不确定因素，“促进了长期的‘专项研究’”。

在麦吉尔大学对“跟踪策略”的研究

我们在麦吉尔大学跟踪研究了几个组织的战略，这些战略的形成和变化使许多研究结论更加站得住脚。总的来说，我们发现战略制定是一个复杂的、交互的、渐进的过程，对这个过程最恰当的描述是“适应性学习”。研究发现，战略的变化是不平稳且不可预测的，主要的战略往往在很长一段时间内保持相对稳定，有时长达几十年，然后突然会发生巨大的改变。这一过程通常是非常紧急的，当组织面临不可预测的环境变化时尤其如此，各种各样的人都会参与新战略的制定过程。

事实上，在我们所研究的组织中，战略会以千奇百怪的方式出现。许多最重要的战略似乎都源自“草根”，这就像是花园中冒出的杂草结出了美味的果实，而不像是“在温室中养出的花朵”——只能自上而下地实施。

这个过程与设计学派的层次结构和计划学派的研究方向形成了鲜明对比，最恰当的比喻可能是“战略是种手艺”。引用一篇关于这项研究的综述文章《手艺式战略》中的话来说就是：

> 假设有人在制定战略。他首先想到的可能是一种有序思考的景象：一名或一群高管坐在办公室里制订行动方案，其他人都会按照方案行动。规划的主旨是理性地控制和系统地分析竞争对手和市场，以及公司优势和劣势，这些分析结合在一起形成了清晰、明确、全面的战略。
>
> 现在，假设有人在制定手艺式战略，那么战略可能就会是一个完全不同的形象。手艺式战略与规划的区别，就像手艺与机械的区别一样。手艺需要传统的技能、尽心投入和完美把控细节。脑海中浮现的与其说是思考和理性，不如说是专注与投入，这是一种与手头材料保持亲密和谐的感觉，得益于长期的经验和投入。战略的形成和实施融合成一个动态

的学习过程，从而催生出创造性战略。

> 我的观点很简单：手艺式战略的形象更好地把握了有效的战略形成过程，而文献中长期流行的规划形象扭曲了这一过程，从而误导了那些毫无保留地接受规划的组织。

我们在麦吉尔大学的研究并没有涉及太多规划过程的细节。事实上，我们认为，要想了解规划在战略制定中的作用，就应该直接研究战略制定过程，并推断规划所处的位置（就像戈默的研究一样）。我们有两项专题研究和一项相关研究都探讨了这个问题。

在对大型连锁超市斯坦伯格公司的研究中，我们发现该公司引入正式的规划是为了满足组织的外部需求。公司第一次计划进入资本市场时，必须发布公司的规划。公司创始人兼首席执行官总不能在招股说明书中这样写："我是萨姆·斯坦伯格（Sam Steinberg），我有令人难以置信的业绩记录。所以，请给我 500 万美元。"他必须向金融市场展示规划，但是这些规划并没有反映形成战略的正式过程。公司已经有了自己的战略，那就是公司领导者的愿景（主要是通过建设购物中心，在魁北克省扩展大型连锁超市规模）。一切规划活动都是为了阐明战略，即阐述清楚战略、证明战略的有效性、补充说明战略的细节（要建立的超市数量、具体的时间安排等）。因此，我们得出的结论是：规划的主要作用不在于形成战略，而更多地在于编排现有战略。

> ……公司在已有战略的情况下进行规划，并不意味着规划的目的是得到战略。换句话说，规划并不是战略，而是战略的结果。由于受到规范的结构和环境的影响，规划赋予愿景秩序，并将其正式化。可以说，规划使战略得以落实。

但是，"如果试图将企业家的愿景程序化，那结果必然是作茧自缚"。

> 企业家拥有个人愿景，并且能够根据不断变化的环境随意调整愿景。由于被迫对愿景进行阐述和编排，所以失去了灵活性。归根结底，危险在于……程序往往会取代愿景，因此战略制定变得更像是在推理，而不是在创造……在缺乏愿景的情况下，规划基于现状外推，最多只能在当前的实践中引起微小的变化。

我们还研究了加拿大航空公司的情况，这家公司缺乏企业家精神，但至少在运营和管理领域建立了非常强大的规划传统。这反映出公司对精确协调的首要需求，并主要体现在航线安排、机组人员安排等航空运营方面，以及采购新飞机和开发新航线等带来的成本支出方面。另外，公司也极其重视安全方面，以及新飞机的高昂成本和增加新航线所需的前期准备时间。这些需求促成了非常有序和稳定的行动模式。

例如，图 3-1 显示了加拿大航空公司在 1937—1976 年的飞机采购和报废模式。请注意，20 世纪 50 年代中期之前，公司采用的是即用即买的模式，之后采用了稳定且系统的模式，那时已建立起详细的规划程序。事实上，这幅图很有意思，当按照时间顺序来统计飞机采购数据时发现，1955 年后几乎所有机型的采购与报废数据都处于两条靠近的平行线框架中。但 DC8 和 747 除外，这两种新机型的采购速度都较慢，却更规律，这可能反映了它们的巨额资本支出。

加拿大航空公司还表现出另一个有意思的特点：在规划盛行之后，战略几乎没有改变过（直到 1976 年我们的研究结束都是如此）。我们总结认为这两个因素是相关的，具体来说就是，正式规划及鼓励它的力量不但没有促进战略制定，实际上反而阻碍了战略制定、战略思考和战略变革。“组织越是依赖现有程序详细、系统和常规的规范，员工就越不容易超越这些程序去思考新的方向……”无论是作为一种观念，还是作为一种定位，战略都是在规划中设定的，没有人会去质疑。[①]

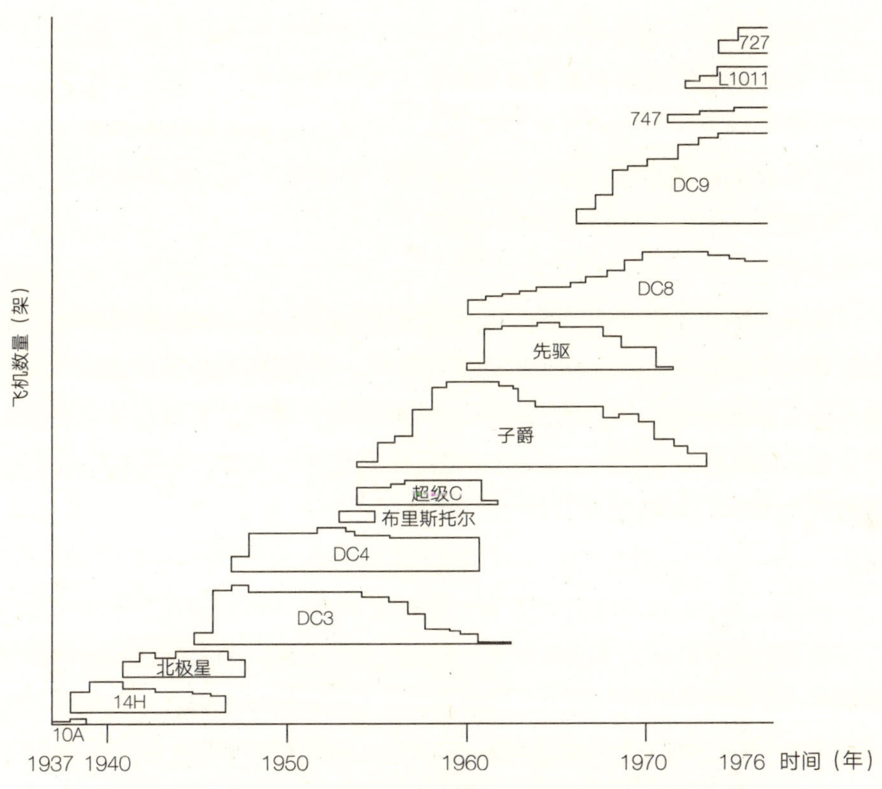

图 3-1　1937—1976 年加拿大航空公司采购与报废飞机的模式

有一个很好的例子，一家公司为了制定规划，将组织拆分为 5 个运营部门（这个过程始于 1955 年，至少持续到 1976 年）。这些部门被称为“五小航空公司”，其中包括一条被标记为南部“单线”（从加拿大的城市到加勒比群岛等）的航线。请注意标记的效果：南部航线是“单线”的，意味着一

① 在对法国航空公司（Air France）的研究中，哈夫西（Hafsi）和托马斯（Thomas）得出的结论至少强化了我们的两项研究的结论，“规划当然是一种技术性很强的工具，它不是一种与战略相关的工具。重要的是，它能够预测流量、成本等，并在官僚制的精确指示下有序地开展业务”。1984 年，吉里埃克（Guiriec）和塞罗（Thyreau）对规划在法国航空公司扮演的沟通角色的描述也给人同样的印象。

个相对稳定的战略或至少鼓励战略保持稳定。事实上，规划强加的或使用的分类使现有战略具体化，并锁定不变。我们在报告中这样总结道：

> 正式的规划和支持它的力量，可能会妨碍构思新战略所需的心理状态——一种开放且灵活的状态，促使人们在实际经营中后退一步，质疑现有的信念。简言之，正式的战略管理可能与实际的战略思维不相容。

然而，这种分类确实带来了一个意想不到的好处。在咨询顾问的干预下，该公司进行了一次大规模的破坏性重组，致使最高管理层在相当长一段时间内陷入瘫痪，而规划系统强加的例行程序却让公司得以持续经营。一位负责规划的高管对我们说："麦肯锡在遭遇危机期间，运营人员忠实地执行详细规划，因而挽救了公司。管理层一度迷失了方向，但公司照常运转。"

与我们在麦吉尔大学所做研究相关的，是克劳德·迪贝（Claude Dubé）撰写的一篇工商管理硕士论文，其中论述了第二次世界大战后加拿大军方的战略制定行为。他的发现相当有趣，简言之，组织要么规划，要么行动。除此之外，这两者似乎毫无关联。当军队无事可做时，他们就会为了规划而规划：

> 这个组织的一个特点是，它的主要任务是为行动做好准备。但大多数时候，并不需要采取行动（没有战争）。因此，为了能在等待期间起到积极的作用，组织开展了很多活动，实际上它是为了寻找存在的"意义"。该组织试图解决这一问题的一种方法是将规划过程制度化，以便不断修订现有规划、引入新的规划，用更精妙的规划方法代替旧的规划方法。所有这些规划都试图全面涵盖所有可能发生的情况。这将永无止境，因为把每件事都规划好是不可能的……

但加拿大军方有事可做时，就会放弃规划，直接采取行动。与戈默的研究一样，组织没有预见真正发生的突发事件或场景。至于正式的规划，它似乎更适合作为和平时期的秩序，而不适合具有破坏性的战争，尤其是不可预见的战争。一位军事作家认为，"'备战'需要考虑的是固定的价值观、物理量和单边行动，而'作战'需要考虑的是变量、无形力量和影响因素，以及持续的对立交互"。这些并不是最有利的规划条件。迪贝研究的一个结论是，组织缺乏存在的意义时，就会通过正式规划来找事做！

科克对法国政府规划"假象"的研究

当然，军队是政府的一个部门。大政府也如大企业一般，对规划特别感兴趣。在东欧可能尤其如此，在西方也并不缺少同样的倾向。就像斯坦伯格连锁超市上市时所做的那样，大政府必须对其行为负有公开责任（远不止于此）；就像加拿大航空公司所做的那样，大政府必须协调大量资源的分配，并对人员和财务方面的损失特别敏感；就像通用电气的管理者所做的那样，领导者必须努力了解更多问题。正式的规划似乎有助于资源的协调、避免人员和财务方面的损失，并能提供必要的知识。当然，重要的问题是，正式的规划是否有助于提高公共决策的质量。

糟糕的是，由于政府的目标非常模糊，绩效的衡量方式也很差劲，政策的实施对象又太过分散，所以这个问题几乎无法以任何系统的方式得到回答。因此，尽管规划失败证据确凿，各国政府仍坚持不懈地尝试正式规划。

在西方国家，可能没有哪个国家的政府比法国政府更痴迷于规划了，至少前几年还是这样。科克（Koch）记录了法国高度公开的国家综合规划工作，他称之为民主的"假象"："与行政部门广泛宣传的形象相反，法国的规划完全是一种非民主的无规划模式。"

在科克看来，法国政府的规划活动根本不可能成功，因为规划的假设即将所有相关信息集中整合到一个框架中是不可行的。无论投入多少，都没有办法集齐所有专业要素，也没有足够的时间来产生有用的结果。其结果“是一个政治大杂烩，只包含精英人物的目标，而没有考虑大众的总体目标、真诚的投入，只是空洞的承诺……当然这不是一项‘规划’，也不会被广泛接受”；“它根本无法准确预测经济和社会的未来”（因此，“当能源危机等现象推翻规划制定者的预言时，他们只能无可奈何”）；“它对影响执行的相关者（包括法国人和其他国家的人）的行动起不到控制作用”；总的来说，“该规划从未按照它自身的规定得到执行”。

关于 PPBS 的一些证据

沿袭了盎格鲁－撒克逊传统的政府可能不太倾向于进行国家经济规划，但他们对其他形式的规划感兴趣。在20世纪60年代肯尼迪总统执政的时期，美国政府对规划的投入和遭遇的失败仅次于法国。当时，罗伯特·麦克纳马拉（Robert McNamara）和他的天才部下们带着 PPBS 从哈佛大学和兰德公司来到了华盛顿。这一实践得到了广泛宣传，因而各种评论和批评四起。我们在这里回顾的不是单项研究，而是更广泛的证据。

作为肯尼迪政府的国防部部长，麦克纳马拉在军方推行了 PPBS。后来，约翰逊总统下令在整个联邦政府中使用它，进而 PPBS 拓展至美国州政府，并逐渐被其他国家效仿。但威尔达夫斯基在其广受赞誉的著作《预算过程的政治学》中简明扼要地总结道：“PPBS 实践是一场彻底的失败。”

PPBS 实践是将战略规划与程序、预算结合到一个系统中的正式尝试。麦克纳马拉的首席分析师阿兰·恩索文（Alain Enthoven）表示，这次尝试是基于“产出”而非基于“投入”的。投入是指“以目标为导向的组成部分”，如战略报复力量和民防系统，而不是指陆军、海军和空军等内部组成部分。因此，规划不是围绕现有军方部门进行的，而是围绕战略重点（政府的战略）[①] 进行的。这些规划逐渐有了自己的生命，就像加拿大航空公司的 5 条小航线一样。引用恩索文的话就是："PPBS 使美国国防部部长、总统和国会能够将注意力集中在国防部的主要任务上，而不是那些不相关的开支项目清单上。"

所有这些尝试都是为了形成战略思维，将战略规划与资本预算、运营预算联系在一起。但是，政府没有可以直接将成本与效益联系起来的总体衡量标准，无法对不同的项目进行数值上的比较（企业在资本预算过程中所使用的投资回报率就是一个类似的衡量标准）。因此，为了尽可能地可衡量，政府的规划制定者非常重视成本和收益的量化，以使任务的各种备选方案至少可以相比较。例如，在战略报复力量的任务中，用"每 1 美元的杀伤力"（greatest bang for the buck）来衡量导弹与轰炸机的效益。

范·甘斯特伦（Van Gunsteren）将 PPBS 的"核心理念"描述为"将分析、规划、战略决策和日常预算决策结合在一起，形成一个统一的信息和权力机制，以便使规划和分析工作更加相关、更加有效，使预算的编制更加合理、可靠"。他还进一步描述了 PPBS 的步骤：

> 明确政府活动或部分政府活动的最终目标。将程序产出（程序的有利影响）与这些目标联系起来。将程序的产出与投入（程序的不利影响）相关联。为产出和投入设定价值标准，最好是金钱价值。将一个程序的总产出称为总收益，将一个程序的总投入称为总成本。在程序的整个生命周期内计算总收益和总成本。确定程序的效益成本比以及效益与成本之间的净差值。审查现有的程序，并开发和设计新的备选程序。将产出与目标关联起来之后，开始在备选程序中重复上述计

① 恩索文 1966 年发表于《哈佛商业评论》的一篇文章中的说法是"市场使命"。值得一提的是，这篇文章旨在将"五角大楼的教训"引入企业。

算工作。在备选程序中做出选择。将上述流程作为预算审查流程的一部分。

麦克纳马拉在国防部实施 PPBS 的主要职责，落在了恩索文的肩上。恩索文在文章中表达了自己的信念：

……关于战略、军事、程序和预算的决策得到了统一……是“规划 - 程序 - 预算系统”（PPBS）让这个目标得以实现……国防部部长与其他军方成员共同通过联席会议来审查（任务规划的）数据，听取各自的建议，然后做出军事决策。从那时起，各部门的预算分配流程基本就是例行公事，并且主要由管理人员负责。

细心体会恩索文的这段话，会发现很多有意思之处：他假设是 PPBS 这个他所谓的“机器”完成了规划工作，并相信预算编制在某种程度上是与战略联系在一起的，而且战略的制定和实施是可以分离的。事实上，后一种特点正是 PPBS 的核心，也是设计学派模型的核心。据说麦克纳马拉看过简报后，坐在办公室里就能做出复杂的决策，就像以前他作为哈佛商学院的学生做案例研究时那样。恩索文指出：“当然这种做法对国防部部长提出了很高的要求”。当时在哈佛大学的工商管理硕士课程中，他被迫“详细了解了许多方案的优点”，并且“必须系统地了解备选方案的需求、效果和成本”。但不必担心，恩索文补充道，“我们会有组织地提供这些信息”。所有信息都条理清晰地汇总到“总统备忘录”中，其中“总结了威胁和目标的相关信息，他选定的备选方案的效果和成本，以及他的初步结论”。为了保护“自由世界”，规划人员竟然在五角大楼中为麦克纳马拉撰写案例！这就是哈佛大学的人所说的案例书面分析（Written Analysis of Cases，简称 WAC）。毕竟，他们拥有一台“机器”。

恩索文的文章发表于 1969 年。麦克纳马拉及其天才部下们的这套系统或者说这台机器，正在让美国走向有史以来最屈辱的军事失败。

后来，美国陆军上校哈里·萨默斯（Harry Summers）在《越南战争背景下的战略》（*On Strategy: The Vietnam War in Context*）一书中，从前线军官的角度审视了这一实践。和迪贝一样，他区分了“备战”和“作战”的概念。在他看来，对于前者，PPBS只解决了“问题的一半”；而对于后者，PPBS反映了“受过教育的人却没有能力看到战争的真相”。然而，麦克纳马拉的规划人员阻碍了高级军官接触总统，夺取了备战和作战的控制权。

萨默斯的观点建立在我们之前讨论过的主题之上。他认为，规划被证明是不灵活的，而且是渐进的，用卡尔·冯·克劳塞维茨（Karl von Clausewitz）的话就是，不适用于“有反应能力的生命体”，或者用格雷戈里·帕尔默（Gregory Palmer）那更广为人知的说法就是，规划不适用于应对有自主意志的敌人。

> 理性主义方法的特点是……自诩为普遍的解决方案，不容许有传统和权威，反对量化与简化，且缺乏灵活性。它的高效性阻碍了灵活性，因为它排除了不利于实现当前目标的一切，因此，如果目标发生变化，就会没有替代方法。

在萨默斯看来，“PPBS的致命缺陷就是一致性，这种一致性是理性主义策略的一个前提，而战争往往不具备一致性”。一位美国军官则更生动地说道：“只有傻瓜才做规划，到战场上去执行规划会把一切搞砸。”因此，“军方发现，自己基于抽象的标准来设计武器，实施自己并不相信的战略，并最终打了一场自己根本不理解的仗”。

此外，政策程序本质上是经济性的，“只关心物理变量，但任何军事行动都离不开心理的力量和影响”，尤其是意志和承诺。有趣的是，大卫·哈伯斯坦姆（David Halberstam）为了找出反对战争的理由，采用了许多关于PPBS的相同观点。例如，早在华盛顿脱离实际的规划人员之前，军方和情报人员就意识到规划对战争无益。换句话说，无论是对鹰派的军事战略，还是对鸽派的政治战略来说，规划都阻碍了战略思考和行动。萨默斯引用了史密斯（Smith）和恩索文的“虚伪”评论。

> PPBS 并没有触及战争中真正关键的问题。比如，美国是否应该发动战争？[①] 开展行动的时间、方式和规模是否合适？应该拥有什么级别的武装部队，应该如何运用？应该如何制定撤军时间表？如何才能快、准、狠地赢得胜利？

其他墨守成规的规划人员也都试图让自己的程序避开一线管理者必做的策略选择。但所有试图这样做的规划人员都在自欺欺人：问题并不在于PPBS会直接做出这些选择，而在于，它决定了规划中包含什么和不包含什么，它影响了这些人做规划的方式。

因此，在关于PPBS的一切都尘埃落定后（大部分尘埃散落在了20世纪60年代），事实证明，它并不比其他任何规划模型更有利于实现目标。在进行战略规划，并将其与程序制定、预算制定相结合方面，PPBS并没有取得任何预期成效。事实上，由于PPBS过于雄心勃勃、应用过于广泛，所以它失败得更加彻底。

1974年，威尔达夫斯基在发表了“PPBS实践是一场彻底的失败”这一评论后写道：

> PPBS 从来都没有成功地建立起来，也没能按照它所声称

① 谈到PPBS在战争中的经历时，也许威尔达夫斯基应该在“决策”之前加上“成功的”这个形容词。——编者注

的原则影响政府决策。这个程序的结构对任何人来说都没有意义。事实上，PPBS 根本不适合用来做出重要的决策。

后来他又写道，“PPBS 的大范围引入造成了无法克服的计算困难”，“没人知道该怎么做”，甚至“关于这些术语的含义也不一致”。同样，在总结加拿大人的经验时，法国人将 PPBS 称为“制定政府当前和未来行动规划的徒劳尝试”，它“完全无法应对国家层面的治理现实”。

一个简单的事实是，他们从来没有把规划（P）和项目预算（PB）组合成一个有效的系统（S）。因此，威尔达夫斯基呼吁废除“政策分析和预算制定之间的包办婚姻”。他们甚至从来没有真正理解过规划。规划（战略制定）仍然是一种信念，或者像萨拉辛的研究所表明的，规划不过是政治控制的幌子。麦克纳马拉肯定这样做过，但这被证明是独断专行的和无效的，甚至他自己都说，规划是不“理性”的。哈伯斯坦姆指出，麦克纳马拉向美国国会提交了失真的战争费用报告，他辩称：“你们真的认为，只要我准确估计了战争的成本，国会就会为教育和住房提供更多资金吗？”查尔斯·林德布洛姆（Charles Lindblom）后来指出：“这些规划在很大程度上只是资本投资提案。”换句话说，整个 PPBS 实际上已经沦为资本预算。或者应该说，它从未超出资本预算的范畴。PPBS 实际上是“pPBS”，或者更确切地说，是“ppBS”。

关于资本预算的一些证据

如果 PPBS 以及一些被称为战略规划的商业实践从未超出资本预算的范畴，那么下一个明显的问题是，资本预算本身是否构成了某种战略制定形式。我们来看一些相关证据。如前所述，资本预算是一个程序：业务单元的管理者（部门负责人、职能经理等）向上级提出单个项目并申请批准。根据成本和收益（在商业领域即投资回报率），总经理就可以对每一个项目进行评估、比较和排序，且只接受在指定时期内符合预算要求的项目。[①] 由于资本预算程序是从业务单元的管理者向总经理推进的，所以它有时被称为“自下而上的战略规划”。

关于资本预算的实践经验呈现了一个截然不同的故事，并引起了我们对资本预算与战略形成之间关系的质疑。在一个著名的研究中，鲍尔深入调查了一家大型企业的流程，发现高管层倾向于批准所有提交给他们的项目。

> 得到事业部总经理批准的项目很少会被公司高管层拒绝，只不过总经理们会被要求对项目稍加修改；提交到执行委员会的项目几乎从未被驳回。

鲍尔写道，“重要的问题是，有权审批涉及资金提案的那些管理者往往会选择他们偏好的提案”，一旦发生这种情况，提案或多或少会获得通过的自由。

在后来的一项研究中，马什等人仔细研究了三家应用资本预算程序的公司。他们在查阅一部“权威”教材文献时指出，在 1 000 项实证研究中，只有 2 项研究“与实际的投资决策相关”。“调研表明，这三家公司都在使用这项技术，而且情况高度复杂”，研究人员发现了各种各样的问题。例如，它们的流程操作手册都“很难建立”；向部门委员会所做的陈述“被视为‘骗局’”；“集体审批无异于‘橡皮图章’”。[②] 该技术在应用上有些不当，“难以量化的成本和收益也无法进行财务分析”。至于对定量数据的处理，则是“调整财务模型，给你想要的答案”，毕竟“项目提出者……知道上级审批人很难查实预算的明细”。

---

① 顺便提一下，虽然在批准项目时对前端的这种控制受到了相当大的关注，但对后端的控制，即完成的项目是否真正实现了既定目标，几乎完全被忽视了。

② 橡皮图章是一个政治术语，意指不加判断地照章办事，或机械地按照指令行事。——编者注

海斯、史蒂文·惠尔赖特（Steve Wheelwright）和克拉克（Clark）在他们合著的流行教材《动态制造》（*Dynamic Manufacturing*）中对资本预算强烈抨击，指出了资本预算过程对美国制造业企业竞争力的负面影响。他们还讨论了在“持怀疑态度”的公司员工中“可能会引发的质疑”：为什么要将软因素排除在外。

> 将“软因素”排除在分析之外，可能仅仅是因为它们不容易量化或要避免带入“个人判断”，避免做出带有偏见的投资决策，从而避免对产品质量、交付速度和可靠性，以及新产品推出的速度等重要因素产生重大影响。

这些观察者最强烈抨击的是，资本预算迫使组织进行了分解。“分析过程关注各种扩张方案，并对每个方案进行短期评估，忽略了形势的某些战略方面”。“企业”，他们指出，“不仅是有形资产的集合，也是人的集合，人与人通过复杂的纽带和彼此的忠诚联结在一起，这反映了人们长期以来促成的理解和承诺。”当然，“可以将多个小项目组合为一个大项目，一起进行评估”。但是，“随着项目之间的依赖关系越来越多、越来越复杂，就会很难找到终点。偏激一些来讲，每个新项目都应该与过去和未来的所有项目结合起来”。

海斯等人还指出，即使需要做更多分析准备工作，人们也依然“偏爱大项目”。这种偏爱强化了员工在投资决策中的主导地位，因此“各部门会培养自己的人员（项目提出者）来应对公司人员（公司钱罐子的守护者）”，这两种人员“经常一起堂而皇之地跳着交谊舞”。与此同时，“企业家精神所引发的”的必要投资会受到忽视，从而“使组织和战略性问题隔离开来”。

这些问题似乎是资本预算技术本身所固有的，实际上却揭示出规划工作中普遍存在的一些重大缺陷。在资本预算中，关于项目的信息由下级的发起者而不是上级的审查者所掌握。前者构思项目，进行成本效益分析，并在项目获批后全力投入管理工作，通常会持续数年。他们是真正的“冠军”。审查人员既没有足够的时间，也没有足够的精力来跟进一个个项目，但他们必须审查每一个项目。因此，他们所掌握的项目信息不足，至多只是了解一点表面信息。马什等人在探讨审查项目所需的“知识广度”时，提到了一位集团副董事长，这位副董事长声称自己审查一个重大项目至少要花一整天时间。请想象一下，负责该项目的部门管理者在项目获得批准之前“估计花了8个月时间（而且是全日制工作）”，而“他的团队成员也花了额外的两年时间”！在另一个案例中，研究人员发现有一个项目的文件超过了2 000页，但最终“提交给集团董事会的总结报告只有短短两页”！

显然，资本预算的基本假设是，在一份简短的总结性文件中呈现一些关键数据，就足以让高管层掌握审查所需的信息。恩索文的评论中很明显地提到了这一点，“我们是有组织地来完成它的”。“我们”是指国防部的一小部分成员，“它”是指审查美国军方提交的所有PPBS项目。另一个假设是：分析是客观的，数字是准确的。事实上，正如我们所看到的，这两个假设都是不确定的。

成本收益分析中一定会存在大量的主观判断因素，这些分析都是预测。正如预测领域的权威人士斯派罗斯·马克利达基斯（Spyros Makridakis）所指出的，在这种情况下，许多资本投资的“预测和规划考虑因素”通常“无法进行分析处理”。当然，预测时间越长，主观性就越强。根据鲍尔的观点，对销量和价格的预估来说尤其如此。

> 虽然每个人都意识到目标是得到长期回报，但唯一可靠的定量数据是短期的，因此观察到的通常是各种短期次优化的行动或数量有限的重大举措——这些举措是由对长期战略成果的判断所决定的。

除此之外，负责分析的那些项目提出者很难避免偏见，即使他们真的只是满腔热忱，而不是故意弄虚作假，也很容易得出不可靠的预估结果。几乎任何看似合理的项目都可以装作看起来不错的模样。看起来不错，不仅仅意味着确保数字正确。通用电气前首席执行官杰克·韦尔奇说："灯泡业务的管理者花费 3 万美元制作了一个精美的幻灯片，来演示他们想要的一些生产设备，这件事至今仍让我耿耿于怀。"布罗姆斯（Broms）和甘贝里（Gahmberg）在研究芬兰和瑞典的一些企业的资本项目时，发现了一些证据，表明这些项目"经常偏离目标"。例如，目标是 25% 的投资回报率，但最终只有 7% 左右。由于偏差太大，以至于他们将这些规划描述为"咒语"："组织内部一遍又一遍地自说自话——我们应该成为这个样子！"布罗姆斯等人称"这种自我欺骗"是"社会公认的事实"。

高管们并不傻，他们也曾是自己项目的"冠军"。他们了解这场游戏，并且很清楚自己不可能胜出，至少不会像在正式程序中规定的那样胜出。然而，他们可以做出棘手的选择：如果不能选择项目，那他们可以选择冠军。换句话说，如果他们无法了解和评判项目，那他们可以去了解和评判人员。因此，他们的工作变成确保提出项目的人是值得信赖的，然后他们就可以"闭着眼"审批提案了。如此一来，要否决提案，只需要否决提案发起人就可以。鲍尔在审查审批过程中的中层管理者时指出：

> 项目一旦上报，几乎总是能得到最高管理层的批准。他们不愿意去质疑自己选定的中层管理者的判断。他们认为这些人的能力是值得依赖的，后者能够评估产品－市场子单元的规划和项目的技术经济指标。这就是为什么过去的成功如此重要。它反映了中层管理者对下级员工的评判能力。

至于资本预算和战略形成之间的联系，需要回到前面提到的四个层次结构图（见图 2-10），理论上资本预算是自下而上的规划。我们必须在这里澄清，一方面，从一个级别的程序到另一个级别的预算应该用虚线表示，因为两者之间的联系非常微弱。另一方面，应该在“目标”和“程序”间添加一条虚线，以表明项目提出者可能会间接地把目标考虑在内。

但是，从程序到战略层次，这两者之间的联系又如何呢？换句话说，战略形成和资本预算之间有什么关系？到目前为止，我们还没有看到任何证据能够表明，资本预算代表战略规划的一个过程。相反，资本预算似乎只是一种正式的方式，被用来组织项目审议，并将项目及其成本上交高管层，也可能被用来控制项目支出，毕竟项目提出者是不会在一开始就控制开支的。

事实上，资本预算和战略规划之间可能存在三种关系：①新的或现有的战略会影响上报的资本项目；②已经上报的项目会影响要实施的战略；③两者相互独立，互不相关。因为第三种关系的存在取决于前两种关系的缺失，所以我们在此只考虑前两种关系。

一些规划学者不主张资本预算是战略形成的一个过程，但他们大概也会认为，无论战略是如何形成的，资本预算都应该服从于预期战略。马什等人指出，在大多数关于资本预算的工作中，“有一种假设，即投资项目可以在某种程度上服从于之前所定义的战略，而定义工作主要由高管负责”。换句话说，只有在高管层制定出明确的战略后，才应设计程序。项目提出者应该根据组织目标来行动，并受到现有战略的驱动。例如，高管层决定采用无差异产品的成本领先战略时，提议建设新的实验室进行基础产品开发是没什么意义的。

如何在战略形成和资本预算之间建立这种联系是另一个问题。这种联系可能是非正式的，因为项目提出者可能会试图在他们提议的项目中隐含地将高管层的意图考虑在内（这意味着从战略到程序的虚线）。只要这些意图以某种方式传达给项目提出者，这种非正式的联系就能建立起来。但是，如果这种联系是正式的，即提议项目在某种程度上是由预期战略所决定的（这意味着图 2-14 中的实线），就是另一回事了。当然，在向下级管理者传达自己的预期战略时，高管可能会选择相应项目，甚至对他们期望看到的项目进行范围划定（就像前文提到的伞形战略一样）。

然而，我们更认为，两者之间的联系通常是非正式的，大多数资本预算工作实际都是在已有战略的情况下进行的，而不是在制定新战略时进行的。这意味着大多数资本预算工作可能是在没有任何新的战略制定活动的情况下进行的，甚至可能没有进行任何关于战略的讨论。战略被默认为既定的。如果对小部件的需求增加，就会建议扩大工厂规模：每个人都知道公司将继续从事小部件业务。实际上，作为定位的战略可以具体化为视角。亚维茨和纽曼指出：

> 由于资本支出提案是由与现有活动相关的需求引发的，所以几乎没有哪个会偏离现状太远。例如，这些自下而上的提案中有一些针对的是必要项目，比如更换一部老旧的电梯。另一些提案则提出用更好的方法来执行当前活动，比如用计算机控制应收账款。还有一些提案可能涉及组织的自然扩张，比如在西海岸成立主管销售的分公司或公共事业机构，以收购一座煤矿。如果业务部门希望执行其现有战略，那么这样的提案是非常合适的。

战略可能会以这些方式影响资本预算，而提交上来的资本项目也会影响组织所施行的战略，这体现在两方面。一方面，如前所述，在指定的战略环境中，资本预算活动可以反过来强化实际正在实施的战略。换句话说，提交上来的项目可以用来推断已经形成的模式。另一方面可能更重要，资本预算项目可能会打破现有模式，从而引发战略改变的征兆。在前述案例中，当研发副总裁基于成本领先战略提议建设新的基础研究实验室，并获得批准后，他可能就会推行产品差异化战略。如果高管层对此毫无察觉，或者只是为了满足研发副总裁的要求而批准了该项目，那么战略变化必将成为突发情况。

这意味着，资本预算过程可能会因为新战略的涌现而在不经意间推动战略形成过程。换句话说，组织只是在基于不同项目逐个做出临时性决策。在这个过程中，模式形成战略。如果新项目与现有项目不太一致，那么可能会引发新模式出现的征兆。换言之，资本预算上的一道小开口，可能会引发战略上出乎意料的重大变化。因此，资本预算可以成为战略形成过程中的一个因素，但不会成为已经形成的战略的一个因素。

当然，项目提出者不必阅读本文就能知道这一点。长期以来，那些迎着来自高管层的阻力，打算改变战略的人一直在以上述方式运用资本预算，我们可以把这种做法称为政治性的，甚至在预算文献中有一个专门的标签——“入门”（foot-in-the-door）技术。通过最初的资本投资创造一个小开口，然后不断推进，直到大门完全打开——新模式稳固地建立起来。实际上，在提出项目时，提出者是在暗中倡导一种战略。项目提出者的目的很明确，但在组织层面尚未言明。①

资本预算的一个关键但不那么有效的作用可能是，为高管层提供了一个契机，让他们能够甄别这些项目的效果，以便发现那些可能导致战略偏差（strategic deviation）②的提案。一旦发现战略偏差，先不要急着终止提案，高管层可以干预，留出一条门缝，只够考查提案的程度足以，同时时刻准备好在必要时关紧大门。

因此，我们可以得出结论，尽管战略与资本预算之间的联系是非正式的，且人们了解甚少，但当战略在人为设计之下发生改变时，一些提交上来的项目很可能会随之改变。但是，如果项目是独立于战略形成活动或在没有

① 关于多元化公司“企业内部风险投资”背景下的此类行为的讨论，请参见伯格曼的著作。

② 这个术语姑且算是我们首创的。

战略形成活动的情况下提出的，那么战略可能会得到加强或改变。具有讽刺意味的是，在第一种情况下，资本预算或多或少是按照正式模型中规定的那样运作的，不属于战略形成过程的一个因素。而在第二种情况下，虽然资本预算没有按照正式模型的规定运作，但它可以干预战略形成过程，只不过它仅有助于形成应急战略而非深思熟虑的战略。

还有最后一点需要说明：资本预算技术本身对组织进行战略变革的倾向有什么影响。在这里，我们希望论证并提供证据表明，无论是在项目提出者还是审查者层面，资本预算通常都会阻碍战略变革和战略思考。

我们的观点基于所有规划系统的本质特征，即通过分解来实现正式化。实现正式化需要分析，具体地说就是将一个过程简化为程序，即一系列步骤，每个步骤都涉及一个明确的类别。此外，过程的结果本身必须以规划的形式进行分解，在资本预算中就是指不同项目之间要相互独立。换句话说，资本预算是一个不连贯的过程，或者更确切地说，是一个分解的过程。在这个过程中，各部门或事业部需要分别提交项目。事实上，如果真如亚维茨和纽曼所说，“到目前为止，绝大多数资本开支提案来自业务单元的职能部门”，且关注范围窄，那么资本预算的问题会变得更加严重。[①] 为了便于正式分析，将不得不忽略不同提案之间可能存在的任何协同效应，包括自然存在的和应该支持的协同效应。除非如海斯等人曾说的那样，所有提案都要合并成一个大提案。但是，协同效应是创新性战略的核心，即形成新的、有利的组合，所以资本预算必然会阻碍创新性的战略思维。鲍尔在对资本预算过程的研究中指出：

> 水流会汇集一处，但（在资本预算的“力学”概念中）思

① 当然，PPBS 实践是从职能问题转移到任务问题的一种尝试（战略的概念也是如此），但正如我们所看到的，它遇到了同样的分解问题。后来出现了一系列被称为“组合规划”的技术，试图根据业绩潜力对所有业务进行分类，从而为高管人员提供另一种评估标准。

> 想不会。除非高管层干预，否则初级规划的总结可能只是一份毫无意义的目录。

如前所述，资本预算本质上是一个决策过程，它关注具体的资源分配决策，但做出决策并不是制定战略。决策应对的是单一的行动，而战略应对的是不同行动之间从始至终的联系。资本预算将必须联系起来的事情分解了，因此它实际上妨碍了战略形成过程。资本预算技术简化为一种组合技术，或者说是一种审查独立项目的方法。①

奎因对正式规划批判道："某些旨在形成战略的分析程序反而阻碍了战略的形成。"当时，他认为资本预算是罪魁祸首。他发现原因之一是，过度依赖量化指标会产生功能失调，导致将那些潜在的有益选择（如重组或开展基础研究）排除在考虑范围之外。"如果严格执行资本预算方案，那么很快就会将大多数有以下后果或成本的选项排除在外：①超出 4 ～ 5 年的时间范围；②在财务方面缺乏合理量化。"奎因还指出，资本预算"实际上破坏了颠覆性的内部创新"。他认为，典型的发展周期是"从首次开展到可盈利的那 7 ～ 13 年"，"大型企业通常采用的是资本成本和盈利评估机制，所以很少有颠覆性的创新能够通过正式的筛选"。

> 如果关键参与者都只根据当时可用的理性财务信息采取行动，就不会有静电复印技术，不会有金属滑雪板、飞机、喷气发动机，也不会有电视、计算机、无线通信、浮法玻璃等新发明。在任何情况下，标准的财务计算（包括市场预测、技术有效性、发展周期和投资回报等方面），都只会将资金引

① 波特对资本预算持批评态度，它在"产能扩张"决策的背景下指出，资本预算的"本质"不是"财务分析"或"贴现现金流计算"，而是"深入其中的数字"，必须包括行业和竞争对手分析，并考虑到不确定性。但这个观点既不能满足将该决策与其他决策结合，并将其与战略的形成联系起来的需要，也不能满足包含无法量化因素的需要。

向风险较低或更能盈利的选项。

假如你是一名高管，你需要根据财务业绩的预测结果审查资本预算提案。如果你经手的所有事都被分解成碎片，都以简洁的、数字化的和意味不明的术语表示，你该如何进行战略思考？这一切看起来如此条分缕析，你只需要坐下来按部就班地做出判断即可。是什么诱因让你展开战略思考，进而刺激你的大脑创意中心呢？如果你愿意进行战略思考，那你又如何才能从提案贫乏的表述中挖掘出丰富的想法呢？正如奎因所指出的，这些技术“阻碍了各经营单元形成统一的模式”。此外，使用“资金限额”或“最低回报率”等术语“通常只会破坏高管层已经选定的战略模式”。

现在，假设你是项目提出者，你正坐在电脑前办公。没有人要求你来构思战略，也没有人要求你思考组织的未来。高管们只是需要你用定量的方式提供你采取行动的理由，每个相关文件都需要梳理得整整齐齐并分门别类地打包好，以便你的上级们审阅。这些文件包最好按时上报。例如，假设工厂刚刚烧毁，但（至少在理论上）他们可能会在 8 个月后才来考虑重建工厂的提案。正如亚维茨和纽曼所说，一切都必须遵循“大排序”。然而，具有讽刺意味的是，你所承受的压力是要尽快生产。“运营经理和设计工程师的世界充满了当前的、局部的问题，回报通常与这些问题的短期解决方案有关。因此，来自底层的提案自然会一种有短期倾向”。所以，你回到了官僚机制中，机械地参与他们的游戏。如果你碰巧是一个具备战略思维的人，那你最好不要让任何人知道。你只能提出自己部门的独立项目，即使它会影响相邻部门。谁能想到，资本预算技术最终反而会破坏协同效应。整个实践采用的是奎因所说的“外推式操作”模式。

在总结对资本预算的讨论时，我们发现，资本预算不仅不等同于战略形成过程，而且会严重阻碍战略形成。但从资本预算的作用来看，它有时会在无意中影响到组织所施行的战略，这些影响与它自己的模式背道而驰。至少为了减少负面影响，资本预算的拥趸也要谨慎一些。

对上述深入证据的归纳总结

我们从关于规划成效的严肃证据中得出了什么结论呢？经济合作与发展组织（简称“经合组织”）长期预测和规划工作研讨会上发布的《贝拉吉奥规划宣言》（Bellagio Declaration on Planning）中写道：

- 规划必须涉及系统本身的结构设计，并有助于政策的形成。仅仅调整政策已经被证明不足以产生正确的结果……

- 必须扩展规划范围，要涵盖制定替代政策，以及对基本价值观和规范的审查、分析和明确规定。

- 规划必须针对新情况，促成新的制度……

威尔达夫斯基的观点与上述观点相反，他对规划真正的作用表述如下：

> 无论是在美国的老城市或英国的新城镇，还是在最富裕的国家或最贫穷的国家，规划人员都很难解释清楚他们是谁，以及他们应该做什么。如果规划人员是诊治社会疾病的医生，那么似乎患者绝无好转的可能。为什么规划人员总是无法做正确的事情呢？

“到目前为止，一切都非常糟糕”，威尔达夫斯基总结道。我们在本章引用的证据几乎让任何人都很难去质疑威尔达夫斯基。一些带有偏见的研究人员开始证明，规划是有好处的，但他们共同证明了这种好处并不存在。各种各样的逸事凸显了规划方面的一系列问题，而关于规划实践的一些先例，比如通用电气的“战略规划”和美国政府的 PPBS，都证明了一个更加令人沮丧的事实。对这一过程的深入探索，包括相当多关于资本预算的证据，却加深了战略形成与规划之间的鸿沟，更加混淆了两者之间的关系。

尽管如此，却不必过分悲观。我们的研究还表明，即使规划的实际作用与其支持者所声称的不同，而且规划似乎存在于战略形成过程之外，规划活动在组织的许多方面也是切实可行的。同样，规划人员也可以在战略形成过程中发挥作用，只不过这些作用本身可能并不属于规划本身。事实上，有一篇小型文献很好地说明了这两种可能性，即在正式的战略规划之外，分析还是能起到一定作用的。

在一项关于正式分析在组织中的作用的复杂研究中，兰利（Langley）发现，规划文献中通常声称的规划作用是“与战略的制定和实施过程相关”截然不同，她将规划的这些作用分为“公共关系、信息、集体治疗及指导和控制”等类别。与此类似，在一系列论文中，罗伯特·西蒙斯（Robert Simons）指出，高管们倾向于使用一种分析控制系统“交互式”地引导新战略的出现。例如，将其作为一种“注意力聚焦”机制，以强制进行分析和重点讨论。在 1988 年的专著中，马什等人发现了类似的资本预算目的。最后，就连耶利内克也在她后来与肖恩霍温（Schoonhoven）合著的作品中，描述了正式过程与非正式过程的相互作用。

我们将在第 6 章回顾这些研究的结论。要理解这些方法的正确之处，必须首先理解传统方法的错误之处。在本章，我们试图表明有些方面确实出了问题，而在第 4 章和第 5 章我们会解释哪里出了问题。但在此之前，我们应该了解规划人员会对本章提出的证据作何反应。他们的反应将引导我们进入第 4 章的内容，讨论规划过程的一些重要特征。这将使我们做好准备，去了解第 5 章的内容，意识到战略规划概念的根本谬误。

规划人员对证据的反应

很多大众媒体的公开报道和为数不多的深入研究表明，战略规划没有起作用，或并未起到应有的作用。面对这些证据，规划人员是如何反应的？鉴于这一系列困难，有人可能会以为规划人员会冲出去寻找问题的根源。然而这样的事从未发生，规划人员从未精心研究过规划。安东尼在一本关于规划的早期著作中曾提出一些有用的建议，但从来没有被采纳："一个程序无论有多少理论家提倡，如果这个程序经过全面的试验后被放弃了，那么就可以强有力地推定，这个程序是不健全的。"

传统的规划人员没有勇敢地质疑规划，反而节节败退，做出心理学家称为"逃避"的一系列行为：退缩、幻想、投射。他们否认实际问题，退回了信仰的原点；他们承认确实存在一些表面困难，但还是会努力促进规划过程；他们知道迄今为止有很多失败，但坚持认为继续进行更多规划就可以解决这些问题。最终，他们陷入了规划的陷阱，把困难归咎于其他方面，具体来说就是管理者们"不支持"、组织环境"不协调一致"。我们先来简要讨论这些反应，看看所谓的"规划陷阱"揭示了规划本身的哪些特征。然后再来探讨一些更基本的规划"谬误"。请原谅我们接下来会用比较消极的口吻来表述，因为我们相信，对有问题的行为来说，使用这样的口吻是合乎情理的。

信仰："并无问题"

规划的某些拥护者对任何不利于规划的证据都视而不见。比如，一些研究"规划是否有用"的评论者在撰写文章时仅引用对规划有利的研究成果。布雷塞尔和毕晓普在 1983 年发布的研究报告中就指出，"唐纳利（Donnelley）等人，以及汤普森（Thompson）和斯特里克兰（Strickland）在各自的研究中，均只引用了支持正式规划是成功原因的证据，而忽略了不支持这一观点的证据"。对此，不得不提到斯坦纳和安索夫。斯坦纳在 1979 年的著作中承认，只有一项研究涉及这两方面的证据。安索夫只引用了一项自己的研究来支持他在 1988 年提出的观点：战略形成一定是非正式过程，"一些后续研究证实了我们的发现，即正式的战略形成过程可以提高绩效”。[①]

因此，有一些人看到反面证据后，进行了各种反驳。洛朗厄回顾了“规划是否值得”的研究，他得出结论，“采用战略规划的公司似乎都取得了回报，因此它是一个有用的管理工具”。咨询顾问阿瑟·利特尔（Arthur Little）的话更加大胆：

> 像这样的证据并不意味着规划已经失败，它只是还未取得成功。换句话说，规划只是在多变的公司体系中，还没有以可直接测量的和明显取得成效的方式取得成功。

同样，洛朗厄和芬奇的研究也表明，在1970—1971年的经济衰退期间，大概有1/4～1/3的公司取消了规划部门，他们据此得出结论：“幸存者们知道自己做到了——规划活动已经被仔细地再次检验过，结果证明它是值得保留的。”但是，两年后发生了能源危机，规划人员随之而大量流失，由此看来，这一评论发表的时机有点不对。

“放弃规划……显然是不负责任的胡说八道”，学者罗伯特·希金斯（Robert Higgins）写道。同时，商人出身的学者埃克曼也谈道：“对组织来说，无论形式如何，有战略规划都比完全没有规划好。”他们的这种观点在实践中得到了充分的体现。格雷对美国多元化经营的公司进行了调查，结果发现，“尽管样本中87%的公司对它们的系统感到失望和沮丧，但大多数公司仍然坚定地致力于战略规划”。难怪威尔达夫斯基评论说：“无论发生什么事情，规划人员的信仰都不会动摇。规划如果成功了，就证明它是好的；规划

① 另一种趋势是，认为那些不利的研究在方法上存在问题。阿姆斯特朗基于各种因素对研究进行了评分，最终得出结论：总体上研究的得分较差，相比于理想的6分，仅仅取得了1.5分，但是应用了较好方法的研究所显示出来的结果对规划更为有利。但是斯达巴克在研究了阿姆斯特朗的结论后指出：“评分最糟糕的研究发现了规划和绩效之间显著的相关性，而评分最高的研究却没有发现显著的相关性。”

如果失败了，就证明社会是坏的。这就是为什么规划人员总是不能从经验中吸取教训。想要学到点什么，就一定需要试错，但规划是绝对不会出错的。”因此，威尔达夫斯基把规划人员称为“有信仰”的人。

20世纪70年代最忠实的规划信徒，可能非斯坦纳莫属。他曾写道：“最佳规划只存在于拥有最佳管理模式的组织中。”但斯坦纳只提到此类组织克服了“反规划的偏见”，却对什么是最佳管理模式只字未提。

罗奇（Roach）和艾伦（Allen）也不遑多让，他们认为“战略规划是一项职责”，“管理固有的义务”。20世纪80年代，安索夫又重新提起他于60年代提出的观点。他说，尽管1965年他的著作出版时，正值人们对系统地进行战略分析的可行性充满怀疑，但自那以后，质疑声就消失了，系统的战略形成实践开始盛行。也许其中的原因可以引用一段令人震惊的论述：“正式的长期规划对那些处于越来越复杂的组织中的高管来说，几乎是天赐之物。宣布组织将采用正式的战略规划程序，几乎就像公开宣布要戒烟一样。这会使首席执行官试图以一种迎合他人的方式改变自己的行为。”迷信的“奖章”还必须颁发给埃克曼，他是这样推销规划的：

> 今天，尽管我们实际上对规划和规划技术为政府、公司和其他活动的发展做出的真正贡献知之甚少，但很少有人会质疑长期规划的价值。我们对规划所造成的损害了解得更少，但了解这些损害可能是相当重要的。

救赎：规划过程很重要

有些规划的支持者稍微务实一些，但他们同样虔诚。这些人的反应为：规划不是“乌托邦”，只是通往“乌托邦”的道路。对这句话最通俗的解释就是“规划过程很重要”。

斯坦纳在他的著作中指出，重要的不是规划，而是知识性技能的发展。一句格言抓住了要点：规划有时是无用的，但规划过程总是不可或缺的。阿克夫敦促人们这样看待规划：它“不应被当作一种行为，而应被当作一个过程……这个过程没有自然的结论或终点”。这是否意味着这个过程最终不一定会形成规划呢？就连斯坦纳也承认，“只有规划过程，没有结果，就是在浪费时间”。也许结果无用时也是在浪费时间！瑞贝克（Ringbakk）紧随其后，对“规划失败的原因”评论道：“许多公司都有这样明显奇怪的误解，即管理层期待规划能发挥出他们预期的作用。”这简直是幻想吧！

也许加拿大审计长公署正是有这样的期待，所以开始着手对加拿大政府部门进行“全面审计”，以评估它们的总体效能（后来被称为“物有所值”的研究）。但是，公署在实施过程中发现，经常有无法衡量的业绩阻碍它，于是它不得不转变方向，先去调查政府是否存在良好的管理技术，包括系统性的规划。换句话说，只要部门中开展了规划工作，这些规划就必须有效——规划的过程是最重要的。正如威尔达夫斯基所指，“将规划定义为对理性的应用”，意味着转而关注“决策的内部质量，而不是它们的外部影响”。结果是，“规划是好的……不是因为它实际发挥了什么作用，而是因为如果没有规划，就更不知道会发生什么了”。如此，奎因的评论也就不足为奇了。

> 我观察到，很多企业规划就像是一种祈雨仪式，对未来的天气不会有任何影响，但那些参与其中的人坚信它会有影响。此外，在我看来，很多关于企业规划的建议和指导都是为了改善仪式，而不是改变天气。

自欺欺人：“等着瞧吧！”

有一类规划人员稍微成熟一些，对规划相对不那么迷恋，他们承认上述证据，但仍坚信救赎即将到来。“等着瞧吧！”他们说道，“我们正在努力，很快所有的问题都能得到解决。”因此，安索夫在其著作《公司战略》出版14年后仍声称：

> 这本书会持续畅销。然而，很多与我在书中提到的方法类似的实践都陷入了困境。战略规划的传播速度已经很缓慢，但这只是一时的，10年后，真正的战略规划实践将会出现。

对许多规划项目来说，这只是幻象。例如，城市居民的生活受到了城市规划制定者的严重影响，规划制定者们相信自己可以从零开始设计出一个令人喜欢的城市。《纽约时报》的一位专栏作者对这些城市规划评论道：“这是过去15年里最彻头彻尾的失败，教条主义的规划及其顽固的追随者们都因此而名誉扫地且乱作一团。当面对人权与政治平等的境况时，那些令人印象深刻的理论和令人信服的表演全都化为乌有。”

然而，规划制定者们越挫越勇，他们把每一次失败都当作最后一次，因为本质问题已经暴露出来，下次就可以解决。从未有人质疑过规划实践的前提——规划制定者，或者说是他们的系统，足够聪明，甚至对整个城市的动态、整个企业的未来和整个政府的综合政策都了如指掌。

这些人的反应带来了严重后果，那就是每次规划失败，规划制定者们都会加大赌注——引入更多的资源、更多的规划制定者，为了规划而在管理上投入更多的时间，运用更多的技术，制作更多的文档。当规划制定者们四处填补规划实践中的漏洞时，其他人却必须为他们买单。如果这种现象不停止，那其他人除了做规划之外，什么也别想做。

预测就是一个很好的例子。当简单的推测不起作用时，预测人员开发出日益复杂的数学技术。当单项预测失败时，预测人员必定会编制出多种“场景”；当短期估计被证明不可靠时，预测人员必然要考虑更长期的预测。引用戈代（Godet）的话来说就是：

> 随着传统预测方法的失败，对于未来的前瞻性研究迄今为止还远未达到预期。由于关于未来的不确定性日益增长，所以在此类研究中要投入更多。然而，当前的研究实践存在局限性。

每一次规划失败都会有新的因素增加进来，包括规划行动和规划制定者。因此，在某种程度上，规划之所以失败，是因为规划制定者没有为自己规划，因此就有了“元规划”（“规划的规划”）方法。采用这种方法是为了“把相对无效的规划活动变为规划理论家所规定的规划活动”。当运营规划不足以满足组织需求时，还有各类职能规划可用，比如营销规划、产品规划、财务规划、研发规划、国际规划、生产规划、组织规划、公关规划，甚至多样化规划（这些术语均出自斯坦纳于 1969 年发表的作品）。这些形形色色的规划组合在一起，形成了商业规划，后来演变为长期规划，以及再后来的战略规划。之后，出现了企业规划和投资组合规划。当政治力量成为重要考量因素时，就出现了“利益相关者”规划。不久之后，来自日本的竞争日益激烈［在理查德·帕斯卡尔（Richard Pascale）看来，这是因为日本人对待正式规划绝不糊弄］，文化规划势在必行。如图 3-2 所示，安索夫以图形的方式描述了规划的扩散或发展，而这仅仅是截至 1974 年的情况！

我们来看看最后两个自欺欺人的解释（至少在理论上是这样的，很难让人相信会有许多公司在实践中认真对待它们），至少在我这个观察者看来，这两个解释反映出，规划人员的反应极其匪夷所思。

基于规划的政治活动：利益相关者分析。所谓的利益相关者分析，就是将组织内外的相关者群体的意愿和需求系统地计算出来，并以一种巧妙的方式消除权力和政治所引起的混乱，进而将计算结果纳入规划过程。正如布赖森描述的那样：

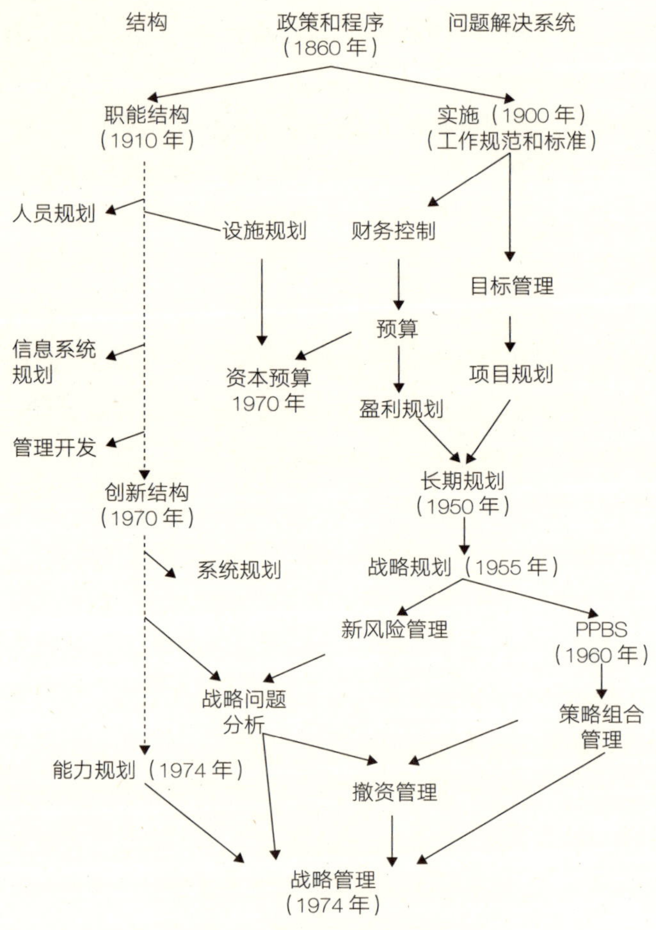

图 3-2　规划形式的广泛发展

完善的利益相关者分析要求战略规划团队确定组织的利益相关者，思考后者与组织或组织成就的利害关系，确定评估组织绩效的标准，以及了解该如何达到这些标准。还要了解利益相关者是如何影响组织的，以及不同利益相关者的重要性。

图 3-3 显示了 R. 爱德化 · 弗里曼（R. Edward Freeman）的"利益相关

者的战略形成过程”模型，其中在“利益相关者行为分析”、“利益相关者行为解释”和“组合分析”上总结形成了“通用战略”，从而产生了“利益相关者的具体程序”和“利益相关者的综合程序”。

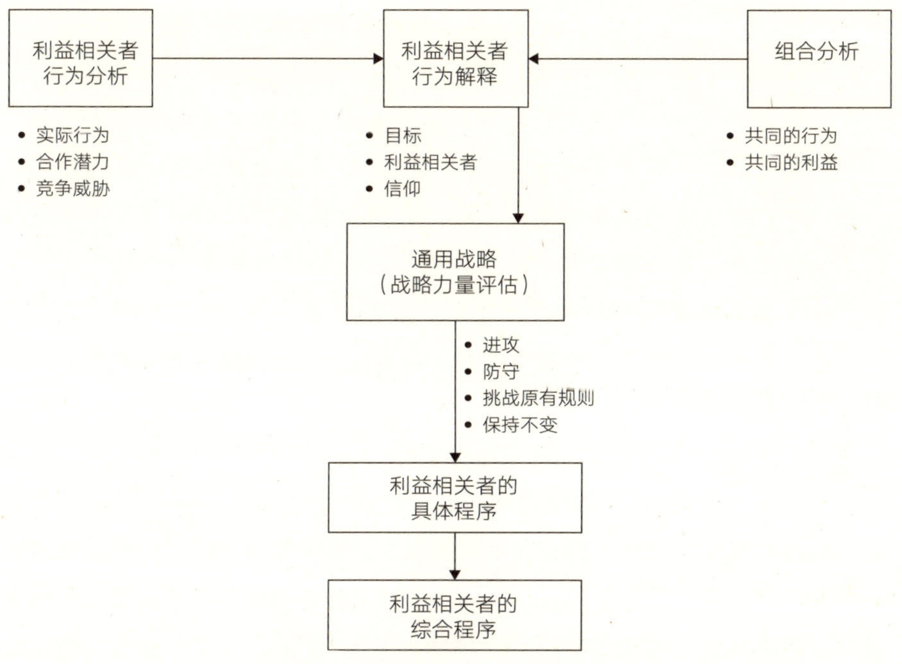

图 3-3　利益相关者的战略形成过程

这幅图看起来非常合乎逻辑，但其实只是对设计学派模型中原有的“价值观”和“道德”进行了粉饰。引用弗里曼的话来说就是，阐明了高管和组织的“内在价值观”“分析了两者之间的差异”，以及明确指出“哪里存在冲突和不一致”，重复利益相关者分析，等等。这是一种非常机械的方法，以至于人们不得不怀疑它的逻辑是不是会带来新的问题，而不是带来解决方案。

即使规划制定者们真的能够客观、冷静地观察并估算出其他人的所有需求（事实上，这两个假设几乎肯定是错误的），结果也不一定有效，因为利益相关者很容易就会拒绝整个分析实践。例如：

> 在马萨诸塞州实施目录协助（为用户查找他们想要联系的公司和个人的信息）收费项目时，新英格兰电话公司（New England Telephone）采用了利益相关者分析的方法。公司对利益相关者环境的分析是合理的，用于构思实施场景的规划过程也是成功的。然而，公司与几个关键利益相关者的交易都没有成功。特别有讽刺意味的是，该公司与它自己所在的工会、州政府的交易也都没有成功。工会说服州政府出台了一则禁令，禁止该公司的规划方案通过，不过公司成功说服了州长来否决这则禁令，可是由于没有公众支持，州政府将州长的否决推翻了。新英格兰电话公司投入的 2 000 万美元成本付之一炬。

分析是“合理的”，规划过程也是“成功的”，但是一些讨厌的碍手碍脚的利益相关者在使坏。具有讽刺的意味是，弗里曼讲述这个故事是为了举一个关于“粉饰”的回应的经典案例：也许“在公司和利益相关者之间的交易中，战略和规划过程没有得到合理的检验”。事实上，他们做的可能恰恰相反——对不合理的程序放任自流。规划人员是在为管理层工作还是在为工会工作？换句话说，规划的实践除了会挑起一场不必要的政治斗争，然后转身逃跑，还会有什么益处呢？

计算文化。当日本人颠覆了美国人的公司经营方式时，规划的钟摆又荡回了经济竞争中，但这次它没有用以前的方式。由于日本人大大削弱了美国规划人员的市场，所以后者将注意力转向了文化。因此，规划过程中就添加了一系列新的因素，具体包含 4 个简单的步骤。

1. 定义与组织相关的文化和亚文化……
2. 从管理者、任务和两者之间的主要关系方面，来陈述组织文化……

3. 评估组织文化对战略的成功实施会有什么风险……
4. 识别并关注那些对战略成功非常重要，却不利于规划的方法。

文化规划的步骤很简单，于是成为“公司战略规划过程的一部分”。对设计这些步骤的顾问来说，文化规划需要的只是更加大量的资源，以及对它自身干扰组织的正常运作视而不见。足以想象，坐下来计算组合的成效就已经很傻了，但现在又来计算文化……文化深植于组织的历史和传统中，在日本等国家，文化还经过了在社会中的长期演变，并被作为一个计算因素纳入规划过程，但这种做法似乎太天真。

安索夫的精心粉饰。虽然 1965 年安索夫出版了关于规划的经典著作，并且文风独特而有趣，但他仍然是为规划精心粉饰的那一派。他在著作中所表现出的反应非常值得回顾，因为这有助于揭示关于规划、战略管理领域的本质，以及“公认的战略规划之父”安索夫的反应的本质。

1965 年，安索夫的著作相继发表，展示了其思想的不同发展阶段。他的思想经常让读者感到困惑（至少我很困惑）。他从未否定过自己在战略规划方面的早期成果，而且他认为商业环境日益动荡，因此需要越来越灵活但仍然主动和制度化的响应，于是他放开了整个规划过程（安索夫喜欢称之为“战略管理”）。“今天，这个问题（战略问题的形式急剧变化）与 10 年前我出版第一本书的时候明显不同。”重要的“混乱的新环境”已经出现，具体体现在“商业联结、社会环境与政治的交互，以及对稀缺资源的竞争”等方面。1984 年，安索夫把他所有的想法汇总到《战略管理筑基》（*Implanting Strategic Management*）一书中。

这是一本饶有趣味的书，其中充满了新颖的想法，并且传达了一个重要信息，但有些内容很难理解。出于批判的目的，我们发现它的内容最终与规划过程形成了一种非常奇怪的关系。这是因为安索夫在书中的表述完全没有抓住规划的要点，却仍坚持己见。他认为自己可以利用规划方法，或者说是程序的分解和制度化，来满足对灵活反应的需要。但我们认为，他从未甚至根本不可能将规划与灵活反应成功地调和。根据我们的分析，安索夫想要兼顾这两者也是不可能的，因为归根结底它们是不兼容的。

一方面，安索夫坚信，面对动荡的环境，需要灵活的反应，而传统的规划形式——他称之为“长期规划”和“战略规划”，并不能促成这种灵活性。为此，他提出了管理战略的其他方法，并在“战略行为模式”一章进行了阐述，如“应急管理”、“战略态势管理”和“战略学习”。

另一方面，关于应该如何及何时使用这些方法，安索夫的表述却令人疑惑。总的来说，他提出了组织理论家所说的“偶然性”方法，即采用何种模式（包括传统规划）应该取决于所面临环境的可预测性、复杂性和新颖程度。然而，在书中反复呈现的一个信仰削弱了上述论断，他坚信，企业所处的环境正在走向日益加剧的动荡状态。例如，他在书中描述了组织所处环境的演变历史，从早期1900年的“稳定”或“重复”状态，到20世纪中期的“反应”和“扩张”状态，近年来则倾向于“突变”状态，在不久的将来环境变化可能会更“出乎意料”。因此，安索夫似乎更倾向于灵活的战略模式，如“战略学习”。

但这并非他的最终立场，他更提倡战略规划的全面性：他希望公司将所有这些方法结合起来，对某些部分进行全面规划，对另一些部分进行“战略事项管理”。事实上，他在书的结尾预测道，“元规划”这种新发展起来的系统性方法，将在20世纪80年代得到更广泛的应用。

虽然发现了这些战略行为模式，但安索夫却将其中最灵活的模式（至少可以说是他喜欢的模式，但并不是“不受控制的自适应”模式）置于规划的框架下。这恰恰印证了第1章概述中提到的基本前提。

安索夫认为，战略过程必须是可控的、明确的、灵活的。“缺乏控制的公司往往盈利能力差，容易出现战略意外”，他将这种脱离控制的情况称为“直觉管理”。战略必须始终清晰明确。尽管高管是公认的战略制定者，但分析师或规划师在这个过程中发挥着主要作用。例如，1975 年的一篇文章提到，“规划人员负责发现、跟踪和分析战略问题；高管负责更新重要战略问题的清单，指定需要规划的具体问题，并审批具体的规划方案，以及监督后续的执行情况”。

最重要的是，要想将战略管理详尽地阐释清楚，就要进行分解。例如，安索夫认为，战略管理和运营管理是完全不同的“两大基本管理体系”，他在自己的书中强调，战略意外出现时，高管层的责任也应有所区分，第一组负责控制和维持士气，第二组要确保公司照常运营，而第三组专门应对战略意外。

对于是否应该严格区分战略制定和战略实施，安索夫却摇摆不定。其著作中时而指出这种区分是理所当然的，时而又反过来加以否定（至少在某些情况下是这样）。但是，即便否定也是前后矛盾。例如，对于专门管理战略意外，我们原以为他会否定，但他提出“最高管理层应该制定总体战略，分配执行责任，并协调实施工作”。

最后，安索夫仍然固执地认为规划过程应该正式化或制度化，也就是说，他认为制度化是规划方法的主要特征。对这一观点，他反而始终坚持。在他 1984 年的著作中，专门有一章的标题是“制度化战略响应”，但他可能原本是想把这个标题当作书名。安索夫在他 1975 年的文章中阐明了规划方法的本质：“经验表明，如果现代的规划技术不能防范战略意外，就需要拓展它的范畴，以起到防范作用。”也许正如他在 1984 年的著作中所讲：“当公司所处环境达到了出乎意料的 5 级突变程度时，公司就需要投入另一个系统，即战略管理系统。”安索夫预测，“未来战略管理系统将会得到更广泛的采用”。大概是因为安索夫认为当代组织面临着日益加剧的环境变化，才会说出这番话吧。

总之，安索夫似乎想要鱼与熊掌兼得。他认识到为了应对动态变化的环境，组织必须更灵活、更能及时响应，但他依然认为可以依靠程序的分解和正式化，其实就是依靠常规的制度化来实现这一点。由此，导致了安索夫对规划理论的怪异主张。

安索夫毫不犹豫地指出了传统规划方法存在的问题。“早期的战略规划的应用遇到了严重的困难”，安索夫在他 1984 年的书中如是写道。在一些地方，安索夫确实为了响应速度而对全面规划表示质疑，但他并没有指出管理者应如何将各个方面整合到一起。另外，安索夫并不打算将“直觉管理”作为替代方案。他提出了“一种合适的规划类型”，并认为这种规划“只要在公司中运用得当，就会起效”。他声称这种规划是“经过实践验证的、实用的”（实际上却没有提供任何证据）。这种规划后来演变成“即时议题管理”，其实就是“即时战略分析”，这意味着“一次解决一个战略问题”，并立刻落实。因此，安索夫的战略规划形式虽然是即时性的，却依然成为响应突变的正式化、制度化的方法。至少可以这么说，这是对“规划”这一术语的过度曲解。[①] 在最终的分析中，安索夫坚定地认为规划更多的是正式化和制度化，而不是全面性。但这并不是说安索夫反对全面性。对于当代商业问题，他理想中的响应方式应该是全面性与正式化、制度化的结合。

最终，面对规划失败的证据，安索夫的反应是：继续完善规划，继续强

① 多说一点，在安索夫 1984 年著作最后的“术语表”中，给出了“应急管理”的定义：“应急管理是一个对发生的挑战进行响应的过程。应急管理有一定的系统性，却没有涉及整体规划和整体战略。”可以说，安索夫的这一定义，表明他对“规划”这个词的使用简直到了不受约束的程度（在这里，“规划”仅仅是“系统性的”）。从这个意义上看，我觉得安索夫在该书这一节中批评我分不清楚各种规划形式就很可笑了，他说：之所以产生（规划在动态条件下有用性的）异议，完全是由于明茨伯格根本不清楚不同规划类型之间的区别。当然，在规划理论早期，由于只能选用过于全面的长期规划来解决问题，所以明茨伯格提出需要依赖直觉行为的建议是有道理的。在那段时间，由于环境动荡，所以拒绝“单独进行的”“非结构化”的灵活管理，要比（就像长期规划一样）认为未来会按过去推测的那样发展得更好。

化正式化的程度，继续扩大全面性的范围。他在 1965 年提出的企业规划没有起效，于是他在 20 世纪 70 年代将所有规划程序全部粉饰一遍，用以应对当时环境中的变化、弱信号和社会力量等因素，最终在 20 世纪 80 年代尝试将他们全部纳入一个全面的系统中。正如 1979 年迪尔在描述安索夫的作品时所说："现在，在提出数百种规划图表之后，安索夫又往他的总体管理规划中加入了许多新元素。对于规划失败，他的回答总是说让战略规划的制定工作更全面些。"（这个评价如果放在 1984 年会更正确。）

如果所有这些听起来让人困惑，我想这并非我对它们的理解有误，而恰恰是安索夫 1984 年的作品的真实反映。这次，安索夫再次写就了一部重要作品——一本想法新奇有趣，也激励人们产生新奇而有趣的想法的书（不仅仅包括"战略意外"概念和响应具有"弱信号"的需求的这些想法），尽管我们认为这本书仍然存在很多问题。如果将这些想法与安索夫本人的立场分开，即将这些想法从安索夫所认为的它们所属的系统和技术中剥离出来，那么这些想法还是非常有用的。我们认为，安索夫这次又发现了重要的问题，并提出了有趣的概念，而对这些概念的描述或许才是安索夫真正的贡献所在，而不是那些他提出的用以解决问题的规定。①

为了给这些讨论得出一个结论，我们必须承认一点，即便是安索夫的模

---

① 1988 年，安索夫再次出版《公司战略》一书，并将书名改为《新公司战略》。这本书用前 2/3 的篇幅阐述了第一部分"战略形成"，这部分是原《公司战略》一书的内容，但是做了许多修改，引入了一些例子和概念性解释。书的剩余部分为第二部分，"战略实施"是后加的，但只是相对原书来说较为新颖，而从安索夫当时已经提出的观点来看，并没写进什么新东西。在新版的序言中，安索夫写道："原《公司战略》的缺陷在于过于关注分析推理。"但他又写道："本书关注的是在剧烈动荡的艰苦环境下进行的战略管理。所以，我们接下来要描述的是全面的战略规划方法。"然而，在 1987 年于期刊上发表的一篇文章中，安索夫又提出了一个比较中立的情况，即在"经常让人失望的""系统模型"之外，还应该加入"以政治、社会"视角为基础的"有机模型"、以"社会人类学"视角为基础的"组织惯性模型"，以及以"心理、社会学"视角为基础的"应急管理"模型。"尽管系统管理的有限视角脱离了现实，但仍有很多证据表明以上这些视角是与所有组织有关系的……"

型，加上利益相关者、文化甚至场景分析（我们稍后讨论），也并没有消除关于规划的负面证据。如果说这些回应有什么效果的话，我只能说它们反而使问题恶化。这些回应进一步指明了问题出现的原因，有点像火上浇油。因此胡夫和雷格表示：

> 布雷斯和毕晓普在一篇深思熟虑的理论文章中探讨了事实上正式规划增加组织内部矛盾冲突的可能性，而这些矛盾冲突也是为什么要引入正式规划的原因。他们认为，组织可能会陷入一个恶性循环中：正式规划做得越多，引起的矛盾冲突越多，而矛盾冲突越多，正式规划就又会更多，最终可能会威胁到组织的生存能力。

正如迈克尔·欧克肖特（Michael Oakeshott）所指出的，理性主义“没有能力去纠正自己的缺点，落入它的陷阱也不可能自行克服，你不能通过变得更真诚或者思考得更深刻来逃避理性的错误”。

回归："回到起点"

1986 年 5 月，由美国最大的两家规划协会合并组成的“规划论坛”首次召开一场大会，通用汽车负责企业战略规划的首席执行官兼该领域实践方面的领袖迈克尔·内勒（Michael Naylor）发表了题为《创新管理与全球竞争》的演讲。但就我看来，他演讲的内容与题目完全背离，至少对最首要的问题来说是这样的。在对传统规划的批评中，内勒重新发现旧有的设计学派模型的身影，也就是说，抛去规划自身正式化和精细化的特点，战略规划的基本框架是由这个模型演化而来的。他谈到了如何建立竞争地位、如何评估优势和弱势、如何寻找可持续的竞争优势，还不断地谈到“规划的实施”。但其实，内勒不仅没有提出任何创新的观点，反而退回了起点。

20 世纪 80 年代中期，面对关于战略规划的种种抱怨，人们的一种普遍反应就是，回到设计学派的简单模型。例如，《规划评论》(*Planning Review*)于1985年采访了迈克尔·卡彭特(Michael Carpenter)(他也是通用电气的首席规划师)，当时规划在通用电气已遭冷遇。卡彭特在采访中说：

> 我对规划和战略进行了区分，因为它们是两件不同的事情。战略意味着思考一家公司如何建立竞争优势，即确立经济运作的方式；监测竞争对手的动向；思考如何打败竞争对手，以获得行业中最高的回报率和最高收益等。而规划旨在让战略发挥作用，比如增加产能、强化销售团队等。过去，通用电气所谓的战略方法其实更倾向于规划，而不是战略。如果按照我的定义来分析战略，你就会发现战略其实是一个努力思考的过程，也是一个概念性的过程，而非努力试验的过程。[①]

就在同一时期，咨询顾问们也重新发现了这个模型的身影。战略规划协会创始人沃克·刘易斯(Walker Lewis)在1984年的一篇文章中指出："首席执行官必须是见多识广的通才"；"他必须促使公司建立起竞争优势"；为此，他需要"知道如何将内部运营和外部力量的相关信息整合或综合到一起"，以制定"全面的发展战略"；同时，"他还必须推动公司贯彻落实发展战略"。同内勒一样，刘易斯的这些观点与他所谓的"仅靠旧的答案无法应对新的变化"观点相矛盾，因为这些观点都是旧的答案。

如果回归到更纯粹的设计学派模型，也许可以使正式规划模型中最糟糕的方面得到改善。但这并不能解决任何根本问题，因为这两种方法的前提基本是相同的(特别是，它们都忽略了战略学习的方式)。因此，我们必须从

① 这里的设计学派模式与创业有关。安索夫在1977年的一篇文章中同样提到，创业规划"作为一种新型的规划系统，能够应对不连续性"。具有讽刺意味的是，虽然设计学派的主要发言人肯尼斯·安德鲁斯努力将该模式与创业行为保持距离，但从规划的角度来看，由于规划强调程序的正式化，所以它可能看起来像创业精神。

其他维度来解释这些战略规划的问题。

陷阱："错的是他们，而不是我们"

大多数规划人员都是这样做的，但在我们看来，他们的做法缺乏建设性。迄今为止，在面对他人对规划人员的工作提出的批判性证据时，规划人员最常见的反应就是承认，然后立即将失败的原因归结于各种所谓的"陷阱"。

陷阱之于规划，就像一种原罪：凡是障碍全都推到一边，凡是有损声誉的缺点都精心掩盖，从而能够继续冠冕堂皇地从事所谓伟大的事业。对规划人员来说，陷阱都是由"他们"（管理者或组织）造成的，绝对不是由"我们"（规划人员或规划系统）造成的。问题可能不在于时运不济，但也绝不可能在于规划。因此，在格雷的调查中，虽然有 87% 的受访者对他们的规划系统感到失望与不满，但有 59% 的受访者主要将失望和不满归因于"规划实施过程中遇到的困难"，而不是规划本身或者规划的过程。引用一位担任高管的受访者的话来说就是："我们认为规划系统本身没有问题，有问题的是规划的实施过程，但我们认定问题的根源不在于管理者。"这并不是什么新观点，艾曼·纽坎特在 200 多年前就提出：

> 规划的制定在很大程度上是一种傲慢的、自以为是的脑力活动，因此，规划人员总是要求别人去做他们自己做不到的事情，或者因为他们自己无能为力且别人也没做到的事情而责怪别人。他们总是苛求有创造力的天才……

德里克·埃贝尔（Derek Abell）和约翰·哈蒙德（John Hammond）评论说："规划工作问题的根本原因很少是规划过程或者分析方法上的技术缺陷。"相反，根本原因主要在于"人员和管理"方面，而且根源在于"人的本性"。这似乎意味着：如果不是因为这些讨厌的人，那么规划系统会运作得非常有效。这个理由当然可以一言以蔽之，解释规划目前出现的所有问题，但是已经有太多人用过或解释过了。因此，我们想排除人的因素，最好从其他角度来解释规划出现的问题。

斯坦纳写了大量关于规划的陷阱的文章。他调查了几百家大型公司，列出了一份包含 50 个陷阱的清单，邀请受访者发表见解。受访者的回答“要么是对这 50 个陷阱的补充，要么已经包含在内……这印证了我的想法，即这个列表涵盖了很多最重要的陷阱，包括概念上的和操作上的，一个正式的规划系统想要行之有效，就必须避开这些陷阱”。调查验证了他的想法，这是有可能的，但肯定没有真正验证他的结论。因为，如果斯坦纳不能跳出规划的陷阱这个范围来提问，又怎能指望受访者会跳出这个范围来作答呢？面对一份包含 50 个项目的长清单，并且所有问题已经限定好范围，那些繁忙的管理者有谁会提出新的想法？更不要说重新思考整个框架了。重新思考整个框架应该是斯坦纳的责任，而不是他们的责任。所以，这项调查并没有真正揭示哪些是最重要的陷阱，它只是描述了斯坦纳在做调查时所想的那些问题而已。填写调查问卷和编写规划文件这两项活动有相当大的相似性，它们都有设定好的分类。

无论如何，对于斯坦纳的分析都集中在最常见的 10 个陷阱上（如表 3-1 所示）。至于其他的规划陷阱[①]，无论是由调查发现还是来自作者本人的观点，都与表 3-1 中的项目类似。比如瑞贝克的“第一个规划陷阱调研”以及洛朗厄对其他陷阱研究的综述等。任何陷阱列表中的第一类项目，无论表现形式如何，本质上都是缺少高管层的支持或者对规划的投入，而第二类项目通常与组织对规划的态度或组织“氛围”有关。实际上，在斯坦纳的调查中，

① 在日本、加拿大、英国、意大利、澳大利亚重复进行的相同调查产生了相似的结果。斯坦纳调查了美国受访者们对各自公司规划体系的满意度。斯坦纳的结论是“他们对规划系统的满意程度要比不满意程度高”。他对数字作了倾向于满意的曲解：10% 的回复是高度满意，8.5% 是高度不满意，34.1% 超出满意度的平均值，15.2% 低于满意度的平均值，32.2% 达到平均满意度。在这里请记住，中间水平的满意度主要是因为规划人员这个群体在受访者中的比例高达 75%。

10 个陷阱中有 6 ～ 7 个都可以归为这两大类，如 1、2、4、7、10 和 9（近似）属于第一类，6 属于第二类。在第一类情况下，高管要对规划的陷阱负责；在第二类情况下，整个组织都要为规划的陷阱负责。

表 3-1　受访者评出的必须避开的 10 个规划陷阱

说明
1. 最高管理层认为可以将规划职能委托给规划人员。
2. 最高管理层过于关注当前的问题，因此对长远规划缺乏关注，这导致其他管理人员和员工对长远规划过程缺乏信任。
3. 没有让公司目标成为制定长期规划的合适基础。
4. 未能确保关键的一线人员参与规划流程。
5. 未能将规划当作衡量管理绩效的标准。
6. 没有在公司内部营造出有利于规划或者不反对规划的氛围。
7. 假设公司的综合性规划是与整个管理过程相分离的。
8. 规划系统中正式化程度太高，因此缺乏灵活性、松散性和简明性，并限制了创造性。
9. 最高管理层设计长期规划时，没有细化部门或事业部层级。
10. 最高管理层固执地拒绝采用正式规划系统，他们总是凭直觉做出与正式规划相冲突的决策。

资料来源：Steiner，1979:294。

“最高管理层支持”陷阱。这个陷阱最早出现在 1968 年瑞贝克所做的一项调查中，即“公司级或部门级管理人员都没有完全将规划工作作为自己的职责”，他们“通常是将规划工作委托给助理人员”，因此，人们对缺乏最高管理层支持怨声载道，而后这种抱怨变得千篇一律，而且很空洞。11 年之后（即 1979 年），斯坦纳告诉我们，“在组织中，不可能也不会存在一种有效的正式战略规划，在首席执行官没有给予坚决支持的情况下，还能让组织中的其他人认识到首席执行官对这个战略规划的投入程度”。

同年，埃贝尔和哈蒙德表明：“高管层的支持是绝对必要的”。一年之后，洛朗厄又补充说，首席执行官“在系统中投入多少，才能收获多少”。到了

1989年，里德（Reid）补充道："如果首席执行官对目标和规划过程都没有投入，那么这个过程将不再有效。"

但是，首席执行官们对规划的投入会不会有得不偿失的情况呢？他们有时会不会真的有好的理由可以不那么投入，甚至抵制规划呢？他们会不会知道一些制造陷阱的人所不知道的事情？萨拉辛提出过类似的问题，并在深思熟虑后指出："关于最高管理层在企业规划中的作用，在相关理论首次提出10年之后，理论和实践之间还存在着这么大的差异，真是令人震惊。"他对此提供了两个选择：继续尝试说服管理人员"让实践去适应理论"，或者去"了解造成这种差异的原因"。

规划领域的学者们几乎全部选择了第一个选项。如果高管层愿意听从学者们的建议，去改变态度，那么规划就会万事大吉。但是，不是只有规划在争取获得支持，每个新技术、新体系或者新职能，都在争抢最高管理层的支持。最终，有些规划成功了，有些则没有，这并不是因为规划本身有没有得到高管层的支持，而是因为它们是否真正能够带来价值（可以带来价值的规划才会得到最高管理层的支持）。通用汽车已经建立起良好的公关机制，但是（大概）还没有开办面向高管的芭蕾课程。这个世界上任何最高管理层支持的工作都不会包括开办高管芭蕾课程，而且即便没有高管的支持，良好的公关机制可能还是会成功建立。过去20年的规划实践告诉我们：高管层的支持可能是成功的必要条件，但肯定不是充分条件。实际上，正如彭宁顿所述："一般来说，正式规划已经获得了最高管理层的关注和支持，这是多数新兴技术梦寐以求的。"显然，正式规划之所以不成功，一定是别的原因。

瑞贝克是少数几个研究萨拉辛提出的第二个选项的人之一，稍微有些特立独行。他对理论和实践之间的差异提出了几种解释，其中一个特别强词夺理的解释是：管理者表现出"对规划的不同层面缺乏理解"。后来，其他一些人赞同了这一观点。"令人惊讶的是，有太多应该做规划的人却并不知道如何做规划"。安索夫基于这个观点进一步暗讽道："有些管理人员担心规划会暴露他们的无能。”他还暗示道，管理人员“害怕规划给他们的生活带来不确定性和模糊性”。桑德斯（Saunders）和塔格尔（Tuggle）也随声附和地指出，由于缺乏激烈的竞争，所以管理人员“缩在现有的舒适区，不思进取”，而不去努力寻求规划能带来的优化。

接下来，我们将证明以上所有观点都是错误的，规划才是不断进取的，通过规划，可以人为地减少不确定性和模糊性。我们将着重证明，规划人员（至少是那些热衷于上述观点的常规规划人员）并不懂管理。正因如此，他们才会那么自以为是，最终搬起石头砸了自己的脚。

1980 年，通用电气盛行已久的战略规划岌岌可危，一位高级规划师将规划在公司中盛行的原因归结为“首席执行官的投入和参与”。当时的首席执行官是雷金纳德·琼斯，他无疑是理解规划过程的。但他的继任者杰克·韦尔奇上任后不久，就大幅裁减了战略规划工作，难道这是因为韦尔奇不够理解规划吗？事实上，韦尔奇可能更理解规划，因为作为分公司管理者，他必须亲力亲为，而不能强迫他人。如果规划真的这么好，为什么在这方面最有经验的通用电气会变得反对它？为什么通用电气“第一个试行”，之后又“第一个摒弃”规划呢？是韦尔奇知道得太多了吗？

我们认为如此，因此才形成了我们将在第 4 章阐述的观点。需要指出的一点是，规划本身的陷阱阻碍了它迫切需要的投入。

“适合规划的氛围”陷阱。计划学派的学者在提到这一陷阱时，总是用同一套话来回复。14 年后，在面对“关于其最初观点的有效性的质疑”时，安索夫回答道：

> 我自己仍然坚信，只要是在合适的组织环境中，这种方法就会卓有成效，现在仍然有效；相反，如果是在不适合的环境中，战略规划就会受到排斥。

告诉我们什么是适合规划的氛围（支持规划的氛围除外），就太好了。斯坦纳呼吁："必须激发人们对规划的热情，不要盲目地反对规划，必须消除严重的规划偏见。"但像他这样只是说这些话是没有用的。斯坦纳补充说，这种氛围"必须有助于促进创造性思考，而不能限制思考"，而"管理者必须具备概念思维"。但是，他和其他人有什么证据可以证明，这种氛围确实适合规划呢？

我们将在第 4 章阐述的观点正好相反，我们认为，传统的规划往往是一个保守的过程，有时反而会破坏创新性和战略思维。它可能缺乏灵活性，会阻碍重大的战略变化，还会扼杀支持基于现状的推测或微小调整的新颖想法，因此导致它只注重短期目标，而忽视长期目标。我们会提供一些证据，证明规划是如何阻碍管理者具备概念思维的，我们还会试着证明，被认为不适合规划的组织内部氛围，有时却有助于促进必要的战略变革，而规划本身有时会导致功能失调的政治活动。最终，我们的结论是：**适合规划的氛围有时可能与有效的战略制定相对立，因此，"正确的"的氛围有时可能不利于规划。**

实际上，规划本身的陷阱在不经意间成为我们研究规划过程的辅助资料，让我们能够深入探究其中的一些基本特性，以揭示该过程的一些严重问题。在第 4 章，我们将进一步探讨规划的真正陷阱；在第 5 章，我们会揭示关于规划更严重的谬误，我们将完全深入对规划过程的批判当中。

THE RISE AND FALL OF STRATEGIC PLANNING

RECONCEIVING ROLES FOR PLANNING, PLANS, PLANNERS

第 4 章

规划真正的陷阱

规划出来的战略本身并没有价值，

只有当人们尽心尽力地投入其中，

给战略注入能量时，

战略才具有价值。

THE RISE AND FALL
OF STRATEGIC PLANNING

本章对规划的批判将从两个层面展开，第一个层面是规划的通用特征，这些特征有助于解释规划的困境。本章讨论的基本思想及实际问题都与关于规划陷阱的文献观点一致，但是没有涵盖规划的常规陷阱。本章主要讨论的是一些普遍存在的、更加明显的特征，它们阻碍了规划的成功实践。至于战略规划失败的本质原因，将在第 5 章深入探讨。

本章推翻了与规划的两个主要“陷阱”有关的旧有观点，试图说明它们不仅没有说到要点上，而且总是自相矛盾的。换句话说，阻碍规划发挥其支持者所声称的作用的，可能正是规划本身。当然，如果缺乏组织高管层的支持，规划就不能得到有效执行，也无法在一个反对规划实践的环境中生存。然而真正的问题是，为什么会有人拒绝支持规划，为什么会出现这种反对规划实践的环境。

本书将针对这些问题提供一些解答，并指出，规划本身的许多特征是有问题的。例如与“目标”脱节，这会妨碍组织在规划上的投入、引发政治矛盾，并且会使保守主义倾向产生，还会引起对控制的沉迷，最终导致形成盲从和僵化的环境，从而使组织缺乏远见，只关注在短期内可能发生的、渐进式的常规性变化。这些可能都是规划真正的陷阱。

战略规划和投入

最受批判的规划陷阱与组织投入相关。关于规划的一个假设是：只要有了高管的支持和参与，一切就会很顺利。但对此不得不提出一些问题：是对谁或什么事情来说，一切会很顺利？是对规划者来说吗？答案是肯定的，那么对组织来说也是如此吗？

这一假设基于存在“最佳方法”的观点，这个观点源于弗雷德里克·泰勒最喜欢的一句话。[①]这个假设意味着，规划是形成和实施战略的最佳方法。但其实并非如此，当然也存在别的方法，而且也许比规划的效果更好，只不过它们不是贯穿本书的主题，因此无须专门讨论。此处需要深入探讨的是文献对规划和投入之间关系的天真假设：高管层的投入自然而然地会提升组织成员对规划的接受程度；规划本身就能在组织内部促进投入。例如，戴维·赫西（David Hussey）在《公司规划的真相》(*The Truth about Corporate*)中提到，“公司的规划过程有助于使更高层级的管理者更多地投入公司发展”。

更具体地说，问题不仅仅在于管理层是否要投入规划的相关工作，还在于以下三方面：①规划是否对管理有促进作用；②对规划的投入是否有助于战略制定过程，从而形成战略，并促使组织采取有效的行动；③规划的本质能否促进管理层对规划的投入。接下来将逐一讨论这些问题。

高管层的投入

规划和高管层之间一直保持着一种微妙的关系。一方面，规划屈从于权力的力量，至少在形式上是如此。换句话说，进行规划的前提假设是，存在

① 这里可能是指泰勒的科学管理理论。该理论讲述了运用科学方法来确定从事某项工作的“最佳方法”。——编者注

一个全能的、中央集权的最高管理层，能够把所有事情整合在一起，并推动它们（尤其是规划本身）有序运行。就连安索夫也称这是一种“荒谬的、天真的”假设：“如果（较低层级的）管理者不愿意做规划，就用老板来威吓他们，告诉他们老板会不高兴，因为老板喜欢做规划。”

另一方面，无论有意无意，规划本质上都是为了在一定程度上削弱最高管理层对战略制定的控制权。无论有多少人声称高管对战略规划流程拥有最终控制权，都不可否认，事实是规划企图通过制度化将一些权力收入囊中，而为此付出的代价是失去管理直觉。因此，洛朗厄认为，首席执行官通常不应该过多地参与战略规划和控制过程的具体执行工作，因为他们“通常不会有相应的时间和意愿来做这些事”。相反，“通常，他们是系统的总设计师”。“遥控”者似乎是洛朗厄首要倡导的首席执行官定位。

当然，没有人想完全将高管层排除在外。规划模型一直在小心翼翼地为高管层留出一席之地。例如，斯坦纳提出的“企业五年计划时间表”列出了某企业从 8 月至 12 月的 31 个步骤，高管层可以参与其中的 8 个步骤：

- 8 月
  1. 企业规划人员（Corporate Planning Staff，简称 CPS）与高管召开会议，并与各部门的规划人员共同核对计划时间表。
  2. 企业规划人员与高管一同探讨基础目标、战略和政策方面的变动，最终确定如何指导新规划的制定。

- 11 月
  1. 如果企业规划委员会主席不是首席执行官，那么主席和企业规划主管必须与首席执行官就一些重大问题进行讨论。

- 12 月
  1. 在企业外部举行为期两天的规划会议，由企业高管和各部门管理人员出席。管理人员分别提出各自部门的计划及相关问题，讨论备选方案，并确定行动方案。会议主席由首席执行官担任。

2. 会议结束时，首席执行官，也就是会议主席，就讨论结果决定如何调整每个计划。
3. 许多企业不采用召开会议的方式，而是每个部门会单独向高管提交计划方案。
4. 企业规划人员向董事会提交计划方案的概要和重点内容。
5. 首席执行官审查、批准下一财年的年度预算……

看起来，似乎高管层应该感谢规划允许他们扮演这些角色。毕竟，他们从一开始就参与了关于战略变动的会议，还负责主持为期两天的规划会议，并有权“决定”如何调整规划方案（即使他们没有提交给董事会，也没有关系）。虽然高管们在9月的5个步骤、10月的4个步骤或11月的7个步骤中没有扮演任何角色，但这并不重要。规划过程完全由企业规划人员掌控，他们会召集部门管理者，“根据CPS手册全面讨论后者的规划方案”，他们会决定要“研究的方面，以便对这些规划方案进行评估，以及调整现有战略”，他们还会决定由谁来“汇总和审查”各部门的规划。

一份知名的战略期刊开设了“如何实施战略规划”专栏，专栏作者在“尽心尽力的首席执行官”板块提到，首席执行官“必须制定并执行战略规划所规定的各项公司决策”。这位作者少说了一句话，即“无论首席执行官是否喜欢这个战略规划”。如果这就是投入的意义，那么还有谁能指望得到最高管理层由衷的支持呢？

将高管层排除在规划过程的重心之外是一回事，罔顾他们的工作方式则是另一回事。引用斯坦纳的话就是：“如果一个组织是由直觉型天才管理的，就没有必要进行正式的战略规划。但是有多少组织能如此幸运呢？进一步来说，如果真的如此幸运，那么这类天才管理者的直觉判断有多少次是正确的呢？”

后续的内容将探讨规划更深层次的根本性问题，并将挑战斯坦纳的假设：良好的直觉在管理中是罕见品，即使它真的存在，通常也是不可靠的（或至少不如规划可靠）。在这里，本书只想提出一个问题：当规划将管理中最人性化的一面弃之不顾时，又如何能指望高管层投入进来呢？如果规划对管理没有帮助，那么，管理者又怎么会对规划进行投入呢？

逐层减少的投入

上述内容所表达的态度至少还算温和，但是当涉及权力相对较小的管理者时，规划文献的态度就逐渐不那么客气了，这一点在斯坦纳的阐述中很明显。例如，在9月，“部门规划人员与部门经理召开会议，讨论如何按照CPS手册完成他们的规划”，“职能部门负责人与企业规划人员召开会议，讨论部门规划和企业规划的性质以及两者之间的关系”。难怪美国通用电气家电集团的总裁会强烈表示，要从“孤立的官僚主义”规划制定者手中“夺回”自己的业务。他只愿意全身心投入自己的战略，为此他必须与规划人员作斗争！

如果规划人员掌控了战略规划过程，负责整合不同部门的规划工作，那么实际上他们就从本应负责思考如何制定战略规划的人手中夺走了战略控制权。由于规划人员总是躲在自己的办公室里来准备要呈报给高管们的所有资料，所以其他人只能作为战略执行者。这不仅会严重阻碍高管们对战略形成过程的投入，还会损害所形成的战略，“打压各级经营管理者的个体能动性”。巴斯（Bass）在全球范围进行的试验也证明了这一点。人们在执行自己的规划而不是别人的规划时，效率会更高，满意度也更高。他提出了许多原因来解释这一现象。

在执行他人制定的规划时，执行者的效率和满意度都较低，原因可能有以下几个：①执行他人的规划时，成就感较低；②缺乏动力去实施规划，以确认规划的有效性，也就是说，对规划成功实施的信心不足；③对确保规划顺利进行缺少热情；④按规定执行规划时，缺乏灵活性和改进的空间，并且缺乏改进的动力；⑤对被指定执行的规划缺乏理解；⑥人力资源没有得到充分利用；⑦沟通问题较多，因此在执行指令时，更多的错误和扭曲会随之而来；⑧规划制定者和执行者之间有强烈的竞争情绪，在一定程度上，似乎如果前者"赢"了，后者就"输"了。

"分权"的规划

当然，一些管理者的自尊较强，不太愿意支持上级指定的规划工作。战略规划是部门经理的工作，规划人员只提供支持，他们只是"推进"者。但是，如果部门经理不想按照规划人员的方式制定战略规划，而是想凭直觉制定战略呢？如果部门经理不愿意与规划人员合作制定战略怎么办？规划人员只能坐回座位，然后无奈地耸耸肩吗？据观察，在实际工作中并非如此。

将规划过程"分权"只是一种不切实际的想法。如果规划的目的本身是实现不同业务单元之间的协同，那么"分权"真正意味着什么？杜兰德（Durand）对法国规划活动进行了调查研究，他指出，"分权的规划并不意味着分散的决策权"。只要分权的规划要求较低层级的管理者遵循较高层级的管理者的指令，按照既定的时间表执行既定的程序，就不要期望较低层级的管理者会多么尽心投入。虽然管理者可以按照规定自行开展工作，但相对于遵照自上而下的强制性指令来工作，他们并没有获得更多自主权，对那些不需要太多自主权的管理者来说尤其如此。

对规划进行分权避免了一个明显的两难境地。用埃里克·詹奇（Erich

Jantsch）的话来说就是，“规划过程应该是……民主的，决策权既要分散，又要集中统一”。这听起来不错，但是“集中统一”往往有阻碍“分权”的倾向，第3章提出的大量证据，如萨拉辛、戈代、科克等的研究，以及通用电气、加拿大航空公司和美国政府的PPBS实践（带有“极端集中的偏见”）等，已经清晰地表明了这一点。我们在早期发表的作品中也曾总结分析道：“在寻找目标的过程中，战略规划分析回避了潜在的冲突和联合，以迎合老板的喜好……在寻求最高管理层的支持以实施解决方案的过程中，它倾向于集权控制；在寻求最优解决方案，即最合理的‘最佳方法’”过程中……它不鼓励组织结构的多元化。

问题的本质是协同，即以某种方式将所有规划工作整合在一起。威尔达夫斯基对此依旧直言不讳，他明确地指出，“协同只是强迫的另一种说法”。

> 由于A和B两个角色对目标C的意见并不统一，所以他们只能按照指令被动地实现协同。为了实现协同，就必须让他人去做他们不想做的事情。

当然，规划制定者不需要亲自实施规划，他们可以让那些受规划影响的人来实施。但是，除非所有实施者都能以非正式的形式就目标、战略、行动计划和预算分配达成共识（这在任何组织中都不容易实现），否则就必须有某个中心小组来协调，并强制让实施者接受协调的结果。当然，领导者可以通过个人愿景来实现协调。但这是基于直觉的，而直觉对那些计划学派的支持者来说是一个禁忌。协同必须是正式的，这意味着要有规划。因此，虽然在规划编制过程中可能会提升各部门参与程度，但在确定最终结果时却不会采用这种全员参与的方式。梅耶森（Meyerson）和班斐尔德（Banfield）对芝加哥市一项城市规划的过程这样描述道：

> 政府机构所能做的最好的事……就是尽可能地收集各部

> 门的意见，利用其中的信息尽可能地形成共识，然后选择行动计划，以达成目标，并且在此过程中不会干扰（甚至反而可能会有助于）各政府部门和政府人员的工作。

我们的结论是，规划是一个集中的过程，它并不鼓励自己所声称迫切需要的投入。任何对这些有所怀疑的人都可以来了解一下规划制定者自己对规划的反应，正如埃利·德文斯（Ely Devons）在对第二次世界大战中英国军队的规划过程所描述的那样：

> 在最高层，内阁和生产部的中央协调人员与各个部门的规划人员之间存在冲突。最高层的协调人员意图加强集权，而各个部门的规划制定者却在争取更多的自主决策权。但在每个部门内部，反对中央集权的规划人员又在自己部门内主张集权。

因此，当不同的活动必须紧密、正式地协调时，人们实际上却似乎将共同参与和投入抛在脑后，而强制进行集权的规划。正如巴斯所说，“如果执行者完全按照规划人员的安排行动，那么可预测的效益可能会因执行者缺乏热情而被抵消”。当人们的投入至关重要时，可能就应当将规划抛在脑后，至少大多数情况下是这样的。

规划还是自由

在公共部门，规划与自由的问题引发了最激烈的争论，因为受到影响的不仅是公职人员，还包括普通群众，甚至曾爆发了一场关于“规划还是自由”的争论。其中一方认为规划与自由在根本上就是对立的，另一方则认为自由在一定程度上需要规划。

如果规划几乎成为政府对“自由”市场的任何一种干预行为的同义词，

那么这场争论会失去意义，至少对任何相信集体权利和个人权利并存的人来说是这样。“基于秩序的系统效率和基于自主性的个人自发行为之间存在明显冲突”。张伯伦（Chamberlam）的结论是，“规划的秩序不是个人自由的对立面，至少在一定程度上是实现个人自由的必要条件”，所以“问题的关键不在于是规划主义还是个人主义，而在于两者各占多大比例”。这一观点很难反驳。

但是，即使承认规划对自由社会的运作来说是必要的，也并不能认定规划过程本质上是民主的（请回想一下，科克将法国的国家规划描述为民主和参与的“表象”）。刘易斯很好地说明了这个情况：

> 由于规划的复杂性，所以它不但不会有助于加强民主控制，反而会削弱民主控制。规划制定者不可能是“人民”，也不可能是议会和内阁，而必须是政府官员，因为规划包含无数细节，并且规划的结果体现在诸多行政指令和决策中，而议会和首相对这些细节的了解只停留在最肤浅的层面。

当然，只要规划制定者是人民一致认可的或者由民主选举而来的官员，那么即使是集权程度相当高的规划过程，也能反映出人民的民主意愿。事实上，理查德·范希尔曾经指出，在民主社会中必须如此。“规划不能引起政治信念……如果没有基于大众认知的政治信念，规划就会像温室里的植物，只有鲜艳的花朵，却没有根”。

实际上，作为公民，人们为了获得某种利益，而不得不放弃某些方面的自由。这与我们对组织的研究所得出的结论一样，组织有时为提升业绩，而不得不放弃成员的参与。为了规划而放弃所有选择的自由显然是没有意义的。为了没有约束的个人选择而放弃所有正式的协调，也是没有意义的。我们必须认识到实现恰当的平衡所需付出的成本。我们还必须敏锐地认识到，规划本身并不是中立的。本章后文将阐明，规划过程中存在着可能影响结果的各种偏见。

例如，一些国家为了规划不受阻碍而牺牲个人自由，但规划本身的偏见如此明显，以至于今天几乎没有人会认真地提议让政府进行全面的经济规划。具有讽刺意味的是，西方发达国家的大型企业——所谓自由市场经济的核心主体，竟然成为领导西方国家推动正式规划过程的重要力量！对国家治理来说非常糟糕的规划，却由于对参与、承诺和灵活性的影响，而成为对企业如此有利的活动。事实上，如果接受约翰·肯尼斯·加尔布雷思关于“新工业国家”的观点，那么规划的影响就会从西方大型企业中蔓延到普通公民身上。这让人想起，那些规划人员如此强烈地抗拒成为被规划的对象，同时却又在固执地想让其他人服从他们的规划。

在这方面，本书不得不引用洛朗厄和范希尔的观点：正式规划不过是迎合改进战略制定这一目标的一种手段：

> 即使包含大量打官腔的文件和官样文章，一个明确的、非常明显的正式系统也是实现这一目标的方式之一。在许多公司中，这一目标已经实现，因此正式机构的一些缺陷将逐渐消失。

他们的措辞耐人寻味。事实上，规划人员组织的自动消亡现象在美国的企业和政府中一样普遍！

当然，随着企业的规模扩大，国家层面的规划和私人层面的规划联系也越来越紧密。加尔布雷思对此描述道：“现代的大型企业和一些规划机构都需要适应相同的方面。”刘易斯则更直白：“事实上，我们现在都是规划制定者。”

早在 1959 年，詹姆斯·沃西（James Worthy）就阐述了同样的观点，他将一些东方国家的规划与西方国家的科学管理（耶利内克认为这是企业规划的前身）进行了比较：

> 在科学管理体系中，劳动者被视为手段而不是目标，是执行者而不是规划制定者或发起者；他们的工作都受到了操控；他们可能是被说服的，必要的时候也可能是受高压统治所迫。劳动者都是为了他人的利益和需求工作，而不是为了自身利益和需求工作。

事实上，沃西曾指出，苏联才是“科学管理全面发展的地方。苏联‘意图将一个工厂内的科学管理机制推广到全国范围内实施’”。事实上，沃西还回顾了泰勒早期的追随者在美国社会强制推行这种规划时所做的努力。例如，沃西引用了亨利·甘特（Henry Gantt）的话，指出“金融和工业必须以某种方式实现社会化”，并提出“新机器”（The New Machine）的理念，将后者描述成创建“规划社会”而构建的“奇妙组织”。这听起来可能很极端，但沃西在 1959 年发出的警告至今依然有意义：

> 如今，在具体的企业之外谈论规划已经不合时宜，因为必然会涉及政府，而所有“具有右脑思维的人”都希望政府减少对经济事务的干预。但是，如果出现严重的经济衰退，导致当前平稳运行的市场在经济逆境的冲击下崩溃，那么人们很容易就会用机械型组织的思维习惯来思考整个社会经济。

投入还是计算

如前所述，如果组织选择正式规划，有时就不得不为了追求绩效而放弃成员的参与。但正如阿莱尔和菲西罗托所指出的那样，通常，组织进行规划是为了避免无事可做。规划文献的作者发现，越来越多的西方企业是“由流动性强、精明的管理人员和技术人员组成的，他们不接受（也没有提供）传统的心理契约。也就是说，以终身雇用和安全晋升来换取对企业目标的忠诚和奉献这一理念，对他们来说并不适用”。这“不可避免地切断”了高管和普通员工之间“合法性和可信度的纽带”，“除了通过数字或对企业员工的强制控制之外，没有别的办法”。

这表明，文化和规划可能都可以用来管理企业，并可相互替代，前者更关心投入；后者更关心计算，因此强调规划制定过程。这一点可以从战略制定过程中看出，它是一个离散的、分析性的过程，是由系统而不是人来执行的。请看安索夫是如何总结自己的模型的：

> 基础方法由一系列消除差异的步骤构成。首先，确定一套企业目标，诊断出当前情况与目标的相对位置，并确定两者之间的差异（或是我们所说的“差距”）。其次，开始探究可以减少差距的操作方案（战略）。最后，检验操作方案“缩小差距”的有效性。如果有效性令人满意（能够完全消除差异），就可以接受操作方案；如果只能缩小一部分差异，那么可以暂时接受操作方案，同时继续寻找额外的操作方案；如果有效性是微小的，甚至反过来会产生负面效果，就应拒绝它，并转而寻找新的操作方案。

用今天的话来说，安索夫可能会受到指责——在战略制定过程中进行了“中子弹轰炸”，即消灭了人的因素，这样程序就可以继续进行！遗憾的是，问题在于，在战略形成过程中，前期采用分析性手段排除人的因素往往会阻碍后期人们对实施的投入。

加拿大航空公司曾开启一项“快捷航空”（Rapidair）项目，这是一项往返于蒙特利尔和多伦多之间的试验性航班服务，但没能确保飞机上有充足的座位。项目启动几天后，当乘客预订座位时，该公司取消了这个航班性质的通勤服务。该公司秉持的不是“我们会把这件事做好”的负责态度，而是“我们已经试验过了”的计算态度。这与 IBM 在 20 世纪 60 年代开发 360 计算机系统时形成了鲜明对比。该项目的启动基于一个信念：公司高管决定重新构想整个产品线，他们只有一套关于技术形式、不同模型之间的联系等非常笼统的指导方针，甚至无法进行详细的计算。在项目开始阶段，他们有的只是全心全意地投入。这个变革是由激励因素所维持的，而加拿大航空公司预期的变革却被计算破坏了。

布伦森（Brunsson）是在概念层面解决过这个问题的少数人之一。他将“承诺构建型”行为与“批判详察型”行为进行了对比，前者更像是一种出于意志的行为，而不仅仅是一种认识过程，比较容易产生很高的接受度。他写道：

> 规避个人风险的主要方法是逃避责任和投入。评估者试图通过认识过程来应对环境中的不确定性。在计算什么是最佳决策时，人们试图考虑到所有重要的变量。在最终被接受的决策中，投入的意愿遭到忽视。这种类型的行为更易遭到拒绝，而不易被接受……此外，接受并不意味着能够全身心投入。

本书并不希望过于强调这两类行为的区别。显然，组织既需要计算也需要投入。但本书确实想指出的是，过于偏向任何一类都可能阻碍在组织中维持个人投入。

包括规划人员在内的分析人员有时会指责管理者过于情绪化，过于关注他们喜爱的项目，评估时不够客观和超然。这当然是一个合理的批评。但硬币的另一面可以从两件事上明显看出，即 IBM 360 计算机系统的故事，以及彼得斯与罗伯特·沃特曼（Robert Waterman）于 1982 年出版的《追求卓越》一书展现出难以置信的热度。也就是说，深入的投入、全力的支持是成功完成艰巨任务的必要前提。这种投入似乎来自自我控制，以及一种对项目的主人翁意识（因此“冠军”一词很受欢迎），而非来自正式规划的重重控制或所谓的客观计算。英国的一位规划管理者对采访者说：“通过控制过程，我们可以防止管理者爱上他们的业务。”他可能想的是部门管理者工作热情太高，但这番言论着实令人震惊。

人们经常忽略一件事：并不存在通过一些正式过程计算出来的所谓“最佳”战略。**有意制定出来的战略本身并没有价值，只有当人们尽心尽力地投入其中，给战略注入能量时，战略才具有价值。**因此，在战略形成过程中就应该考虑到每一个实施问题，不仅要针对实际的战略内容，而且要针对战略构想的过程。所以，“缺乏高管层支持”这一规划陷阱最终解释不了任何事情。

规划与变革

现在，我们来探讨适宜规划的氛围。我们希望能再一次反过来证明，适宜规划的氛围不一定总是与有效的战略制定相适应的，而不利于规划的氛围有时可能反而会有利于战略制定。

僵化的规划

本书第 1 章阐述了规划人员认定组织应该进行规划的一些原因。人们认为，规划有助于协调和控制组织活动，思考未来，以及“理性地”行动。出于某种原因，这些特征与一些主张关联起来，如规划能够激发创新性，能够提供应对变革的通用方法，以及能够提供应对突发性变化的手段。因此，《商业战略杂志》（*The Journal of Business Strategy*）的一篇文章声称，“由于变革是由规划发起的，因此规划制定者处于独特的领导地位”。洛朗厄、戈登（Gordon）和史密斯则提出，“衡量规划有效性的一个标准……就是组织和其他系统发生重大变化的频率和程度”。事实上，没有任何系统性的证据能够表明规划可以发挥这些作用，但不乏有逸事型（以及一些系统性的）证据表明，规划起到了恰恰相反的作用。

一个多世纪前，最早且最著名的规划支持者之一，亨利·法约尔指出，规划的目的不是鼓励灵活性，而是降低灵活性。也就是说，要设立一个明确的方向，以便以协调一致的方式投放资源。在随后的时间里，只有少数学者还记得法约尔的这个观点，纽曼就是其中之一，他在 1951 年写道："制定高级的规划就是为了降低管理的灵活性；规划越细致、越广泛，灵活性就越差。"若曼努健和文卡绰曼后来也提到："规划系统要比目前的传统观点所提倡的还要更死板……就像与粘土或腻子相比，混凝土还不算是一种制定规划的糟糕材料一样！"

纽曼将规划缺乏灵活性归因于几个心理因素：使"高管太有安全感，而忽视了变化"；"一旦做好规划，就会产生一种'让它发挥作用'的倾向"；由于形成了"思维定式"，所以担心规划改变后会"丢脸"，进而产生了"心理抵触"。事实上，他的观点得到了心理试验的支持。米勒、加兰特（Galanter）和普里布拉姆（Pribram）发现：

> 如果一个长期的规划必须在战略层面改变，那可能会导致规划人员的形象和规划都发生剧变。大多数人似乎从小就学会了一个原则：执行规划时，如果发现某个预期子规划与目标不相关或不可行，首先就会尝试尽量不使用备选的战略子规划，并尽可能推迟调整战略。

事实上，这些研究人员认为，放弃个人的规划可能会造成心理问题，这种变化"伴随着大量的情绪波动"，随之而来的可能是"焦虑"；个人（或者一些组织）"可能会为了应对焦虑而制定规划（防御机制），而不会制定新的规划来应对现实"！

这项研究只针对个人。但是可以想象，无数已经在按照指定方式行事的个人会因改变整个组织的正式规划而受到影响。刘易斯指出：

> 通过规划进行工作指导一定会缺乏灵活性。当规划人员为了统筹规划而做了必要的无数计算工作，并明确了他们接收的指示后，任何修改数字的要求都必然会遭到抵制。一旦制定好规划，就必须严格遵守，因为只要改变局部，就会影响整体，而改变整体规划是一项相当复杂的工作，不可能频繁进行。

如前所述，规划是为了协同，而且规划的协同效应越强，所需的灵活性就越少。改变一个综合规划的任一重要组成部分，都会导致它的瓦解。

规划文献强调，需要清楚地阐述战略。但战略阐明得越清楚，由于思维定式和组织惯性的存在，改变战略的阻力就会越大。1971 年，基斯勒（Kiesler）发现，在一项心理试验中，仅仅让人们阐明他们想要采用的战略，就会使人们对后续改变战略的抵抗更加剧烈。对于官僚主义的定式，我们研究的案例是美国政府采用的战略，从中可以看到，当林登·约翰逊（Lyndon Johnson）总统正式阐述了 4 年来的战略升级时，官僚主义的定式远远超出他的预期，过度清晰地阐述战略使冲突越发难以停止。

形成战略是为了将各方面的力量集中引向一个明确的目标。因此，定式不仅不可能避免，而且可能会是理想的结果。战略阐述得越清楚，就越深入组织惯例和组织成员的思想中。因此，战略的定式就会越强。当然，代价是会牺牲组织开展必要变革的能力，而变革或早或晚都会到来。如果组织变革来得晚，阐明战略可能就是一件好事。但最终，还是必须为此付出代价。规划人员现在很有把握，但不可能永远有把握。

规划缺乏灵活性

到目前为止，关于缺乏灵活性的争论主要集中在规划本身，尤其是当规划得到明确的阐述时，往往会导致对变革的抵制。那么，制定规划的过程是什么情况呢？我们想在一个更重要但可能更具争议性的角度指出，规划本身是导致组织缺乏灵活性而抵制重大变革的根源。例如，安特曼（Unterman）在回顾了流行的战略规划方法“斯坦福法”（Stanford method）后，根据自己的咨询经验得出一个结论：“从未见过任何剧烈或重大的战略调整采用规划的方法。”

规划过程从根本上说是一个保守的过程，它的作用是维持组织的基本方向，即维持现有的职能分工。因此，规划可能会促进组织变革，但是只会通过一种方式，那就是基于组织现有的整体方向促进变革，最多只是在组织的整体战略态势中做出一些定位上的转换。换句话说，在我们看来，当战略的总体框架已经设定好时，规划工作的效果才最好；而当需要通过规划活动来推动重大的战略变革时，规划工作的效果就不佳。

本书所说的基于正式规划的变革有三个基本特征：它是渐进式的，而不是剧变式的；它是通用的，而不是创造性的；它着眼于短期，而不着眼于长期。

基于规划的变革是渐进的

我们在回顾奎因的研究时指出，规划的实践“通常将一种渐进形式制度化”。这可能是因为渐变，即边际的、范围有限的变化，通常与组织的既定发展方向一致，也与规划本身相一致。相比之下，突发性变化意味着全面的重新定位，会破坏组织现有的职能分类，而这些职能分类正是规划所依赖的。因此，在规划过程中，这种变化往往会遭到抵制，或者更常见的是不被理睬。

前文提到过，规划依赖于“分解”，分解提供了明确界定的分类集。它是组织中已有的类别集合。也就是说，规划反映的只是当前应用的分类、战略和结构，而不是开发新的分类、战略和结构。例如，规划通常倾向于根据现有的产品 - 市场战略（有时被定义为战略）来开展。例如，前文讨论了加拿大航空公司在 5 条小航线方面的规划，其中一条叫作“单线”南方航线。正如我们所指出的那样，当公司在规划过程中假设它们很“薄”时，怎么可能还会去考虑增加它们的“厚度”？特里戈（Tregoe）和齐默尔曼（Zimmerman）评论道：

> 如果没有明确的战略框架来定义组织想要成为什么，长期规划就不得不预测业务的每一个细节，才能建立一个综合的组织图景……这种尝试会阻碍变革，会使大多数长远的规划变成僵化的哥特式结构。

请注意这段话的一个关键含义：规划不能创造新的战略，而且如果没有之前的既定战略，就无法进行规划。弗里曼给出了一个生动的比喻：对管理者来说，当旧的分类不适用于新的文档时，他们现有的分类系统就会崩溃，或者他们会将所有东西都归类为“杂项”。“相互交错的参照工作就像是一场噩梦，你和你的秘书最终只能放弃。”规划给组织强加了一个僵化的分类系统，只有在旧的分类依然适用当前情况时，这个系统才能正常运作。

也许更重要的是，规划几乎不可避免地将所有现有的战略和它自己的程序置于组织的现有结构之中。换句话说就是，组织会根据现有的子单元（职能、区域、部门）来制定规划。正如杜兰德在对法国企业规划的调查中所指出的那样，“……在大多数企业中，战略规划过程都是根据组织结构来设计的。事实上，为了能够展示自己的规划过程，大多数受访者都首先描述了企业的结构”。

这里的问题还是在于，按照现有分类进行规划会阻碍事物的重新排序，而事物的重新排序通常是战略上或者结构上发生重大变化的前提[①]。如格雷所述：

> 战略规划刚开始实施时，人们通常认为应该由组织内现有的业务单元负责。然而，这些业务单元可能由于多种因素的约束，而不适合承担规划工作，比如以下几种因素：地理位置、管理便捷性、原有的收购交易条件、产品线、传统的利润中心制度，以及与企业内部的良性竞争、集权和分权有关的陈旧观念。

此外，正如特里戈和齐默尔曼所指，当规划工作包括将现有的单元规划整合成一个全面的规划时，就存在着变革效果的问题。长期规划是从最底层建立起来的，可以依据基层信息做出预测。这些来自组织各个单元的预测结果整合在一起，最终形成了候选的规划方案。当这些详细的规划汇集到组织的最高层时，实际上就几乎没有机会对未来形成新的见解了[②]。

---

① 这可能就是为什么在实施阶段，计划学派似乎比设计学派更少关注结构的设计。结构作为规划的框架时更加难以变化。

② 为了避免这些问题，组织会设置各种条条框框。例如，在 PPBS 的领导下，麦克纳马拉试图从“任务”的战略类别（威慑、有限战争等）中确定结构类别（陆军、海军、空军、海军陆战队、海岸警卫队）。但“这种分裂导致冲突和缺乏协调”。因此，通用电气“使用了一种不同的解决方案”，试图让战略业务单元同时负责战略和运营。但通用电气和其他公司都发现，原有的组织结构并没有简单地映射到新确定的战略业务单元，并且由此产生的责任并未得到明确划分。正如格拉克等人所述：只有当你有一个协调一致的战略时，你才能真正知道战略业务单元的正确定义，即不同的战略需要战略业务单元中不同的产品 - 市场单元和功能。但战略业务单元的一个目的是为规划提供一个框架。最先出现的是战略还是结构？

在大多数公司中，规划机制是强制融入当前组织结构的。规划机制应该关注的是未来的业务，而组织结构应对当下的“战略”实施负责。当两者不一致时，冲突不可避免。因此，毫不意外，没有人能够为战略业务单元下一个完全可接受的定义，或恰当地描述如何推导出战略业务单元结构。战略业务单元的定义仍然是一种“黑色艺术”……

规划还显示出其他特征：鼓励渐进式变化，同时反对突发性变化。这个特征的表现之一就是“步调一致”的进度表，为了确保“系统进度正常推进，给了管理者们巨大的时间压力”。这很难鼓励管理者去思考创新性的其他方案。此外，“问题、机会和‘好创意’不会按照某个既定的时间表出现；只有当它们偶尔出现时，才能临时得到处理”。戈默在研究瑞典公司对能源危机的反应时，特别清楚地说明了这一点。正如我们已经表明的那样，年度规划过程的重复性质“很容易成为机械的信息外推。这种做法就像“‘喊狼来了’一样，可能会使高管层对战略问题不敏感，因此在真正重大的变革需求出现时而难以察觉”。高管们可能年复一年地忙着讨论时间表中的战略和预算，因此往往会错过机会去开展必要的变革。

奎因评论道,“机械性思维时常掌控整个思维过程”。当这种情况发生时，组织甚至无法进行渐进式的变化，仅能沿着当前的道路一如既往地前进。亨利·基辛格曾说道：“所谓的规划，往往是把现在熟悉的事物投射到未来而已。”或者引用另一位著名政治人物的话：“规划就是决定要把一只脚放在另一只脚的前面。”

将战略规划与经营预算联系起来的努力在规划文献中得到了很多关注，这一努力也鼓励渐进式的变化，认为战略应该推动预算的制定，而后者却会限制战略。经营预算是一种短期控制的手段，不适用于长期变革。“规划必须是为下一年的预算制定的，这种规划是一种传统的限制和控制方法。”此外，这样的预算是基于现有组织结构的，而且通常会细化到最小的组织单元。所以，未来的趋势是组织继续按照既定的方向发展。

在企业维度，就连安索夫也评论说，“当规划是为了将过去的发展动力外推至未来时，往往是最成功的；而当规划是为了开展严重偏离公司历史增长趋势的非渐进性变革时，是最不成功的”。在大政府维度，林德布洛姆注意到，东欧国家为规划过程投入了巨量资源，并指出“经济规划……涵盖对前一时期的生产计划的修补，并且这种改变是连续的、渐进的”。在个人维度，米勒、加兰特和普里布拉姆也指出，“新规划的主要来源可能是旧规划。我们每次都会对旧规划稍加修改，但基本上还是那个旧规划，没什么大变化。有时我们可能会借用他人的新规划。但我们通常不会创建全新的规划”。综上所述，无论在哪个维度，规划似乎与“德朱维内尔（de Jounvenel）所说的‘现代宿命论’没什么区别。例如，关于未来的构想主要是对现在的线性衍生”。具有讽刺意味的是，鉴于人们目前的这种倾向，想要将命运掌控在自己手中，似乎就不应该做太多规划！

经过规划的变革是通用的

创造性的定义是重新编排既有分类，规划的本质则是维持既有分类。这就是规划很难有利于真正具有创造性的想法的原因之一。因此毫不奇怪，通用电气规划部门前负责人迈克尔·艾伦（michael Allen）会这样说：“尽管取得了种种进展，但创造性战略的发展……仍然是商业规划的阿克琉斯之踵[①]……”贾维登在 1985 年发表的一项调查结果中指出，受访者中有 60% 的首席执行官、50% 的部门经理，甚至 40% 的首席规划官认为，规划部门对管理创新有“一定程度的负面影响”。大卫·赫斯特（David Hurst）则描述道：

> （战略规划）有助于向后看而不是向前看，因为它排除的东西多于它所囊括的东西。（战略规划）不能告诉管理者要前往哪里，而只能告诉管理者他们已经去过了哪里。它对管理当下的业务，即已经存在的业务有用。

规划意味着被封锁在通常会阻碍真正创新的固定分类中。正如纽曼在 1951 年所写的那样：

① 比喻致命的弱点、要害。——编者注

规划部门和规划的兴起往往会限制一线人员的自主决策权。因此通常情况下，规划涵盖的方面越多，员工在实际工作中做出自主判断的自由就会越少，而且这样的员工会越多。规划期望的是人们能够循规蹈矩，而不是他们能够创造。这种对主动性的限制往往会扼杀对企业成功至关重要的创造性思维，并且会对士气产生负面影响。

通用电气的另一位规划人员说道："创造性在沉重的负担下逐渐消失。"实际上，规划就像是眼罩，遮住了组织成员的视野，让他们只聚焦于既定的方向。前文讨论过，创新性取决于创造者全心全意地投入，而规划的计算可能会阻碍他们全心全意地投入。"创造性思维需要全身心的投入。"

索耶雄辩地评论道："规划，是对开放系统的封闭性分析。"但在继续描述"规划是一个创造性的过程"[①]时，他认为规划的过程和规划的职能"成为企业创造性活动和创新活动的中心是合乎情理的"。但本书认为，规划的过程和职能恰恰效果相反。例如，在以创新闻名的3M公司中，一位高管描述了公司的规划系统："在分析和指导现有业务方面非常有效……，但在识别机会方面'特别差'。"

通用意味着定义明确，意味着属于某一个类别，进一步意味着要变革的类别已经有了，也许是由其他一些进行过创新的组织设定的，比如汉堡王的"麦当劳化"战略就属于这种情况。这种情况似乎更适合运用正式规划。事实上，我们怀疑，近年来美国企业中"主流"或通用战略的盛行（"通用战略"的概念主要来自迈克尔·波特），对应的是正式规划过程的流行。因此，奎因发现决策制定的"正式化"是"大多数革命性创新发源于需要变革的行业之外"的主要原因。

① 索耶专著中最后一部分的标题就是"企业规划是一个创造性的过程"。

基于规划的变革着眼于短期

当然，规划应该向前看。戈代在一次宣扬规划的讲话中说道："一辆车开得越快，它的前灯就必须照射得越远。"[①]但是前灯只能直射前方（需要补充的是，随着距离的增加，照明效果会越来越差），而道路往往蜿蜒曲折、不平坦，在这样的道路上开得太快无异于自杀。

因此，规划的另一个问题就是：它只能看到前灯照射到的那部分未来。也就是说，（第 5 章将详细讨论）规划依赖正式的预测技术以思考未来。但有证据表明，这些技术都不能预测环境中的突发性变化。因此，正式的规划除了只能推断出目前已知的趋势之外，做不到更多事情了。

难怪维克会得出这样的结论："规划似乎往往存在于辩护的情境中，而不是预测的情境中。"规划更多地涉及已经完成的事情，而不是需要去完成的事情。当"遥远的未来"意味着笔直向前时，除非环境适配，即环境保持不变，或者环境变化很容易预测（或变化趋势已知，或变化呈周期性），抑或是组织强制推行了针对环境所挑选的战略，否则规划就会变成短期的。

此外，当规划与预算相互关联（或规划与预算一概而论）时，管理者的目光就会下移到短期问题上。正如奎因所指出的那样，"这些经营管理者知道，他们的长期规划很快就会变成紧巴巴的经营预算，变成期限在一个月到六个月的项目投入，变成重视眼前的、当月或当季数据的财务绩效衡量系统"。既然如此，他们在做规划时为什么还要考虑长期的问题呢？

① 他提出的另一个观点是，"一棵树生长的时间越长，种植它所需的时间就应越少"，但他没有解释为什么花几天时间寻找合适的地点会对一棵树在几十年里的生长产生如此大的影响。

灵活的规划：想要两全其美

乔治·斯坦纳曾承认规划缺乏灵活性："规划是承诺，或者说应该是承诺，因此它限制了选择。"规划不会主动涉及其范畴之外的一系列方案。斯坦纳补充说，"这不是巨大的限制，但应该被注意到"。但为什么不是巨大的限制呢？难道只是因为斯坦纳这样说，就不是巨大限制了吗？实际上，这是一个极大的限制。

斯坦纳的见解反映了规划文献中普遍存在的倾向：想要两全其美。前文探讨过，这是分权式规划的目的，即促进参与的同时保持严密的协同。在此之前，安索夫希望将规划过程正式化，同时允许组织保持企业家精神特征。阿克夫将规划描述为一个持续的过程，以某种方式设法按时提出战略。（至少对他来说）这不是问题，因为规划只是一份"中期报告"。对那些负责实施规划的人来说如何呢？安索夫和阿克夫（他提倡"系统"方法）认为，规划可以变得更加全面，同时不会失去对细节编排的控制权。在这一领域似乎不存在两难困境，但这只是在言辞上对实际情况的粉饰。正如威尔达夫斯基所说，"规划代表着未解决的冲突"。

威尔达夫斯基还提到过，最主要的是"要保持灵活，但不能改变方向"这一假设，在 1958 年《管理学学会期刊》（*Academy of Management Journal*）第一期中，哈罗德·孔茨写道："有效的规划要求在选择方案时将灵活性作为主要考虑因素。"20 年后，格拉克等人补充说："在尽可能全面和彻底地进行规划的同时，（最前沿的）公司还试图使它们的规划过程保有灵活性和创造性。"通用汽车规划部门负责人可能曾是美国最负盛名的规划制定者，他在 1986 年的公司规划会议上做了一场关于"创新管理"的演讲，其间不断谈到"管理我们的业务，使其保持在现有的轨道上"或"预先规划的航线"，并提出"改变是一种生活方式"，但实际上这两种说辞之间存在明显的矛盾。①

① 整理自 1986 年 5 月 5 日迈克尔·内洛夫斯在加拿大蒙特利尔召开的规划论坛会议上的讲话。

不知何故，规划制定者希望保持规划给组织带来的稳定性（这是规划的主要贡献），又希望组织能够对外部环境的变化做出快速响应，而这恰恰是规划难以克服的困难。令人惊讶的是，这个矛盾几乎从未被人提及。就像“激进的保守派”一样，“灵活的规划”只是另一个自我矛盾的说辞，仅仅反映了虚妄的希望，而不是实际的现实。

规划学者们未能解决战略家们的根本困境，即调和变革和稳定这两种同时存在但相互冲突的需求。一方面，世界或多或少地总是在变化，所以组织必须适应变化。另一方面，大多数组织都需要具备基本的稳定性才能有效运作。维克抓住了主要矛盾：不是“牺牲未来的适应性以换得对当前环境的良好适应”，就是时刻准备好应对理论上可能发生的一切，但在实践中无所作为。

正如前文讨论过的那样，规划的本质通常更偏向稳定性而不是适应性。例如，洛朗厄等将四家航空公司中的“适应性”规划与“整体性”规划进行了对比。前者更关注战略制定，后者更关注控制和实施。他们发现，后者往往更成熟、更正式，前者则不太受重视，一般只由管理层以非正式的方式实施。事实上，我们在对加拿大航空公司的研究中指出，在一场由业务重组引发的危机中，在高管们奋力应对变化的时候，是规划确保了经营的连续性，从而挽救了整个局面。

马克斯（Marks）是一个规划实践者，他痛批道：规划在面对剧变时会“即时响应”是“极其危险”的习惯。他认为，公司需要的是“持续一致的行动”。但是，当管理部门必须对这个世界中的意外做出响应时，又如何能在管理上持续一致呢？规划也许能带来“持续一致的行动”，但这样做会失去稳定性。

吹捧规划的众多言论似乎都没有提及一件事：组织经营不仅要依靠战略，而且要经历战略形成过程，还要面对世界上尚未被理解的变化。在这样的时期，危险在于过早地得出结论，也就是过早地确立“持续一致的行动”，尤其是针对以前的情况而确立的行动。在这种情况下，提问可能比给出答案并解决问题更恰当。

包括规划在内的所有分析性方法都有内在的风险，即倾向于过早地结束战略，而跳过了令人不适应但具有创造性的新模式或新战略开发阶段，以便开展更有把握、更稳定的工作，这些工作的结果也已经安排好。当面对不确定的变化时，管理层不能求助于常规的规划实践（不过可能会有管理者从非常规的规划人员那里得到帮助，这一点将在第 6 章加以讨论）。

因此，“灵活的规划”不是使规划过程变得完全混乱，就是在人们认识到它的含义时，被简单地通称为另一个过程：管理[①]。“组织采用规划的根本原因就是规划的呆板且它能明确方向”，凯普钠（Kepner）和特里格指出，但“总有用长篇大论的证据显得它具有灵活性”。因此，伦兹（Lenz）和莱尔斯（Lyles）在报告中写道，“当被问及公司的战略规划时，（接受采访的一名规划主管）向我们展示了一个超过 7 厘米厚的活页夹，其中却是几乎事无巨细的年度计划”。他将这份文件称为“怪兽”。这就是规划的灵活性！

关于规划难以应对变化的观点，可以看看亨利·法约尔在世纪之交提出的“航行的船”这一比喻，它强调了规划在维持稳定性方面的作用：

> 突发性变革当然是十分危险的，并且通常会威胁到那些没有规划的企业。即便是最轻微的逆风，也会使没有抵抗能力的小船偏离航线……令人懊悔的变革，可能是在强大而短暂的干扰下做出的决定……（相比于）在不受干扰的情况下精心制定的流程……规划不仅可以保护企业抵御重大事件造

① 威尔达夫斯基认为，“当规划处于持续调整的环境中时，会很难与其他决策过程区分开来”，或者更确切的说，“合理化的规划与取代规划的决策技术密不可分”。

成的不受欢迎的变化，也可以保护企业抵御那些仅仅由于组织高层的变动而产生的变化。此外，规划还可以防止刚露出苗头难以察觉的偏差，防止企业偏离目标。

这些评论背后的假设耐人寻味：改变是一件坏事，“逆风”是威胁，而组织对它们的反应是“不欢迎”和“会令人懊悔”。行动流程应该在“不受干扰”的情况下设定好，即在起风之前设定好。最重要的是，组织绝对不能偏离既定的行动路线。在应对偶然刮起来的“阵风”时，这样做可能是个好方法，但绝对不能用它来应对飓风（更不用说应对冰山，或者在别的地方发现金矿的消息了）。

当然，法约尔考虑到的是阵风——轻微的干扰，而不是重大的突发性变革。他认为，组织是熟知它所处水域的情况的。当然，在这些条件下，规划是最有效的，缺乏灵活性的代价也相对较低（假设有准确预测的能力）。正如马克利达基斯所指出的那样：

> 战略……不应该一遇到困难就改变。克服困难、解决问题，需要相当大的毅力。另外，如果环境发生了重大变化，如果误判了竞争对手的反应，如果未来不符合预期，就必须调整战略以应对这些变化。换句话说，战略必须适应变化：与其一条路走到黑，不如换一条走得通的小路。

在这种情况下，人们可能会建议组织放弃现有的规划和正式规划过程。但常见的问题是，组织并没有这样做。

在第一次世界大战期间臭名昭著的帕斯尚尔战役中，“干扰”因素不是风，而是雨。根据费尔德（Feldz）的说法，军团总部制定规划时，阳光明媚，但最终的结果是 25 万英军的溃败：

> 批评者认为，帕斯尚尔战役的规划是在几乎完全不了解作战条件的情况下做出的。据称，在长达四个月的战役中，作战指挥部的高级军官竟无一人踏足过（或见过）帕斯尚尔战场。关于战场状况的每日报告先是遭到了无视，后来甚至干脆被下令停止了。直到战役结束后，参谋长才知道，他一直在指挥整个军团在泥海中前进。

斯托克斯伯里（Stokesbury）在其著作《第一次世界大战史》（*A Short History of World War I*）中也曾有类似的描述，尽管战场上下着倾盆大雨，并且枪炮堵塞，携带重型武器装备的士兵不断跌落到泥坑中淹死，炮车寸步难行，伤员等不到救援，但“伟大的规划”仍然在实施。“进攻仍在继续，他们睡在部队总部的大床上，同时叹息着士兵没有表现出更多的进取精神。”

> （一位）参谋……在战争平息后来到战场上。他凝视着一片泥海，然后自言自语道：“天哪！我们就让我们的士兵在这种境地中冲锋陷阵吗？”然后他失声痛哭，护卫队护送他离开，参谋们……抱怨前线士兵没有向他们敬礼。

是什么导致了这场悲剧？这个故事很极端，但任何在组织中待过的人都知道，类似的故事太常见了。难道是规划让我们封闭自己的思想、阻断感知吗？我们真的惧怕不确定性吗？还是说，我们对自己一贯的理性太过迷恋？

来总结一下这部分关于规划和变革的讨论。首先，为什么组织要规划？除了那些显而易见的原因，我们还列举了各种各样的原因，有些与人类的心理特征有关，这一点稍后再谈。另一些原因是，规划似乎更适用于维持稳定的经营以提高效率，而不太适用于创造新的经营模式以推动变革。我们发现有些人之所以抗拒规划，可能是因为讨厌稳定性，另一些人则可能是因为害怕变化而拥抱规划！

规划与政治

规划文献提到的另一个规划的陷阱是，政治活动会干扰规划。规划是一种非政治的客观活动，当个人利益与规划之间存在对抗和冲突时，就会破坏规划的客观性。对于这个观点，我们希望从以下几方面来剖析，先说明规划并不像其支持者所声称的那样客观，再说明有时它实际上可能会助长政治活动，最后说明相比于规划，有时其他类型的政治活动对组织更加有用。

认为规划具有客观性的偏见

规划本身能营造出怎样的氛围？规划自身的价值是什么？规划人员的回答倾向于“规划的过程是价值中立的”，他们往往以客观和理性来应对当前的情况，以确保组织尽可能有效地实现自身的价值。换句话说，他们把自己描绘成“职业枪手”，专业技能过人。但是，我们来思考一下规划人员自己的逻辑，以及规划自身的逻辑，即规划是不是真正具备客观性。

首先，常规的规划人员对客观性是有认知偏见的，他们只是对客观性有着自己的理解。借用另一组分析人员（企业运营研究人员）的话来说就是，规划人员“热衷于客观冷静”。或者如澳兰斯（Orlans）所说，“大脑不是冷血的器官”。正如我们所看到的，对于那些无法验证客观性的流程——直觉就是一个很好的例子，规划人员往往会将它们抛弃；而那些表面上看似理性的过程——规划本身就是最好的例子，却大受欢迎。这种情感偏好用科利尔（Collier）的话来说就是：尚未看到规划之光的公司是“不成熟的”，不像“大型、完善的公司那样……有模式清晰，且各级管理人员都充分理解的管理系统”。这样的规划人员根本不客观，无论是对规划、技术或分析，还是对任用他们的组织来说，都不客观。他们倾向于支持大型组织，也就是那些更愿意采用正式规划的组织。

威尔达夫斯基在其著作《政策分析的艺术与技巧》（*The Art and Craft of Policy Analysis*）一书中深入探讨了这个问题，尤其深入探讨了“理性”的概念。他的观点值得详述：

> 在现实中，对规划的辩白不是因为它所取得的成绩，而是因为它所象征的理性。规划被认为是用智慧解决社会问题的方式……一些关键词反复出现：规划是好的，因为它是系统的而不是随机的，是高效的而不是低能的，是协调的而不是混乱的，是一致的而不是矛盾的。最重要的是，它是理性的而不是非理性的。

威尔达夫斯基进一步对这些关键词分别做出解释：

> 应该以系统的方式进行决策意味着什么？像“细致”这样的词是不合适的，因为不能认定规划制定者比其他人更细致。也许用“有序”这个词更好，它意味着把需要考虑的事项列成一份检查清单，但是任何人都可以列清单。而“系统的”这样的描述意味着规划制定者知道正确的变量，并且能够将它们用合理的顺序放入清单，还可以明确它们之间的关系。因此，系统的本质含义是有条理的。也就是说，一系列变量之间的相互作用是已知的，并且输出结果可以基于变量输入的信息预测到……因此，将一个人描述为“系统的”，意味着认为这个人具有能分析因果关系的知识，而不管这是不是真的。
>
> 协调是我们这个时代的金科玉律之一。我一时也想不出它暗含着什么意义。政策应该协调一致，而不应各有各的政策。没有人希望自己的孩子是不协调的。世界上的许多弊病都可归咎于政府缺乏协调性。这意味着什么？政策应该是相互支持的，而不是相互矛盾的。人们共事的时候不应该有不

同的目标……协调意味着实现效率和可靠性、达成共识或强制接受。因此，虽然人人都说要实现协调，却并没有人指出是强制推行还是可以协商，以及关于效率和可靠性的明确要求。

一致性可以从纵向（从过去到未来的一系列时期）或横向（在某个时间点）来考虑。纵向一致性要求在一定时期内执行相同的政策，横向一致性要求在同一时期内与其他政策保持啮合……一边需要严格确保连续性，另一边需要灵活性以实现与其他政策的协调。强制和灵活难以同时实现。

所谓“理性的”……我们指的是有意的、有计划的或有目的性的。一些事情之所以会发生，原因在于人为。理性的行动是经过恰当的计算以达到理想状态的行动……所谓的理性标准……缺乏实际意义，因为它不能说明应该选择什么。

下面我们来探讨“重视实现目标的具体方法”的客观性。作为“职业枪手”，表面上规划人员是为了帮助管理者追寻他们认为对组织最有利的目标，但实际上规划人员只是为管理者提供了方法。正如马佐尼（Majone）所说，规划人员“更注重正确地做出决策，而不是做出正确的决策”。也就是说，他们注重的是过程。但是，如果过程会让结果有偏差，或者方法对结果有影响，会是怎样的情况？请看以下观点。瑞贝克写道：“经验表明，‘如果你不能把它写下来，就说明你还没有想清楚’。”他所表达的只是长期以来关于规划的一种信念，即正式化和清楚说明是有价值的。但经验从未证明过这一点。经验更没有证明，“如果你把它写下来，就表明你已经想清楚了”。关于这一点，只需要多阅读一些规划文献就能知晓，更何况还有众多的企业规划案例可以证明！

糟糕的是，事实上有些事情确实比其他事情更容易书写，例如数字就比感觉更容易书写。因此，系统规划更有利于这类容易书写的信息。后文会继续讨论这一重点内容，但在这里，我们只想引用威尔达夫斯基的话来指出，

"看似理性的程序（会）产生非理性的结果"。规划"为了方法的理性而牺牲了目标的理性"。

客观性的另一个问题在于，客观性的定义因人而异。有人曾经讽刺道，客观往往意味着将人视作物品。在本书的前几章，我们看到了规划中的计算如何阻碍人们对规划的投入。维克托·汤普森（Victor Thompson）将规划人员和其他分析人员称为"新泰勒派"，"对他们来说，人的动机不是问题，人的动机已经成为前提假设"。

这种偏见也有助于解释为什么常规的规划人员会如此怀疑直觉。直觉是很难用语言明确表达的，即无法正式地书写，所以不能被分解、编排和控制。直觉起效的过程是一个神秘的过程，隐藏在大脑的潜意识深处，会受到情感的影响。直觉是非正式理性的，但并不能因此而说它是非理性的。

规划过程中隐含的目标

规划人员可能会声称自己是在为达到管理层提出的目标而努力。但是他们的规划过程会对目标产生深远的影响。换句话说，规划过程中存在着一些隐含的目标，这些目标在一定程度上会对组织产生影响。规划制定者们喜欢所有对他们有利的目标。

如前文所述，规划倾向于应对组织中特定类型的变化，这里不是指规划过程难以应对的突发性变化，而是指渐进式的变化。突发性变化如果可以完全得到控制，则必须由高管来控制，否则在经营层面，当许多人共同行动时就会出现新的突发性变化。

就变革的节奏来说，从不进行变革的组织几乎不需要规划人员（至少在制定出第一个规划之后就不需要他们了），而偶尔进行变革的组织可能需要不定期地召集规划人员。因此，规划人员为了最大限度地发挥自己的影响力，并保持正常就业状态，自然会倾向于支持更加稳定的渐进式变化，最理想的情况是变化完全按照规划日程发生。

如果偏好稳定的渐进式变化，就会在工作中更加保守地制定目标，也就是保持目前的发展方向以避免重大风险。因此，希恩发现，相比而言，为规划投入更多的公司，其业绩的变化比投入少的公司更小（实际上整体增长率也更低）。他指出，这使“公司更有稳定性和安全性”。同样，汉默希麦在对通用电气的投资组合规划的研究中发现，“在以战略业务单元为重点的规划活动中，往往形成的是与实际相脱轨的建议，而不是大胆的商业创新”。

规划强调将目标明确为可量化的指标，从而进一步影响组织目标。这种量化对规划模型来说是必要的，在前期的目标设定阶段和在后期的预算编制阶段尤其如此[①]。常规的规划人员认为可量化的目标非常容易实现，并且在量化过程中不会有任何损失。

为了量化自己需要的目标，规划人员通常不会尝试让所有对组织行为有合理要求的人达成共识，而会进行所谓的“利益相关者分析”。很难看出这些利益相关者能否阐明自己的目标，更不用说他们能否就不同目标达成集体共识了。此外，规划人员是由高管而不是其他利益相关者雇用的。因此，为了量化目标，规划人员通常会求助于这些高管，假设这些高管会以某种方式将各方面的利益协调一致。当然，这种做法必然会促使组织中形成某种集权，不知不觉地将影响力集中在组织内部结构的最高层。

---

① 布儒瓦（Bourgeois）强调了经营目标在规划过程开始阶段的必要性，他所引述的内容来自计划学派的文献作者，包括阿克夫、安索夫、霍弗、申德尔、斯坦纳、安东尼、洛朗厄和范希尔。

对正式目标的预期不仅假设组织中各个价值维度都可以阐明，而且假设对它们的取舍也可以阐明。换句话说就是，假设所有目标可以在一个目标陈述中协调一致。威尔达夫斯基曾对公共部门这样描述道，这些目标“以某种方式存在于‘那里’”，而且正如我们在前文所引述的，每个目标“都贴上了光鲜亮丽的标签”。进一步的假设是，目标及子目标会在规划期间保持稳定，既不受外部条件变化的影响，也不受权力组织变更的影响。

在这些假设不成立的地方（最明显的地方是政府），以及包含大量业务的复杂的权力系统内，规划都遇到了最重大的失败。即使可能偶尔成功，也肯定更加艰难，因为这种成功通常意味着最高管理层的价值观主导了其他相关人员的价值观。要求高管层代表组织的广泛价值观听起来十分合理，但必须承认，这些人也有各自的关注点，例如他们可能更倾向于关注组织的发展而不是股东价值的最大化。因此，万·冈斯特恩认为，规划人员只会“接受现有的权力失衡”，或“再现或强化现有的权力结构”：

> 规划制定者不仅会修订既定的目标，也会参与目标设定，从而介入企业的政治活动。此外，规划制定者只会制定在政治上可行的规划，因此会支持一些人而反对其他人。

林德布洛姆毕生都在研究政府的政策制定，他发现目标阐述的过程都是人为的。他认为这源于经济概念中的效用职能或福利职能，对此他写道：“在政策分析中，分析人员没有理性地推导系统的根本原因，仅仅是实际上没有人能建立起这样的系统或职能。”林德布洛姆对此提出了多种原因，包括参与政策制定的“价值观的多样性”、这些价值观之间的冲突，以及“随着时间和经验而变化”的“价值观的不稳定性或流动性”。

当然，政府是最复杂的人类系统之一。即使是最简单的决策，即个体决策，也是十分复杂的。索尔博格（Soelberg）在一项关于 MBA 学生（这些学生刚从麻省理工学院斯隆管理学院毕业，还处于沉迷于分析技术的阶段）

如何选择第一份工作的研究中发现：

> 数量效用理论（scalar utility theory）并不能很好地描述人类价值观的结构。决策的价值观属性通常是多维的；在选择过程中，各维度的价值观不可相互比较或相互替代。在决策者选出首选方案之前，无法计算出可靠、稳定的效用权重数值，而在每个人的决策过程中，似乎也没有出现过这样的权重计算。

如果个人决策都不能做到这一点，那么由个人构成的组织又如何能做到呢？

西尔特（Cyert）和马奇就组织如何协调不同的目标（如短期利润和长期利润、增长和风险等方面的目标）提出了建议。他们称之为“对目标的连续性关注”。在某段时间内（或者某个决策过程中），不同的目标侧重不同，因此在较长时间内（不是在某一段时间内），不同的目标之间可以维持大致的平衡。但这样的方法不适用于常规的规划，因为这种规划需要行动一致。

在我们看来，远比由谁来阐述目标或如何阐述更严重的问题是，阐述过程会产生严重的系统性偏见。如前所述，规划关注的是方法，而不是结果。但规划偏爱清晰阐明的方法，最理想的是量化方法。有些目标适用于这些方法，但有些目标却不适用。因此，规划会偏爱前者。马什等人在资本预算研究中发现，“通常，难以量化的成本和收益被排除在财务分析之外”。

埃克曼和其他人也证明，至少在公司中，最容易量化的是经济目标，尤其是短期经济目标，如直接利润和销售额增长。至于其他目标，如更长期的目标和某些社会目标，如产品质量和员工敬业度，可能会持续地促进利润，却不容易量化。因此，支持规划的组织可能会更关注短期经济效益，但这不仅会阻碍社会目标，并且具有讽刺意味的是，还会阻碍长期经济效益[①]。

企业这样做的后果，可能是更倾向于采用成本领先战略，即强调可衡量的内部经营效率，而不愿采用产品领先战略，即不愿重视产品的创新设计或更高质量的产品，因为这些往往难以测量。企业还可能会忽略那些迎合除股东以外的外部利益相关者的战略，因为外部利益相关者的需求通常不太容易表述为定量目标。整体来看，这可能会使战略简化到只包含最基本的要素，而无法全面、细致地洞察组织应有的活动。计划学派的支持者、著名规划期刊《长期规划》杂志的编辑泰勒写道：

> 至少在这一点上，正式的规划系统过分强调管理的某些方面，如经济和定量方面，同时会低估或忽略其他的考虑因素。例如，战略的社会政治性、企业家精神和创造性等方面。另外，在正式规划中，战略常常被简化为资源分配的游戏，而不是关于企业特征及其未来的对话。

至此，我们发现规划中可能存在各种系统性偏见：认为规划过程本身就是目标（“重要的是过程”）以及它所代表的理性形式是狭隘的；脱离了直觉、创新性和人们所谓的其他维度；倾向于稳定的渐进式变化而不是阶段性的突发性变化，因此在一定程度上避免了风险和冒进；倾向于组织集权和既得利益，而忽视组织中那些非正式的经济利益相关者的需求；倾向于发展短期经济目标，而忽略与质量、创新、社会需求甚至长期经济效益相关的长期目标；倾向于采用更简单、更贫乏的战略形式。

---

① 海斯认为，短期经济目标并不能促使企业拥有“真正可持续的竞争优势”，发展这样的优势是需要时间的。“可以在 5 年内实现的目标通常不是太容易实现，就是基于买卖交易达到的。然而，企业可以购买或销售的东西，其竞争对手可能也同样可以购买或销售”。

规划中的政治

“适宜规划的氛围”陷阱不可避免地将政治行为视为不利于规划的因素。这种观点认为，规划是客观的和全面的，因此，主观且狭隘的政治活动对这样的规划是有害的。例如，威尔达夫斯基对此评论道：“麦基恩（Mckean）和安申（Anshen）用‘压力和权宜之计的调整’来描述政治活动，‘杂乱无章的行为……对需要有效决策设计的规划分析毫无反应’。从政治结构来看，他们只期待‘阻力和反对’……”

但是，当我们思考规划的一些实际效果时，例如，以变革的名义维持稳定性、以灵活性的名义强化现有系统和以投入的名义搞分裂等，可能会开始怀疑规划本身会不会借着和谐的名义引发冲突。因此，在这里，我们希望把陷阱进行一些调整，表明规划在某些方面具有客观性，但在其他方面可能是主观且狭隘的，从而助长了那些不利于规划实践的氛围或环境。

众所周知，在具体环境中通常比在普遍原则下更容易解决问题。例如，让销售部门和生产部门的管理人员在销量最大化比成本最小化更重要这件事上达成一致，恐怕是不可能的。但是这些人每天很容易就具体产品的销售和成本指标达成一致（也许是通过西尔特和马奇提出的“顺序性关注”方法，交替关注各自的目标）。这一点在西方政治舞台上表现得更加突出：不同党派可能永远不会在“应该努力刺激经济还是应该努力改善社会福利项目”的观点上达成一致，但他们总是会在这些问题上做出暂时的妥协。

规划会迫使管理者在抽象意义上权衡各个目标，而不会让他们在具体情景中做出选择，规划“会促使不同的参与者感知到自己和他人在观点上的差异，从而强化组织中的冲突”。例如，规划会让“许多当前被压抑的冲突”暴露出来。换句话说，规划过程中的目标设定行为会导致管理者之间的政治行为增多。

也许正因如此，布儒瓦在一项对 12 家公司的研究中发现，作为绩效的影响因素，在战略上达成一致比在目标上达成一致“重要得多”。具体而言，迄今为止，管理人员就战略达成一致，但未就目标达成一致时，公司业绩最好，而那些与此相反（就目标达成一致，而未就战略达成一致）的公司业绩则是负的！[①] 这似乎意味着，旅程比目的地更重要：组织最好就如何旅行达成一致，而不用管最终会到达什么地方，这样就可以团结起所有人。

规划实践还有一些更直接的方式可以在组织中引发政治行为，正如我们在讨论中已经看到的一些方面：当规划人员无视高管的直觉时，当规划人员把他们的集权系统与中层管理人员的决策职责对立起来时，当规划人员充当高管的看门狗时，组织内就很可能会产生冲突。请再次回想一下通用电气首席执行官罗斯柴尔德（Rothschild）的评论——“我们会告诉首席执行官什么时候应该将一个管理者排除在外”，通用家电集团负责人对此类规划人员的回应，以及萨里辛研究中法国公司高管层如何将规划作为一种政治工具以剥夺较低层级管理者的权力。实际上，第一个陷阱过分强调需要高管层的支持，这也可以解释为高管层为了让那些可能抗拒规划的低层级管理人员屈从于自己的权力，而使用的一种政治手段。还记得安索夫的批评意见吗？“如果管理者不愿意制定规划，就用老板来威吓他们，并告诉他们老板会不高兴，老板喜欢规划。”

阿莱尔和菲西罗托指出，“规划的过程可能会变成规划人员和部门经理之间的一场猫鼠游戏”。问题的部分原因在于“规划很容易变为由规划人员驱动的模式”：

---

① 无论是就目标达成一致，还是就战略达成一致，都与中等业绩水平有关。格林尔和诺博尔在 1977—1978 年的研究中验证了这一点。当然，在这些相关研究中仍然存在着因果关系推定的问题。正如布儒瓦本人所指出的那样，糟糕的绩效可能会导致管理人员在哪些战略可以使组织恢复活力方面存在分歧。同时，可能所有人都会就扭转局面的目标达成一致。

> “规划人员”接近且更容易接触到权力的源头，他们了解公司战略信息，在规划和分析游戏中有认知优势，因此拥有许多机会，能够扮演或被视为代表首席执行官的角色。有些部门经理会讨好规划人员，听从他们的判断；还有些部门经理可能会拉拢规划人员，亲自管理那些对自己重要且与自己相关的数字和过程。这种权力和权威的滋味让许多规划人员沉迷……

实际上，规划意味着控制，至少是对决策制定和决策的相关过程的控制。但更常见的是，它控制不了实际决策本身的时候，就会控制制定决策的前提依据。现在，如果可以通过经验证明，规划优于其他制定决策和战略的方法，那么规划制定者就可以运用逻辑论证方法从部门经理手中夺取控制权。但是，正如我们所看到的，由于没有这样的系统性证明，所以规划制定者的某些观点不是纯粹的信念，就是纯粹的政治性观点。我们已经看到了许多这样的例子，如武断地宣扬规划的优越性，摒弃直觉，将客观性作为对抗那些抵制规划的人的工具。

瑞贝克的评论无论多么礼貌，都指明了这一点。“如果通常的管理风格是总在最后一分钟做出决策，凭直觉仓促得出结论，那么规划是不适用的。只有当管理部门使用完善的分析方法时，采用规划才会自然产生想要的结果”。有人过去对此类评述的回应如下：“你想要这种美味的精瘦肉，还是那种厚厚的肥膘？”查克拉博蒂（Chakraborty）和加布里埃尔（Gabriel）在《规划评论》杂志中毫不客气地说道：那些“跳到简单、幼稚的解决方案”的管理人员，“通常会采取阻力最小的方式来粉饰自己”，他们“总是很忙碌”，所有这些行为都是为了避免“暴露直觉上不一致”的规划过程。

京极也指出，战略制定“不能再任由那些模糊的、无序的或自我控制的过程的偶然结果所左右”。规划制定者则指责管理人员挑起了政治冲突！

当分析和直觉之间划出战线时，由于双方都处于不稳定的状态，政治冲突将不可避免地发生。没有什么合理的观点能够驳斥或支持直觉，因为直觉并不符合常规逻辑。直觉是潜意识的过程，除了它的某些特征（例如它有时可以迅速促成答案）之外，没有人能够真正理解它。因此，将直觉视为一个非理性的过程加以驳斥，本来就是不合理的，而将它作为优于正式逻辑的过程显然也不合理。

分析和直觉都有各自的优势和劣势，当两者无法在组织中形成一种自然的平衡时，它们的支持者就会被卷入政治斗争中，因为每一方都会借助权力来宣扬自己的优势。那些偏爱直觉的人通常依赖更权威的力量，那些偏爱规划的人则倾向于依靠理性的手段。“通用电气家电集团的经营管理者和战略规划人员之间的关系从一开始就是相互对立的”。事实上，这是一场古老的战斗，至少可以追溯到一个世纪前泰勒所研究的工厂中，后来才有人发现这些冲突主要存在于高管之间：

> 当有些入口走不通的时候，科学管理者们就会寻找其他入口。这是一场不同于以往的战争：没有岗哨、没有齿轮，也没有头破血流。有些人在“规划制定者”的头衔下获得了新的地位。他们使用的工具基本相同，但现在他们的权力更大，风险也更高。

政治对规划的影响

最后，关于规划与政治还有一点需要说明。规划可以引发它认为对自己不利的氛围或环境，但有时不利于规划的政治氛围反而被证明有利于组织的有效性。换句话说，政治在组织中也可以发挥正面效用（但也不乏负面效应），有时它的正面效用甚至超过了对规划的阻碍作用。

正如我们在前文所论证的那样，组织中的政治体系能够促进那些必要却受到正统体系限制的战略变化。当然，首要的正统体系是正式的权力体系。这个体系的主要缺陷在于，由于权力过于集中在某一级别上，所以组织中的观点往往视角单一，并且通常以高层青睐的观点为主。换句话说，位于组织层级顶端的人，即首席执行官，可以在有意无意间阻碍必要的战略变革。正如我们所看到的，规划依赖这种权力体系。一方面，规划的目标是由这个体系确立的；另一方面，规划过程需要从这个体系中获得支持。因此，规划（尽管有时不情愿地）会服从组织权力体系最高层的意见，进而会强化单一且集权的组织权力结构。

战略重新定位就是观念的重大转变，这本质上是一种剧变，通常需要倡导一种新的观点，挑战既定的假设，包括既定的战略和结构分类。因此，这种战略重新定位往往需要在正式规划流程和权力渠道之外进行。有些必要的战略重新定位活动有时会被打上政治的标签，这些活动在技术上而言是不合规的，更准确地说是不正统的，这意味着不受正式认可。这种不合规的方法是一种政治手段，它的作用是挑战那些抵制组织必要变革的权威，并将以前被视为不合规的目的转变为合规的。

一个典型示例就是，当前的管理人员对市场的变化视而不见，从而受到“年轻领袖”的政治挑战。例如，年轻领袖可能会越过首席执行官，直接将报告交给董事会或广大公众来讨论。或者，他们还可能会自作主张，用秘密（且突然）的方式改变组织的战略。事实上，令人惊讶的是，大型组织中大多数重大战略变化都是由政治活动引发的。我们的结论是：同直觉一样，政治活动也可以促进变革，并且在某些情况下甚至比正式规划更合适。当然，规划人员往往可以作为年轻领袖，但这并不是因为他们掌握着正式程序。我们将在第 6 章继续讨论这些“非常规的”（或“非传统的”）规划制定者。

综上所述，我们并不是说应该取消规划，转而支持政治活动。我们只是想表明，人们既忽略了规划的政治影响，又忽略了政治活动的积极影响。

规划与控制

前文提到了规划对控制的兴趣。在这里，在结束对规划陷阱的讨论后，我们希望对这一点进行进一步的讨论，进而集中了解前文讨论过的规划特征。

对控制的痴迷

萧伯纳（Bernard Shaw）曾说，想入地狱就随波逐流，想入天堂就要自己掌舵。这句话可能正是传统规划制定者的座右铭。

也许规划文献中最明确的主题就是规划对控制的痴迷：对决策和战略、现在和未来、思想和行动、一般员工和管理人员、市场和客户的控制。因此，德洛尔（引用弗里德曼的话）写道，"规划是人们在社会中通过理性力量掌控自我、打造集体未来的一种活动"①。

最能说明这一点的也许是美国国际电话电报公司（AT&T）的一位规划主管的评论，他问自己，"如果公司规划如此重要"，为什么它"没有出现在《圣经》中呢"。他得出的结论是，"好规划的构成要素"确实存在于《圣经》中，因为摩西"非常熟悉环境，因此可以轻松预测并在需要的时候改变环境"。难怪曼弗雷德·凯茨·德弗里斯（Manfred Kets de Vries）和米勒在对"神经元组织"的分析中提到，他们所谓的"强迫症公司"特征是拥有"实

① 耶利内克认为泰勒是真正的"规划之父"，沃西则写道：泰勒的个性从他的作品中非常清晰地显现出来。他对控制周围环境的痴迷表现在他所做的每一件事上：家庭生活、园艺技能和高尔夫球运动。甚至他在午后散步也不是一件随意的事情，而需要仔细规划并严格执行。在泰勒的生活中，如果能够避免发生偶然事件，他就不会给突发事件任何机会。他的每项私人活动都是经过仔细思考的，他考虑到了种种突发情况，并采取了预防措施。但仍然会发生打乱他规划的事情，因此他就会极度痛苦，这种痛苦有时表现为震怒，有时则表现为抑郁。

质的规划部门”，以此来确保“每一步都是经过精心规划的”。

对控制的痴迷似乎通常反映了对不确定性的恐惧。当然，在这一点上，规划人员与其他人并没有本质不同①。我们都在某种程度上害怕不确定性，避免失控和意外的一种方法就是试图控制任何意外。当然，这意味着涵盖一切行为和事件，而一些规划制定者确实想要达到这种程度。从某种意义上来说，减少不确定性正是（或至少在慢慢成为）他们的工作内容。因此，韦斯特·丘奇曼（West Churchman）指出，“规划狂热者”在被问及制定规划的原因时指出，“绝对需要为所有突发事件做好准备”，“要将意外最小化，因为对规划制定者来说，意外是一种不令人满意的事态”，等等。或者引用（我们经常引用的）威尔达夫斯基更强有力的说法就是：

> 规划，是人类按照自己的想象对未来的设计所做的努力。人们害怕一旦失去对自己命运的控制，就会陷入恐惧的深渊。孤独、恐惧的人类受到陌生且难以预测的力量的摆布，因此通过挑战命运来寻求一切可能的慰藉。在命运的洪流中高喊自己的规划。即便听到的只有自己的回声，也会让人觉得不再孤单。放弃对规划的信仰，反而会释放出人们深藏在内心的恐惧。

正如前文所讨论的那样，对控制的痴迷会引起许多行为。比如排斥风险，这意味着不愿考虑真正的创造性想法和突发性变化，这两者的影响都是不可预测的，因此都超出了正式规划的范畴。再比如与规划对象的冲突，因为规划对象不希望失去控制权。规划制定者可能认为他们的规划程序只是为

---

① 根据沃西对泰勒的分析可知，从泰勒的著作和生平传记中，人们对他的印象是一个刻板、缺乏安全感的人。他极度害怕未知和不可预见的事情，会提防任何可能打乱他谨慎制定的规划的事情，并且只有在所有可能性都被考虑到，每件事都按部就班地进行时，他才能冷静、理性地面对世界。

决策制定工作增加了秩序和理性（实际上是协调）。但正如沃西所说，协调就是控制：

> 人们痴迷于控制的原因在于，这些人无论是在日常工作中还是在经济过程中，都无法欣赏或发现自主性的价值。他们需要规划。由此才产生了将人类组织当成一台机器的理念。机器是没有独立意志的。它们的各个组成部分也没有独立行动的动力。它们没有思想、方向，甚至是目的，必须由外部或上级发出指令。

“小鸡，我们的时代是动荡的”

对控制的痴迷也可能导致一些奇怪的行为，其中最怪异的就是规划对所谓的环境“动荡”的态度。长期以来，规划文献一直对这种动荡现象大惊小怪。几乎可以说，这个领域的所有作者都在某些时候或多或少地夸大过这个概念。通用电气首席规划师艾伦写道：“1970 年，通用电气启动战略规划过程时，善变的时代才刚刚开始。”20 世纪 80 年代中期，两位咨询顾问在文章中提到了“当今动荡的商业环境”。到了 80 年代末，一位学者在介绍自己关于规划的著作时评论道，公共部门和非营利组织所处的环境“动荡不安”。当然，“动荡”这个概念的流行，正是由于托福勒（Toffler）在 1970 年出版的著作《未来的冲击》（*Future Shock*）和安索夫在 70 年代到 80 年代间的大量著作。但这个概念源于 60 年代的两篇文章，一篇是埃默里（Emery）和特里斯特（Trist）于 1965 年发表的文章，另一篇是特雷伯里（Terreberry）于 1968 年发表的文章。

一次性读完几十年来的文献可能会让人产生这样的印象：规划的世界一直是动荡不安的。那么，问题随之出现：我们如何才能在如此频繁的动荡中幸存下来？回顾这些文献，能够找到的答案却只有一个。大多数计划学派的学者都倾向于将自己的时代描述为动荡的时代，同时倾向于将前一个时代视为稳定的时代（但前一代学者认为自己所处的时代是动荡的）。弗里曼在1984年谈到正在“经历动荡”的商业和服务组织时写道，“‘过去的美好时光’已经一去不复返了”。勒夫（Leff）在同一年写道，“时代已经变了”。舍恩（Schon）和纳特在1974年对“美国公共规划中的一致性和动荡”进行了跟踪调研，研究结果表明，“动荡”从一致性消失的1963年就开始了，一直持续到他们发表研究成果的时候。具有讽刺意味的是，当时美国正遭受能源危机的冲击。那么，他们又会怎样描述接下来的几年呢?

为什么当前的时代总是如此动荡不安呢?在20世纪60年代，由于稳定的50年代已经过去，所以组织需要规划；到了70年代，人们又说与当下相比60年代有多么稳定；到了80年代，又有学者说波士顿矩阵等技术只适用于70年代，因为80年代已经与70年代不一样了，而后者是稳定的。

安索夫也是拥有这种观点的学者之一。对于“动荡的新情况”，他写道：“如今，即1977年，这个问题与10年前，也就是我的第一本（关于战略问题的）书出版时的情况有很大不同。”但他在第一本书中声称，战略变化“如此迅速，以至于公司必须不断地对产品－市场环境进行调查，以寻找新的投资机会”，并将“高度动态性”的行业与“过去相对稳定的其他行业”进行对比。

当然，关于这个问题，可以找到一种合理的解释，安索夫也认识到了这一点。“在整个20世纪，大多数行业的动荡程度都在逐渐升级”。换句话说，变化曲线呈现指数级增长（这种情况可能类似于舍恩和纳特所说的“局部动荡”）。但是话又说回来，如果这个说法是真的，那条曲线的一阶微分将是一条直线；如果不是，那也是一条指数平滑的曲线吧?这意味着动荡将变成稳定、规则的正常状态。“万变不离其宗”，我们引用《科学美国人》的一段话：

> 在过去的半个世纪里，随着汽车的发明、对日常生活的舒适感更加关注等，没有什么比人类物质文明的发展和发明

创造上所取得的进步更加引人注目了。毫不夸张地说，在这50年里，人类在这些方面比以往任何时候所做的都更多，我们的发明创造更丰富，取得的成就更伟大。

事实上，关于不断加剧的动荡或局部动荡的观点，与所有关于当前时期的动荡的说法一样愚蠢。托福勒在20世纪60年代撰写《未来的冲击》时，特雷伯雷、埃默里和特里斯特也发表了关于动荡的文章。同一时期，预测专家马克利达基斯评论道："毫不夸张地说，60年代是西方工业化国家历史上最稳定的时期。"他还指出，美国经历了"自有历史记录以来，所有国家中最长的连续增长期——105个月"。

可以试试去向那些经历过30年代大萧条的人，或是经历过帕斯尚尔战役的士兵讲述60年代或70年代关于动荡的故事，当时油价暴涨造成了一定程度上的破坏。在这方面最令人震惊的观点可能来自卡茨（Katz）和卡恩（Kahn）的评论："在动荡成为许多环境方面的特征之前，组织也会不断面临新的问题，例如由战争或经济衰退造成的问题。"1986年，当托福勒在规划论坛会议上谈到"第三波规划浪潮"的特点是"快速、戏剧性，以及频繁、不定期的不稳定"时[①]，我们想知道，自他的论文发表以来的这16年间，每个人是如何应对这些动荡情况的？特别是1984年突然出现的"超级动荡"[至少在麦凯恩（McCann）和希尔斯基（Selsky）的一篇文章中是这么描述的]。在这样的动荡之中，托福勒究竟是如何飞往蒙特利尔参加会议的？麦凯恩和希尔斯基又是如何发表文章的？

事实上，很少有人清楚人生中真正的动荡是什么（以及这意味着什么）。毕竟，在1973年油价上涨后的每一天，规划制定者都过着相似的生活，他们在相似的时间起床，坐上他们开了半个世纪的相似的四驱汽车（偶尔需要排队加油），打开收音机，收听相似的电台，在相似的地方上班。当然，除

① 摘自1986年5月5日蒙特利尔规划论坛会议的一页讲义。

非管理人员认为规划在这种“动荡”的环境下不如其他措施有效，否则不会开除这些规划制定者。

事实上，“环境”会因部门和时间不同而有所不同。一些组织可能偶尔会经历严重的动荡，其他许多组织的环境则相对稳定。哈佛商学院上一次改变其战略愿景是什么时候？事实上，与已经出版了几十年甚至几个世纪的书的作者一样，托福勒本人几十年来一直在研究同一个主题，并在 20 世纪 70 年出版了关于未来冲击的书。安索夫在 70 年代过着舒适的生活，几乎没有受到动荡的干扰。

因此，认为组织处于动荡的背景之下，尤其是声称自“二战”以来经历的任何时期都是动荡而混乱不堪的观点，都是荒谬的。如果真是如此，那么所有的组织活动都会受到破坏，官僚体系也会瓦解，所有战略（无论是不是给组织带来稳定性的战略）都会变得毫无用处。说某个环境永远处于动荡之中，就像说它可以永远稳定一样愚蠢。环境总是不断地在某些方面发生变化，而在其他一些方面保持稳定。环境很少一次性完全改变，也不太会持续地发生改变，无论如何，那些经历过动荡的人很少能对环境的变化程度做出最佳判断。

更重要的是，当环境相对稳定时，规划通常会获得最大的支持。规划过程最初在 60 年代开始流行，马克利达基斯将这个时期描述为经济稳定增长的几年。当情况发生不可预测的变化时（尤其是在 70 年代能源价格上涨之后），经济开始衰退。但这一现象并不奇怪，它与本章中得出的结论是一致的：**规划在维持现状，或在现有战略方向上应对渐进的变化时，效果最佳；而在应对组织中不稳定、不可预测的情况或剧变时，效果可能不太理想。**因此，当环境变得不可预测（由于“相关不确定性”的“整体增长”，埃默里和特里斯特用这个词来形容他们所谓的“动荡领域”）时，规划部门往往是第一个离开的。

如果动荡根本是规划无法解决的问题，那为什么计划学派还对此大费口舌呢？我们尝试对此做出解释。一种可能是计划学派认为规划可以应对动荡，或者至少可以说服管理层相信它能够应付。这样一来，当环境变得“动荡”时，“规划”就成为应对动荡的手段。这是一个比较令人信服的观点。因为如果就像《小鸡快跑》（*Chicken Run*）中警告的那样，天真的要塌了，最好有人做点什么。还有谁比规划制定者更合适做点什么呢？

在有限的意义上来说，这个观点可能是正确的。如果一个行业中的所有公司都接受这个方式，从而努力制定规划，那么所有的战略都会是稳定的，没有人会遇到任何令人讨厌的意外。由于规划，“动荡”将神奇地消失。事实上，这正是加尔布雷思的“新工业国家”的基本观点，即巨型寡头垄断企业通过规划控制市场（以及彼此相互控制）。曾有一段时间，这些观点似乎在某些情况下发挥了惊人的有效作用，如在美国汽车行业。但只要出现了不遵守游戏规则的竞争对手，这个作用可能就会失效。有一些人不遵从这个规则，如那些更喜欢快速响应而不是稳定规划的人，从汽车行业和其他行业的经历中，我们完全能够知道发生了什么。规划的魔力消失了，“小鸡”又开始发愁了。

我们尝试对所有这些关于动荡的观点做出另一种解释，这个解释可能更具讽刺意味。我们将自己所处的时代描述为“动荡的”只是为了粉饰自己。正如人们所说，我们生活在动荡的时代，或者至少我们愿意认为自己生活在动荡的时代（因为这让我们感觉自己很重要）。这让人想起，人们在对历史时期进行划分时，总是将自己所处的时代单独划分（例如，将 20 世纪 90 年代的全面质量管理运动与恐龙时代和大明王朝相提并论）。**换句话说，我们真正面临的，并不是动荡的时代，而是过度膨胀的自我。**

然而，归根结底，人们虽然确实相信上述解释，但更愿意采纳第三种解释，但它与第一种解释正相反：规划如此喜欢稳定性，如此痴迷控制一切，以至于任何扰动都会引发恐慌和对动荡的预感。因此，当美国工业面临来自国外的一些激烈竞争时（就像小鸡被橡子击中头部一样），很可能是由于多年来集体埋头于“理性”规划的沙子中，因此，这种时候他们就像小鸡一样到处乱跑，哭喊着：“天下大乱了！天下大乱了！”

那么“动荡”是什么呢？不过是规划无法应对的变化，即超出了程序理解范围的情况[①]。动荡是指，对那些精心设计的规划造成严重破坏。规划无法以正式的手段预测世界上越来越多的“不连续性”（第 5 章开篇将探讨这方面的内容）。造成不连续性的根源是什么？不是什么恶灵，而是其他组织，是其他组织的控制。感谢你自己吧，不用感谢战略规划。例如，发生在美国的动荡对日本而言就是机会。

因此，人们可能会得出这样的结论：西方的规划制定者被 20 世纪 60 年代的富足条件宠坏了，那时计划学派才刚刚起步。每当中东的酋长们提高一次石油价格，或日本企业以更低的价格推出更好的产品时，美国的规划制定者们就会四处奔走，大喊“天下大乱了”。然而，可笑的是，尽管经历动荡的是规划，最终却是环境被贴上了动荡的标签！也就是说，在其他人的世界正常运转时，规划制定者却觉得天真的要塌了，真是“小鸡快跑”！

战略愿景和战略学习

我们已经在多处提到了除正式规划以外的战略制定方法。在本书的开头，我们概述了 9 个关于战略形成的思想流派。此处特别关注两个学派，一个称为企业家学派，另一个是学习学派，前者只需要一个具有创造性的战略家，后者则需要许多具有综合素质的参与者进行大量实践。

在我们看来，任何组织都可以并且必须协同采用战略规划、战略愿景和

① “动荡，是由于（个人或集体）认识到缺乏解决问题的明确、稳定的路线，无法对解决方案提出指导性意见而产生的。”

战略学习三种过程，从而取得成效，但如果过分强调战略规划（也就是认为正式规划是促成战略的唯一过程），往往就会将另外两种过程排挤出局。随着愿景法的出局，愿景本身也会消失。于是，广阔的、综合的战略远见，就降级为狭隘的、支离破碎的战略定位。

愿景法是面对所有不确定性的一种更灵活的方法。愿景设定了战略的大致轮廓，但没有限定具体细节。换句话说，愿景是精心构建的，而具体的定位是自发形成的。因此，当意外发生时，如果愿景的框架足够强健，组织就能适应意外——因为组织可以学习，因此很容易适应某些变化。一旦出现连愿景都无法应对的变化，组织可能就不得不转而采用纯粹的学习方法，即通过尝试来捕捉一些基本信息，并根据这些信息采取一致行动。相比之下，正如前所述，如果有了明确的规划，适应和调整就会变得更加困难。

因此，那些严重依赖规划的组织眼中的动荡情况，对那些更喜欢愿景法或学习法的组织来说可能是正常的，甚至是受欢迎的。更大胆地说，如果没有愿景，只有正式规划，那么每一次令人意想不到的环境变化都会让人感到天要塌了。我们可以从中得到适当的教训：日本人之所以能给美国企业带来这么大“动荡”，在很大程度上是因为日本人是非正式的战略学习者，而不是正式的战略规划者[①]。

控制的错觉

在《小王子》一书中，国王声称他有权命令日出或日落，但仅限于一天中的特定时间。规划的力量是否与此类似？对控制的痴迷是否仅仅反映了一种控制的错觉呢？

① 这并不意味着日本人不是优秀的规划制定者。关于日本倾向于战略学习而不是战略规划的一些非正式证据，来自我对关于战略制定的大量文献的收集、整理，其中几乎包含学习学派的一位日本学者的所有文章！

对控制的痴迷具有讽刺意味的一面是，规划需要通过集体成果体现自己，而不是通过个体成果体现自己。换句话说，规划者更喜欢通过组织的集体意志获得控制权，而不是通过个人努力（就像企业家那样）获得控制权。（因此，科克将规划称为“集体意志”：人们“希望自己能够塑造自己的命运……但他们也想避免达尔文主义下个体竞争的后果”。）在塑造命运时，人们不希望通过组织的实际行动来实现，而希望借由抽象的组织规划和目标陈述来实现。这是一种控制的错觉吗？

在一份题为《预测和规划：评估》（Forecasting and Planning: An Evalaution）的论文中，霍格思（Hogarth）和马克利达基斯发现“（预测和规划）的发展和关于‘控制的错觉’的正式心理试验极其相似”。例如：

> 洛朗厄记录道，即使是在靠运气做决定的情况下（例如买彩票），观察以前的“成功”案例也可以使人们相信自己能在一定程度上掌控结果。同样，如果让人们在结果出现之前就对结果进行感知（例如选择彩票号码），人们就会倾向于认为自己对结果拥有了一些控制权。这些发现完全体现了掌握和控制环境的需求。

学者们在20世纪60年代规划的成就中发现了控制的错觉：当事情进展顺利，并且有大量正式规划时，就倾向于认为一定是规划的功劳。“……人们倾向于将成功归因于自己的努力，而将失败归因于外部因素”，事实上，这正是规划的传统“陷阱”。

金普尔（Gimpl）和戴金（Dakin）在《管理与魔法》一文中深入阐述了这一问题，并给出了更加合理的结论。“专业的预测和规划人员就像是魔法师，他们在缺乏合理的方法时，为决策提供了基础。”这些技术与我们现在觉得可笑的“古代技术”没什么两样，例如剥出动物的内脏以获取神谕，或水晶球占卜等。这种说法未免有些夸张，但看看在预测领域地位崇高的美国经济评议会成员（经济研究副主席）的观点，就知道这种说法有一定道理，他说："一直以来，预测人员的预测都是错的。但错误的预测总比没有好。"麦金利（McGinley）提到，规划"需要预测，无论是准备美国政府的预算还是民间协会的预算，都需要某种预测"。

这是为什么呢？也许与魔法仪式拥有同样的原因。正如金普尔和戴金所讨论的，仪式化的预测可能会鼓励必要的随机行动。

> 摩尔讲述了拉布拉多印第安人使用驯鹿骨头的故事。当狩猎成果不好、食物短缺时，拉布拉多印第安人会寻求神谕来确定狩猎的方向。他们将驯鹿的肩胛骨放在火热的炭火上，由热量引起的骨裂被解释为神谕指示的地图。神谕指示的方向基本是随机的。摩尔指出，这其实是一种非常有效的方法，因为如果拉布拉多印第安人不使用"随机数生成器"，他们就会被先前的经验所影响，而在某些地区过度狩猎。此外，任何有规律的狩猎模式都会让动物有机会发展出躲避技术。通过将狩猎模式随机化，拉布拉多印第安人狩得猎物的机会反而增多了。

与此类似，当公司规划也采用随机模式时，也可以愚弄竞争对手，这也许就是战略管理领域所说的"传递信号"。然而，当人们意识到大部分商业预测基于对现状的推断（稍后将进行讨论），也就是基于平稳的既定趋势，而不是基于随机的不确定趋势时，这一观点可能就会毫无意义。

金普尔和戴金还提出了这类规划的另一个原因（可能更接近那位副主席的想法）：规划有助于"增强信心"、"减少焦虑"及肯定管理行动，使"管理团队……更有凝聚力"。"当人们感到失控时，就会倾向于停止活动"；而当人们产生控制的错觉时，就会采取行动。用霍夫斯泰德（Hofstede）的话来说就是，规划系统"可以让管理者们睡得更安稳，即使它没有真正发挥作用也是如此”。同样，胡夫（Huff）将“理性模型”的流行归因于“简化的结构能使多元化的世界更容易理解”带来的诱惑。

这可能有助于解释大型组织中的一些规划活动，尤其是那些采用高度分权制的组织，它们有时似乎对如何管理自己没有思路。规划的代价是什么？金普尔和戴金警告说：“不要指望规划是准确的。”当规划不准确时又会发生什么事呢？

规划可以促成行动，但也可能阻碍行动：投入大量精力在纸上构思未来（或只是玩弄数字游戏），将本该投入行动的人力大量地投入在规划上，以致没有采取必要的行动（流行的相关短语是“分析瘫痪”）。然后，只是假设能解决问题，但并非已经实施了可行的解决方案，而仅仅是已经系统性分析过这些问题。换句话说，把问题写在纸上，就是掌控了问题。“……实际如何并不重要……只要用其他人力和财力来解决问题，问题就从考虑范围内消失了［斯莱特（Slater）称之为如厕假设］。”因此，我们对“重要的是过程”这一说法有了一个可能的解释（引用威尔达夫斯基的话）：“由于只能在纸上创造理想的未来，所以（人们）将自己的忠诚转移到了规划上。由于终点遥不可及，所以就将旅程神化。因此，规划过程变得神圣。”由此，规划过程变成了目的，而“大量的规划活动的目的都是让世界变得更适应规划”。

规划同样可以服务于组织外部的影响人士，他们对控制有着同样的痴迷和错觉。如果只是组织接受正式规划，那么事情还是好办的。然而政府通常也是如此，它们将规划过程推广至各级政府机构，以及其他公立组织（如学校和医疗机构）。除了能够按时提交规划，让规划人员和政府的技术人员感到满意以外，什么效果也没有。但这样的问题并不局限于公共部门。企业周围的各类影响人士，如股东、银行、股市分析师、董事，甚至是某些高管，都会规定管理者必须参与正式规划，以此减轻自己对缺乏知识的焦虑。在他们看来，只要管理者开展程序化的规划过程，企业就能得到妥当的管理。希金斯和迪芬巴赫（Diffenbach）写道：

> 证券分析师表示，他们很看重公司的战略规划，包括战略规划的合理性以及战略规划体系的合理性……如果调查反映出可靠的指标，就可以得出结论：证券分析师认为公司战略不仅对股票评级很重要，而且比公司的季度报表更重要。

我们在对斯坦博格连锁超市的研究中看到了这种行为。当公司初次进入资本市场时不得不发布长期规划。正如我们之前提到的，公司的创始总裁不可能这样说："听着，我是斯坦博格，我们做得非常好，所以请给我 500 万美元。"这样是不行的，他必须为获得融资发布一份计划，以表明他会系统地进行管理，即使公司迄今为止的成功都是通过企业家式管理取得的，而且几乎没有任何规划！[①] 就这样，之后在董事会会议、年度报告、媒体公告，以及与金融公司、政府监管机构的交涉中，都需要不断地制定规划。没有规划，就无法获得支持。

事实上，外部影响者与具体的组织运营的距离越远，他们似乎就越相信规划将提供必要但难以捉摸的控制。当然，在这一点上，他们与那些远离生产和销售一线的巨型企业的高管层并没有什么不同，他们都相信规划会以某种方式促成自己无法制定出的战略。这种信念可能只是幻觉，但它为许多行为提供了驱动力，从而让规划扮演了一个特殊的角色。

规划对公共关系的作用

并不是所有人都相信规划过程本身的价值，但有影响力的外部人士相信，于是一些组织就将规划当成了一种工具。这使得规划再次变成了博弈或游戏，并被称为"公共关系"（或公并）。

这种将规划作为影响外部相关者的工具的表面观点得到了很多证据的支

① 古普塔（Gupta）注意到，另一家连锁超市的情况完全相同。

持。例如，纳特把规划称为“装腔作势的过程”，旨在“吸引目标对象”。他指出，那些“城市的政府雇用顾问进行‘战略规划’，以影响债券评级机构”，“公司用长期规划在竞争对手和市场面前装腔作势”。在大学里，科恩（Cohen）和马奇以为规划已经“成为一种符号”，例如，“一个正在衰落的组织可以宣布一个走向成功的规划”，一个缺乏设备的组织可以宣布一个获得设备的规划。他们还讨论了“成为广告”的规划，指出“通常被大学称为‘规划’的东西实际上是一本投资计划书”，一本“有很多图片、肆意吹嘘和缺乏相关信息的计划书”。兰利发现一般在公共部门也是如此，发展公共关系“可能是‘战略规划’的一个非常普遍的动机”，“子公司或独立部门有着同样的现象，它们必须为母公司制定‘战略规划’”。

威尔达夫斯基指出，国家领导人“希望被认为有现代思维……有一份让他们的访客眼花缭乱的文件”，“访客可以是任何人”。事实上，规划“不一定是克服国家困难的手段，而是有可能成为掩盖困难的模式”。为什么他们不应该这样做呢？毕竟，“资本主义的美国坚持要求其援助方提交一个规划”：“这个规划是否有效并不重要，真正重要的是要有制作一份看起来像规划的文件的能力。”

能够做规划就等于能够负责任地花钱吗？让我们再次引用洛朗厄和范希尔的话：

> 宣布组织将开展正式的战略规划程序，几乎就像公开宣布戒烟一样。这迫使首席执行官试图以迎合他人的方式改变自己的行为。

但首席执行官真的会这么做吗？也许基辛格的描述更准确，他认为规划是“对管理理论的让步”。

按照威尔达夫斯基关于“掩盖模式”的比喻，如果规划是时尚的外衣，那么似乎每个“衣着”考究的组织都必须穿上它。但话说回来，正如诺博尔和格林尔指出的那样，“‘皇帝的新装’寓言……似乎与采用规划系统的实践非常相似”。

当然，从狭义上讲，一些出于公关目的的规划似乎是合理的。毕竟，超市需要资金，发展中国家需要援助，大学需要支持。在贫困国家，国家规划“在严格的资金基础上可能是合理的：规划人员从国外带来的资金总比在国内供养他们的成本高”。

但从广义角度上说，这种规划完全合理吗？暂且不论这么多规划造成的明显的资源浪费（如果每个人都停止玩这类游戏，就可以节省资金），单单公共关系规划可能就会扭曲组织本身的优先级。例如，在贫困国家，规划被错误地分配到非常短缺的人力资源方面，而原本这些人的能力可以用于解决真正的问题（或做些有用的事情）。即使在发达国家，也可以想想这些年来浪费了多少时间和人力。如果迪史密斯（Dirsmith）等人的主张是真的，即“PPB、MBO 和 ZBB 更多地被用于控制和引导有争议的政治策略和仪式符号……（而不是）作为改进美国联邦政府内部决策的管理工具”，那么浪费会尤其严重。更糟糕的是，本应用于公共关系的规划发生了错位。在斯坦博格连锁超市可能就发生了这样的情况——正式规划开始取代领导者的企业家精神，而企业家精神恰恰是该集团成功的根本所在。

那些被迫阐明并不真正存在的战略规划的各类组织，会产生各种浪费行为。它们的管理层缺乏必要的愿景，或者它们仍然通过复杂的学习过程来创建战略。对它们来说，即使战略有可能实现，也没有人打算实施战略规划。正如泰勒在对 4 个小型组织的一项研究中发现的那样，“如果组织正处于改变战略的过程中，那么（公开宣布）的战略会泛泛而谈，或者不完整，对理解组织实际上在做什么几乎毫无用处”。另外，即使新的战略可能正在形成，也仍旧是在反复阐述现有的战略（可能只是换个说法重复现有的战略）。回到泰勒的研究，“第二点是，当公开宣布预期的具体战略时，往往是在事实发生后很久，当时宣布的变革都已经在实施了”。事实上，在阅读萨默斯对二战以来美国军事战略的描述时，人们会产生这样的印象：公告似乎是为了跟上现实发展的速度而发布的。

本维尼斯特（Benvenisde）在他所谓的“平庸规划”的讨论中，提出了公共关系规划的一些更功能失调的副作用，包括：

> 1. 倾向于根据过去的趋势来预测未来的发展，因此预测“大都相似”……专家们并没有指出任何困难问题。他们认为现状是理所当然的。他们没有提出任何政策选择……
>
> 2. 平庸规划得到广泛宣传……鼓励每个人参与并发表自己的意见。规划已生成文件并广泛分发。文件很精美，内容越来越匮乏，文字却越来越多。
>
> 3. 平庸规划是连续的……一组专家刚提出平淡无奇的建议，另一组专家就开始研究相同的问题或一些类似的变体……大多数平庸规划是由临时机构制定的，如工作小组、总裁委员会等。这些临时机构具有双重优势，一方面受到有声望的外部人员的支持，从而提升知名度；另一方面没有给这些专家足够的时间，使得专家不会对变革产生影响……
>
> 4. 平庸规划往往受到保守派的欢迎……由于规划活动支持温和的改革意识形态，规划被视为带来变化的尝试，所以提供技术上的合法性对持保守立场的政策更有用。①

科恩在其关于法国国家规划实践的书中总结道，“规划要么是政治性的，要么是装饰性的”。但是装饰性（即公共关系）的规划很容易变成政治性的

① 本维尼斯特也讨论了“乌托邦式规划”，观点与“规划不会影响任何人的行为或决定，因为没有人认真对待它”类似。规划太“广为人知”了，并且对公共关系可能更有利，它美名在外：“由于（规划）不必协调一致，因此每个人都能有所收获”。

规划，使寻求控制权的外部人员与寻求保护的内部人员产生斗争。当规划成为打动高管层的手段时，组织内部也可能发生同样的争斗，科恩和马奇称这种现象为“对意愿的管理测试”。

> 如果一个部门非常想要一个新的项目，它会花大量的精力通过将其纳入一个“规划”来“证明”支出的合理性。如果一个行政人员希望避免对任何事情都说“是”，但没有依据对这些事情说“不”，他会通过要求用一个规划来测试该部门的投入程度。

综上所述，公共关系规划成了一种工具，几乎每个人，无论多么痴迷于控制，最终都会失去控制。外部人员得到了无用的声明，下级管理者只是浪费时间填写表格，而高级管理者则在比规划更重要的问题上分心。只有规划人员以某种不正当的方式走上了顶峰，他们带给组织的好处没有他们自己得到的好处多。这使得他们的规划从根本上讲是政治性的。因此，归根结底，人为设计、虚有其表的规划是不切实际的，无助于管理者或外部影响者控制组织甚至组织环境。规划也不能使规划人员控制组织或组织环境。相反，规划这个没有生气的系统与每个人都绑在一起，最终控制了每个人！

结论

本章总结规划陷阱的有关讨论时，找到了传统规划人员对规划失败的最常见的解释。管理者有时会出于非常充分的理由不支持规划，有利于有效规划的环境有时会不利于有效的战略形成，反之亦然。这些陷阱表面上的有效性掩盖了一个事实，即它们只是肤浅的问题。这些陷阱真正揭示的是规划本身的一些功能障碍——规划对组织的投入的阻碍、规划本质上的保守性、规划自己的偏见和滋生政治活动的能力、规划对控制的痴迷和错觉。

但在我们看来，即使知晓这些也没有触及问题的根源。这些是基于陷阱的问题，这些陷阱只反映了规划面临的表层困难，没有触及根本。为了弄清楚战略规划出现问题的根本原因，以及理性的人在一个从未产生预期结果的过程中投入了如此多精力的根本原因，我们需要超越陷阱——超越症状看待问题。

第 5 章

战略规划的基本谬误

战略形成过程需要洞察力、

创造性和综合能力，

而这些恰恰是正式化（规划）所反对的。

THE RISE AND FALL
OF STRATEGIC PLANNING

埃德尔曼（Edelman）认为，专家就是那些对某一领域有足够的认知，从而能够避免落入认知陷阱和出现重大谬误的人。如前所述，我们已经讨论过，为了避开认知陷阱，应当在规划过程中做哪些协同工作。在本章，我们将详细讨论战略规划的基本谬误，它们被归结为最大的谬误。

威尔达夫斯基曾经问道："规划在任何应用过它的地方都失败了，怎会如此呢？"毕竟，"理性的人会提前规划……没有什么东西看起来比规划更理性了……假设……规划的失败不是外部因素导致的或偶然的，而是由其本质缺陷所决定的"。这正是本章将要探讨的主题。本章将首先探讨关于规划的一些基本假设，以便提出与其相反的观点。我们最终得出的结论是，当我们根据战略制定的需要进行判断时，实际情况可能与战略规划是理性的这一假设恰恰相反。

战略规划的基本假设

正如我们之前在耶利内克的著作《制度化创新》中所见，战略规划最首要、最关键的潜在假设就是正式化。最初，这一假设认为战略制定过程可以通过规划系统得以程序化。创造战略的不是人，而是系统，比如一个世纪前人们认为工厂中手工作业的程序是由泰勒的科学管理系统创造的。

当然，没有人会如此明目张胆地说出来，但有关文字所透露的其实就是这个意思。正如我们之前看到的，规划方面的文献认为人具有某些特质，尤其是当人依赖直觉时，就会被认为是不可靠的。相比之下，系统是可靠且具有一致性的。提出所谓的“员工驱动”规划的阿莱尔和菲西罗托认为，人们“有一种用分析来应对复杂性，并杜绝与政策和程序不一致之处的理性冲动”。因此，人们既没有把规划视作战略形成过程的一个阶段，也没有将其视作战略形成过程的支持因素，而将其等同于战略形成过程本身，至少在规划被正确执行时是这样。战略规划是恰当的战略制定。规划系统会这样思考：“规划是各个部分的关键。它指导过程，促成各种政策方案，并使这些方案逐渐成为一项项通过批准的计划。”或者，引用迈克尔·波特在《经济学人》中的说法：“随着公司日益成长和复杂化……需要一种系统的方法来制定战略。战略规划应运而生。”1990 年，美国贝灵巧公司的规划负责人声称：“战略规划的责任是确保整个组织非常清楚客户的需求、客户需要与期望的变化趋势、技术的发展趋势，以及竞争对手为服务客户所做的工作。”这个责任不在于人，包括规划制定者，而在于规划本身。

事实上，主流文献中的一些想法在此基础上迈出了一大步。例如，乔治·斯坦纳认为：“从根本上说，正式的战略规划不过是在努力复制一个直觉敏锐的（管理者）头脑中的思想。”① 斯坦福国际咨询研究所的一位经济学家也曾说过，他们“通过分析‘天才企业家’的思维和心态”，设计了一个框架，从而能够“再现”天才企业家的思维过程。这个框架可供“管理团队”应用。

这种再现是如何实现的呢？将直觉简化为一系列精心描绘的步骤，并按顺序执行，就能再现天才企业家的思维过程。换句话说，非正式直觉的本质

① 斯坦纳在原文中以规划制定者（planner）一词结束了这句话，但从这句话的上下文看，他显然指的是管理者。

可以通过一个具有分析性质的过程来捕捉。也就是说，分析可以实现综合，这是规划最宏大的假设。正如波特所说："我赞成使用一套分析技术来制定战略……"稍后我们将看到，这一假设有一批强大的支持者，其中至少包括一位诺贝尔奖获得者，但这并不意味着这个假设一定正确。我们还将看到，另一位诺贝尔奖获得者强烈反对这一假设。我们想要探讨的是，规划最大的假设可能也是当代社会中最棘手的问题。

除了上述第一个正式化假设，又出现了脱离假设。如果系统需要思考，以促成要实施的战略，那么思想必须脱离行动，战略必须脱离经营，作为旁观者的思想家必须脱离作为当局者的实践者，"战略家"也必须脱离战略对象。换句话说，管理人员将通过远程控制进行管理，这种管理本质上是绝对理性的过程。耶利内克在她的《制度化创新》一书中将这一点阐述得最清楚：将高管们与规划制定者置于一个等级，使高管们摆脱日常业务经营的压力，能够进行宏观思考（或让他们的系统去思考），下属工作人员则负责实施细节。这里所说的"高管"是公认的战略家，但像泰勒研究中的工人一样，被剥夺了对自身工作流程的大部分控制权。耶利内克将泰勒的成果作为战略规划的范式，并指出："（对）大规模规划细节和政策层面思维的协调，超越了对任务本身的细节的重视。"

当然，诀窍是要把相关业务信息传达到高管层，这样高管们和他们的系统就可以了解这些细节，而不必身陷业务中。这就是量化假设的由来，也是脱节假设的必然结果。量化假设是指，战略制定过程由"硬数据"（hard data）驱动，由关于组织及其环境的详细"事实"定量汇总而成。一旦深入探究混乱的细节世界，高管们就会被迫离开他们的位置。更糟糕的是，这也会使规划制定者离开舒适区，去承受一线人员的压力。当然，如果所有的必要数据都能便于搜集、组合、打包并定期交付，就不会如此糟糕了。为此，所谓的管理信息系统出现了，根据最新的说法，也可以称之为战略信息系统。在这里，我们再次引用耶利内克对泰勒成果的描述："值得注意的是，从任务绩效的细节中提练出来的绩效量化指标和环境指标之间的系统性关系，使得高管层实现控制。”“系统所总结的知识远远超越了其发现者的总结或知识最初被发现时的情况。”

与这种自下而上的硬数据流相对应的，是公司战略由上而下逐级执行的假设，它们都是按计划执行的。规划顾问罗奇和艾伦（其中一位是通用电气前战略规划负责人）认为，规划系统“制定了一个有序的日程，其中囊括了需要考虑的问题”。这样一来，一切都会通过“实施”过程来让日程照常运行。好思想都来自高层，其他人只需按照高层的想法行事即可。正如万·冈斯特恩在讨论公共部门的问题时所说：“政策在实施之前就已经完全制定好了。制定和调整过程都必须在执行开始之前完成。在实施过程中，政策要保持稳定，只有核心层面才能改变政策。”

这种假设在一定程度上源于一个信念，即任何决策都不能立刻或临时做出，必须提前做好准备，协同地做出：“管理层需要预先制订好行动计划，才能明智地决定如何行动。”对此，索耶认为，规划的设计是“为了让（组织）保持其目标和战略所定义的路线”。这就构成了预定假设。预定假设是指：因为制定战略的环境是稳定的，至少是可预测的，所以战略制定的过程及其结果也可以预先确定。因此，组织的一切活动就以一种对规划……和规划制定者有利的形式展开了。海斯指出：

> 首先，（规划制定者）假设：竞争是可以预测的，并且可以在其中绘制清晰的路径，一如路线图上的高速公路系统……这种“目的 - 方式 - 手段”的管理逻辑还会让公司具有一定的稳定性。规划制定者期望在规划范围内，公司的价值观和需求不会改变……这样，管理者就能关注“静态优化”工作，即做出一些关键决策，然后保持不变。

本章的目的很简单，就是要证明正式化假设、脱节假设、预定假设等统统都是谬论，从而解释战略规划失败的原因。

遗漏了泰勒思想的核心

泰勒非常清楚地指出了一个关键要点：如果没有充分理解工作流程，就无法有效地使其程序化。他之所以能做出如此清楚的阐述，是因为他拥有大量的实践经验。以下是泰勒在 1911 年概述的提升工厂工作效率的方法：

> 第一，在进行分析前，要找到 10 ～ 15 个人，他们最好来自不同领域或机构，并且精通各自的工作流程。
>
> 第二，研究每个人在各自工作中的一系列基本操作或动作，以及他们使用的工具。
>
> 第三，用秒表统计他们完成每个基本动作所需的时间，然后选择其中最快的方法。
>
> 第四，剔除一切错误动作、迟缓动作及无用动作。
>
> 第五，在去掉所有不必要的动作后，整合出一套最快、最优的动作与最好的工具。

然而，在接受泰勒的程序化理念的同时，计划学派却遗漏了他的思想核心。在规划方面的文献中，没有任何迹象表明曾有谁努力去理解战略制定过程是如何在组织中真正发挥作用的。无论是在斯坦纳、安索夫、阿克夫、洛朗厄等人的著作中，还是在耶利内克 1979 年的著作中，都没有任何证据表明他们曾试图理解取得成功的战略家是如何思考的，或者有效战略是如何在组织中形成的。相反，他们只是假设战略规划、战略思考和战略制定是一个意思，至少在理论上的最佳实践中是这样。洛朗厄写道："首席执行官如果不能始终如一地遵循战略规划的原则，就会严重危害甚至破坏战略思考的前景……"

实际上，许多学者都曾在战略规划的文献中展现出一种"对规范化的天真态度”，即偏执地相信规划一定是最好的，却对真正起作用的事情视而不见。斯坦纳和斯坦福国际咨询研究所的学者声称，他们能够“复制”或“再现”管理者的直觉过程（姑且不论管理者是否“聪明”或是不是“天才”），这完全是无稽之谈，因为直到现在，我们也没有真正理解直觉的运行机制，当然也没有迹象表明直觉是循序渐进地运行的。因此，所有这些学者所做的都是泰勒不敢做的：直接开出处方。他们对战略制定的过程一无所知，却敢提出一套简单的步骤作为制定战略的“最佳方式”。他们不仅极其天真地声称这个方法模拟了管理者的直觉，还傲慢之至地声称这个方法更加优越。

虽然我们现在尚未完全理解直觉，对一个人如何在头脑中制定战略（这可能是一个与直觉相关的过程）也了解不多，但对于这个过程在组织中是如何展开的，我们确实有一定程度的了解。而我们所了解到的知识，都不能支持一些规划学者们对该过程的看法。奎因、罗伯特·伯格曼（Robert Burgelman）、帕斯卡尔的研究和我们自己的研究，描绘出了迥然不同的过程画面，两者之间的差异就如同立体派的抽象艺术和文艺复兴时期的艺术之间的区别一样，非常明显。这些研究表明，战略制定是个极其复杂的过程，涉及人类认知和社会过程中最复杂、最微妙的部分，有时甚至与潜意识有关。我们知道，战略制定过程必须接收各种信息，其中许多信息是不可量化的，而且只有把握细节而非脱离细节的战略家，才能获取这些信息。并且，任何想要将战略制定过程限定在预定日程或预定轨道中的努力，都会因环境的动态变化而付之东流。即使战略在很大程度上是经过深思熟虑的，也仍然不可避免地呈现出一些意外的特质。这使它看起来往往更像是非正式的愿景，而非正式规划。战略学习建立在对偶然事件的发现和对意外模式的认知基础上，因此不可避免地会在所有新战略制定过程中发挥关键作用。由此可知，战略制定过程需要洞察力、创造能力和综合能力，而这些恰恰是正式化所反对的。本章将逐一详细介绍这些方面。

有趣的是，即使研究规划理论的学者们注意到泰勒思想的核心，也不会在战略制定程序化过程中取得更多成就，但至少他们能意识到这样做是徒劳的。如果你的脑海中有了这个最终结论的提示，就能来重新认识规划的基本假设，即预定谬误、脱离谬误和正式化谬误，它们汇总在一起，可归结为最大的谬误。

预定谬误

规划的许多方面都有预定假设：假设通过预测就可以预判环境，假设通过组织行动就能约束环境；假设可以按照日程开展战略形成过程（“按需制定战略”），并且可以在一个顺从的环境中强制推行由此产生的战略；假设组织足够稳定，可以通过程序来稳步推进战略。阿莱尔和菲西罗托指出：“不确定性是战略规划的阿喀琉斯之踵。战略规划在实践过程中倾向于采用‘预测－准备’的模式来应对未来。战略规划是一幅路线图，标注了一个固定且明确的目标，以及实现该目标的步骤。”[①] 接下来，让我们仔细研究一下预测的这些方面。

加拿大一家大型金融机构的首席执行官威廉·迪马（William Dimma）简要指出：

> 我知道的应对未来的方法只有四种：第一，忽略未来；第二，预测未来；第三，控制未来；第四，回应未来。

第一种和第四种方法几乎与规划没有任何关系。大多数规划似乎都与第二种方法有关，但稍后的讨论将表明，第三种方法可能更流行。下面首先讨论规划的预言方法：预测。

---

① 战略是实现目标的路线图。也就是说，当所有要素有效地联系在一起时，可以制定一项规划，使企业朝着它选择尝试的特定目标迈进。

预测的表现

准确预测的重要性几乎在规划的所有文献中都有所提及。由于不擅长控制环境，所以规划在实施阶段必须依赖环境预测能力。当然，如果环境没有改变，并且规划制定者能够依据过去或现在的状况推断未来，那么不会产生什么问题。但是，如果环境会发生变化，那就必须预测这些变化。变化可能是规律性的或周期性的，就像一年四季一样周而复始；变化也可能是非连续性的，即一次性或偶发性的。正如我们将看到的那样，这两种变化有着极大的差异。

当然，暂且不论对变化本身的预测，问题的一部分还在于要预测会发生什么样的变化。当开始讨论这个话题时，最好先记住一点："既然未来尚未到来，又怎么会有关于未发生之事的知识呢？"安索夫在写作最初版本的《公司战略》时可能考虑到了这一点，他指出："我们应该把公司能够做出正确预测的时间范围延长或缩短 20%，然后将这一时间段定为公司的规划基准期。"但是，世界上有哪家公司能够预测自己所做预测的准确性呢（先且不说预测本身的准确性）？换句话说，如何才能预测出事情的可预测性呢？

马克利达基斯是预测领域的权威学者，曾撰写了多部关于该主题的流行教材。他在自己 1990 年的著作中评论道：

> 想要有效规划战略，准确预测的能力是必不可少的。一方面，如果预测结果是错误的，那么所付出的实际成本和机会成本……会相当高昂；另一方面，如果预测结果是正确的，那将会带来很大的利益——只要竞争对手没有采用类似的规划战略。

在与心理学霍格思合写的一篇题为《预测和规划：评估》的文章中，马克利达基斯对预测能力方面的证据做了特别阐述。他写道："两年或更长时间的长期预测非常不准确。"

在文章中，霍格思和马克利达基斯引用了一篇关于人口、经济、能源、交通和技术领域预测准确性的综述文章，指出"这些领域的预测者经验丰富，专业知识完善，还有现成的数据"，但这篇文章的"结论是悲观的"。这些领域的预测中一贯存在误差，"从几个百分点到几百个百分点不等"，作者"无法事先说明预测方法或预测者是对的还是错的"。因此，霍格思和马克利达基斯认为，"'选择'一种预测方法，与自己做出一次预测同样困难"。在另一篇发表于 1979 年的论文中，马克利达基斯和希伯恩（Hibon）运用大量的时间序列来检验各种预测方法的准确性，最后得出结论：一般来说，直接推演、简单移动平均线等较简单的方法的准确性与最复杂的统计方法的准确性基本相同。正如潘特（Pant）和斯达巴克在 1990 年发表的文章《预测和研究方法》（Forecasting and Research Methods）中所写："对预测来说，简单方法通常比复杂方法效果更好。复杂的预测方法会误把随机干扰当作真实信息。事实证明，中等专业水平的预测者与专业水平超高的预测者，在预测的准确性上差别不大。"

霍格思和马克利达基斯总结道："规划活动必须接受长期预测所固有的不准确性。"既然如此，组织为何还能满怀信心地进行规划？第 3 章讨论过的戈代和迪贝的研究表明，如果无法正确预测，就会不利于规划。我们在讨论资本预算时也发现，如果无法正确预测，就会在估算成本和收益时造成误差。马什等人在对资本预算的研究中也"发现预测的范围相当有限"。也许，迪马的建议是最有意义的：

> 要对所有预测持怀疑态度。不要信任推断，因为它们通常基于简单的假设。也不要相信计量经济模型和复杂的模型，尤其不要信任基于计算机技术的模型，这些模型在实践过程中会传递出一种虚假的可靠性，而且与任何一般方法一样，

都依据的是不可信的假设。不要相信所谓的简练和复杂，不要依赖技术，要相信自己的判断。

对突发性变化的预测

乔治·索耶曾写道：

> 变化很少或从不会突然地发生，也不会在缺少支持的环境中发生。预测团队所面临的挑战就是要定义变化所处的相关环境，了解环境的演变趋势，然后做出预测、提出建议，从而避免外部环境发生变化时，整体程序受到负面冲击。

"变化很少会突然地发生"这个观点可能存在争议，而"不会在缺少支持的环境中发生"这个观点似乎是合理的，理解"支持环境"的必要性无疑是一个挑战。问题就在于能否合理地应对这一挑战。

马克利达基斯对我们预测重复性、规律性模式的能力表示了一定的信心：

> 通过观察某些现象（日出日落或季节更替）和因果关系（播种与收获，交配与怀孕）的规律（模式），人类可以预测未来。无论是主观判断性的预测还是统计性的预测，任何形式的预测可行的先决条件都是观察对象有着某种模式或关系。

但是马克利达基斯也认为，那些所谓的一次性、非连续性事件对应的是突发性变化，即以前未发生过的变化，如技术创新、价格上涨、消费者态度转变、政府立法等，"几乎不可能"预测。他认为，除了做好常规的准备工作……以便在突发性变化出现时迅速响应之外，"能做的事很少，或者什么都做不了"。

赫伯特·西蒙曾经写道："只有应用良好的结构模型，才有可能进行可靠的预测。"马克利达基斯和惠尔赖特认为，"因果"预测方法必须基于对因果关系的充分理解。但在一次性事件中，这种理解通常是不存在的，因此因果关系模型也就无法建立。瑞安曼指出，除非支持预测的环境"或多或少是封闭的"，否则会有太多干扰因素。潘特和斯达巴克曾说："在历史中找寻答案经常会出错，部分原因是在记录历史时，人们通常会选择最具代表性的事件。"或者正如米兰·昆德拉在他的小说《不能承受的生命之轻》中指出的那样：麻烦就在于生命只有一次，一旦我们经历了某件事，并最终理解它，它往往就不会再发生了！

如前所述，安索夫在他发表于 1984 年的著作中用大量笔墨阐述了这样一个假设，即可以设计出能通过弱信号检测战略突变的系统。但这种系统真的能发挥预期作用吗？ 1952 年，斯坦伯格公司受到邀请，竞标入驻蒙特利尔的第一家购物中心。公司创始人兼首席执行官萨姆·斯坦伯格立即意识到公司不能接受这个邀请，因为如果必须通过竞标才能入驻所有新开的购物中心，那么公司就无法维持他想要的增长率。他必须自己控制购物中心。所以，他立刻带领公司向购物中心领域进军，并且获得了必要的融资。现在回过头看，他的这些做法似乎都很合乎逻辑。但在 1952 年，市场信号还很微弱：没有人知道建立购物中心能否成功。斯坦伯格似乎做出了成功的预测，但是有没有正式的预测系统能做到这一点呢？

相比之下，安索夫对他的"弱信号管理"（weak signal management）系统是这样描述的：

> 对 T/O（威胁 / 机会）的认知过程包含几个典型的发展阶段。在第一个阶段，首先，感知到环境中的不确定因素；其次，识别 T/O 可能的来源；再次，可以具体地描述某个特定的 T/O，但还无法估计其对公司的全部影响。在第二个阶段，有可能对 T/O 做出反应。经过第三个阶段的认知发展后，

将可以估算出利润成果，但结果还不太准确，只能代表一定的概率。最终才能具有确定性……

这个系统的发展过程与人类企业家头脑中可能产生的瞬间反应过程完全不同！安索夫继续声称："要确定是否以及如何响应，就要先比较 T/O 出现的时间与响应所需的时间，再比较公司在响应后的收益和响应所需的成本。"这听起来像是在说，应该让数学家用复杂的公式来描述如何保持自行车不倒，但任何 5 岁的孩子都能让自行车不倒。安索夫进一步指出，"当强信号管理效率太低时，就应该用弱信号管理方式"。这仿佛是在说，所有问题都可以用正式系统正式地解决。

当然，骑自行车这类问题还谈不上对微妙信号的感知。这种认知过程是一个复杂的模式识别过程，需要基于对行业及其背景的深刻理解（例如，斯坦伯格对消费者的购物习惯、消费者迁居市郊以及车辆的新用途等了如指掌）。这个过程确实需要一个非常复杂的因果模型。什么系统、什么技术能够建立这样的模型呢？当然，有人在人工智能和所谓的"专家系统"方面已经做了大量的研究，并且提出了一些雄心勃勃的主张，声称有能力对这些过程进行编程。**但是我们将要讨论的结论是，没有任何令人信服的证据表明，这种复杂的、不连续的模式的识别活动可以正式化，也许永远都不可以。**即使是安索夫所说的"近似分析法"，也只是有限地尝试对此过程进行编程，其有效性可能会由于掺杂了人为的非正式操作而降低。

因此，安索夫不应该期望系统能检测到弱信号（除了最简单、重复性最强的信号，如国民生产总值增长率降低）。这里不妨引用马克利达基斯和他的同事的话：

弱信号监测和意外管理只是没有实用价值的学术理论。环境中存在着无数弱信号。要想识别那些对组织至关重要的信号，需要相当大的能力，而这个要求是目前的技术远未达到的。

然而，像斯坦伯格这样的人，仅仅用非正式思维，有时就能得出正确的结论。他们真的只是幸运吗？还是说，他们多年来已在脑海中构建起非常复杂的因果模型？谁能确定？事实上，即使是目光远大的人有时也会犯重大错误。托马斯·沃森（Thomas Watson）曾在1948年说道："我认为全球市场只需要大约5台计算机就够了。"威尔伯·莱特（Wilber Wright）在1901年也曾说道："在1 000年之内，人类都不可能飞上天。"管理非连续性现象的关键可能不一定是立即看到它们，甚至不一定是最先看到它们，而是要尽快发现它们并采取行动，而且要比其他任何人动作更快或者至少做得更好。否则，就会如1903—1950年英国外交部一位研究人员的反唇相讥："年复一年，那些忧心忡忡的人来找我，做出战争将要爆发的可怕预测。我每次都否认他们的预测，并且只错了两次！"但是半个世纪错两次还是太频繁了！

读到这里，相信读者都已认识到我们关于预测的结论是什么了。纽曼于1951年发表的第一篇关于现代企业战略的文章中写道："随着预测时间范围的延长，大多数预测的准确性会迅速减弱。"他的意思是预测的时间跨度不能太大：预测"两三个月"之内的事情可能还算"合理"，但预测"三四年"之内的事情会非常"危险"。1981年，一项针对12家公司中战略规划发展水平的调查发现，"所有的从业者都承认，他们目前在预测方面做得非常不到位，大多数人基于已发生事件的短期影响进行预测"。马克利达基斯经过归纳总结，称之为"悖论"：

> 尽管只能根据过去的经验预测未来，但未来肯定与过去不同。未来总是不确定的，所以预测不可能也不会是准确的。但如果不进行预测，不评估不确定性，就不可能做规划①。

---

① 马克利达基斯的原话是"规划或战略"。即使没有经过预测，战略也可以存在，至少战略可以是应急性质的。

那么，为什么要花这么多精力做预测呢？

预测与魔法

伦纳德·塞尔斯（Leonard Sayles）曾经写道：“显然，我们的社会与信奉德尔斐神谕的古希腊不一样，我们的社会中并不存在那些远离现实世界的天才‘预言家’，因此没有人能够预知未来。”事实上，“预言”观念甚至被正式化为所谓的德尔菲法，即专家小组成员们分享自己的主观判断，不断重复，直到达成共识。万·冈斯特恩将通过这种方法达成的共识称为“伪信息”，主要在缺乏真实信息的时候使用。德尔菲法“提供了无知的专家的平均‘猜测’，并成为最科学的预测方法。规划制定者忘记了信奉伪科学知识比单纯的无知或信奉常识更危险”。

在前面讨论过的《管理与魔法》一文中，金普尔和戴金对预测给予了特别关注。文章以《纳塔尔每日新闻》(*Natal Daily News*)的一条评论开头：“出发之前应该了解长期的天气预报，因为天气状况极其难以预测！”我们希望两位作者指的是“易变性”，但这一评论确实在很大程度上代表了与战略规划相关的预测。通用电气的规划人员威尔逊也曾说，“基本变化如此迅速”，以至于“规划必须看得更远，在更长的时间范围内运作”。

金普尔和戴金指出：“人类行为的基本悖论即世界变得越难预测，我们就越依靠预测和预言带来的启示行事。”他们提供的解释是：许多预测像魔法一样，我们会去做预测，要么出于迷信，要么出于对控制的痴迷而产生了控制的错觉。用他们的话来说就是：

> 我们的观点是，管理层采用魔法仪式般的长期规划、预测和其他面向未来的技术，不过是缓解焦虑的一种迷信行为，预测和规划与魔法仪式具有类似的作用……它们使世界看起来更具确定性，让我们更有信心去应对（未来）。它们使管理

团队更团结，促使我们采取行动，至少在出现吉兆时是这样的。此外，这些仪式可能会有助于维持现状。

把组织中的预测人员比作古希腊神庙中的巫女，可能会令人匪夷所思，但是我们看到的一些证据几乎无法反驳这个说法。

预测即外推

在某个条件下，所有障碍都会消失，那就是稳定性。如果世界保持静止，或者至少按照过去的变化规律变化，预测就能发挥应有的作用。毕竟，它只能依靠过去的经验。安索夫在与埃平克（Eppink）和戈代合作的时候就说过：预测是“把过去的表现模式投射到未来”。正因如此，简单的外推法比复杂的预测技术表现更出色。要在稳定的条件下做出准确的预测，预测人员只需要得出未来会和过去一样的结论即可。[①] 如果变化趋势有利于组织，例如市场增长比预期更快，那么预测结果也可能相当不错。这样看来，至少外推法没有什么坏处。通常情况下，过高的预期会导致问题，例如公司产品的预期需求高于实际需求。

这也许有助于解释为什么对预测者和规划制定者来说，20 世纪 60 年代如此美好：不是因为他们的技术更好，而是因为当时的趋势更稳定，或至少对企业更有利（例如第 4 章中马克利达基斯关于国民生产总值连续增长 105 个月的评论）。在一篇题为《长期规划的准确性》（The Accuracy of Long Range Planning）的文章中，范希尔汇总了 16 家公司在 1964 年所做的 5 年期预测的最终情况，发现“到了 1969 年，这 16 家公司的预期产量只有实际产量的 84%”。因此，霍格思和马克利达基斯认为，“长期规划在

---

① 然而，这里仍有一个微妙的问题。布伦博（Brumbaugh）可能认为：“没有过去的可能性，也没有未来的事实。”但切斯特·巴纳德（Chester Barnard）批评正式规划是“妄想练习”，并指出过去也是不确定的，必须解读“历史和经验的意义”，这可不是一件容易的事。

60 年代蓬勃发展。”

然而到了 70 年代，特别是在 1973 年油价震荡之后，又出现了新的经济衰退，预测的难度变得越来越大。事实上，一种失调现象在预测领域蔓延，由此预测被贴上了“曲棍球棒”标签。也就是说，预测结果在短期内会呈下降趋势，随后会急剧上升，前者是预测，后者是希望——事情总会好起来的（或者应该说神奇地变好）！图 5-1 显示了一家跨国公司预测营业利润时出现的曲棍球棒效应：他们连续 6 年预测利润率将会好转，但实际情况恰恰相反。糟糕的是，他们的预测已经丧失了魔力！

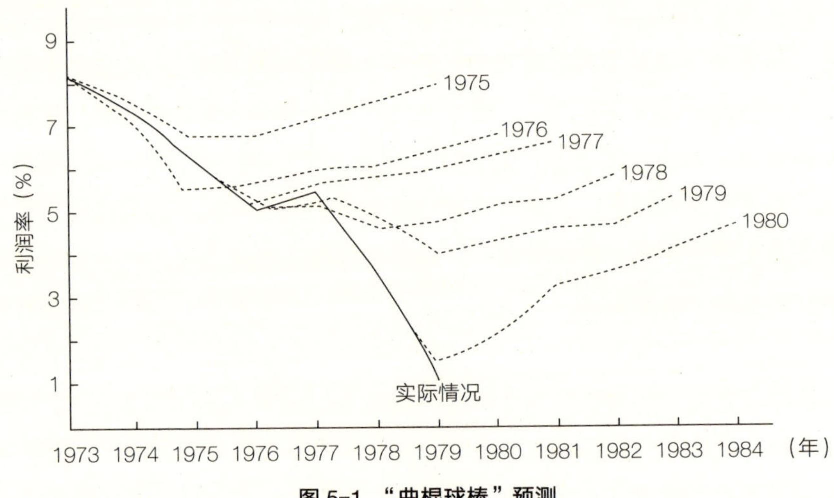

图 5-1 “曲棍球棒”预测

资料来源：“A Top Fifty U.S. Multinational” in Roach and Alien,1983:7-13。

预测与“动荡”

预测能够推断已知的趋势，而无法预判新的突发情况。但可笑的是，规划文献最关注的就是环境“动荡”，这种“动荡”以突发性为特征，而对于这种突发性变化，规划基本不起作用[①]。

前文已经讨论过，规划文献对环境“动荡”有些夸大其词，它们所反应的不是对不确定性（以及失控）的担忧，就是对传统规划制定者偏好稳定性的掩盖。现在我们知道其中的缘由了。组织可能需要针对稳定的环境进行规划，以便将当前战略的成果延续到未来的经营中。但他们肯定不需要通过规划来应对不稳定的情况。恰恰相反，戈代的研究或科克的评论指出：“当能源危机等现象严重破坏规划制定者的预测时，他们只能绝望地坐在一旁，无计可施。”实际上，长期以来，规划制定者一直在抱怨环境动荡，不停地在喊“狼来了”，以致当环境动荡这只“狼”最终出现时，一口就吞噬了规划，只留下了预算这点“内脏”。规划制定者试图通过更虚幻的预测方法来重构规划，这些方法包括处理意外情况的程序、利益相关者分析等。但所有努力都只是让规划过程徒增脂肪，为动荡这头“狼”提供更美味的食物。

正如前面讨论过的，动荡的环境通常是传统规划制定者臆想出来的。至少在西方商界，如此极端的动荡情况是很少见的。但意料之外的变化确实会发生。一种环境可能稳定了几年，甚至几十年，然后突然发生剧变，这时规划制定者必须停止推断。

正如第 4 章指出的那样，所谓的动荡可能源自一些激烈的竞争。换句话说，咄咄逼人的竞争对手可能会阻碍最好的规划。许多战争的失败都是因为固执地不改变计划。在商业领域，瑞安曼注意到，一些公司不愿意将“对手的想法”纳入自己的规划中。德州仪器的一名前员工谈到著名的 OST 规划系统时说：“他们创建了一个只会纸上谈兵的系统，这个系统根

① 戈代在他的著作《情景与战略管理》（*Scenario and Strategic Management*）中写道：“整个工业化世界的危机才刚刚开始。这个惊人的事实使人们对正式预测所残存的幻想彻底破灭。这场危机出乎意料，而且会持续下去并不断扩散，这与已经（并将继续）宣扬的情况相反。”戈代的这段话存在一个令人震惊的逻辑：突发性变化形成了一种模式，变得可以预测。戈代自己的“正式预测”结果就是动荡！

本不可能对任何快速变化的事情做出反应。”亚历山大·科托夫（Alexander Kotov）在《像国际象棋大师一样思考》（*Think Like a Grandmaster*）一书中写道，国际象棋处于一个有很多约束的环境中：

> 对国际象棋选手来说，可能没有其他战略概念比规划的影响更大了。
>
> 我试图有规划地比赛，在开场后立即制定规划，并根据这个规划下到棋局结束。但是无论付出什么努力，如何深入思考，我还是一无所获……一个有创新性的强大对手，不仅能防御你的每一个意图，还能反制你的招数，这远非单一的规划能够应对的。

当然，比竞争更简单的力量也会阻碍规划，例如“难以预测”的天气。正如我们前面提到过的，在第一次世界大战中，英军在臭名昭著的帕斯尚尔战役中伤亡惨重，原因是当天气变化时，他们没能及时、相应地调整规划。

战略形成的动态性

战略规划中的预定假设在一定程度上基于世界保持不变的想法。进行规划和分析历史数据时，世界就在一旁乖乖等候。之后，世界保持稳定，或者至少按照预期运行，这样规划就可以方便地实施。我们希望证明，上述想法根本是错误的，之所以制定战略，恰恰是因为世界不是静止的。

由于缺乏环境控制能力，所以规划必须依赖预测，并且因为预测主要是对已知状态、现有趋势或反复出现的模式进行推断，所以规划通常在相对稳定的条件下才能取得好效果。至于战略本身，无论从哪个定义来看，它都与稳定这一条件密切相关。预期战略是指，要让组织采取一套稳定的行动方针；已实现的战略是指，组织行为已形成一种稳定的模式。因此，无论是深思熟虑的战略，还是自发形成的战略，都关乎组织行为的稳定性。规划也是如此，它成为使组织行为具备稳定性的工具。因此，战略和规划有时相当契合，但规划和战略制定之间的关系并没有如此和谐。

请记住，战略规划的定义为一个人为设计的正式化过程，其目的不是应对战略，而是创造战略。然而问题在于，虽然战略可能与稳定性条件有关，但战略制定通常与变化发生的时期有关，而且往往与突发性变化相关。组织有时也会在稳定时期制定新战略，这可能是因为员工提出了新想法，或者仅仅是因为组织终于理解了以前的变化。但更常见的情况是，改变战略是因为环境的变化不是周期性的或规律性的，而是突发性的。换句话说，战略的改变通常是因为环境发生了根本性变化，而且是一次性发生的。同时，改变战略也会在组织和实施战略的环境中造成突发性变化。

战略看不见、摸不着。换句话说，战略不是有形的实体，而是存在于人脑之中的抽象概念。最好的战略本质上似乎是一个格式塔[①]，其中各个元素紧密结合在一起，包括人们在采取行动之前偏好采用的综合模式的预期战略，[②]以及已经在行动之间形成的综合模式的已实现的战略。因此，战略的重大改变通常意味着格式塔的转变，即一种新的世界观形成了，形成过程通常基于环境的永久性变化，或者至少是对这种变化的感知。因此，无论是不是抽象的，战略的重大变化往往都与突发性变化有关，而突发性变化正是规划最无法应对的情况。

上述问题所导致的重要后果是，无论规划与战略多么契合，规划都与战略制定不相容。正如我们在第 3 章有关斯坦伯格公司的研究中看到的，战略

---

① 指作为一个整体的一系列思想、价值观、经验等。——编者注

② 例如，安德鲁斯在对战略的定义中使用了“模式”这个词：“对我们来说，战略是目标、目的或宗旨，以及实现这些目标的主要政策和规划的模式。之所以要这样表述，就是为了明确公司所从事或将要从事的业务，以及它现在是或将要成为什么样的公司。”

规划与其说是在创造战略，不如说是在执行既定战略：它编排了既定战略的成果程序，如筹集资金、建设设施、雇用工人、编制预算等。我们可以称之为确定性规划：为组织指定一套确定的行动方案（阿克夫称之为“投入规划”）。

战略制定过程所处的环境可能是动态的，但许多规划文献的普遍假设是：战略制定过程本身是非动态的，是一个按部就班的过程，按照既定时间表展开，经过了深思熟虑，在严格控制下得以实施。为了实现规划的长期目标（也可能是传统规划制定者将短期目标伪装成长期目标），组织应该按部就班、从容不迫地规划未来。这样，战略就会在预定的时间出现，如期发展、成熟，随时准备实施，整个过程将按照日程表进行。这就好像是在说，战略一定会被制定得天衣无缝。但具有讽刺意味的是，官僚式的控制似乎已经根深蒂固。我们就是在“按需获取战略”！

上述观点都是胡扯。实证研究让我们完全了解了战略形成，它从根本上说是一个动态的过程，与驱动战略形成的动态条件相对应。战略形成有自己的节奏，最好将这个过程描述为某种学习方式。**如果战略代表稳定性，那么战略形成就是在破坏稳定性：战略形成过程往往没有规律可言，且无法预料。**它会因突发性变化而打乱稳定模式，这些可能来自外部环境中的威胁，也可能来自管理思维中的机会。安东尼在 1965 年曾写道：“新创意不会按照日程表冒出来。”

有关战略响应的最吸引人的概念源自计划学派的坚定支持者埃贝尔，那就是他在 1978 年提出的“战略窗口”概念，即组织把握转瞬即逝的机会的有限时机。虽然这是一个很好的概念，但不适用于规划，因为这个概念更喜欢紧闭窗户，直到春季大扫除的时间到来[①]。例如，在 1933 年的一个周末，

① 埃贝尔试图解决战略窗口和规划不适配的问题。他说：“对产品线的投资应与此类战略窗口开放的时期相吻合。”但是，谁能提前知道战略窗口什么时候会打开呢？

斯坦伯格发现他的8家商店中有1家正在亏损，于是他在下周五晚上将其关闭，并决定转型成自助服务商店，全部商品降价25%，同时更换店名。他雇人在该地区分发传单，并在下下周一早上重新开业。这就是战略变革！他说，在那之后，“我们开始像托普西一样成长”[①]。在1933年的那个有决定性意义的周末，没有规划系统和他抢着做规划，真是件好事！

传统的规划制定者可能会反驳说这其实是“危机管理”。他们更喜欢把管理者描述为交响乐团的指挥，站在指挥台上指挥整个系统，使系统在受控的情况下实现有组织的和谐。这个形象当然有利于正式规划，但不利于实际管理。莱恩·塞尔斯（Len Sayles）在大部分职业生涯中都致力于研究管理工作，他说：

> 实现稳定是管理者的目标，但却是一个永远无法实现的理想。管理者就像一个交响乐团的指挥，无论乐团成员个人遇到怎样的困难，无论舞台布景人员如何移动乐谱架，无论冷热交替的天气会给观众和乐器带来什么影响，也无论音乐会的主办方提出何种不合理的要求，指挥者都要努力让各个器乐组协调有序地按照既定节奏、模式来演奏，以呈现一场完美的音乐会。

我们对管理工作的研究表明，管理者为了应对强烈干扰而花了大量时间。这些干扰的产生，似乎不仅是因为糟糕的管理者会让问题恶化，还因为优秀的管理者会主动推进那些必然有破坏性的变革。有成效的管理者不会回避危机，而是会寻找各种机会解决危机，就像斯坦伯格在1933年所做的那样。毕竟，他本可以关闭那家有问题的商店。这肯定更符合另外7家店的发展规划，但前提是真的存在这样的规划。

---

① 原文为“grew like Topsy”，起初这个短语只比喻一种自生自长、放任自流的生存方式，但后来，它还被用于形容高速成长或发展。——编者注

这就带来了问题，即长期战略问题和短期战术问题对规划来说区别究竟是什么。在短期经营压力下就眼前目标做出的决定，无论是为了应对危机还是抓住机会，都可能会产生长远且具有战略意义的结果，斯坦伯格的例子便是如此。看似重大的“战略”决策有时却会像气球一样一戳就破。要正确区分长期战略和短期战术的难点在于，在尘埃落定之前，人们无法确定事情是战略性的还是战术性的。然而，规划必须在尘埃扬起前就明确做出区分。

战略制定的这种动态特征有助于解释为什么管理工作本身是如此动态的：管理工作节奏十分紧张（“待办事项一件接一件”），还要被各种意外事项打断（管理者很少可以在一件事情上专注半小时），更关心当下，口头交流多，需要快速处理工作，工作模式混乱。我们在 1973 年对 5 位首席执行官的研究结论表明：

> 无论经典文献的观点如何，管理环境的压力都不鼓励规划制定者深思。工作塑造了适应环境的信息操纵者，他们更喜欢新发生的、具体的情况。由于在刺激－反应的环境中工作，所以他们形成了立即行动的明显偏好。

所有这些对传统的规划制定者而言都是噩耗，他们试图“纠正”这种行为，例如安排冗长的长期规划会议，甚至在全线退出市场时也是如此。因此，布拉斯（Blass）呼吁“全面改变管理风格”，以便管理者“能有意识地安排大量时间，远离文件夹和电话，让思考和预测取代仓促的行动反应”。埃贝尔和约翰·哈默德（John Hammond）指出：一些规划制定者如果发现管理者无法改变管理风格或“没有能力和不善于规划”，就会试图绕过管理者，尽可能自行制定“战略规划”。正如我们所看到的，如果规划制定者这样做，那么高管们只需要偶尔花一两天时间审查规划制定者提交的总结文件就可以了。然后规划制定者会声称自己已经制定了战略（直到首席执行官出人意料地进行了一次重大收购[①])。

安德鲁斯认为，出现这一切问题的原因在于，管理工作处于一个“有意为之的混乱”环境中。这并不意味着管理者没有计划，或他们不知道如何利用秘书来屏蔽干扰，抑或是他们没有认识到响应性规划的重要性。恰好相反，他们知道只有通过这种方式工作，才有可能在动态环境中制定战略。否则，问题就不是缺乏正式规划，而是缺乏管理能力，或者是管理者与环境之间出现了脱节。例如，在对首席执行官所做工作的研究中，我们惊讶地发现，首席执行官的工作总是被打断，但他们却积极鼓励员工打断他们。尽管他们确实被工作的压力和节奏所困（例如必须处理非他们不可的积压事务），但在某种程度上，他们对周围情况的不可预测性也很敏感，需要对不断发生的变化做出反应。同样，我们发现首席执行官们偏爱口头信息，因为它更便捷、更即时、更丰富。

虽然就战略本身的定义而言，战略是稳定的，环境可能或多或少也是稳定的，但战略制定的过程必须始终是动态的，因为它与变化相关，而环境何时或如何变化总是难以捉摸（在我们的研究中，环境有可能在几十年内相对保持稳定，也有可能倾刻间发生剧变）。这是在制定战略时规划会失效的另一个原因。

预测即控制（规划即规定）

在一种情况下，前面的许多观点似乎都不成立，只有那些关于规划的观点成立，那就是组织有能力在自己所处的环境中强行推进规划。维克认为：

---

① 雷金纳德·琼斯就是一个典型示例。作为通用电气的首席执行官，他可能是最伟大的规划支持者。但他完全无视公司规划，进行了美国有史以来规模最大的收购。琼斯实施这项重大战略举措，并非因为通用电气的战略规划投资组合提供了分析依据。琼斯解释说：“这是一个临时决定，因为一个偶然的机会出现了……”

组织可以“规定”它所处的环境，然后就可以自如地制定规划及实施日程，并贯彻落实，如果组织愿意，甚至可以忽略来自外部的信号。这样的组织甚至不必考虑预测，因为组织的规划就是预测！他们的规划决定了环境的作用[①]。并且，出于同样的原因，规划又回到了它所偏爱的稳定条件中，但这是它自己努力实现的：规划定义了所需要的稳定形式，然后使一个友好的环境具备了稳定性。在我们所谓的规定性规划下，规划对控制的痴迷找到了完美的归宿。

如果真有组织能做到这点，那真是个壮举。有些人确实尝试过，甚至一度成功了。规定性规划需要在某种封闭系统中执行，至少动向一致：组织可以影响环境，但环境不会严重影响组织。天气必须是可控的（或无关紧要的），公民或雇员必须勤奋工作，竞争对手必须合作（即必须没有竞争对手），等等。戴森（Dyson）认为，在“现代规划理论中……政府被视为一个可以用控制论来组织的‘封闭系统’”。

遗憾的是，完全封闭的系统根本不存在。一旦天气发生难以预料的变化，或经济突然衰退，抑或是雇员、公民或竞争对手有了自己的想法，精心制定的规划就会崩溃。这真是具有讽刺意味，某些公司中都发生过类似的情况。

尽管有这些经验教训，但规定性规划始终不乏拥趸，甚至在私营机构也是如此。例如，阿克夫在《超越预测和准备》（Beyond Prediction and Preparation）一文中写道：“设法控制那些未受控制的事情显然比为它们做预测和做准备更重要。未来很大程度上取决于创造，我们可以为未来做好准备。我们创造的东西越多，需要预测的东西就越少。”事实上，敏锐的商业

① 马克利达基斯和惠尔赖特更愿意将这种规划称为“规范性”或“目的性”预测。这种预测“假设人们不是被动的执行者，而是并且应该是未来的积极塑造者”。然而，这种观点似乎夸大了预测一词的含义。

行为观察家瑞安曼认为，只有采用规定性规划，而非确定性规划，才能取得预期效果。因为后者不得不依赖预测，这是不可取的。他认为那些能够决定自己的战略方向的组织才是“公司”：

> 如果公司希望自己的内部（战略）规划能够实现，公司就必须成为所在环境的主导者。只有这样，公司才能弥合环境预测中一贯存在的不确定性（造成的缺陷）……如果一个组织不能主导其所处的环境，却表现得好像可以预测环境的发展，并据此设计长期的经营规划，那么这个组织几乎肯定会遇到巨大的困难。

哲学家埃里克·霍弗（Eric Hofer）的观点更加简明扼要：“预测未来的唯一方法是掌控未来。”

然而，即使可以规划未来，我们也必须提出一个问题：按照规划控制未来的价值是什么？规划的价值又是什么？我们推动这样的规划，究竟会创造一个怎样的组织？

有一些国家为我们提供了公共机构的答案。当然，私营机构的答案也并没有太大的不同。约翰·肯尼斯·加尔布雷思专门著书讨论了大型公司的相关问题，他认为大型公司是垄断组织，相对来说避免了激烈竞争，这些公司进行规划是为了规定它们所处的环境。他将这些大型公司称为“新工业国家”，认为正是这些巨头使得规划在美国如此流行。

> 除了就消费者想要什么、愿意买什么等问题做出决策，公司还必须采取一切可行的步骤来确保它决定生产的东西是消费者愿意购买的。它必须确保生产所需的劳动力、材料和设备的成本能够与最终的产品定价相匹配。由此，公司必须控制

销售和供给两大环节，它必须用规划取代市场化[①]。

请注意，加尔布雷思的著作出版于1967年，当时正是美国流行规定性规划的黄金时期。然而，在经历了能源危机、与日本公司的竞争、管制放松以及活力的丧失后，情况就不那么乐观了。这并不是说规定性规划已经消失，那些处于细分市场这一舒适区（如有专利保护）的组织、具有垄断权力的公共事业领域，以及某些政府部门，仍然热衷于规定性规划[②]。但绝大多数组织既不能规定所处的环境，也不能预测环境变化，它们的规划活动就没那么容易了。然而，许多组织并没有放弃，它们选择了更详细地制定规划：用更复杂的"情景"构建方法代替直接预测，用更复杂的"应急规划"取代简单的确定性规划。

用情景构建方法代替预测

迈克尔·波特认为情景构建方法是"战略家武器库"中的另一个"工具"。它所依据的假设是：如果无法准确预测未来，那就通过想象来构建各式各样的未来情景，也许就能从中找到正确的未来。波特在他出版于1985年的著作中专门用一章的篇幅来讨论这个主题，其中描述道：情景"不是预告，而是一种可能的未来结构"。情景构建工作包括：识别不确定性、确定不确定性的驱动要素，提出各种设想并组合成可能的情景。

20世纪90年代，人们对情景构建产生了浓厚的兴趣，部分原因是皮埃

① 斯坦纳提供了一个绝佳示例（措辞更委婉）："富兰克林铸币厂发现，专门收藏硬币和金属产品的需求尚未得到充分挖掘，只有做大量的营销工作，才能让收藏家相信他们有这个需求。"

② 魁北克水电是加拿大主要的国有电力公司之一，它在1987年初的经历可以作为一个非同寻常的案例。它要求政府保证在未来20年内定期提高5%的电费，并且声称自己需要以商业化的方式来运营！但问题在于，哪个参与市场竞争的公司可以在20个月内控制市场价格？！更不用说控制20年了。

尔·瓦克（Pierre Wack）的文章引起了热潮。他撰写了一篇关于壳牌集团情景开发的文章，描述了 1973 年世界石油市场发生转变的性质（或时机）。在瓦克对壳牌集团经验的解释中，读者了解到这类实践是多么复杂和微妙，以及对主观判断的依赖丝毫不亚于对正式分析的依赖。瓦克总结道："与传统规划相比，情景构建方法较少关注预测结果，而更关注对促成结果的力量的理解。"即"不太关注表象，更关注本质"。

然而，这并不是一件简单的事情。首先，要构建多少个情景就是个问题。虽然情景越多，成功的机会就越大，但是规划制定者的时间有限，管理者也不可能考虑到所有可能性。换句话说，规划制定者需要足够多的情景，这些情景既要涵盖可能发生的情况，也要包括可能出现的重大突发性事件，但又不能过多而超出管理范围。在文章的注释中，瓦克就声称"6 个情景太多了"。但是一个环境可以给一个组织带来多少种可能的情景？有人知道答案吗？

另一个问题是，构建出几个情景之后该怎么做。波特提出了 5 种可能性：第一，押注最可能出现的情景；第二，押注最有利于公司的情景；第三，押注所有情景，这样不管结果如何都能令公司满意；第四，灵活押注；第五，充分发挥影响力，使最理想的情景成为现实。最后一点（即规定环境）确实很难做到，所以做出这样的选择并不容易。押注所有或灵活押注都有成本，它们的主要缺点都在于没有一个明确的战略。押注往往伴随着风险。没有人知道哪个情景会真的出现。瓦克指出，即使规划制定者非常确定他们构建的某个情景是正确的（就像他在壳牌集团的经历一样），如何说服管理层采取相应行动也仍是个问题。

瓦克团队青睐的情景"与当时壳牌集团内部的主流观念大相径庭"，他将壳牌集团的主流观念粗略地概述为"勘探和钻探、建造炼油厂、订购油罐车和扩大市场"。他认为，在最有可能出现的情景下，负责勘探和生产业务的上游管理者必须接受常规利润可能会产生的损失，并不得不与生产国发展新的关系；负责炼油、运输和营销业务的下游管理者，则不得不面对较低的增长。事实证明，改变管理层的观念是一项比构建情景“更急迫的任务”。除此之外，他们还必须构建“挑战”情景和“幻影”情景。正如瓦克所报告的那样，他的团队最终成功了，壳牌集团的管理者们在行为上做出了改变。但在瓦克看来，更重要的是，这家分权化公司的管理者在观念上做出了改变，从而能够更有效地应对 1973 年的石油危机。

战略是观念的产物。当世界发生变化时，管理者需要对新的世界达成共识。否则，分权化战略决策就会导致管理上的混乱。情景可以把管理者对新世界的共识传达到组织的所有部门，同时提供交流的平台。

正如瓦克所描述的那样，壳牌集团是一个幸运的组织，也许也是一个不寻常的组织。因为他们的情景构建者水平很高，而且能够说服管理层接受变革。或许我们可以得出结论：壳牌集团的案例是规划制定者的最佳案例，但不是规划的最佳案例，因为该实践为管理者提供了可分析的（实际上是安索夫所说的近似分析性）建议，但这并不是一次将战略制定过程正式化的尝试。事实上，我们甚至不清楚这是不是一次情景构建实践，因为根据瓦克自己的说法，在实践过程中，实践小组抓住了对未来的一种特定观点并大力推广它：“现在我们认为突发性变化是预先确定好的。”

但瓦克的解释并未指出一点：无论是情景构建还是行为规避，失败情况都很普遍。一方面，似乎很少有团队能像瓦克和他的同事们那样，在如此复杂的情况下依然能将事情做好（也许《哈佛商业评论》之所以第一时间发表瓦克的文章，以及这篇文章随后变得如此知名，就是因为瓦克团队的特殊性）。其他团队有时没那么精明，他们更依赖硬数据而不是软判断，他们可能只是不太了解情况，也有可能他们只是处于有更多随机干扰的环境中，如意外的技术突破、偶然的战争、关键参与者的更迭等。对威尔达夫斯基来说，未来“是拥有无限分支的可能性”。或者正如马奇所说：

> 可以想象，未来会有非常多难以预料的事件，而且每一个事件看起来都不可能发生，所以我们通常在更仔细地预测时将它们排除在外。但我们知道，一些非常意外的事件肯定会发生。因此，建立在确定性和已知的未来基础上的规划，通常不会实现。

确实有一些团体在走运的情况下做得很好（就像瓦克及其同事那样），但是后来还是失败了，因为他们无法影响必要的行为，即说服管理层认同他们的预测并采取相应的行动。事实上，瓦克在与壳牌集团的中层管理者沟通时就遇到了麻烦。瓦克说道："在某种程度上，情景组合确实引起了一些管理者在思考上的兴趣，但未能改变壳牌集团的大部分行为。"瓦克可能最终克服了这一点，但一些著名的规划制定者都没能克服：

> 早在 1936 年，夏威夷驻军司令部就已经预想到日军会在珍珠港展开突袭行动，因而在夏威夷群岛规划了军事演习……美国陆军参谋部二部（G-2）有一个叫作"橙色"的计划，就是为了抵御军事突袭。夏威夷驻军司令部的指挥官们已经批准了防御的请求，但是组织实际执行流程时并没有参考规划演习的情况……尽管 1941 年 7 月和 10 月两次发出警告，但在 12 月 7 日之前，陆军指挥官肖特没有举行过任何演习，甚至连弹药箱都没打开过。

安索夫在他 1984 年版的著作中评论道，"一些观察与研究表明，对于石油危机，许多做了预测的公司与不做预测、随机应变的公司表现出相同的拖延反应"，即使是那些使用"情景"规划方法和其他技术"以专门应对战略突发性变化"的公司也是如此。他将延迟问题归因于四种类型：系统性延迟、核实延迟、政治延迟和文化延迟。系统延迟包括"记录、解释、核对和向负责的管理人员传递信息所消耗的时间"。其他延迟或是因为管理层可能认为"触发的信息……是猜测性的，仅仅因为对未来'有所猜想'就行动是

'轻率和愚蠢的'"，或是因为管理层从信息里感觉到政治威胁，又或是出于心理因素，管理者"可能拒绝认真对待以前从未出现过的模糊威胁"。对于所有因素，情景构建方法确保一切正确的概率似乎并不高，这也许可以解释为什么"情景规划几乎没有发展起来"。

用应急规划替代确定性规划

当然，情景构建只是第一步。如果想要战略规划被接受，那么必须将这些情景正式纳入组织规划中。显然，将一组情景转化为确定性规划并没有多大意义，除非规划制定者对其中某个情景将会出现有足够的信心（如壳牌集团的经验）。因此，与情景构建相对应的就是应急规划，即制定应对不同情景的备选规划①。这样，组织就可以为应对可能出现的各种情况做好准备。

从理论上讲，这一切听起来都不错。然而，在实践中出现了许多问题。基于长期的经验，只有当可能性有限且每一种可能性都能基于长期的经验判断出来时，应急规划才可能会起作用，例如北方城市发生暴风雪或政府利率影响银行。但是在更开放的环境下，对可能发生的意外事件的认识是有限的，应急规划可能会带来许多问题。如前所述，无论对此类规划有多少投入，都可能发生从未考虑过或规划外的情况。马克利达基斯指出："在实际考虑问题时，不可能面面俱到，只能考虑到'无数'可能性中的一小部分。"奎因则指出，即使那些在考虑之中的可能性，也可能会由于"考虑得过于精细，只能对非常精细的刺激做出反应，而现实中出现的刺激，永远不会按照预期发生"。当然，某些情况所导致的后果非常严重，所以无论如何都必须做好准备，例如针对重要高管突然离世的情况制定应急规划。

---

① 这个规划可能会被添加到波特的响应列表中，作为第六项。尽管波特确实提到过它，并将它作为讨论情景构建的一个线索，但因为波特认为"面临巨大的不确定性的公司……倾向于选择能维持灵活性的战略……"，所以这个响应"在实践中很少见"。

另一个不太明显的问题与人员的投入有关。应急规划可能会以两种截然不同的方式对人员投入造成严重破坏。尽管波特建议全面押注，但在面对几种情景时还是很难采取行动。组织本身是在组织成员的投入和共同的组织目标的基础上运作的。换句话说，有决心、激情澎湃的人才能把事业做好。如果面对的是“摇摆不定”的可能性，员工就很难激发出这种工作的士气。正如瓦克所指，这大概是管理者“渴望某种‘确定性’”的原因之一。应急规划可能导致“分析瘫痪”，因为它鼓励管理者等待，而不是行动。就像维克所写的那样：“培养适应未来的能力，就会牺牲适应当下的能力……处于一种时刻准备着的孤独状态，貌似能够应对一切，事实上连下一个走进门的顾客都会让自己措手不及。”这让人想起迪贝的观点：在无事可做时，加拿大军方就做规划，然后到了必须采取行动时，就放弃规划。

更难以察觉但通常更严重的问题与人员投入问题恰恰相反：组织之所以会执行应急规划，并不是因为需要它，而是因为只拥有它。阿克夫举过一个应急规划的例子，就有力地证明了这一点：人们的车里都放有备用轮胎，但是人们不会为了用上它而刺破一个好的轮胎。在组织中，某个部门可能扮演了如同备胎一样的角色，但它的任务是执行应急规划。与此类似，1971 年 12 月 17 日，《时代周刊》就报道过得克萨斯州的一些消防员因为无聊而放火焚烧废弃建筑物的新闻。

当然，在必须采取行动的压力和对新形势的肤浅认识下，还有什么比拿起手头的应急规划照章办事更方便的呢？即使这个规划并不合适，至少也满足了领导者想要做些什么的需要，以及规划制定者证明自己有用的需要。抽象的假象再一次成为混乱的现实方便使用的替代品。

总而言之，对第一个谬误——预定假设而言，当规划世界稳定时，或者至少变化趋势有利时，预定假设是成立的，这样组织就可以预测未来以及现有战略的有效性。当组织中的一切都处于组织及其规划的控制之下时，预定假设也能起到作用，因为这时战略可以被强加在一个有利的环境中，任何

“预定”情况都能实现。当不确定性减弱时，情景构建和应急规划可能会很有效。换句话说，除了能预测到几个明确选项中的哪一个会实际发生，它们毫无其他作用（假设这样的规划不会无所作为或不被启用）。也许，当情景构建和应急规划可以达到瓦克所描述的复杂程度时，它们也是有效的。而在其他情况下（其他情况包括的行为相当多），预定假设对规划来说确实是一个谬误。

脱节假设的谬误

规划的另一个关键假设是脱节假设，这种脱节尤指战略与经营的脱节，由此造成了所谓的战略管理与经营管理的脱节。前文指出了耶利内克提出的将管理从日常运营中“分离”出来的好处：只有管理层不再专注于任务本身的细节，才能思考“真正的规划方向”。只有这样，管理层才可以专注于真正重要的、长期的“战略”问题。

很多管理顾问都是耶利内克观点的拥趸。布拉斯曾举例：有一家咨询公司告诉客户，公司的高管层应该将日常运营管理工作交给下属，将大部分时间用于规划未来。蒂尔斯举过一个更极端的例子：“一些公司已经认真考虑过编制数据库，这样当高管们查询细节问题时，数据库会拒绝访问并告知高管‘您未被公司授予访问这条信息的权限’。”英国一家公司的高管霍普伍德（Hopwood）的评论也许是最大胆的：

> 20 世纪 60 年代初期，世界著名管理咨询集团的首席执行官曾试图说服我相信，最高层管理者对产品有尽可能少的了解才是理想状态。这位大人物确实相信，只要高管们达到这种状态，他们就能以超然和无拘束的方式有效地处理所有业务问题。

事实上，战略规划模型本身早已明确体现了这一观点。在战略规划模型中，早已明确划分战略形成和战略实施两大部分。战略形成过程被认定为仅限于组织中的重要人员参与，即由高管们负责，不过规划人员也会参与其中；战略实施过程由公司中的其他人负责。

马奇和西蒙在1958年对这种划分方式的合理性做出了解释。他们提出了格雷欣规划法则[①]："日常工作让管理者无暇规划。"因此，传统的规划人员认为他们有责任减轻管理者的日常工作压力（这里用"例行公事"描述管理工作不恰当），以便管理者可以专注于规划工作[②]。规划人员会通过制定时间表来减少管理者的日常工作，如果做不到这点，那么他们将尽可能多地接管规划流程。由此，出现了一种新职位，即战略经理，这是一种糅合了直线管理者和规划人员的双重职能的职位，但只负责与战略相关的工作。

但上述做法真的能解决问题吗？或者，我们发现真正的问题所在了吗？制定规划或"战略"所需的时间真的是问题所在吗？我们认为，真正的问题不是缺乏战略规划，甚至可能也不是缺乏战略思考，而是缺乏战略行动。我们看到，一些组织未能成功适应变化，它们的正式的战略规划非但没能解决这个问题，反而可能使已存在的问题更加恶化，或者制造出了新问题。

既见树木，亦见森林

毋庸置疑，组织需要优秀的战略思想家，至少有时是这样的。用通俗的比喻来说，他们是那种由一棵树看到整片森林的人，即能够从更广阔、长远

---

① 此处是对格雷欣法则（Gresham's Law），即"劣币驱逐良币"的引申应用。——编者注

② 具有讽刺意味的是，对于括号中的观点，马奇和西蒙如此重申他们的法则：当"同时面临高度程序化的任务和高度非程序化的任务"时，个人倾向于先处理前者。因此，问题在于如何保留处理必要的非程序化工作的能力。但是，正如我们所看到的，规划是以程序化为前提的，而管理工作的本质基本是非程序化的。那么，在马奇和西蒙看来，抵制规划的管理者算是精于经营的管理者吗？

的角度看问题。但是，在我们看来，那些认为只有“飘在天上”才能做出有效战略反应的观点，其实是一个谬论。事实证明，许多组织都为此付出了高昂的代价。一位清醒的规划部门主管曾说：“那些秉持可以在象牙塔中构建有效战略的观点，已经完全被推翻了。”

优秀的战略家不会让自己脱离日常细节，恰恰相反，他们会沉浸其中，并能从中提取出有用的战略信息。由一棵树看到整片森林的比喻是错误的，因为机会往往隐藏在树叶下。更恰当的比喻可能是，要能在矿层中发现未经雕琢的钻石原石。或者将这两个比喻融合：没有人能在飞越森林时发现钻石。因为从空中看，森林就像是一块简单的绿色地毯，根本看不出它拥有复杂的生态系统。

截至目前，本部分中讨论的都是脱节不利于战略管理的原因。对于脱节假设这一谬误，我们指出了它会如何阻碍管理者对战略的投入，而这种投入往往是有效实现既定战略的关键。我们已经指出先验性地区分战略和战术将引发的问题，因为某些因素一开始看起来是战术性的（如帕斯尚尔的天气），后面分析时它们可能会变成战略性的。在规划时，如果负责制定战略的管理者与既定战术脱节，那么他们最终发现问题具有战略性的机会就将大大减小。我们在讨论帕斯尚尔战役时就提到，虽然这场战役“从战略上讲是可行的”，但它“在战术层面无法实现”，而脱节的战术家们对此茫然无知，最终导致 25 万名英国士兵战死沙场。

接下来，我们将阐述自己对脱节假设的一些看法，尤指对人为地使思考与行动脱节的看法。首先，我们将讨论脱节假设在基本模型中的两种表现，一是对优势和劣势的评估，二是对战略形成和战略实施的切分。我们会从其自身的角度来讨论。但我们希望先从表面上考察脱节假设，并考察其关键推论之一的有效性。这一关键推论即管理者和规划人员可以脱离经营细节，只需通过所谓的“硬数据”就能对经营情况有充分的了解。如果这被证明是一个谬误，那么脱节假设也必然是谬误。

硬数据的软肋

战略管理者及其规划系统可以与其工作对象脱节这一观点基于一个基本假设：战略管理者及其规划系统可以从正式途径获得信息。更具体地说，只有当他们能够方便地获取所需要的信息时，才有可能产生脱节现象。杂乱无章的世界里充斥着随机的噪声、流言蜚语、推断、印象与事实，必须将它们压缩、聚合成更加清晰、明确、可靠的数据，以便能以易于理解的形式定期供管理者使用。蒂尔斯认为，只有当高管层满足于从更具聚合性的报告中了解情况，放手让中层管理者处理细节，高管层才能考虑有效的规划。也许这才是最真实的情况。

一直以来，规划方面的文献传递着这样一种看法：硬数据不仅能够有效地替代定性的软数据，而且比软数据更好用、更实用。在早期的规划文献中，这一看法尤其明显。这些文献强调对成本和收益进行数值预测与分析；后期的文献则强调竞争对手分析和股东价值分析（假设战略和股价之间存在可测量的关系）。

硬数据的“硬”指数据可以被明确记录，这通常意味着数据已经被量化。有了硬数据，规划人员和管理者坐在办公室里就能了解情况，而无须出去约见客户，了解产品是如何被购买的，也无须了解这些战略与股价之间的联系。在计算机时代，这些工作都在浪费他们的宝贵时间，毕竟这些工作依靠各种系统就能完成，无论是“信息技术”“战略信息系统”“专家系统”“综合系统”，还是简单的“管理信息系统”，都可以应用。

在讨论规划陷阱时，我们已经考虑过硬数据的一些问题，例如计算如何阻碍投入，以及对于量化的偏好如何让经济因素取代了社会因素、让财务因素取代了创造性。传统规划人员强调“客观性”，这不仅反映在他们对自己青睐的目标的偏爱上，也反映在他们对经过处理的数据的偏爱上。但在这里，我们希望跳过这些观点，直接指出：所有过度依赖硬数据的战略制定过程，都可能会产生严重的偏差和歪曲。

一项项的研究已经表明，在大约 80% 的工作时间中，各种类型的管理者主要依赖口头沟通方式。[在这方面，我们喜欢用布莱克 · 艾夫斯（Blake Ives）和玛格丽特 · 奥尔斯（Margrethe Olson）的统计数据：即使是信息管理者也十分依赖口头交流，他们每天 76% 的工作时间都在进行口头交流，而且在办公室里几乎不使用计算机]。为什么对管理者而言，说和听如此重要？我们认为，主要的原因不在于坏习惯或人们的社交属性，而在于口头交流所传达的信息类型。在提交给美国全国会计师协会的一篇专题论文《影响管理信息使用的障碍》（Impedimets to the Use of Management Information）中，我们就正式管理系统所提供信息的局限性得出一些结论。

第一，硬信息的获取范围通常有限，缺乏丰富性，并且往往无法包含重要的非经济性因素和非量化因素。正式信息往往只能作为说明基础，而无法作为解释的基础，例如正式信息只能说明销量下降，而不能揭示顾客离开的原因。正因如此，有时与一位心怀不满的客户沟通比做一份重要的营销研究报告更有价值[①]。此外，强调量化往往会阻碍对一系列因素的考虑，这些因素对战略形成过程的影响没那么直接，但同样重要。马什等人在资本预算研究中发现，最难量化的成本和收益往往被财务分析排除在外。约翰 · 费富纳（John Pfiffner）在对比了“经济理性”与“管理理性”后发现，后者更普遍地“考虑到了一系列额外的事实，这些事实与情感、政治、权力、群体动力、个性和心理健康有关”。关键在于，很多对战略形成而言很重要的信息永远不会变成事实。客户脸上的表情、工厂里的气氛和政府官员的语气等，都是管理者可以利用的信息，但都不是管理信息系统可以提供的信息。

---

① 在学术界，我们认为相应的方法是对课程进行定量评估。在评估学生对课程的热情时，这种方法被证明是有效的，但它无法解释课程为何会成功或失败。与坦率的学生进行一两次对话，通常就能得到所需的解释。1988 年，布赖森提出了如何衡量教育工作的问题，即如何评估学生的受教育情况。他指出：“最近学校对毕业生进行标准化测试的举措，是一种评估教育工作的尝试，旨在根据评估结果弥补教育方面的不足……”但具体的改善措施呢？

许多管理者喜欢口头交流，尤其是面对面的交流。他们认为这种方式不可或缺，因为在口头交流时，他们能够“读出”些什么。相比之下，从硬信息中无法获取那些内容。因此，如果过于依赖硬信息，那么所制定的战略将缺乏灵活性，缺少许多细节。

当然，只要管理者不脱离实际，他们自然可以在自己的组织内得到这些软信息。他们可以解读员工的表情、在工厂里走动、听听会上发言人说话的语气。相同类型的信息也可以从外部环境中获取，只是没那么方便，但这并没有降低它的重要性。弗朗西斯·阿吉拉尔（Francis Aguilar）指出：正因如此，管理者通常会花费大量时间来开发自己的个人信息系统，建立人际情报网，其中包括客户、供应商、贸易组织成员、政府官员和竞争对手等。在对管理者所使用的外部信息的研究中，阿吉拉尔发现，个人信息源的重要性与非个人信息源的重要性相比，大概是 70%：29%。他引用了一家投资银行的高级合伙人的评论来说明这一点：

> 对任何一家大型公司的成功高管来说，最重要的外部信息源可能都是他在公司外部建立的非正式关系网络……这些关系是高管在获取信息、提出建议和做出反应时的依据。你可以把它们想象成哆啦 A 梦的魔法口袋。

第二，许多硬信息过于聚合，无法有效地用于战略制定。如果信息过载，使管理者面临巨大的信息处理压力，显而易见的解决方案就是将信息聚合起来。随着组织日益壮大，管理层级越来越多，必须聚合的信息也越来越多。如果你看到的只是一棵树，那你如何能管理好一片大森林呢？因此，必须站在森林的层面。通用电气在 1980 年前的做法是这种思维模式的典型体现。首先，通用电气在部门机制上引入了“战略”，然后在战略上引入“部门”，这些举措都是为了提高聚合级别，以便最高管理层能够快速掌握必要的信息。汉默麦希在讲述这个故事时，引用了通用电气前首席执行官雷金纳德·琼斯的话：

> 从1972年战略规划开始，我和副总裁就试图仔细地审查每个规划。这项工作花费了无数个小时，给公司管理办公室带来了巨大的负担。一段时间后，我开始意识到，无论怎么努力，我们都无法对40多个战略规划进行必要的深入了解。审查的重担必须由更多的人来承担。

汉默麦希写道："创建部门结构是琼斯分散审查负担的方式。"这一方式"代表了宏观业务或行业领域的新管理水平"，它将多个战略的战略整合到一个规划中，最终形成了6个这样的规划。"公司管理办公室随后将重点审查这6个战略规划"，从而"减轻了首席执行官的审查负担"。琼斯兴致勃勃地说道：

> 事实证明，部门化的方法非常成功，甚至超出了我的预期。现在我会看一些规划方面的书，并能充分理解它们，从而提出正确的问题。放在以前，我可做不到这点。

这个方法对琼斯来说非常方便。他将越来越多的时间和精力投入华盛顿商界元老的角色时，"无暇处理通用电气内部事务"，这个方法帮助了他。但唯一的问题是，信息越聚合，首席执行官就与现实越脱节。最终，当杰克·韦尔奇接替琼斯担任首席执行官时，情况发生了逆转，韦尔奇采用了一种更加"亲力亲为"的管理方法（可以认为，通用电气高层对"遥控"管理公司的幻想也有所减少）。

依赖硬信息的谬误在于：它假设信息在聚合过程中不会有任何损失。但现实情况是，信息在聚合过程中会大量丢失，而且丢失的往往是最核心的信息，这有时甚至会导致管理层对战略制定过程失去控制。6个部门的聚合数据能在多大程度上让琼斯对他领导的复杂组织有所了解呢？看到森林可能很好，但前提是树木没有任何动静。即使是木材公司也不能只依靠森林表面的情况就制定出战略。他们需要研究木材、地形和许多其他细节。理查德·诺伊施塔特（Richard Neustadt）研究了美国三位总统的信息搜集习惯，他指出：

> 帮助总统看清个人利害关系的不是那些常规信息，不是总结，不是调查结果，也不是陈词滥调，而是在他脑海中拼凑起来的那些实质的细节。那些细节使他看清问题背后所隐藏的东西。他必须尽可能广泛地接触各方面的事实、意见、传言，这些都与他作为总统的利益有关。他必须掌控自己的情报。

管理者之所以需要这些实质的细节，有两个原因。首先，他们需要一些刺激来鼓励他们采取决策行动。某位高管曾指出："高管通过与其他商人进行非正式对话可以获得许多信息，这些信息能提醒他有些事情已经改变了……还有更多的东西需要了解。"其次，管理者可以根据他们头脑中形成的概念模型来描述世界。正如诺伊施塔特所指，这些模型是由可识别的实质信息碎片构建而成的，而非乏味的聚合体构建而成的。

第三，许多硬信息不够及时，无法在战略制定过程中发挥作用。信息需要时间来"硬化"，才能变得准确、可靠。将趋势、事件和绩效记录为"事实"需要时间，将这些事实聚合进报告中则需要更多时间，如果按预定时间表呈报这些报告，需要的时间就会更多。因此，硬信息基本上都是历史信息，记录了过去发生的事情。但是，如前所述，战略制定是一个积极的、动态的过程，通常会迅速展开以对刺激做出即时反应。因此，很多时候管理者不能等到信息变得可靠才开始制定战略。因为在等待的过程中，竞争对手可能会抢走重要的客户，工人可能会罢工，新技术可能会淘汰现有的生产线。世界不会等到信息以规划人员及其系统可以接受的形式出现后再运转。

军事指挥官必须了解敌人的实时动向，不能空等政府统计的数据。同样，政治家必须了解民众的真实情绪，而不是进行无意义的民意调查。公司管理者必须真正了解客户的需求，而非仅仅了解他们的历史购买习惯。正因如此，管理者才会绕过正式系统，创建自己的非正式系统。进而，传言、小道消息和推测才会在每位优秀管理者的信息处方中占据绝大部分位置。这些信息可能不太准确，但很及时。戴维斯（Davis）曾对小道消息进行过广泛的研究，他发现小道消息的传递是快速且具有选择性的。

第四，令人惊讶的是，硬信息多数并不可靠。通常情况下，软信息被认为是不可靠的，会受到各种偏见的影响。相比之下，以数字化方式传输和存储的硬信息被认为是实在且精确的。但事实上，硬信息并不比软信息好到哪里去，反而往往要差得多。

信息量化即将信息转化为电子数据，在这个过程中总会丢失一些信息。这不仅仅是因为会有数字四舍五入的情况，更因为将无法确切描述的事情变成数字形式十分困难。井夙雄治等人从财会领域出发，认为定量措施只是事实的“替代品”，有些做法相当粗糙。对于定量测量，无论是在工厂中以废品数量代表产品质量的指标，还是在大学中以论文发表数量代表科研水平的指标，抑或是在资本预算中估计成本和收益，任何从事过此类工作的人肯定都知道其中会产生多少扭曲，无论这种扭曲是有意的还是无意的。

从这个角度看，埃利·德文斯对二战期间英国空军部的“统计与规划”的解读耐人寻味。德文斯说，“没有统计就没有规划”，因为“规划主要基于对过去趋势的考察及对未来趋势的推断”。“因此，生产规划程序的第一阶段必须是搜集过去的实际生产记录。”“尽管这项工作看起来基础且初级，但在搜集生产统计数据时却面临重重困难。”

德文斯接着讲述了一连串令人震惊的故事。尽管此类数据的收集工作极其困难和精细，需要“高超的技巧”，但“这些搜集工作却被视为……初级的常规工作，可以交给最低效的员工来做”。因此，最终搜集的数据漏洞百出，甚至连月份这样的基础信息都有错误。每个月几乎都有不同的假期，但他们却一视同仁。“通常只有在总结判断和推测时，数字才会起作用”，而且这些数字有时来自“相当武断的假设”，甚至“统计上的讨价还价”。“在这种情况下，官员们对他们的估计做出了妥协”。过去有些草率的“冒险”推测有时会被当成事实依据而延续下去。但是，“一旦推导出一个数字……这个数字很快就会被视为‘公认的数字’，因为没有人能够通过理性的论证来证明它是错误的，或推导出一个更好的数字来代替它”。当这些数字被绘制成图表并被不了解它们的人使用时，就会产生各种奇怪的结果。例如，有位官员盯着一条线，认为它的“末端太陡峭”，因此要求在后面的几个月里下调 10%！

之所以出现这类问题，是因为人们都有一种强烈倾向，即“认为用数字表达的任何事情都必然是精确的”：

> 一个常见的错误是，人们通常认为数字比它们的来源更准确、更可靠，而不去判断这些数字是否合理、科学。一旦这些数字被称为“统计数据”，就会变得权威且神圣。

德文斯认为：“数字赋予了决策过程一种明显的科学合理性。几乎所有人都认为，包含统计数据的文件要优于纯文字文件。一旦承认数据不充分，就意味着方针决策并不是在理性思考的基础上做出的。”

当然，软信息也有问题。大部分软信息是推测出来的，依赖于人的记忆，而记忆可能是模糊的，会受到各种扭曲心理的影响。理想情况下，战略制定需要同时利用硬信息和软信息，但也有管理者必须依赖软信息的情况。例如，一位营销经理听说一位大客户要与竞争对手共进午餐，同时统计数据显示明天业务将会亏损。在面对这两个问题时，哪位营销经理会不优先应对前者呢？或者就像前面提到过的，一个心存不满的客户的实例，可能比所有市场研究数据更有价值。虽然后者可能会揭示问题，但前者可以提示解决方案。

鉴于硬信息往往是有限的、聚合程度过高的、滞后的，有时甚至是不可靠的，管理者通常表现出对软信息的偏好也就不足为奇了。至少，软信息可以帮助管理者检测硬信息的准确性。更重要的是，软信息有助于解释和解决出现的问题，为管理者提供构建思维模型的基础，并帮助他们尽早对正在发生的事件做出反应。总而言之，在我们看来，虽然硬数据能够为智者提供信息，但大多数情况下，软数据才能生出智慧之光。软数据可能非常难以“分析”，但它对“综合”来说是必不可少的，而“综合”正是制定战略的关键。

很多常用的流行词语都表明，战略制定的思考过程是以软信息为基础的，如预感、判断力、直觉和认知。这些词都表明，存在一种比分析更深入的认识形式，而且它比机械地处理硬数据提供的信息更深入。这就是为什么计划学派关于硬数据的假设都是谬误，以及为什么战略家应该与其所处环境的细节脱节的假设也是谬误。

规划人员与战略制定的脱节

先不谈“战略管理者”是否应与经营脱节，我们现在更愿意讨论一些完全不同的脱节假设：战略规划与规划人员的脱节，以及依赖战略规划的管理者与战略制定过程的脱节。

每个可信者都可以平等地使用硬信息，前提是他们可以使用计算机或复印机。但软信息不同，尤其是那些对战略制定至关重要的软信息，只有那些直接接触（或者说“亲身接触”）者可以使用。规划人员通常不会亲身接触软信息。凯里·库珀（Cary Cooper）曾举例说：“美国政府是一个由口头沟通而不是书面文件驱动的‘组织’。归根结底，电话和小型会议是美国政府的运营工具，它们将规划人员排除在外。”

亲身接触意味着可以亲自接触信息的来源，包括客户、工厂以及政府官员。一般来说，一线管理者依靠自身权力才能接触到这些信息源。这种权力使管理者成为自己负责的单位的“神经中枢”。通过与每个下属接触，管理者拥有了自己单位的最广泛的信息库。与此同时，由于身处单位的最高层级，所以管理者能够接触到其他单位中同等级别的管理者，并了解他们的相关信息，而这些管理者本身也是其单位的神经中枢。正因如此，美国总统应该比任何人都了解整个政府，因为他能够接触政府的每一个部门。此外，他与英国首相的接触可以让他获得一些连美国国务卿也无法获得的信息，因为英国首相也是英国政府的神经中枢。事实上，对国务卿和任何机构的领导者而言，都可以得出类似的结论。因此，任何会玩这种信息游戏的管理者都应该是组织中掌握信息最多的人，他掌握的信息广度远超任何下属或专职人员。

对信息的掌握既是管理工作中的关键因素，也是影响管理者的战略制定能力的重要因素。但我们相信，许多规划人员都没有意识到这一点。相反，他们往往局限于硬数据，包括市场研究数据、竞争对手分析数据、经济周期统计数据、绩效报告等。虽然在制定有效战略时，这些数据通常是必要的，但仅有这些数据还不够。这些规划人员必然会与战略制定过程脱节，而在那些信奉正式的战略规划的组织中，战略制定过程必定会与现实情况脱节[①]。

当然，规划人员自然会宣扬自己的竞争优势，即他们有时间和技术来分析硬数据。但规划人员会面临一个问题，即一线管理者可以很容易地触及硬数据（或者至少可以得到规划人员的分析结果），而规划人员却并不能轻松地触及管理者的软数据，因为软数据往往存储在自然记忆（即人脑）中。硬数据可以复印、共享，但软数据不能。软数据至多可以被写进报告，或在某种汇报会上口头共享。但管理者通常不愿做这些事情，因为太费时间。

波利亚尼（Polyani）的术语表明，管理者的许多知识似乎是“隐性的”。

① 这个问题似乎不仅出现在规划人员身上，还常见于许多专家身上。当他们认为自己“专业”到可以脱离工作对象时，就会遇到同样的问题。例如，脱离患者的医生和认为自己“比学生更有头脑”的老师。

换句话说，管理者（与大多数人一样）知道的知识比他们能说出来的知识要多得多。他们似乎只能在自己做决策时使用这些知识（这大概就是指“直觉”），而不能轻易地将这些知识直接传达出来，包括与规划人员和规划流程有关的知识。基恩在关于“外部规划促进者”的文章中写道：当“战略规划需要熟悉异常复杂的知识”时，上述方法可能是“不合适的”。但我们对此有不同看法。我们认为，除了最琐碎的组织，或愿意接受最琐碎战略的组织，对外来者来说，制定战略所需的知识总是“异常复杂”的。

因此我们得出结论，由于战略制定既需要软信息也需要硬信息，并且规划人员和管理者都可以接触硬信息，但通常只有管理者才能接触软信息，所以管理者必须主动掌握战略制定过程，这样他们就必须运用自己的隐性知识。这意味着他们必须自由掌握自己的直觉过程。要做到这一点，他们必须与组织的经营情况及外部环境保持密切联系，而不能与它们脱节。

那些处于参谋地位的规划人员由于扮演了参谋角色，并且无法触及软数据，所以只能在战略制定中扮演辅助角色，具体负责分析和应用硬数据。就这点来说，即便正式规划是制定战略的有效方法，也会因为缺乏正确的数据而迅速摇摇欲坠。我们将在正式化之谬部分讨论这一点。在描述外交政策规划过程的崩溃时，库珀写道：

> 无论有意无意，决策者都很少会将他们当前或未来的利害关系告知规划人员。因此，规划人员往往与现实世界脱节。大部分规划工作都是自发的，都基于规划人员天真的假设：假设决策者想要什么，或者假设自己应该做什么。

如果规划部门满是缺乏经营经验的分析人员，如财务专家、年轻的MBA、新聘请的顾问等，那么人们很容易将脱节问题归结为规划人员缺乏业务知识，但问题其实远不止如此。与组织日常运作细节脱节的人，永远无法获得必要的知识。至于那些带着此类知识进入规划过程的人，如转岗为规划人员的一线管理者，最终也往往会失去这些知识。也许正因如此，像加拿大铝业这样的巨头公司才会倾向于让一线管理者每三年就轮换到规划职能部门一次。因为这段时间足以让这些一线管理者的知识在枯竭之前充分发挥作用。

依赖规划的管理者与战略制定的脱节

我们一直假定，规划人员的参谋者性质会让他们与战略制定脱节；而管理者因其一线人员的性质，并不会与战略制定脱节。但是，我们想说明的是，如果管理者严重依赖战略规划过程，尤其是严重依赖硬数据假设，那么也会与战略制定脱节。前一种观点或许在 20 世纪 90 年代得到了一些认可，但后者，即管理者与战略制定的脱节，似乎没有得到那么广泛的认可。在我们看来，管理者与战略制定的脱节，会造成更为严重的问题。

为什么高管们需要认真对待战略规划？根据过去几十年相关主题的各类文献，最恰当的回答可能是：他们有什么理由不这么做呢？我们认为，我们已经对这个过于明显的答案做出了充分的回应。对战略形成来说，保持学习和树立愿景两种方法都优于规划。但是，越来越多的高管将这些方法排除在外。由于企业的层级越发复杂，经营体系越发多元化，管理者逐渐与软数据脱节，所以无法采用这些方法。战略学习是一种归纳梳理的过程，如果没有对环境进行详细且深入的了解，是无法引发战略学习的。战略愿景依靠的是观察和感受的能力，只会纸上谈兵、“唯数据”的人，是不可能创建成战略愿景的。在“亟须愿景”之际，那些脱节的管理者转而依赖规划，好像通过正式的规划系统就可以解决他们渴求信息的大脑无法解决的问题。因此，波特就自己提出的“战略思考很少会自发产生”这一问题给出的解决方案，尤其是在复杂的大型组织中适用的方案，竟然是战略规划。他说：“正式规划会让你偶尔停下来，去专心思考关于战略的问题。”

但是在我们看来，正式规划的效果恰恰相反。过度依赖规划只会让需要解决的问题恶化，进一步使管理者脱离他们迫切需要了解的情况。正式规划力图消除管理工作累积的混乱，并且重视硬数据，但它不但无法帮助管理者制定切实可行的战略，反而阻碍了战略的制定。因此我们的结论是，那些依赖正式战略规划的管理者无法成为有成效的战略家。在对三个组织的规划进行了全面研究和分析后，兰利指出：

> 对战略规划的诉求实际是对领导力和指示的诉求，战略规划通常被当作制定战略决策的主要手段，人们幻想仅仅依靠一个正式的过程就可以形成战略……但其实这不是解决问题的正确方法。首席执行官有可能这样做，但这种做法不会让他变得具有战略决策能力。来自顶层的战略愿景对三个组织的规划过程都是至关重要的。战略规划本身无法提供战略愿景，而没有战略愿景，整个战略规划也将毫无作用。

事实上，已经有许多证据可以证明这些观点。罗伯特·麦克纳马拉相信通过规划（即 PPBS）、硬数据和简短的报告就可以管理好美国国防部。雷金纳德·琼斯将大部分战略职能交托于公司的规划制定者及其规划系统。正如前面提到过的，通用电气的规划过程日益“官僚”化，管理者们因此“逐渐模糊了战略规划和战略实施的界限”。《商业周刊》提供了一个“坏”战略的案例，这个“坏”战略是由于通用电气规划制定者对小型家电市场规划失误所导致的，失误的原因在于“他们在规划时只依赖数据而不管市场直觉”，他们得出的结论是“脱离现实”的。然而，“最高管理层由于缺乏与市场的联系，也完全没有察觉出规划制定者的数据并没有反映真实情况”。与此同时，作为首席执行官的琼斯正在为只需审阅 6 个战略文件而洋洋自得[①]。

---

① 1976 年，合众国际社（UPI）刊登了一篇关于公司总裁工作负担的调查报告：“招聘人员发现，总裁办公室工作负担的增加，并不意味着他们会更多地关注细节。相反，各大公司的总裁们很少关注细节，他们把这项工作交给下属，而把自己的时间用来做规划。”文章还为规划打造了一个新的、有趣的定义：“规划是个模棱两可的词，意味着抢钱，以及试图应对官僚机构和通货膨胀带来的各种问题。”

更糟糕的是，当规划变成一个数字游戏时，管理者会假装自己在制定战略，而实际上他们只是在操作数据。格雷认为，在这种情况下，“财务管理取替战略管理”，财务战略不仅没有“与其他战略保持一致”，反倒“成为企业资源分配的最终仲裁者，凌驾于其他所有战略之上”。《经济学人》发表观点称，硬数据将软数据驱逐，神圣的“盈亏平衡”概念破坏了人们的战略思维能力。如果用网球比赛来比喻这一现象，那么人们关注的就是记分牌而不是球。

许多伟大的战略实际上是一些宏伟的愿景或“大蓝图”，仅仅依靠翻阅文件夹、管理信息系统报告或财务报表是不能纵览全局的。只有拥有丰富的思想，才能形成大局观，而所有大局，都是基于众多细节累积形成的。如果仅仅依靠抽象概念，那么管理者只能构建模糊不清、焦点不明、无法提供任何明确信息的图景。正如我们在对斯坦伯格公司的研究中所提到的那样：

> 斯坦伯格及其公司的许多关键管理者都有一个突出的特点：他们在保证草莓配送质量这类细节问题上，投入了与新开一家连锁餐厅同等的热情和精力。通常，战略分析师明显倾向于认为后者更重要，即所谓的“大”问题更重要。然而，这两类问题的差别对我们所研究的管理者来说并没有那么大。实际上，正因为他们全面关注日常问题（如草莓的质量），所以他们才能深入地了解一线工作，拥有丰富的知识，从而构筑起全球化的愿景。这就是为什么分析师可能会制定规划，却很少能设计愿景。

松下公司创始人松下幸之助更为直接：“大事小事都是我的工作，而中层的安排，可以委派出去！”

当然，创造新愿景需要的不仅仅是软数据和投入，还需要具有丰富想象力和综合思维能力。根据我们的经验，有些管理者确实缺乏这些能力，他们通常也最依赖规划，似乎正式的规划过程可以在某种程度上弥补这种不足。当然，规划人员长期以来也一直在鼓励这种行为。根据前面提到的斯坦纳和斯坦福国际咨询研究所的观点，在缺乏直觉型天才的情况下，规划是很有必要的。如果管理者不能或者不愿意进行战略思考，规划人员就会随时准备用他们的程序来完成这件事情。当然，这完全是荒谬的。正式规划从来没有带来过战略思考，也从未为常见的管理判断提供过可行的替代方案，更不要说替代直觉型天才了。这一切都是幻想，没有任何事实依据。简单来说，这是因为，即使人类不能思考，系统也不能思考（这点我们很快会谈到）。

当组织缺乏必要的战略思考时，就必须提出许多根本性问题。例如，组织的结构如何、应该由谁负责制定战略，以及相关人员的能力和组织本身的状态如何等。

如果组织确实需要进行战略思考（这种必要性并非源自战略本身的特性），而高管们不具备战略思维，那么找到一个能够进行战略思考的人来管理组织，就是眼下最优的方法[①]。要么将管理者换掉，要么在组织中找到一个具有战略思维的人——可能需要到组织基层去寻找，从那些密切触及经营实践的人中去寻找。

当然，有些高管确实具有战略思考的能力，但他们脱离组织经营活动的细节太久了。因此，他们必须找到一种方法，以便重新与经营实践保持密切接触，或者确保战略制定的权力分散在那些与经营实践联系紧密的人手上。想要在困难情形下制定出有效的战略，要么就要求战略制定者也是战略实施

① 1984 年 3 月 19 日，《财富》的一篇报道称：“罗杰·史密斯（Roger Smith）在 1981 年接管（通用汽车）时，似乎并不像一个革命家。”有人不明白，在面临极为严峻的国际竞争的关键时期，为什么这家美国最大的公司会做出如此选择。“史密斯好像无意中变成了一位具有战略思维的思想家”，但他制定的只是一盘相互脱节的战略“大杂烩”。无论结果如何，读者都会感到好奇，想去一探究竟。

者，要么就要求战略实施者亲自负责战略制定。换句话说，掌控战略制定过程的必须是对战略所处环境有深入了解的人。要么领导者能够深入了解组织，要么组织内部的人能够对战略的形成产生影响。

最后，还存在一种没有人能进行战略思考的情况，那就是组织太过复杂以至于无法形成切实可行的战略。换句话说，问题不在于人，也不在于结构，而在于组织本身——有些组织确实过于庞大或过于多元化。密切接触某项经营实践的人不可避免地受限于一个个无法凝聚起来的小范围内，并且高层领导者也没有办法了解到足够多的细节，而无法促成切实可行的战略（甚至无法对下级单位分散的战略进行整合）。对此，阿莱尔和菲西罗托认为：

> 公司规模逐渐扩大，相应的投入却不足以建立起一种共同的组织文化；各方面之间的联系逐渐减弱，公司也变得日益松散；管理层越发专业化，管理者和员工都来自其他行业和商学院，具备专业的通用管理知识。在这样的背景下，整个公司会不可避免地向数字驱动或人员驱动的规划方向转变。高层管理者和各分部管理者之间的传承和信任纽带将被切断，且无法修复，此后除了绩效控制或强制性政策以外，没有其他东西可以维系他们之间的关系。

从我们的角度看，这并不是一个小问题，它已经普遍存在于当今最具影响力的企业和政府当中。当然，多元化业务整合浪潮是为应对这一问题所做的努力。但要认识到，如果没有如此多规模庞大、广泛分布的组织，社会可能会变得更好。

格雷指出："当高管应邀着手准备行动细节的时候……他们经常发现这项工作会让他们很不舒服。"因此，格雷建议要让下级人员参与其中，因为"高管了解方向，而基层人员知道形势"。社会负担得起由这样的管理者领导的组织吗？换句话说，只从直升机上看到过森林却从未观察过一棵树的人，又能带来什么样的战略呢？

对优势和劣势的评估

到目前为止，我们已经直接且广泛地批判了脱节假设。但问题的根源除了缺乏数据，或规划人员和一线管理者与战略制定脱节，还包括设计学派的基本模型本身存在缺陷，而这一模型几乎是所有战略制定的规范性方法的基础。接下来我们将讨论该模型的两个基本部分，第一部分是对优势和劣势的评估，第二部分是对战略形成和战略实施的划分。这两部分共同的根本问题都是思维和行动的脱节。

无论是设计学派的简单模型，还是计划学派更正式的模型，都将优势和劣势评估描绘成思考与行动的脱节，战略制定变成了一个构想的过程，而不是学习过程。换句话说，关于组织如何了解自身优劣势的问题，这个模型非常清晰地指出：要通过思考、评估和客观分析，也就是有意识的思考过程达成这一目的。请想象这样一幅画面：管理者和规划人员围坐在桌子旁，一起罗列组织的优势、劣势和独特竞争能力。他们就像 MBA 案例研究课上的学生一样。在列举出组织的优势、劣势和独特竞争能力后，管理者和规划人员就能开始规划战略了。安索夫、波特等学者提供了详尽的、适用于所有组织的潜在优劣势清单。其他学者虽然没有提供类似的清单，但也认为优势和劣势普遍存在于组织中。还有一些学者（如安德鲁斯）甚至将优势和劣势与特定的组织相关联，用比较传统的说法讲，这些组织的竞争能力是独特的。20 世纪 90 年代的一些文献作者，如普拉哈拉德和加里·哈默认为，这些竞争能力是组织的核心能力。

仅凭独特竞争能力就能构成足够有效的规范吗？随着时间流逝、应用环境不断变化，独特竞争能力会保持不变吗？事实上，即使在最有限的单一应用环境下，也没有哪个组织敢自信地宣称自己始终能够维持竞争力。

1980 年，在一篇关于“战略能力”的文章中，伦兹指出，用“组织参照框架”来衡量组织能力时会遇到困难，因为这种框架只关注某些抽象的理想情况或与现状过去情况的差异。他坚信，组织还需要使用外部的参照框架，比如将其他组织当作参照物。换句话说，组织的优势和劣势与具体环境有关：只有结合外部环境（包括市场、政治、竞争对手等在内）才能准确评估组织的内在能力。就像拉多塞维奇（Radosevich）所说的那样，“一种战略选择的优势对另一种战略选择来说可能会变成劣势”，因此“泛泛而谈”的优势“很少会起作用”。霍弗和申德尔指出：“除非有人明确说明需要高个子做什么，否则无法判断 2 米的身高到底是优点还是缺点。”例如，这种身高适合打篮球，而不适合赛马。

但这可能还远远不够。即使在特定环境下，组织可能也无法提前了解自己。换句话说，在没有具体实践的情况下，如何才能判断某个优势确实是优势呢？

在霍华德·史蒂文森（Howard Stevenson）发表的一篇研究文章《定义企业的优势和劣势》（Defining Corporate Strengths and Weaknesses）中，上述观点表现得尤为明显。史蒂文森基于传统的设计学派观点，请管理者从总体上评价公司的优势和劣势。整个研究“强烈质疑了正式评估方法的价值”。一般来说，“管理层很少会就公司呈现出的优势和劣势完全达成一致”。这是因为无论“客观事实”的确切含义是什么，个人因素（如管理者在组织中所处的地位）往往都会处于“压倒性位置”。具体来说，高管层者普遍会将组织层面的因素视为优势，而较低层级的管理者倾向于将市场和财务因素视为优势。“整体来看，管理者层级越高，普遍越乐观”，这可能反映了晋升者或高管与经营细节的脱节。此外，评估优势往往以历史因素和竞争现状为基础，判断劣势则主要采用常规方式，如咨询顾问的意见、经验法则等。总体而言，对于组织优势，管理者的评估往往更加现实；对于劣势，评估则比较理想化[①]。

这个研究让人产生的整体印象是：分开评估优势和劣势似乎是不恰当的，评估过程往往有很多干扰因素，如主观情绪、偏见和个人意愿等。更糟糕的是，扭曲现象似乎在高管层更加普遍，而高管们通常被认为是战略制定者。事实上，史蒂文森研究过的管理者似乎都非常了解这种现象：

> 有些管理者认为定义优劣势毫无意义，他们最常抱怨的就是，他们必须在相应的具体环境下定义优势和劣势。一位管理者简要地表述了自己的观点：
>
> 依我所见，评估组织能力的唯一价值体现在处理具体的事务上，除此之外的评估都只是像课堂练习一样。

史蒂文森的研究表明，对组织优势和劣势的评估绝不能仅仅作为一项脱离现实的思考练习[②]，而必须是一种实证行为，只有在环境中经过测试和研究才能得出结论[③]。

每一次战略变革都涉及一些新的实践，这些实践是挑战未知领域、承担

① 许多文献表现出夸大优势、低估劣势，以及夸大机会、低估威胁的倾向。例如，1996 年勒尼德和斯普罗特评论道，安索夫在《公司战略》中"表现出更重视公司优势和机会的战略倾向，而对应对劣势和风险的战略关注不多"，他们将这种观点归因于"安索夫在经济繁荣时期大型扩张的企业中积累的个人经验"。相比之下，"哈佛思维则反映出哈佛大学的学者们长期以来关注战略的传统，他们将艰难时期和繁荣时期都纳入了考量……"哈佛大学的主流教材也反映出同样的倾向。例如，克里斯坦森等人于 1982 年出版的教材中没有与劣势、风险相关的章节。

② 史蒂文森本人可能并不这样想。因为除了引用那位管理者的话，他还向进行内部评估的管理者们提供了许多常规建议，如制定清单、明确考核方式等。

③ 这可能解释了为什么规划人员（尤其是推崇波特观点的那些规划人员）会倾向于对环境和竞争对手进行外部评估，而不倾向于对组织的优势和劣势进行内部评估。前者是客观存在的，不会受内在因素影响。

新风险的一种尝试。任何组织都无法预知既有能力在未来会成为优势还是劣势，以及会促进变革还是阻碍变革。[①]

例如，我们研究过的一家连锁超市集团发现，虽然折扣商店的经营模式与其现有经营模式非常相似，但并不适合自己。而业务看起来完全不同的快餐店经营模式却与自己非常匹配。暂且不提这两种店铺的表面特征，对其经营模式进行深入分析就会发现，前者的经营模式似乎已经过时了，后者则可以展现出该公司擅长销售易变质的、日用品性质的产品。更让人惊奇的案例是我们研究过的一家电影公司，这家公司曾尝试制作电视节目，但以失败告终。电视和电影最明显的区别只在于屏幕的尺寸！那些不太明显的区别在于，制作定期电视节目所需的能力与公司本身所具有的高度创造性、独特的电影创作能力不兼容。经过这次失败的教训后，该公司认清了现实，最终决定专心制作电视特别节目。与连锁超市集团类似，该公司“在寻找自己应该经营的业务时，不应该纸上谈兵。想要发现自己的优势和劣势……就必须花费数十年的时间去探索”。[②]

组织是高度专业化的机器，但其横向扩展能力通常极为有限。战略变革必须基于明显的优势，但由于战略一旦变化必然会开辟新的领域，所以组织也必然会涉足劣势领域。可如果不亲自尝试，谁又能确保现有优势一定能持续支撑组织的发展，而现有劣势一定会持续破坏组织的努力呢？因此，有哪个组织能够仅仅依靠高管通过一些抽象概念所制定的决策就行事呢？竞争能力必须是“核心”，这是毋庸置疑的。竞争能力还必须是“独特的”，是能“满足需求的”。但最重要的是，竞争能力必须具有适用性，而只有实践才能证明这一点。所以我们认为，优势和劣势既不能彼此脱节，也不

① 就像佩鲁茨（Perutz）所指出，领土范围小、自然资源匮乏对一些国家来说是劣势，但瑞士却将这些劣势转变成了优势。与“发挥优势”这种普遍看法相对应的观点认为，“劣势往往会激发更大的努力”。

② 请参阅迈尔斯（Miles）的文章，进一步了解他对美国烟草公司多元化经营实践的详细解读，以及他提出“多元化一定是个学习过程”这一结论的理由。

能与特定环境脱节，还不能与它们要指导的行动脱节。思想必须与实践联系起来。

短视的“营销短视症”

《营销短视症》(Marketing Myopia) 这篇文献的主题恰好阐明了我们将提出的观点。这篇文献是哈佛商学院市场营销学教授西奥多·莱维特 (Theodore Levitt) 于 1960 年发表的，受到了规划人员和管理者的广泛推崇。

莱维特的基本观点是：公司应该从广泛的行业角度定义自己，而不是从狭窄的产品或技术层面定义自己。按照菲利普·科特勒 (Philips Kotler) 和雷维·辛格 (Ravi Singh) 的说法就是，要“立足于普遍需求”。莱维特自己喜欢的示例就是，铁路公司应该将自己看作运输企业，而炼油厂应该将自己看作能源企业。

许多公司想就这一观点大作文章，抢着用各种花哨的方式重新定义自己。例如，一家生产滚珠轴承的公司将使命改成了“减少摩擦”；而出版公司麦格劳-希尔 (McGraw Hill) 也“做出了明确公司定位的战略决策，将公司定义为‘一台信息发动机’”。这一观点可能更适合商学院，有什么比让学生做白日梦更好的方法呢？让学生将养鸡场业务想象成人类能量供应业务，或将垃圾收集想象成美化环境的行动。但是，这些想法没有考虑到实际的执行困难，只是一些与现实世界脱节的想象练习(《福布斯》杂志报道，“信息发动机”糟蹋了 1.72 亿美元才明白自己到底是谁)。

在评估组织的优劣势时，虽然新的业务定义可能听起来非常棒，但它可能会基于过于激进的假设，即组织的战略能力几乎是万能的，或者至少适用于多种情况（应该明确，莱维特写这篇文章的时候，正值大型多元化集团和“专业”管理处于热潮期）。规划研究领域最高产的学者斯坦纳提供了一个示例：“如果马鞭制造厂不把自己的业务定义为‘制造马鞭’，而定义为‘制造马车启动器'，那么这家工厂可能还会存在。"但究竟是什么让人这样思考？除了都可以让马车前进之外，这两样产品根本没有任何共同之处，材料的供应、技术、生产流程和分销渠道都不相同。为什么相比于其他产品，如风扇带、喇叭或气泵，将产品定义为启动器更合理呢？海勒尔（Heller）略带讽刺地说："他们为什么要将思路限定在'制造交通运输零配件'或'导向系统'上？他们怎么不将业务定义为'鞭策'呢？"

为什么一篇文章中的几句聪明话就能让一家铁路公司转型为航空业或出租车运营公司呢？莱维特指出，"一旦公司真正将自己的使命定义为满足人们的交通运输需求，那么什么也不能阻挡它丰厚的利润增长"，除非它自身竞争力有限。真正不切实际的只有"营销短视症"这个概念本身。不可否认，它是一个令人痴迷的想法，但完全与实际行动脱节了。正如营销学教授贝内特（Bennett）和库珀所指："任何敏锐的组织都可以发现市场需求，但只有极少数的企业能针对特定需求提供合适的产品。"这里可以看到这样一个假设，即"管理团队只需要做做智力游戏，就可以开拓出一项新'业务'"。所有这一切都可以在规划的"平面"上解决。

莱维特的初衷是开拓管理者的视野，在这方面他可能已经成功了，而且过于"成功"了。营销学领域专家科特勒和辛格（Singh）认为，"这个世界上几乎没有哪个业务……不是潜在的能源业务"。具有讽刺意味的是，莱维特实际上缩减了战略的广度，因为他将战略的定义由"一种定位"转变成了"一种观念"。由此，忽视了公司的内在能力，只重视市场机遇，不重视产品（铁路公司管理层之所以将所处的行业定义为"错误的"，是因为"他们以产品导向替代了客户导向"），也不重视生产（"制造、加工等诸如此类的特定活动形式都不能被当成行业的重要方面"）。究竟是什么原因让市场营销比产品或生产或实验室里的研究人员更重要呢？事实上，组织必须树立优势并充分发挥优势作用，同时还要避免遭受未考虑过的劣势的打击，包括营销方面的劣势。这意味着组织不能纸上谈兵，而必须将思考与行动相结合，在实践中找出自己的优势和劣势。

莱维特文章的批评者们各抒己见，有人指出了“营销短视症”的危险性，如科特勒和辛格在其著作中指出，“愿景适配于长期目标而不是短期目标”；鲍曼（Baughman）提出“营销大视症”概念，指出“以前局限在市场细分和产品定义上，现在升级成了无视经验、鲁莽行事”。但我们更倾向于认为，莱维特的营销短视症观点本身就是短视的。

将战略的制定与实施联系起来

战略制定和战略实施的划分，意味着思考和行动是分隔开的，而这也是所有规范性战略制定学派（如设计学派、定位学派和计划学派）的核心观点之一。换句话说，组织应该先思而后行[①]。尽管没有公开表述，但通常情况下，只有高管和规划人员被视为战略家，这导致思考者和执行者之间明显的分隔。

但是，真的会有人质疑这个假设吗？它就像母性在西方社会的哲学基础上深深扎根，有着无可争辩的地位。毕竟，组织就像人一样，有着负责思考的大脑（思考者）和负责行动的躯体（执行者）。雇用管理者、选举政治家、任命将军不就是为了让组织能够思考和行动吗？难道不是在他们制定战略以后，其他人才会执行战术吗？

请回想一下帕斯尚尔战役的故事吧。指挥官们制定了战略，并指挥士兵们实施，全军拼尽全力只为夺回约 7 000 米的阵地。谁应该为这样的悲剧负责？是当时的英军指挥官吗？毋庸置疑，不仅仅是他，还有他背后悠久的传统观念。这一传统观念在军队中表现得尤为突出，那就是将战略和战术分开，将制定和实施分开，将思考和行动分开。这再一次证明，最终的敌人是人们自己。失败的原因不仅在于人们的行为方式，还在于人们的思考方式。

① 我们提到的战略实施并不是指真正的行动，而是指全面思考预算、日程、程序等方面的事项。

费尔德（Feld）在关于传统军事组织的弊端的文章中指出，后方的军官和前线部队之间有着严格的界线，后方的军官拥有制订计划和指导计划如何执行的权力，而前线部队无论有多么真实的第一手经验，都只能服从指挥，无条件执行命令。所有人都要服从一个人做出的决策。这类“组织更注重理性思考而非获取经验；赋予善思考者权力，让他拥有比前线奋战者更高的权威”：

> 规划人员的优越性基于这样一个假设：他们的职位使他们能够掌握军队的整体情况，执行人员的知识则仅限于个人经验。这个假设得到了军事组织等级结构的支持，它同样具体规定了信息流动的阶段和方向。就这个等级制度而言，接收信息的人比传递信息的人更有权力……

我们已经讨论过这个假设的谬误，这个假设对战略制定和战略实施的划分至关重要，即任务数据可以在整合后逐级上报，而不出现重大损失或严重扭曲。帕斯尚尔战役不过是这一假设最惨烈的失败之一。关键的数据永远不会传递至高层，要执行的战略也没有得到必要的修正。不幸的是，“最有利于理性活动的冷静和超然，却变成一场混乱的斗争。因此，规划预设的条件与实际执行时的条件是不同的……”就像前面提到的那样，帕斯尚尔战役在“战略上讲是可行的”，但它“在战术层面无法实现”。换句话说，该战略在理论上非常出色，但在实际执行过程中失败了。战略制定者们从来不愿意接受这个现实，直到一切都为时已晚。费尔德描述道：“敌军利用铁丝网和自动化武器进行封锁，这证明了英军在战略思考和战术思考上的完全脱节。”战略思考和战术思考都无法“明确地指导对方”，但战略思考“拥有绝对的统治地位”，因此最终酿成了惨剧。

帕斯尚尔战役的例子可能有些极端，但它讲述的道理却具有普遍意义。多少当代的组织中，如工厂车间、销售办公室、医院病房中，依然存在着“最有利于理性活动的冷静和超然的条件，却变成一场混乱的斗争”？多少组织由于战略制定和战略实施的脱节而效率低下？有多少关键信息因被认为是

"战术性"的而受到忽视？日本的大前研一一直认为，"大脑和肌肉的分离，可能是导致美国产业陷入生产衰退与丧失国际竞争力的恶性循环的根本原因"。

我们真正陷入的似乎是一种误导性的比喻，即将组织比作机器，或坚信"控制论"：组织由顶部和底部组成，大脑负责思考，躯体负责行动，控制流程在两者中间流动，向下传递命令，向上反馈结果。请记住，实际上组织是由土地上的一堆建筑物构成的，如工厂、销售办公室、仓库等，每个建筑物里都有作为组织大脑和躯体的人。有一座建筑被称为总部，显然是"顶层"，事实上这里面的人和其他地方的人看起来别无二致。然而，每当涉及某个组织时，首先展示的通常就是组织结构图，这实际上只是按地位列出的管理层清单。任何人都无法从这些图中看出组织实际是做什么的、生产何种产品、服务于哪些客户群体。这就像一场棒球比赛的阵容名单只列出了教练和经理一样。因此，控制论模型不过是个比喻，靠它来判断组织的集合中发生了什么，是相当危险且具有误导性的。

基希勒曾经指出，战略实施的成功率只有10%。波特甚至认为这个成功率"过于夸张了"。解决成功率低这一问题的常用方式是尝试提升执行能力。高管们得到的建议是强化"管理文化"和"控制系统"。甚至还有专门的咨询企业来帮助组织提升执行能力。

然而，所有这些建议可能都是错误的，因为它们对问题的诊断是错误的。这也反映了那些做管理诊断的思想家，包括高管、总部的规划制定者和提供建议的咨询顾问，不仅先利用自己的"绝对主导地位"制造了问题，还将责任归咎于其他人。他们把自己当作"最高层"，对"下层的"其他人指指点点："如果你们这些愚民能够领会我高明的战略，那么一切都会好起来。"但是聪明的"愚民"可能会反驳："如果你真的这么聪明，为什么不制定出愚民可以实现的战略呢？既然你知道我们的水平，为什么在思考时不一并考虑进来呢？"换句话说，从定义上讲，每次战略实施的失败，其实都是战略制定的失败。

但在我们看来，这个说法也不太准确，因为它仍然假设传统的战略制定与战略实施的脱节是合理的：如果组织中心思考的战略失败了，那么纠正它的最好方式就是让它更全面、更理智地思考。然而，对一个充其量只能制定基本战略的头脑来说，这个要求可能过于苛刻了。因此，在我们看来，大多数责任都不能归因于战略制定或战略实施，而应该归因于两者的割裂。从根本上说，思考和行动的脱节更接近问题的根源①。

有些时候，环境的变化会超出预期，而战略制定者却拒绝做出改变，这可能是因为他们太顽固，过于迷恋自己的战略；也可能是因为他们根本没有感知到外部的变化，比如帕斯尚尔战役的英国军官。有时，战略实施者会拒绝接受规划的改变，这可能是因为他们思维狭隘，无法打破传统的行事方式；也可能是因为目光短浅，无法抓住摆在眼前的好战略；还可能是故意不理会别人的安排，只顾自己。但更多时候，可能是因为他们坚信自己才是正确的：他们清楚地认识到强加的战略是有局限性的。在某种程度上，拒绝确实是恰当的做法。即使最高明的战略，也必须根据最初制定时没有考虑到的各种具体情况做出调整。正如雷恩（Rein）和佛朗西·拉比诺维茨（F. F. Rabinovitz）所说，每个既定战略都要被现实中面对各种各样状况的人们加以解读。马佐尼（Majone）和威尔达夫斯基指出："完全按照战略一字不落地实施基本上是不可能的。"正因如此，才无法严格区分公司顶层的大脑和底部的躯体，战略制定和战略实施之间同样也无法划分出清晰的界线。

所谓的战略实施者并不是机器人，也不是控制机器人的精密系统。威尔达夫斯基强调，每个所谓的战略实施者都必须保留一些自主判断权，用自己的方式解读既定战略。而且，正如我们在之前讨论优势和劣势时所说，任何

① 马佐尼和威尔达夫斯基将这种割裂定义为"战略实施的规划和控制模型"，指的是"预先设计的完美政策主张……只需要执行，需要解决的唯一问题就是控制"。

既定战略的现实局限性只有在最终采取行动的时候才能被发现。耶利内克评论“令人烦恼的理论问题……被忽视或驳回”时，引用了《战略实施》一书中的话：

> 尽管有些人提到调整战略规划是可行的，但他们强调要实施由上至下的战略，从而引导和控制战略实施过程。当然，下属必须有实操性的知识，但他们的主要职责仍旧是将上级发布的指令落实成经营目标。很少有人承认较低层级提出的信息会影响战略实施，或改进整体战略，从根本上改变战略。这种自下而上的输入流程只有在方向确定后才会起作用，并且只能在最高管理层设定的范围内运行。

这里将导致的后果是既定战略的“滑脱”和“漂移”——这两个词是公共部门的流行术语，意味着战略意图在实施的过程中被扭曲或偏离——更确切地说，意味着整个战略制定的过程必须被重新构思。我们认为，战略制定的过程不应该像规划文献长期以来宣扬的那样将制定与实施区分开来，而应该是一个学习的过程，包含战略从构思到形成的全过程。人们为了思考而行动，又为了行动而思考。两种方式先后相继，就像两条腿走路，最终会形成可行的行为模式，即已实现的战略。

在这样一个学习的过程中，战略制定和战略实施的割裂被两种方法消灭了：一种是集权，一种是分权。在第一种方法中，制定战略的人也负责实施，即领导者会亲自监测他所制定的决策的影响，因此他可以在实施过程中不断地评估和修正战略。这时，领导者由于与实施者保持密切（“软”）接触，所以能够对意料之外的变化迅速做出反应。我们将这种集权的方法称为“企业家式”或“愿景式”的方法，往往只有拥有明确愿景的强大领导者才会使用这种方式。

但是，在更复杂的环境中，如研究实验室，战略思考不能集中在一个中心。这时，战略制定与战略实施的割裂就会通过第二种方法被消灭，即战略实施者成为战略制定者。如李普斯基（Lipsky）所指，实施“掉过头来”，所以战略“实际上是由执行它的人制定的”。战略实施者提出的方案可能是战略性的，从而改变了组织的方向。在这种情况下，组织可以寻求我们所谓的战略形成的草根模型。

第一，战略最初就像菜园中的杂草一样自然生长，而不像温室里的西红柿那样受到精心栽培。换句话说，战略形成的过程无须管理。有时候，让模式自然生长，而不要拔苗助长。温室可以在需要时再启用。

第二，战略会四处扎根生长，只要人们拥有学习的能力，并且有资源来支持他们学习。有时，人或单位会根据密切接触的某个特定机会创造自己的模式。一旦最初的行动成了先例，就可能会在无意间促成模式。即使是高管，也要通过一些事情验证他的想法确实有效才会促成战略（尽管在观察者看来，最终的结果可能是故意设计的）。在其他时候，不同的人经过协商，将看似不相关的行动凝聚成一个战略主题，而且外部环境也可能将模式施加到毫无防备的组织上。关键在于，组织不能总是规划出战略出现的时间，更别说规划出战略本身了。

第三，当战略变成共识，即模式遍及整个组织变成了主流，战略就变成了组织的战略。杂草会侵占整个菜园，这时原来的果蔬可能会消失不见。同样，自发形成的战略有时也会取代深思熟虑的战略。为什么不能说杂草是意料之外的蔬菜呢？换个角度看，自然产生的战略就像杂草一样，也能成为有价值的东西（如欧洲人喜欢的沙拉是由美国人最讨厌的蒲公英叶子制成的）。

第四，模式传播的过程可能是有意、可控制的，而非必要的。对于最初形成的模式，也不必刻意地由正式的领导者或非正式的领导者将其传播到整个组织中。模式是在集体行动中传播的，这个过程非常像杂草生长的过程。当然，一旦大家认定战略是有价值的，那么它的传播过程就可以被控制，就像有选择性地栽培果蔬一样。

第五，新战略可能会不断出现，在变革中传播到整个组织中，变革会打破整体的连续性。简单来说，组织就像菜园一样，可以分时段播种和收割（不过有时收获的成果是个意外）。组织利用自己既定战略的时期称为汇集时期，有时会被分散时期所打断。所谓分散时期，指的是组织尝试并最终接纳了新的战略主题的时期。这两种时期的界限很模糊，而这种模糊性对组织的影响与播种、收获之间界限的模糊对菜园的影响是一样的，都破坏了系统的生产能力。

第六，管理战略形成过程不需要预先考虑战略，而是在战略形成的时候将其识别出来，并在适当的时候进行干预。一旦发现有破坏性的杂草，最好立刻根除。但如果杂草有望结出果实，则值得进一步观察，有时甚至值得为它建造一座温室。在这种环境下，管理的任务就是创建一种氛围，让各式各样的战略都能在里面自由发展。建立灵活的机构，开发合适的流程，创建支持性文化，定义具有指导性的“伞形”战略，都是完成这个任务的良好方式。氛围建立后，就要观察到底会产生什么样的战略。战略创意有可能在任何地方产生，并且源于组织的底层，因为底层员工对产品和市场的细节了如指掌。事实上，要想在某些组织中成功，这些创意首先要得到中层管理者的认可，可以通过相互组合或与现有战略组合来获得“支持”，然后借由中层推荐给高层。从效果上看，高管层鼓励那些看起来比较有潜力的创意，对于看起来没有潜力的创意则不予支持。但不要急于否定那些不起眼的创意。有些时候，最好假装没有看到某个模式正在形成，以便留给它更多的时间和空间去发展。同样，有些时候为了容纳新的模式，转变和扩大总体战略也很有必要。换句话说，要让组织适应新战略，而不是让新战略适应组织。而且，管理层必须知道什么时候该为了内部效率拒绝变化，什么时候又该为了适应外部环境而促进变化。换句话说，管理层要有敏锐的嗅觉，知道什么时候收获现有战略的成果，什么时候用新生力量取代它们。过度关注（盲目行动）或拒绝改变（官僚主义）都对组织危害极大。

这个模型看起来可能有些极端，但肯定没有纯粹的计划学派模型（称之为“温室”可能更贴切）极端。这两个模型定义了现实中战略制定行为的两个端点。有些时候，组织必须倾向于更加谨慎的一端，即思考必须先于行动。因为未来似乎是可以预测的，并且必要的学习已经完成。换句话说，战略制定可以先于战略实施。但是即便如此，也要像马佐尼和威尔达夫斯基的文章标题指出的那样，“以发展的眼光实践”，因为事先的思考不能总是规定后续的所有行动。但在艰难的变革时期，当必须在学习的过程中找出新的战略时，天平则必须向着应急这一端倾斜。所以，无论是战略制定者要以更加集权的方式实施战略，还是战略实施者要以分权、草根的方式制定战略，战略制定和战略实施之间的界限都必须打破。无论采取哪种方式，思想都直接与行动联系在一起。

将思考与行动联系起来

为了总结这段对脱节谬误的讨论，让我们更加深入地看看其根本问题，即思考与行动的脱节。

我的一个学生曾经在一家生产企业的工程部门工作，他在课堂上讲述了自己曾经历的一件事。在参与经营业务的过程中，他提出的一些想法受到了部门领导的认可。为了进一步鼓励他，部门领导要求他将手头任务暂时放下，专注发展这些想法。因此，他被任命为这个小部门的规划师。在课堂上，他这样描述了他的经历：

> 于是，我从日常的工作压力中解放出来，自己待在一间办公室里，专心写所有相关内容的报告。我花了将近三个月的时间，具化了我在工作中搜集到的大部分想法。然而，到了第三个月末，我发现自己“枯竭了”。我变得越来越难以发现问题的所在。我和各类经营人员之间搭建的沟通网络变得越来越脆弱，这时我才意识到，这种做法是错误的。

规划人员奉行并敦促管理者奉行的“自由思考”原则，反而可能变成禁锢他们的牢笼。安索夫在1975年写道，战略规划与他所谓的实时性的“战略问题管理”相比，是一个“离线的过程”。我们更愿意将后者称为“战略思考”，并强调它是建立在参与而非脱节的基础上的。显然，要进行这类思考，不仅要充分了解不断变化的行动细节，还必须由行动来驱动。这可能是管理工作表现出强烈的“行动导向”的主要原因。

普通的规划人员可能认为管理者会因过于探究细节而无法反思。但有成效的管理者可能知道，只有深入细节之中，才能反思。换句话说，想要进行战略思考，管理者必须积极、投入、警觉、敏锐、兴奋。正是他们工作中“有序的混乱”推动着他们思考，使他们能够在互动过程中反思。正是这一点，促使迪安·艾奇逊（Dean Acheson）指出了前面提到过的“‘思想者’束缚在罗丹雕像之内”的“非自然”过程。

德鲁克认为：“长期规划与未来决策无关，前者涉及的是现有决策的未来。”这个观点可能正确，但却显得有些多余。因为所有的决策基本上都是关于未来而非现在的。决策是对未来行动的承诺，而不管是10分钟后还是10年后的行动。同样，规划也是面向未来而非现在的。但未来总是抽象的，它“就在那里”，却永远不会到来。因此，组织能否生存取决于其在不断变化的现实中所采取的行动。所以，与当前行动脱节的未来规划是毫无意义且毫无用处的。这些规划变成了“愿望清单”，一种对模糊希望的表达。在这种情况下，正如我们在探讨控制错觉时指出的，现实已经不再重要。事情处于控制之下，因为它们落在了纸面上。在这里，我想引用那句名言（有人说是威廉·加迪斯说的，有人说是约翰·列侬说的）：“生活就是你在制定其他规划时发生的事情。”只有规划、决策、思考和管理等过程与当下的经营活动（服务客户、生产产品等）密切联系在一起，这些过程才有生命力。

彼得斯和沃特曼对吉百利公司（Cadbury）总裁的“准备、开火、瞄准”

评论广为人知。实际上，如果一个人能够不断开火，通常情况下确实如此，就能领会其中的意义。如果将这个简短的评论展开，就会得到一个战略形成的学习过程：准备—开火—瞄准—开火—瞄准—开火—瞄准，以此类推。就像是结构必须服从战略，走路时迈出右脚之后必须迈出左脚一样，射击时必须先瞄准后开火，然后继续瞄准，不断进行必要的修正。行动和思想也必须同时相互作用。规划人员可能会担心管理层像电影《第一滴血》（*First Blood*）的主角兰博那样不瞄准就无差别扫射，而管理者同样会警惕规划人员只发出“准备、瞄准”的指令，但就是不射击。

对于采取行动的意义，卡尔·维克提出了一个有趣的观点。在“真正全新的情况下”，也就是面临制定战略的真正难题时，所有人“能做的只有采取行动”。然后这个行动会“被赋予意义”，以便其看上去似乎“在规划的控制之下”。换句话说，规划并不会促进重大的组织变革，只是能够应对组织中因为其他原因产生的变革而已。

但是如果“其他原因”并不存在，那么“在继续规划的同时推迟行动就是非常危险的。如果行动推迟，意义也就会推迟，那么任何可以澄清状况的机会就会消失，因为此时没有了澄清的对象，也就失去了赋予意义的机会”。这种情况下，规划“会越滚越大，变成目标而非手段……（规划人员）可能会忘记最初的规划目标”，然后规划就变成了一种仪式。

当然，就像迪贝在对加拿大军方的研究总结中所说，如果没有行动需要，规划将会是一种让大家保持忙碌的办法。但危险的是，在繁忙的组织中，过于详细的规划反而会扼杀行动的激情（分析瘫痪）。安索夫在 1975 年与海斯合著的文章中对笛卡儿式的做法批评道：“我规故我划。”我觉得他应该反过来写，“我规故我不划”或“我不划，因为我规”！

然而可笑的是，维克也认为规划有时也是刺激行动的必要动力。我们在前面讨论控制错觉的时候就提到过这一点。例如，金普尔和戴金在 1984 年发表的论文《管理与魔法》中指出：在不确定的情况下，规划可以增强自信，加强管理团队的团结，减少焦虑。维克喜欢用一个故事来说明规划的这些作用：一支小队在寒冷的阿尔卑斯山中迷路了，在绝望之前，他们发现了一幅地图。这幅地图激励他们行动起来，最终找到了出路。但回到营地之后，他们才发现这幅地图是比利牛斯山的地图！尽管凡是在旷野中用过错误地图的人都知道这个故事是不现实的，也有很强的误导性，但它的出发点是好的，称得上是个聪明的故事。面对困境，哪怕只有一个方向，也比没有方向要好。而选择太多，在某种程度上会让人放弃未来，专注于眼前。换句话说，如果方向正确，那么人们会相信未来发生的一切事情都是可控的。

但这种说法不适用于规划，由此我们必须指出拥有一个规划和制定一个规划之间的区别。规划并不一定出自正式的规划流程，就像前述小队发现的那幅地图一样。实际上，那些可以用形象或比喻的方式表述的愿景形式的规划，会比正式设计的详细规划更能刺激行动，仅仅因为它们更具有吸引力，约束更少。也许正是因为这个原因，过去十年战略愿景才会受到如此多的关注。而且，作为行动的激发动力，愿景更容易提出，因为它可能由某位领导者想出，而不必经过一群高管和规划制定者集体商定。正如我们在前面章节讨论的，必须在原则上而不是具体的行动上达成一致，因为行动可能陷入瘫痪。

因此我们认为，虽然思考必须先于行动，但也要在行动之后继续进行，否则可能会阻碍行动！正式规划会拉大思考和行动之间的距离，从而阻碍行动。所以，与其把规划当作行动的助推器，不如将它看作行动的解码器，至少在困难的条件下是这样①。或许正因如此，非正式化、参与性强的思考能更好地促进行动。

---

① 必须注意到，维克对崭新或不确定的条件提出了自己的观点。在环境稳定、未来可知的情况下，规划也许可以有效地实施。但毫无疑问的是，此处假设的稳定仅仅是对过去情况的延伸。

正式化之谬

问题的本质正在逐渐显露，前文讨论过的所有观点都陷入了一个谬误——规划的最大谬误，即战略形成过程可以正式化。耶利内克在 1979 年也曾提出过类似的观点：创新可以制度化。该谬误依靠的主要假设是，系统可以检测不连续性、了解利益相关者、提供创新性和程序直觉，从而实现创新的制度化。正如耶利内克与戴维·阿马尔在一篇经过重新审议的文章中所说："如果管理者按照检查清单操作，就将形成所需的规划。"还记得斯坦福国际咨询研究所的那位经济学家的说法吗？他说战略规划能"再现""天才企业家"的思维。

正式化的失败

没有证据能够证明这个假设是正确的，无论是斯坦福国际咨询研究所还是其他组织或个人，都没能成功再现任何直觉，更别提天才的直觉了。在讨论预测时，我们发现系统无法预测到不连续性，而有些人似乎能够做到这一点。正式规划会阻碍创意，而有些人明显很有创新性；有些管理者能轻松地将软数据内化，而硬数据却失去了其丰富性；在非正式化的情况下，战略形成的动态需求自然而然地得到满足，而当这个过程被正式化时，这种需求没有被满足。

不知何故，无论是在目标（或利益相关者需求）的正式化表达、优势和劣势的正式化评估方面，还是在通过波士顿矩阵来分析并正式确定业务组合方面，抑或是在用安索夫的"近似分析"系统来处理弱信号方面，正式化始终无法与战略制定适配。即使只是像达卡扎利（Darkazanli）那样，正式地将人员分配到规划部门，或者召开正式的战略讨论会（实际只是正式规定了战略思考的时间范围），有时也会产生相同的效果：

实际上，规划工作中所包含的战略反思会往往是枯燥乏味的，参与者不过是在重复以前在战略研究中已经说过和决定过的事情。而且会议毫无进展，因为没有可供使用的有效数据。

由于简单过程的失败，所以规划过程变得更加复杂，但这样反而带来了更大的失败。尤其是预测领域，以及美国政府的 PPBS 实践，都遭受了明显的失败。即使是耶利内克“制度化创新”理论的实践——德州仪器备受吹捧的 OST 系统，以及通用电气的著名系统，也一样难逃失败命运。《商业周刊》1984 年刊载的一篇名为《德州仪器：充满漏洞并试图修复》（TI: Shot Full of Holes and Trying to Recover）的文章称，1982 年（耶利内克的著作出版 3 年后），德州仪器最高管理层“废除了矩阵管理系统，并将产品控制权交还给了产品经理”。而《商业周刊》1983 年刊载的另一篇文章曾将 OST 称为“摇摇欲坠的管理系统”。1984 年发表的文章指出：

帕特里克·哈格蒂（Patrick Haggerty）引入了严格的财务控制和战略规划方法，以控制德州仪器的快速增长和日益复杂的业务组合。但他也支持德州仪器的企业家团队，因为他明白，创新的源泉是人而非僵化的制度。

然而，耶利内克错误地将公司的创新能力归因于规划系统。但设计规划系统似乎是为了控制，而不是为了创建战略。“过于复杂的管理系统，如矩阵管理系统或以数字为主导的战略规划系统，往往会扼杀企业家精神。”没有谁比耶利内克更能解释这一点了。1990 年，在与肖恩霍温合著的书中，耶利内克指出，哈格蒂的继任管理者们“关注的似乎是系统本身，而不是期望它能创新。OST 彻底制度化了”，加上其他正式化措施的影响，“德州仪器似乎失去了创新的火花”。耶利内克和肖恩霍温得出结论：

创新战略不存在于“规划”中，而存在于能促进新的投

> 入、决策、方法且可持续的行为模式中……因此，本章的核心与正式的规划或规划程序关系不大，而与制定创新战略密切相关。

他们还写道："制定好战略后，正式系统的关键作用就是监测战略的成果，评估其长期实效性，并预示重大新意向……不应期望规划系统能取代创新或管理，后两者必须是第一位的。"最后，他们总结评论道："现实经常事与愿违，'让管理者自惭形秽'。"但自惭形秽的不只是管理者！

综上所述，没有证据表明，战略规划系统（无论多么全面、多么了不起）可以再现战略制定真正依赖的那些非正式过程，更不用说改进这些过程了。在模仿直觉方面，尽管在程序化上付出了大量努力，但和模仿同理心的心理分析技术一样效果不佳。显然，正式化存在一些问题。正式化的方法可能适用于高度结构化、重复性的工作，比如工厂作业或文员工作，但在组织高层的管理工作中，这种方法失去了效果。

是否尝试过正式化

有人可能会反驳说，战略规划的失败，是因为它从未认真地尝试将行动正式化。仅在图表上标上"创新"或"大胆思考"等标签，起不到任何正式化的作用。打开任何一个战略规划模型的一个个盒子，都会发现在战略制定过程的核心位置，只有一套空洞的陈词滥调，而没有任何模拟复杂管理过程的内容。这就是第 2 章提到的"缺失的细节"。安索夫和布兰登伯格在 1967 年写道："规划人员最多只提供了一份清单，包含'分析问题''选择首要的行动方案'等。"但安索夫等人所提供的东西也好不到哪里去。与泰勒不同，计划学派的支持者从不做基本的调查，从未深入战略形成过程，了解它究竟是如何运作的。我们可以再次引用安索夫和布兰登伯格说过的话："很多规划文献仅仅关注如何编排公司活动，却不关心相应的决策是如何达成的。"因此，这些文献开出的处方从未反映出对现实的理解，基本上是空洞且脱离实际的。

前文引用过威尔达夫斯基的假设：相比于给出答案，更重要的是提问。规划可能提出过问题，但规划尝试过回答这个问题吗？

规划的分析性质

如果规划确实尝试过回答问题，或未来准备尝试，那么它真的能给出答案吗？或者换种问法，传统规划人员真的能提出正确的问题，甚至给出正确的答案吗？我们认为他们不能。所以我们认为，将战略制定过程正式化可能更具破坏性，因为相比于那些虚有其表的方案，人们对正式化方案更当真。我们相信，战略形成过程正式化根本就是错误的方法，这是一个重大谬误。这个谬误与规划的简化主义和分析性质有关。

正式化是通过分解实现的，在分解过程中，一个流程会简化为各个程序，程度再简化为一系列步骤，每个步骤都是特定的。这个做法的本质是分析：将整体分解成各个组成部分……威尔达夫斯基解释说："'分析'这个词……来自希腊语词根，意思是'细分'。"因此，分析是战略规划的基础。请回想一下波特的评论："我喜欢用一套分析技术来制定战略。"每当组织规模过大、管理者过于脱离实际或业务过于多样化时，战略规划（即分析）就成了最受推崇的解决方案：战略制定过程应按照类别分解为正式程序及特定步骤。

但这种方案从未成功过。正如第 3 章所示，这种方案造成了大型城市改造计划"显而易见的失败"、法国政府的"非民主、非规划"、通用电气对规划的极度厌弃，以及 PPBS 的闹剧。用威尔达夫斯基的话来说就是"彻底失败了"。即使是后来的救赎承诺（"等着瞧"），也只是在浪费更多的时间和金钱。"系统方法"一度流行起来。阿克夫曾写道，要"用综合性的系统方法全面地"解决问题。费罗斯特则提出了更宏大的模型，他接连撰写了

《工业动力学》(*Industrial Dynamics*)、《城市动力学》(*Urban Dynamics*)和《世界动力学》(*World Dynamics*)三本著作。分析技术试图将所有维度综合成更大、更精细的系统，但这种做法是有代价的。随着广度的增加，规划的深度变浅了。约翰·夏普(John Sharp)指出，扩大规划的边界意味着要聚合内容。德洛尔声称:“良好的综合规划将综合程度限制在可管理的范围内。”但他和其他人都没有提出应如何做到这一点，因此这些话又变成了空洞的陈词滥调。

很明显，系统并不能提供更好的方法来应对人类大脑信息过载的问题，系统反而常常让情况变得更糟。信息的机械组合并没有解决人类直觉中存在的任何根本问题。关于“人工智能”“专家系统”等的承诺从未在战略层面兑现。正式的系统当然可以处理更多信息，至少可以处理硬信息。系统可以对信息进行整合、聚合、移动，但却永远无法将信息内化、理解和综合。分析从来都没能起到预期作用。从字面意义上讲，规划从未学习过。

在第4章，我们讨论了规划是如何阻碍创造力的。下面我们将详细阐述这一结论。规划的本质是定义和维持分类，而创造性的本质是创造或重新编排分类。正因如此，正式规划既不能提供创造性，也不能应对其他方面产生的创造性。所以，具有企业家精神的人才会反对德州仪器和通用电气的系统，制度化创新也从未实现。

事实上，“要有创新性”或“大胆思考”之类的命令反映了完全相同的问题：创新性变成了一个孤立的步骤，只是图表上的一个方框。试想一下，要求管理者们围坐在一起“大胆思考”，还有比这更好的约束方式吗？[①] 我们对创新性的了解仅限于它不可能孤立地或按规划产生，更不用说按需产生

---

① 伊恩·米特罗夫(Ian Mitroff)等人讲述了一个“战略规划”实践：一家大型政府机构要求成员“大胆思考”，设想未来的各种情景。但他们没有“认真对待这个命令”，最终制作了一份“只包含现状的报告……实在是太胆小了”。

了。战略形成过程也不会按需完成，它在任何情况下都是一种创造性过程。威尔达夫斯基评价道："将发散思维限制在一个线性的序列中会妨碍创造力的发挥。"维克关于思考和行动之间的关系的研究中也有一个重要观点：

> 科学思维可能是一种糟糕的管理思维，当然有少数例外……理论家通过提供循序渐进的分析模式来支持这种神话……这就要求管理者从当下的事情中抽出身来，像科学家一样思考……主要问题是，我们把思考当作是一个动词，而实际上它是一个状语动词。也就是说，思考必须伴随着其他活动。思考是一项活动的限定条件，而不是活动本身。

重视分析方法的研究进一步证实了这一结论。莱维特指出，这些研究者倾向聚合思维，致力于在问题中寻找相似点而非差异点，偏爱分解而非设计。一项研究报告称，"倾向于分析思维的人（聚合者）比倾向于发散思维的人（发散者）回忆起梦境的可能性更小，研究者认为后者更富有想象力，更擅长应对非理性的问题"。

第 4 章曾提到，分析思维有一个特别的弱点，就是有"过早结束"的倾向：过早地将问题结构化，过早地描绘出备选方案，然后将注意力集中在评估工作上。换句话说，分析人员倾向于推进更结构化的步骤，如评估备选方案，因此往往不太关注结构化程度较低、更有难度的步骤，即先诊断出问题再生成可能的备选方案，但后者往往才是最重要的①。这些分析人员制定出的解决方案往往是保守的、极其偏向现状的：总是根据现有的备选方案，并按照一直以来的设想处理问题。

这不正与传统规划方法极为相似吗？传统规划方法似乎总是倾向于在一

① 关于决策制定的正式文献中也反映了同样的问题："无论是描述性文献还是规范性文献，都缺少对（诊断）常规程序的实质讨论。"

个定义明确的既有类别和步骤框架内进行，而不愿意先开发自己的框架。在规划研究初期，梅耶森（Meyerson）和班斐尔德（Banfield）公开声明：

> 有些人天生缺乏思考能力，不能处理复杂问题，不能看清各要素间的相互关系，或者不能从长远的角度看问题……但是，现实中却存在让这些人担任高层规划职务的自然倾向。

这听起来很讽刺，不是吗？我们将会在后面讨论这一点，事实上它被夸大了，因为规划领域充斥着各类人等，其中一些人并不具备正式分析能力。但 1955 年的这个声明所指出的倾向显然在大部分规划实践及主流规划文献中占据了主导地位。正是考虑到这种倾向，我们才会给相关规划人员贴上“传统”的标签。后面我们将讨论另一类规划人员，他们通常不太重视分析、分解和正式化，这些方法实际上是计划学派的处方。在我们看来，许多此类规划人员恰恰打消了对有效的战略制定至关重要的需求。

前述德州仪器的经历清楚地说明了这些规划问题。它的 OST 系统通过分析将事物分解开来，为每一个事物建立了一个先验类别。公司的总体目标被分解为 9 个子目标，每个子目标依次产生若干战略。“每个目标都有相应的目标管理者……每个战略都有相应的战略管理者”。战略管理者以矩阵形式向“一位负责经营的老板……和一位负责战略的老板”汇报工作。这些战略由一些策略构成，战略进展情况每月都要报告。董事会每年对这些战略进行三次为期两天的审查，以“确定公司总体方向”。一位头脑清醒的规划主管后来评论道：“我们所犯的错误之一是想要用机制来代替思维……人们只是在填写表格，却认为自己在制定战略。这种战略就像是一本食谱。”

要注意的是，此类规划系统的问题与特定类别无关，而与分类过程本身有关。无论怎样重新排列，也无法解决框架已经存在的问题（这一结论很可能对结构重组也适用）。战略形成就像创新一样（或作为一种创新），需要摆脱条条框框，创造新的视角和新的组合。有人曾经打趣道：“生活远比我们的分类更丰富。”正如维克所说，规划有些违和，“日常思考几乎从来不会按部就班……只要试试按照线性步骤模型行事，人们就会发现自己想的和做的完全不是一回事”。

哈克斯和迈勒夫曾就规划中“先有鸡还是先有蛋”的问题指出，规划需要分类才能继续进行，但分类只有在制定战略后才有意义。不过，只有当规划试图促成战略时，才会产生先有鸡还是先有蛋的问题。他们的观点很清楚，即规划没有必要这样做。当规划和战略制定被视为两件事时，这个问题就消失了。通过其他过程，战略形成后，分类随之而来，然后在必要的时候，规划会接管相应的实施工作。

因此我们认为，耶利内克在 1979 年提出的观点是错误的，管理工作并不能像 20 世纪的生产工作一样程序化。泰勒主义者认为，重视思考的泰勒主义与“重视程序化的泰勒主义”不同。泰勒希望从他创立的程序化工作中榨出所有剩余的创造性潜能。但他关注的是重复生产的机械效率，而不是通过即兴思考所产生的创造性成果。通过规定工人的工作程序，泰勒剥夺了他们的自由决定权。他指出：“所有可能的脑力劳动都应该从工厂中移除，集中转移到负责规划或布局的部门。”战略规划和泰勒思想相一致，但它声称并非如此。这样的战略规划带来的结果将是毁灭性的。与战略规划不同，战略形成过程需要创造力和综合能力，而它们取决于了解情况的规划制定者自身的判断力。

战略形成过程不能像铲煤一样程序化。泰勒研究中的工程师可以把铲煤的步骤重新组合成高效的工作方式，但德州仪器的规划制定者永远做不到这一点。资本预算人员也做不到，他们的预算编制过程不仅杂乱无章，而且相互脱节，明显阻碍协同效应。具有讽刺意味的是，安索夫在他 1965 年出版的著作中为管理工作贡献了“协同”这一概念，而他本人推广的规划过程却在阻碍协同。《鹅妈妈的童谣》中的小胖墩告诉我们，并不是所有分开的东西都能重新组合起来。因此，上述规划的各种简化形式都极度离谱。

对直觉的辨析

赫伯特·西蒙在 1978 年获得诺贝尔经济学奖。在此之前的 1965 年和 1977 年，他两次写道："我们已经足够了解人类在进行判断或产生直觉时的大脑活动，这足以让我们在计算机上模拟出许多过程。"罗杰·斯佩里（Roger Sperry）在 1981 年获得诺贝尔生理学或医学奖，他在 1974 年出版的著作中写道："人类的右脑具有空间想象功能、感知空间功能和机械化处理信息功能，但它没有语言功能，而右脑的这些功能还不能用计算机模拟。"

这两位智慧超群的学者之间的明显分歧，引出了我们今天面临的一个重大问题：直觉是不是一种独特的思维过程，与理性分析有所区别？这个问题的答案直接触及一些紧迫问题的核心，如精神病学家、政策顾问和科学家等专家对普通大众的指导，教育的基础（如人们普遍假设语言是能够自学的；更普遍的假设是，显性知识应该永远取代隐性知识），以及各种机构（组织、司法系统等）的设计，都倾向于理性而非直觉。当然，对于第一个问题和最后一个问题，战略规划都立场坚定，观点鲜明，并在过去几十年里产生了不小的影响。同西蒙一样，战略规划的假设是并不存在两种不同的人类思维，实际上所谓的其中一种思维更具优越性，能够包含另一种思维。具体来说，所谓的直觉过程可以通过系统分析加以明确和改进。简而言之，只要能够程序化，就能轻而易举地在分析和直觉之间架起桥梁。

人们对这个问题已经激烈争论了数百年，但始终没有找到答案。这可能是因为，争论基于逻辑和理性思维，它本身就是一种渐进的分析过程。又怎能用这种过程来否定两种思维之间的差异，或证明一方优于另一方呢？这个思维过程是潜意识的，无法用直观的分解方法来分析。换句话说，用这种"证据"来支持程序化的论点，就像是用黑白照片分析颜色一样。

虽然缺乏实证，但在这个问题上却不乏提示性证据。下面我们将先从对生理学和组织结构的研究入手，然后再探讨西蒙的论点。

左右脑的思维一致吗

人类大脑分为左脑、右脑，左脑控制语言功能（对大多数右利手者来说是这样的）。但新的研究有了更多新的发现，如《纽约时报》的一篇文章对此做了很好的总结[①]。该篇文章具体描述了罗杰·斯佩里对一名脑损伤的二战老兵所做的研究：

> 受伤几年后，老兵 W. J. 的癫痫症开始频繁发作，每次都很惊险，无法控制。他会突然倒地抽搐，意识不清，口吐白沫，并经常会伤到自己。5 年多来，洛杉矶怀特纪念医院的医生们尝试了各种治疗手段，都没能治愈他。最后，菲利普·沃格尔（Philip Vogel）医生和约瑟夫·博根（Joseph Bogen）医生切开了他的胼胝体[②]，癫痫就像被施了魔法一样再也没有发作。在艰难的恢复期，W. J. 不能说话，但他表示自己现在比几年前感觉好多了。他的性格似乎没什么改变，他看起来一切正常。
>
> W. J. 的情况引起了研究生迈克尔·加扎尼加（Michael Gazzaniga）的兴趣，他和博根一起对 W. J. 进行了一系列测试[③]。加扎尼加很快发现，W. J. 身上发生了一些极其奇怪的事情。首先，W. J. 只能用右半身执行如“举手”“屈膝”之类的口令，而他的左半身无法做出反应。显然，控制左半身的右脑并不理解这类口令。如果蒙住 W. J. 的眼睛，触碰他左半身的某个部位，那么他甚至无法分辨是哪里被触碰了。
>
> 随着测试的深入，越来越难将 W. J. 视为一个独立的人。

---

① 指玛雅·派恩斯（Maya Pines）于 1973 年 9 月 9 日发表的《我们是左脑型还是右脑型》（We Are Left-Brained or Right-Brained）一文。

② 连接两个半球新皮质的最大的一束联合纤维，在两个半球之间传递信息。——编者注

③ 认知神经科学之父加扎尼加在《意识本能》一书中曾经回溯了这一科学观察。该书中文简体字版已由湛庐引进、浙江教育出版社于 2022 年出版。——编者注

尽管他有意识，但他的左右手总是做出相反的事。有时，他想用一只手把裤子拉下来，但另一只手会把裤子拎上去。有一次，他用左手威胁他的妻子，而右手却试图控制住他的左手……

W. J. 只有左脑在“说话”，而右脑永远“沉默”，无法发挥任何需要基于语言进行判断或表达的功能。当然，右脑也无法“阅读”，这意味着 W. J. 只能阅读视野中右半部分的文字，因为这些文字会投射到他的左脑。他的右脑似乎“什么也看不见”。因此，对他来说，阅读变得非常困难和辛苦。他还发现自己无法用左手写字，而他在手术前是可以做到这一点的。

在测试早期，W. J. 的右脑几乎完全“沉默”。直到有一天，W. J. 看到了一个希腊十字架的轮廓。那时他的左手拿着铅笔，于是迅速而坚定地用一条连续的线画出了整个图形。然而，当他被要求用灵巧的右手描绘那个十字架时，他却做不到。他断断续续地画了几条线，但他似乎每次只能看到十字架的一小部分，根本无法画全整个图案。他画了 6 笔，却只画了十字架的一半。在研究人员的催促下，他又加了几条线，他认为自己已经完成了整幅画。显然，W. J. 并非对手臂缺乏控制，而是在认知上存在缺陷。他的左脑虽然拥有快速掌握能力，但右脑没有任何语言能力。

从那时起，“沉默”右脑的奥秘逐渐显现出来。右脑并非完全“沉默”，它只是不会说话、不识字。实际上，它以自己的方式进行感知、感受和思考，在某些情况下甚至表现得更好。

研究表明，右脑在空间感知、情感认知、梦境体验，以及面部和身体运动的解读、声音的理解等方面最活跃。相比之下，左脑似乎更擅长语言表达、逻辑推理和系统思考。各项研究使一个核心模式逐渐显现：对大多数人而言，左脑对应线性思维模式，也就是分析思维；而右脑对应同步的、整体的、关系性的思维模式，也就是综合性思维。前者似乎喜欢显性思维，喜欢论证和分解、分析；后者则喜欢隐性思维，喜欢实践和设计，并追求综合。

所有人类活动都是在大脑的两个半球共同作用下产生的。例如，任何严肃的工程设计都需要分析和综合，即使设计这个概念本身意味着要构思出新事物，也是如此，而这似乎与右脑的描述功能更密切相关。然而，无论是斯佩里的实验还是其他实验，得出的重要结论都是，虽然分析和综合可以有效地结合起来，但它们并没有融为一体，也不能轻易地相互替代，更不能轻易取代对方。换句话说，胼胝体充当了左、右脑之间的桥梁，使它们可以互通输出的信息，但它们加工信息的方法是不能相互替代的。

然而，这个结论只是一种推论，并没有得到所有人的认同，比如西蒙。他认为，大脑的两个半球分别负责语言功能和空间感知功能的推论是正确的，但他并不认为可以据此推断两个半球分别负责分析和创造。

> 这是一种不切实际的推断，其依据并非来自生理学研究……生理学研究只为大脑两个半球在某种程度上各自具有的独特功能提供了证据。这种证据无法表明任何一个大脑半球（尤其是右脑）能够独立于另一个半球解决问题、做出决定或进行探索。与两种不同思维模式有关的真正证据实际源于对以下情况的观察：在日常生活中，男性和女性经常做出合理的判断或迅速做出合理的决定，但没有证据表明他们进行过系统的推理，而且他们说不清自己的思维过程。

厘清这个问题存在一大难点：对擅长推理的人来说，推理过程似乎依赖的是右脑，对证据的分析过程则依赖左脑。那么，该相信西蒙的分析还是该相信斯佩里的研究呢？事实上，在这场左右脑之争中，谁能保持中立呢？

斯佩里在研究中发现的证据表明，大脑两个半球之间存在冲突，特别是左脑会反对右脑的行为。派恩斯在1973年发表在《纽约时报》上的文章中也总结道：

> 左脑显然不相信它的孪生兄弟，至少对大脑分裂的病人来说是这样的。左脑不是阻止右脑的行为，就是忽略右脑的行为。
>
> 对于右手能做的事，如打开包、取物等，左脑会否认左手能做。斯佩里要求被试用左手行动时，被试通常会抱怨说他们做不到，因为左手是“麻木的”，或者用左手“感觉不到任何东西”，抑或是“用左手什么事情也做不了”。如果被试用左手正确完成了指令，那么即使向他们指出这一点，他们掌握语言功能的左脑也会回答说：“我肯定是在无意识的情况下完成的。”左脑甚至从不承认右脑的存在。

奥恩斯坦（Ornstein）的著作《意识心理学》（*The Psychology of Consciousness*）使斯佩里的研究成果推广开来。在奥恩斯坦看来，斯佩里的研究表明了左脑长期以来都在压制右脑的倾向。从社会层面看，左脑的行为体现了与“左”字相关的词语的负面含义（请记住，我们感知的是身体的两侧，而不是大脑的两侧，每个大脑半球都控制相反一侧的运动，例如右脑控制左臂）。在各种文化中，语言系统把“左”描述为“糟糕的”“黑暗的”“异端的”。“右”在英语中意味着正确，在法语中意味着正直，而“左”在法语和意大利语中分别代表笨拙和罪恶！

西蒙对直觉的分析

让我们仔细看看西蒙对直觉的分析。他就决策方面所做的大量研究都涉及游戏情形，如国际象棋和心理实验室中的算式谜。在这些情形下，西蒙依靠的是“协议”，他要求被试做决策时要口头表达出来。他解释说：“出声思维法……现在可以获得观察对象在各种条件下的行为数据，这种方法十分可靠。”从这个研究中，西蒙得出了以下结论：

> 可以首先得出的，同时证据确凿的结论是：要想解释人类解决问题、思考和学习的过程，不用借助潜意识层次的机制，因为这个机制与那些部分意识和部分语言化的机制是不同的。冰山的绝大部分隐藏于水面之下，那是无法用言语表述的部分，但它与显露的部分是由相同的冰构成的。解决问题的关窍就在于没有秘密。只要将我们熟悉的简单元素组合成复杂结构，就可以解决问题。证据就是：将那些简单的元素作为程序的构建模块，我们就已经能够模拟它了。

事实上，西蒙所说的“证据”是有争议的。他在自己出版于 1977 年的著作《管理决策的新科学》(*New Science of Management Decision*) 中曾声称：“仅用了 20 年，我们就对人类在解决问题和做出非程序化决策时使用的信息过程有了合理的科学理解。”实际上，早在 1960 年这部著作就有了第一版，其中包含几乎相同的观点描述，唯一的实质性变化是 1977 年他在这段描述中增加了一句话：“无法用语言表达。”

当然，如果潜意识思想的神秘组合与决策过程无关，就必须有其他理由来解释决策过程中明显的复杂性，哪怕这些解释源自个例（比如下国际象棋）。对于这一点，西蒙早已准备好答案，他说：“如果将人视作像蚂蚁一样的行为系统，就相对容易解释了。随着时间的推移，人的行为呈现出明显的复杂性，在很大程度上反映了人所处环境的复杂性。”换句话说，“人不过是他所生活的宇宙的一面镜子”。

但是人本身也适用这个结论吗？难道没有什么来自人的内部，来自言语无法表达的地方吗？如果所有棋手都仅仅是他们所在宇宙的一面镜子，为什么还要单独研究那些象棋大师呢？

马里奥·邦格（Mario Bunge）的著作《直觉和科学》（*Intuition and Science*）备受好评，书中介绍了直觉一词的各种用法：作为认知过程，指的是快速识别、清晰理解和解释的能力；作为想象过程，指表现能力、形成隐喻的能力和创造性的想象力；作为推理过程，指对推理、综合的能力和常识有催化作用；作为评估过程，指良好的判断力、实践智慧、洞察力。但是，西蒙只认识到了其中的一种用法，即快速识别。①

西蒙在 1987 年发表的论文《制定管理决策》（Making Management Decisions）中讨论了“专家的直觉”：国际象棋大师看一眼棋盘就能快速判断局势。他认为，专家认出了“熟悉的模式，这些模式是‘老朋友’”，所以“大师的直觉或判断的秘诀”是“以前所学知识已经形成模式并储存了相关信息”。因此西蒙得出结论：“经验丰富的管理者储存了大量实践的知识，并且以可识别的知识块和相关信息的形式将它们排列在一起。”所以，直觉本质上是对知识组织形式的迅速识别，而不是灵感的突然呈现。他以一项研究为例，指出经验丰富的商务人士可以比 MBA 学生更快速地识别出某个情况的关键特征。而且，一旦完成识别过程，析出知识块，程序化过程就会启动。西蒙在 1986 年发表的一篇论文中还写道，“根据……模式和经验，格式塔心理学中所谓的‘直觉’过程正是我们熟悉的‘识别’过程，而计算机程序已经能够熟练地模拟这一过程。”

---

① 西蒙在私人信件（1986 年 6 月 25 日）中对邦格著作出如下评论：邦格观察到英语使用者在很多方面都会用“直觉”，这是正确的。但有时，一个词的用法丰富就意味着含义不明确，直觉便是一个很好的例子。为了让直觉成为有价值的心理学概念，必须将不同的直觉过程加以区分，然后用不同的术语指代它们。因此，我通常把直觉的意义限定为邦格所说的“快速识别”。他的第二类和第三类用法，我称之为“理解”；第四类用法在我看来，是“表达”，有时是“意象”；第五类用法是“类比”；第六类用法是将直觉作为一个单独的类别，因为一个创造性的产品是通过前面提到的过程解决问题后的成果；第七类与第一类有关，也与强势推理人员的表达能力有关；第八类也是之前所有类别的混合物，特别是第二类和第三类的混合；第九类则是“知识”。

上述观点中的关键词是“知识块”，其根本假设就是连续的知识可以被分解成离散的元素，也就是为了分析而分解。这体现了认知心理学领域长久以来的一个理念或假设，乔治·米勒（George Miller）1956 年发表的文章《神奇的数字 7±2》（The Magic Number Seven Plus or Minus Two）对这一理念的解释最清楚。米勒研究了在人类的分类方案中数字 7 频繁出现的原因，如为什么是世界 7 大奇迹、为什么一周 7 天等。他认为，这体现了我们的短期和中期记忆可以存储多少离散的信息，从而创建出相应的分类方案。但其他形式的记忆，比如图像记忆，并不能被简化为离散的记忆块。

西蒙假设知识可以简化为各个知识块，并基于这个假设在 1987 年发表的文章中总结道：“直觉不是一个独立于分析的过程。”

> 将“分析型”和“直觉型”两种管理风格加以对比是荒谬的。直觉和判断（至少是合理的判断）都不过是习惯性的、具有快速反应能力的分析。

直觉转化为分析

如前所述，直觉简化成了分析，正如战略形成简化为战略规划一样。如果无法分析，人们可能就会指望依靠直觉来进行思考。就创新性、洞察力和更高层次的综合（例如建立崭新的战略愿景）来说，这个结论“从感觉上是否正确”？埃德温·兰德（Edwin Lond）是这样描述宝丽来相机的开发过程的：

> 1943 年，我在圣达菲山区度假时，我 3 岁的女儿詹妮佛有一天向我问道，为什么我拍的照片不能立刻看到。我在那个迷人的小镇上漫步时，一直在思考如何解决她给出的这个难题。在不到 1 小时的时间里，胶片和物理化学反应在我的脑海里清晰地浮现出来。兴奋的我赶到一个朋友的住处，向他

详细描述了一种能即拍即现的干式相机。这台相机在我的大脑中是如此真实，我花了好几个小时来描述它。

在这个迷人的小镇上，什么样的分析固化成了什么样的习惯呢？事实上，兰德说，他在发挥创造力和洞察力时，“原始能力不断上涌，几乎无意识地处理了这么多变量，根本不能有任何中断”，对于使用磁带录像机的心理学家来说是最不可能看出来的！这项技巧可能在处理大学二年级的简单算术题时适用，但在国际象棋等结构化游戏中，像大师那样思考时，它还能适用吗？

假设在棋局中的某个时刻，你有两步棋可以选择，分别是 R-Q1 或 N-KN5。你应该走哪步？你舒服地坐在椅子上，然后开始分析，自言自语地念叨着可能的走法。“好吧，我可以走 R-Q1，他可能会走 B-QN2，或者他可以吃我的 QRP，目前没有防守。然后呢？我喜欢这个局面吗？”你边分析边又走了一步棋，但有些愁眉苦脸。你对刚才走车那步棋没有了兴趣。然后你再看马的走法。“如果我走 N-KN5 呢？他可以走 P-KR3 把我的棋子吃掉。我再走 N-K4，他用象吃掉。我也吃掉他的马，然后他用车攻击我的后。情况看起来不妙……走马这步棋不行。那再看看走车那步棋吧。”（又是一番分析）“不行，这也不行。我得再看看能不能走马。”（又是一番分析）“不行！绝不能走马。再试试走车吧……”这时，你看了一眼时钟。“天哪！走车还是走马，我已经想了 30 分钟。再这样下去，就真的会超时了。”然后突然，你有了一个绝妙的想法：为什么要走车或走马？走 B-QN1 怎么样？于是你二话不说且根本没做任何分析，就走了象。[①]

---

① 这段译文参考自《战略反击》一书。——编者注

上述内容引自科托夫的《像国际象棋大师一样思考》。但是，真的遇到上面的情况，灵感迸发时，人们真的知道大师是如何思考的吗？

卡尔·维克打趣道："只要相信就能看到。"迷恋计算机和分析的人们能"看到"其他思维过程吗？著名的阿凡提寓言中有一则小故事：有个人在家里弄丢了钥匙，却跑到路灯下寻找，因为他觉得路灯下面比家里更明亮。奥恩斯坦指出，对大脑两个半球的研究采用的一直是同样的逻辑。长期以来，人们一直在左脑明确分析的明亮灯光下研究丢失的直觉钥匙。人们是否还要继续这样寻找下去呢？

也许真正的问题并不在于简化论本身，而在于人们认定知识是离散的"组块"而不是连续的图像。西蒙曾经谈到短期记忆的"瓶颈"，认为人类思考过程中"几乎所有的输入和输出"都必须通过这个瓶颈。但人们会画图，也会进行眼神交流，并且似乎借此传递了大量的神秘信息。的确，人们会使用明确的词汇，逐字逐句，以离散的"信息块"形式进行正式沟通。但这体现的是思考的结果，而不是思考过程。兰德构思其伟大的想法用了 1 小时，描述想法却用了几小时。在这些分解出的组块背后，是我们刚刚开始理解的思维过程。如西蒙所说：我们以所谓的"直觉"或"判断"来"命名"我们的无知。但忽视这种无知并不能解释这种行为。

有些过程会自然地分裂成一个个组块。铲煤过程可能是其中之一；在没有灵感的情况下，下棋过程也可能是其中之一。毕竟，棋子和一铲一铲的煤一样，都是分散的。但有些过程所包含的信息没那么容易分解。比如人脸识别，这个简单行为连婴孩都能做到，对计算机来说却曾是一道难题。西蒙用"认得出来的老朋友"来表示象棋大师一眼判断出棋局形势的能力，这种比喻着实奇怪。显然，不同的人有不同的朋友。

那么，战略制定过程的信息就能轻易分解吗？波特热衷于通用战略和各种清单，他的回答可能是肯定的。或许正因为如此，他才会将战略思考视为战略规划的同义词，才会一直“喜欢用一套分析技术来制定战略”，才会说“战略思维很少会自发产生”。然而，在分析中无法看到洞见，因为分析不相信。同样，也没法通过分析获得战略愿景。战略规划的分类也许能对降低现实复杂性起到辅助作用，但它们并非现实本身，无法替代人的综合能力。正是这种综合能力，将对现实的认知（无论是连续的图形，还是离散的事实）融合成一个统一的战略愿景。这种综合能力的来源还不明了，但能确定的一点是：战略管理所面临的问题不仅仅是需要在多少方面正式化，还在于需要多少有意识的思考。

约翰·布赖森的著作中有一章的内容是公共部门规划专题，其中谈到了冰球运动员韦恩·格雷茨基（Wayne Gretzky）的一段话：“我会预先滑到我认为球会到的位置。”布赖森制定了一个包含 8 个步骤（如初始协议、战略、主要建议、工作规划等）的规划过程，并声称“格雷茨基几乎仅凭直觉就完成了这 8 个步骤”，“只有让战略思考和战略行动的过程更有序，才能让更多人投入进来”。但是仅靠这个规划过程足以实现目标吗？

很难想象格雷茨基在得球后是会遵守最初的战术策略，还是会迅速改变战术。但这样做真的会让格雷茨基的传球更“合理”（不管这意味着什么）吗？真的会让他的队友更好地“参与”到他的魔法里吗？西蒙、布赖森和许多持有相同观点的研究者试图证明，可以跳过直觉，直接利用胼胝体进行分析，就像格雷茨基可以直接将球传给队友一样。但无论有多少支持分析的“证据”，直觉都是不可跳过的。格雷茨基预先滑到了球会落下的位置，也就是他的击球点，确实很神奇。相比之下，规划所引导的行动方向却往往与球的方向相反。

左脑负责规划，右脑负责管理

管理层需要像格雷茨基一样的人物，并且有出色的此类执行者，他们不仅擅用直觉，还充分认识到经常运用直觉的必要性。想要管理好组织的方方面面，只靠正式分析是远远不够的。在我们的案例中，对于战略规划能不能模拟“天才企业家”和平庸管理者的直觉过程，还没人能证明答案是否定的，现有证据只能证明战略规划还未能做到这一点。无论是通用电气的系统、德州仪器的系统还是政府的 PPBS，都没有成功。无论是在管理层，还是在人脑中，这些系统都还未跨越鸿沟。

请注意，这里指的是所有正式化的努力，包括安索夫的“近似分析法”。我们在此质疑的正是“一切都需要正式化”这一基本假设，这是安索夫的著作中最突出的假设。我们和耶利内克对德州仪器系统的最终结论以及第 6 章将讨论的内容是：系统可以促进非正式流程，但绝对无法替代非正式流程。

1976 年，斯佩里等人在生理学领域的研究成果给我们带来启发，我们发表了一篇题为《左脑负责规划，右脑负责管理》（Planning on the Left Side and Managing on the Right）的文章。文章中提到：“正式规划和非正式管理之间可能存在显著差异，这种差异类似于人类大脑的两个半球之间的差异。”我们猜测，正式规划“似乎与左脑有相似的运转过程”，而“管理组织的重要决策过程往往依赖右脑的功能”。这项研究让我们在本书中提出的所有观点拥有了生理学领域的支持。非正式的直觉型管理过程（如软信息的内化和新战略的创造）与正式的分析型管理过程（如基于分解和正式化的规划）之间存在根本性不同。斯佩里提出的“还不能用计算机模拟”这一观点非常关键，因为它表明一个过程并不能用另一个过程代替。另一位学者奥恩斯坦则是这样描述盲人摸象的故事的：

> 站在大象旁边的人只能对大象的某一个部位做出有限的分析性评估，如“皱巴巴的（皮肤）”“长且灵活的（鼻子）”“巨大的柱子（腿）”，但如果只是将它们拼凑在一起而不考虑比例关系，就无法获知一头大象的全貌。没有全面的视角，就会迷失在个人调查数据中。全面的视角属于另一种知识模式范畴，仅探索单个部分无法让视角变得全面。独立观察的线性汇总不会形成全面的视角。

我们的文章只是提出了一种推测。在同一时期，罗伯特·多克托（Robert Dokter）却开展了实证研究，他将3个专门从事商业分析、在会计和运筹学领域拥有博士学位的人的脑电图，以及7名管理者、部门主管的脑电图（其中3人接受过分析、会计和财务方面的培训，多克托将这几人称为“高管－分析师”）详细记录了下来。多克托对这些人在执行两组任务时的脑电波进行了分析。一组是直觉－空间性的任务（辨识带有线条的图片），另一组是分析－语言性的任务（做推论）。研究结果令人惊讶：没受过分析训练的4名高管表现出一种倾向，即用右脑执行所有直觉－空间性任务（几乎所有右利手者都会这样），但75%的分析－语言性任务也是由右脑执行的（这是个意外的结果）。与此形成鲜明对比的是，3名分析人员也表现出一种倾向，即用左脑执行所有分析－语言性任务（意料之中的结果），而67%的直觉－空间性任务由右脑执行（同样是意外的结果）。高管－分析师的结果介于两者之间，相对更为均衡。

这些发现相当惊人。这些被试的脑电波结果表明，不仅人脑的两个半球是专业化的，连整个大脑也是如此。显然，基于受到的训练和掌握的经验，大脑的某些功能明显倾向某个半球（或者可能是它们自己选择了从事何种工作）[①]。斯佩里指出：“人们通常无法同时擅长两种思维模式，因为双方必定会互相干扰。”

这个观点为区分直觉型管理者和分析型规划制定者提供了生理学基础。规划过程可能更适合左脑，管理工作则更适合右脑。我们曾指出，分析型人员倾向于趋同的、演绎性的思考过程，倾向于过早地选定备选方案等。实际上，这些特征可能有助于解释规划文献或其他方面为什么认定分析型思想家倾向于否定直觉思维[②]。

---

① 莱维特从两篇博士论文中找到了支持前一种解释的证据：在本科学生中，工程专业的学生创新能力相对较低；艺术专业的学生创新能力相对较高，但分析能力相对较低。

② 实际上，分析人士指责管理者不理性、情绪化，而管理者反击称分析人士冷漠、超然，这些都具有生理学意义，因为研究表明，情绪与右脑有关。

哈罗德·拉斯基（Havdd Laski）的作品中曾提到训练有素的专家的无能，他试图解释为什么专家的思想有时过于局限。在这里，我们也许能对此进行解释：专家虽然会避免陷入明确的陷阱，却没发现更根本的、不那么明显的谬误。他们只擅长认识那些容易“分解成组块”的事物。所谓专家，还指精通某一方面的一类人，这类人最终只会一无所知。同样，如果只理解某些离散的信息块，你最终也会一无所知。当然，管理者可能是知识面广但算不上专家的一类人，最终同样对所有事情都一无所知！专家还指一些没有基本知识的人。直观的知识当然是初级的，正如古希腊谚语所说：“狐狸知道许多事，而刺猬知道最重要的事。”对分析和直觉而言，也是如此。

当然，有些专家并不那么狭隘和“传统”；同样也有一些非常专业的管理者，既知道自己不了解什么，也知道自己在做什么。两者都很自然地将分析和直觉融合在一起，每一类人（使用的是我们将在后面讨论的术语）都具有“一点点”对方的思维模式。与这样的专家和管理者合作时，通常很有成效。

在大脑研究中，更耐人寻味的发现是：听音乐时，普通大众倾向于用右脑，音乐家则倾向于用左脑。这似乎意味着，普通人听音乐关注的是整体，音乐家则将乐曲解构，听的是一个个音符。这一发现对我们所讨论的内容很有支持性。但可以肯定的是，伟大的音乐家，尤其是伟大的作曲家，既能从整体上把握音乐，又能解构音乐。他们的伟大之处正在于融汇了分析与综合。莫扎特这样描述他创造性的作曲工作：

> 零碎的音符在我的脑海中浮现，然后汇集。我的灵魂对它们产生好感，音乐逐渐成长起来，我将它铺陈得越来越广、越来越清晰。最后，整篇乐章几乎在我的脑海中成形。即使乐章很长，我也可以在脑海中看见它的全貌，就像在看一幅美丽的画卷或一个俊秀的人物。在我的想象中，乐曲并不是一点一点浮现的，而是以整体形式出现的，至于音乐的分节

必须放在后面去做。这是一场难得的盛宴。所有的创作既梦幻又真实，而最美好的体验，莫过于听到整个乐章的瞬间。

管理的图像

关于管理工作的研究为直觉的独特性和重要性提供了进一步的证据。“计算混乱”和“控制混乱”的管理工作似乎更呈现出同步性、整体性和关联性的特点，而未呈现线性、序列和有序的特点。管理者通常偏好口头沟通方式，因为这种方式传达信息相对较快、较容易，并且能够帮助他们感知他人的面部表情、肢体语言和语调等，这些信息的输入都与右脑相关。管理者要“看到大局”，创建战略“愿景”，就要对软信息和推测性的信息有所感知，这样的信息更适合综合而不适合分析。这类信息大多源自口头信息，因此交流双方必须保持“心照不宣”的默契。因此，这类信息不仅很难通过言语表达的方式为他人所知，而且管理者往往无法仅凭自己的意识充分理解它们。这类信息需要在潜意识中处理，而这意味着要利用直觉。

如果管理者对待工作总是模棱两可，在工作中几乎没有表现出什么模式，那么他们很可能花了太多时间在综合模式下工作。同样，他们之所以会在决策和战略制定过程中采取难以理解的做法，如诊断问题、把握时机、交涉、设计，原因也许是他们依赖右脑的思维过程，而这些过程很难用语言描述，也就是不能分析。实际上，战略制定的所有特性，包括动态性、不规则性、不连续性、探索性、强调学习与综合的交互过程的特性，都迫使管理者必须依靠直觉。可能正因如此，规划涉及的分析性技术才会错到离谱。维克指出：“人们抵制阶梯式结构，可能是因为他们更偏爱整体性程序，这样的过程将所有步骤都同时考虑在内了。”

那些新颖的、有号召力的战略，似乎是由拥有创新力和综合能力的大脑制定的。形成战略的关键似乎是基于整体和全局形象，而非结构分解和线性文字的综合。韦斯特利（Westley）的解释很好地厘清了这个观点：“在所有政策会议中，大量的争议都与形象塑造有关。”她将其描述为“一种拼凑，从个人头脑中的图像碎片中拼凑成一个群体图像”。她举例说，托马斯·彼得斯曾经指出，“当公司要求规划人员在规划会议愿景上脱离数据自由发挥时，他们张口结舌”。韦斯特利也认为:“去形象化可能是适合的表现方式！”

正式规划和非正式的愿景之间存在巨大差异。愿景不能简单地用文字和数字来描述。组织如果试图这样做，综合的观点往往会被简化为分解的定位，而且会丢失很多内容。心理学家弗雷德里克·巴特莱特（Frederic Charles）早前就指出：“相比于比图像，文字更易被明确地分析，人们不得不以一种更零碎的方式处理问题。”所以，德州仪器的一位管理者指出：哈格蒂的继任者“显然不同哈格蒂一般深谋远虑，且缺乏如他一般的战略头脑，当然也没有与他类似的愿景……所以我们彻底失去了愿景。全部工作都变成了控制，几乎扼杀了整个半导体业务，甚至是整个公司”。换句话说，过于依赖文字和数字的规划会杀死愿景。潘特和斯达巴克指出：“就像近视了一样，分类会让愿景变得模糊。”在许多方面，规划可能地位过高了。

分析模式在综合和空间认知方面的无能或许有助于解释下面这些问题：为什么将规划应用于战略制定过程会如此困难，为什么商业观察者的文章中会提到“战略思考与长期规划之间的混淆”，为什么通用电气首席规划师最终“将规划和战略分开，认为它们是两件不同的事情……”。从历史上看，通用电气公司采用的方法强调的是规划而不是战略”。通过规划将一个整体过程解构成一系列步骤，就将这个过程从综合领域转移到了分析领域，从而使这个过程再也不能实现自己的使命。

无论左右脑之间的争论有多悠久，正式规划都不应该压制非正式管理。将正式规划视为愚蠢的而不是罪恶的，虽然字面上是正确的，但在表述上是有误的：非正式管理过程一直是由“左脑”负责的，因此难以成为正式规划过程。最终证明舍弃非正式管理过程是愚蠢之举的，正是规划本身。

计划学派的根本谬误

至此，我们明确了计划学派的根本谬误：因为分析不是综合，所以战略规划并不等同于战略形成。通过对整体的各组成部分进行定义，分析可以先于综合并给予综合支持。分析可以通过分解过程和正式化过程，后于综合进行并细化综合。但是分析不能代替综合。再多的细化工作都无法使正式过程具备预测突发性变化的能力，因此也无法为脱离经营的管理者提供信息以创造新的战略。总而言之，“战略规划”不过是一个自相矛盾的说法。

THE RISE AND FALL OF STRATEGIC PLANNING

RECONCEIVING ROLES FOR PLANNING, PLANS, PLANNERS

第 6 章

规划、规划制定过程和规划人员

组织是差异化的，组织需求各不相同，

规划、规划制定过程和规划人员的角色

能在不同类型的组织中

适当地发挥作用。

THE RISE AND FALL
OF STRATEGIC PLANNING

前面的讨论中一直在强烈批判规划，这可能会让人产生担忧，本来企图全知全能的规划，会不会因为被批评得一无是处而惨遭抛弃。事实上，虽然本书的基调可能会给读者留下这样的印象，但我们绝无彻底否定规划的意思。我们只是想将关于规划的辩论引向一个更实际的中间地带，与“规划全知全能”和“规划一无是处”这两个极端的结论区别开来。要从一端（人们对规划的普遍理解）向中间靠拢，就必须让另一端也移动，就像一个跷跷板，如果一端有重物，就必须在另一端而非中间也放置重物，才能达到平衡状态。（我们希望）将读者拉向中间地带，这样读者就可以置身其中，去思考规划、规划制定过程和规划人员在组织中可以承担什么角色。因此，后文的讨论基调将发生变化，从批判性转为建设性。

耦合分析与直觉

规划的困境

我们曾在《规划的困境》一文中谈到，规划人员拥有一定程度的系统分析技术，更重要的是，他们有充分的时间去深思熟虑战略问题。但是，规划人员往往缺乏制定战略的权力，也缺乏关键的软信息以及获取这些信息所需的关系。一线管理人员同时具备上述条件，并能够动态、灵活地应对战略问题，但他们没有足够的时间和精力去研究这些问题，更别提吸收和偶尔处理某些必要的硬信息了。传统管理工作的本质就是，行动胜于思考，短期胜于长期，软数据胜于硬数据，口头胜于书面，快速获取信息胜于准确获取信息。这些倾向在管理工作中是不可避免的，甚至是必要的，但它们会导致管理人员忽视分析性投入，而分析性投入在战略制定过程中有重要作用。

所有这一切导致的结果就是，管理者明白需要适应正在发生的状况，而规划人员觉得需要分析应该让什么事情发生。因此，管理者往往会在危机尚未出现时就去寻求机会，将头脑中尚且模糊的规划制定出来，并且在工作中表现出“职业病”的症状——“工作超负荷，行动莽撞，不喜欢拖延，只在确定能产生价值的情况下才会投入，避免过多地投入任何事项”。规划人员所推动的工作过程与战略制定的复杂性相比似乎显得过于简单和无效。此外，正如前文关于左右脑的讨论所说，尤其是多克托的发现所展示的：规划人员和管理者也可能在认知上存在差异，前者倾向于用左脑来分析，后者则倾向于用右脑来综合。在极端情况下，人们似乎只有“因直觉而毁灭”和“因分析而瘫痪”两个选项。换言之，“依靠直觉的人倾向于行动先于思考（假设他们真的会思考）；依靠分析的人倾向于思考先于行动（假设他们真的会有所行动）”。

因此，出现了一个基本困境：如何将规划人员的技能、时间和倾向与管理者的权力、信息和灵活性结合起来，以确保战略制定过程是了解情况的、能够及时响应的和综合全面的。

对分析和直觉的比较

虽然分析和直觉都有各自的劣势，但两者也有各自的优势。首先，从成本和效率两方面来考察分析和直觉的区别。采用分析方法似乎效率更低、成本更高，因为分析人员通常需要组建一个团队，研究各种数据后才能得出结论。利用直觉则可以立即做出决定（暂且不论结果好坏），但这只考虑了应用成本。从投入维度来看，直觉的成本要高得多，因为（按照西蒙的定义）只有充分了解问题的关键才有可能产生（有效的）直觉，而了解过程可能需要很长时间。相较之下，有效的分析随处可见，因为优秀的分析人员能够获取可靠的硬数据。

其次，从处理复杂问题的能力方面来考察它们的区别。如前所述，杰伊·弗罗斯特在关于《社会体系的反直觉行为》的论文中指出，每个人都会形成自己的心智模式，但如果心智模式不能（像计算机程序一样）被清晰地阐述出来并规范化，那么即使它“在结构和假设上是正确的”，也很可能会产生不一致，因而“容易得出错误的结论”。所以，对于某些复杂的社会问题，直觉型方法更多的是“缓解症状而非根治病因，试图通过社会系统中的某些方面来发挥作用，但这些方面无法撬动变革”。直觉型方法在短期内或许有效，但长期来看会“导致更深层次的困难”，“以致为解决一个麻烦，却引发了新的麻烦”。例如，弗罗斯特在《城市动力学》一书中揭示，官员们通过正反馈循环而非负反馈循环对衰退中的城市进行政治干预，反而导致城市的进一步衰退。弗罗斯特的主要观点是：“人类的思维不适用于解释社会体系的行为，因为人类的社会体系属于非线性多环反馈系统。在漫长的人类进化史中，直到最近一段历史时期，人类才有了了解这些系统的必要。”

弗罗斯特提出了一个强有力的观点，无论是在政府内部还是政府外部，都有大量证据来支持这个观点，例如霍尔的文章《组织系统病理学》（A System Pathology of an Orgnization）中就列举了一些证据。其他类似的论点提及，直觉方法无法处理某些结构性问题，例如可能只需要集合 23 人，其中有两人的生日正好在同一天的概率就会达到 50%。对于某项执行了很长一段时间的决策，直觉似乎也无法估计其结果。人的自然记忆很容易失效，但文件失效的过程会非常缓慢。

弗罗斯特认为，有效的系统动力学模型可以构建在管理者心智模式的“结构与假设”基础上，这样无论系统动力学模型和管理者心智模式之间的关联正确与否，它们本身都会是正确的。他写道，这两个模型的来源相同，计算机语言是“明确的”——“更清晰、更简单、更精确”。他声称，“任何可以用普通语言清楚表述的概念和关系都可以编辑成计算机模型语言”，并且“计算机模型中的假设条件可以根据所有可用信息来核验”。

然而，本书第 5 章提出的观点使上述观点在许多方面受争议，即只靠直觉必然是不够的（如关联不“正确”），所有信息都可以通过“普通语言”来阐释。无论弗罗斯特的论点多么有力，都有《社会系统的反分析行为》（The Counter-analytic Behavior of Social Systems）一文阐述的空间。当关键数据是软数据时，无法“机读”，而且人脑中的模型可能更多的是图像形式，而不是字母、数字、字符形式，或者至少无法轻易分解为离散元素（就像判断个人性格的模型一样），所以分析模型可能会变得前后不一致，并且“容易得出错误的结论”。

再次，从准确性方面来考察分析和直觉。如果用正确的数据进行正确的分析，就会得出准确的结论。相比之下，将直觉应用于它能够处理的问题时，得出的结论往往只是大致正确（“大致正确”是美国流行的说法）。上文提到的分析型方法与直觉型方法各自的优缺点在彼得斯等人开展的一项试验中也得到了清楚展示。如图 6-1 所示，用分析型方法解决问题更容易得出准确的结论，但误差分布相当广泛。相比之下，用直觉型方法得出相对准确结论的频率较低，但准确程度更加一致。换句话说，在非正式情况下处理某些问题，或多或少总能得到正确结论；而在正式情况下处理问题，虽然误差小，有时结论却会错得离谱。也许这就是为什么“专家”被认为没有常识。对直觉型方法来说，“凭感觉”就能知道离谱的结论是错的，于是可以重新思考问题。但分析型方法没有这样的感觉，所以错误往往不易被察觉。

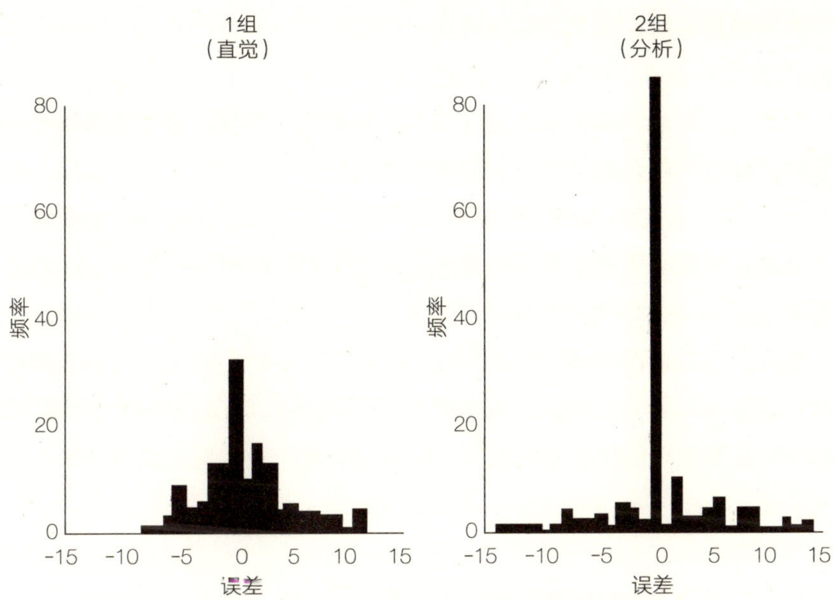

图 6-1　分析思维与直觉思维试验中的误差分布

资料来源：Peters et al.1974:128。

彼得斯等人将分析描述为变换轨道的列车，这辆列车一路上面对着一系列离散的、明确的选择，只有全部做出正确的决定，才能到达正确的目的地，而任何小错误都有可能让列车驶向一个完全不同的地方。他们得出的结论是："在一些情况下，微小的偏差是可以容忍的（但极端的错误可能会导致灾难性后果），此时最合适的方法是让直觉型方法和分析型方法两者折中。"这意味着，凭直觉迅速做出的决定，有时必须通过正式分析来检验其准确性；而经过仔细分析做出的决定，通常必须通过直觉来确认其表面有效性（流行的说法是"目测"数据）。

又次，从最优性方面来考察分析和直觉。直觉型方法可能看起来是肤浅的、次优的。如前所述，管理工作的特点使直觉型方法在形式上显得肤浅：迅速完成工作，保持工作进展。渐进主义和机会主义可能是做出明智选择的主要障碍，就像"井底之蛙"凭借过去狭隘、短浅的经验来感知未来一样。

显然，分析型方法在这里会有所裨益。

然而，分析型方法也可能是肤浅的。如果用分析型方法处理软数据，那么这一方法也可能是机会主义导向的，因为它无法应对非操作性目标。默顿（Merton）将这种情况描述为知识与智慧的混淆，这种混淆可能会导致人们只关注简便的数据而忽略深入的理解，并进行粗浅的研究。引用一位经验丰富的航空公司运营研究员的话来说就是："……你可以整天坐在总部办公室里，研究系统、程序和模型，而不必真正去学习和了解航空公司的运营。"分析型方法也可能是次优的，正如第5章所讨论的，雄心勃勃的"系统方法"倾向于以广度换取深度。显而易见的结论是，无论是人脑还是机器脑，大都有局限性。

最后，从创造性方面来考察分析和直觉。如前所述，分析似乎并不鼓励创造性。它是一个旨在找出解决方案的收敛过程，也是一个演绎推理的过程，更倾向于分解而不是设计。值得注意的是，分析过程常常过早结束，一个方案还没发展完善就马上锁定另一个有待评估的替代方案。"系统论者通常偏爱程序型问题，而直觉论者偏爱开放式问题，尤其是那些需要创造力与独到见解的问题。"因此，分析充其量只能带来边际创新，而无法带来颠覆性创新。但是，我们必须从另一个角度来看问题。很多人认为直觉是创造性见解的来源，但它在很大程度上也受经验、习惯和"井底之蛙"视野的限制。分析可以打破限制，哪怕只是打破部分限制（直到再次产生直觉）。综上所述，分析可能会带来边际创新；直觉可能会带来颠覆性创新，但也可能一无所得。

战略制定过程中的分析与直觉

综上所述，可以得出的明显结论是：**任何组织都必须在战略制定过程或其他任何过程中，将分析和直觉结合在一起，才能取得成效。**即使反对赫伯特·西蒙关于直觉本质的观点，我们也不得不认同他关于直觉与分析的论断。

每个管理者都必须能系统地分析问题（借助管理学和运筹学提供的现代分析工具）。每个管理者还必须能快速对状况做出反应，为此，需要通过多年的经验和训练来培养直觉和判断力。高效的管理者遇到问题时，没有在“分析”和“直觉”之间做出选择的自由，因为管理者的行为表现，就意味着掌握所有管理技能，并在适当的时候加以运用。

厘清分析型规划人员和直觉型管理者各自的竞争优势，“规划的困境”便迎刃而解。在重大的谬误中，分析可能不等同于综合，因此规划可能不等同于战略形成，但有效的战略形成过程十分依赖分析，将分析当作一种投入，以及处理产出结果的一种方法，在大型组织中尤其如此。软数据固然必不可少，而硬数据更加不容忽视。有些问题适合用直觉型管理者大脑深处的认知模型来处理，但其他问题更适合采用（弗罗斯特所谓的）具有形式一致性的模型来处理。当然，分析需要直觉的细致评判，而直觉必须接受分析的检验。

规划人员必须拥有相应的时间和技能来进行必要的分析，他们倾向于在硬数据中寻找重要信息，然后再使用系统模型。因此，分析人员只有与管理者建立良好的关系，才能填补重要角色，以确保获得必要的分析信息。这样的输入可以扩充管理者的知识库，使他们在战略制定过程中可以获取更多参考资料。更重要的是，分析人员可以为管理者提供新的理念和看待问题的不同思路，这有助于管理者跳出思维定式。

不过应该强调的是，分析型方法提供的并不是解决方案，而是一种研究视角、一种看待问题的方式。如果分析人员只是希望得到一套解决方案，然后等待落实，那等待过程可能会很漫长（除非他们面对的是与环境脱节的管理者）。但是如果分析人员拥有广阔的视野，那么他们往往更有可能为组织服务，优秀的管理者会从规划人员（以及其他志同道合的人）那里获益。因此，把管理者和规划人员各自的思维模式结合起来，就可以应对规划的困境。

规划本身的战略

从另一个角度来说，规划领域需要一个属于自己的战略，也就是一个能够充分利用其真正竞争优势的利基战略。在此，需要抛开规划扮演的其他角色，比如纯粹的控制、运营和政治性质的角色，或作为预算数字游戏及各种公关活动的角色。我们只希望根据规划、规划制定过程和规划人员在战略形成过程中扮演的一系列角色来提出属于规划的战略。

第 5 章得出结论：与其说正式的规划是在创建战略，倒不如说它是在应对以其他方式创建的战略所带来的结果；虽然一个有创造力且见多识广的人都可以成为战略家，但规划人员的竞争优势中不一定包含能使他们胜任这个角色的优势。正如兰利所说：

> 战略决策不是由正式的战略规划和战略规划人员制定的，而是由人与组织共同制定的，他们有时把战略规划当作规范，并遵循这种规范来制定或看似制定战略。战略规划为战略决策的公告、推广、谈判、合理化和合法化提供了一个平台，同时也为战略决策的实施提供了一种控制方法。这些作用比通常所说的提供信息以完善战略的作用更为重要，或者至少一样重要。

事实上，无论战略是自发形成的还是有意制定的，都必须将战略制定过程视为规划和规划人员无法穿透的“黑箱”，这两者都只能围绕着“黑箱”工作，而不能投身其中。如图 6-2 所示，他们的工作可能涉及对过程的投入、支持或相应的结果。本章将简要评述战略制定过程的分析性质，并描述相关角色。

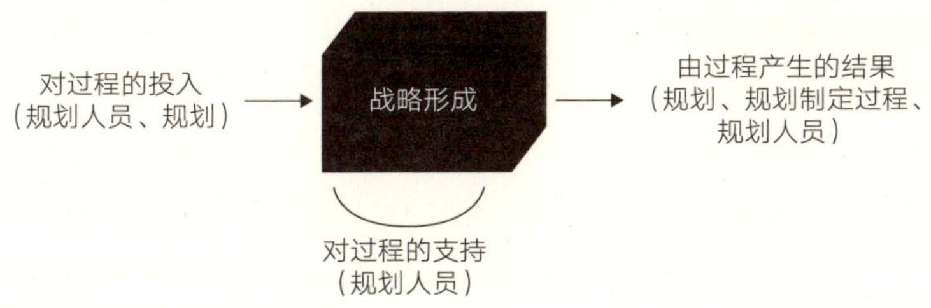

图 6-2　围绕着战略形成“黑箱”的规划、规划制定过程、规划人员

“软”分析

诚然，到目前为止，本书对规划人员的描述一直倾向于一种刻板印象，并用“传统的”“常规的”来限定我们心中的规划人员类型。但其实，规划人员的认知倾向并不比管理者的认知倾向更单一，尤其是在分析倾向方面，从执着的笛卡儿式到顽皮的直觉式，存在各种类型。我们要考虑的是这一方面所包含的角色，但要注意的是：那些能够为高管提供最佳服务的规划人员，至少拥有多克托和汉密尔顿所说的直觉思维。他们能够理解直觉，甚至可以在某些方面利用自己的直觉，来调和分析倾向。这是一种软分析。

软分析显示出一种倾向，即提出正确的问题比找到正确的答案更重要，在对硬数据进行必要分析的同时，还要能够领会软数据。如果分析变成“持续的对话，而不是一次性服务”，那么判断力会与正式化的过程共存，规划人员与上级管理者也会逐渐互相理解。软分析与最优性无关，它可以没有明确的目标，也可以不用在意形式，并将每个问题都视为独特的、创造性的挑战。软分析具备系统性，但很难严格区分“分析思维”和“分析技巧”。软分析依赖那些喜欢数字却不痴迷于数字的人，他们既是分析型人才，又不排斥使用直觉型技能，并且背景不同，能够提出问题，而不会过早地给出问题的答案。引用威尔达夫斯基的一次正面评论：“优秀的系统分析人员是‘智者’（意第绪语，原文为 chochem），带有‘聪明人’的含义。他们的强项是创造力。”

本着鼓励软分析的意愿，本书已经在多次讨论中从多方面提到了规划、规划制定过程和规划人员可能扮演的角色，尤其在第 3 章开展了深入讨论。其中有些角色可能看起来微不足道，甚至功能异常，例如将规划作为一种公关活动或作为一项缺乏存在理由的组织活动。我们在这里关注的是更重要的规划角色，这些角色可能会对战略形成过程及其结果产生重大影响。最后的结论正好能够说明，为什么组织中会存在规划人员和规划，规划人员在做什么，以及他们已经完成的工作会继续产生什么影响。接下来，我们将依次描述规划、规划制定过程和规划人员的角色，并将它们纳入同一个框架。在我们看来，这个框架构成了规划的一个可行的定义——我们从一开始就提到的规划所需的定义。

规划制定过程的角色：战略程序

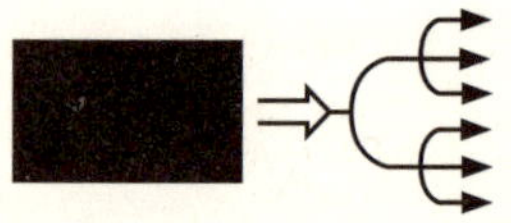

为什么组织要进行正式规划呢？面对那么多困难，尤其是与战略形成有关的困难，为什么组织坚持要进行正式规划呢？答案显而易见，前文的讨论中已经多次有所提及：**组织进行正式规划，不是为了创建战略，而是为了编排现有的战略，即正式地详细阐述和操纵现有战略带来的结果。**不得不说，高效的组织就是如此应用规划的，至少当它们需要正式阐述预期战略时是这样的。因此，战略不是规划的结果，而是规划的起点。规划推动了战略有效实施的第一步，从而有助于将预期战略转化为可实现的战略。这不是规划的第一个角色，而是规划唯一的角色。因此，后文讨论的所有其他角色都属于规划制定过程或规划人员的角色，而与规划本身无关。

在我们对斯坦因伯格连锁超市的战略跟踪研究中，明显体现出一点：规划就是程序。这家公司在几十年的经营中一直秉持纯粹的企业家精神，它直到不得不需要融资，才开始亟须“规划”，即发布一份文件，概述公司打算进入哪个市场，以及如何进入。然而，最后的结果是：

> 规划并没有给这家公司带来预期战略。企业家的头脑中早就有了一个预期战略，也就是与公司未来有关的愿景。这正是促使公司进入金融市场的原因所在。确切地说，规划工作只是将公司已有的预期战略阐述清楚、合理化、细化，规划并不意味着扩张为购物中心的决策，而意味着详细解释扩张的规模与时间安排，即扩张多少个店面以及进度如何等。规划是程序，它的作用不是构思预期战略，而是详细阐述现有的预期战略所产生的结果。

同样，我们在加拿大航空公司的规划活动中也发现了明显的证据，可以证明规划就是程序。这家公司对飞机和航线结构进行了非常详细的规划，并对常规运营时间安排进行了非常细致的程序调度。与所有大型航空公司一样，这么多要素必须在明确的战略指导下高度协调地运转，因此，规划的正式程序对成功运营来说很有必要。

请注意，请先暂且抛开前文讨论过的规划的所有定义。作为程序，规划的过程显然是能产生明确结果的系统过程。这显然是一个决策制定过程，或者更确切地说，是在战略的指导下开展一系列协调工作的决策制定过程，涉及对未来的思考和控制，尤其是对预期终点的设定。在所有这些情况下，都不需要将规划制定过程当作战略形成过程。

规划的程序角色早就得到了广泛认可。例如，安索夫在 1967 年与布兰登博格合作的一篇论文中写道：

> 程序化过程是一项管理活动，它将决策转化为具体的、

便于实施的行动模式。这一阶段的主要管理任务包括：

- 安排活动日程，以便支持决策；
- 分配和调度资源，以便支持决策（通常称之为预算活动）；
- 建立公司内部的工作流程模式；
- 建立权力和责任模式；
- 建立沟通流程与网络。

> 这些管理活动一直以来都是规划人员的关注重点，规划便起源于此。如今，很多业内人士认为，如上所述的程序其实就是规划的核心和实质……

不过，安索夫和布兰登博格还指出，将规划定义为程序是“狭义的”，并预言“那些拒绝从更广阔的角度看待自身工作（与战略决策有关）的规划人员正在走向毁灭”。凭借25年的经验，我们只能得出这样的结论：走向毁灭的很可能就是那些对这种论断信以为真的规划人员！

其他学者也承认程序是规划的一个重要角色。早在1950年，德文斯就写道：“如果规划仅应用于规定那些现有的或拟采取的行动的效果，那么规划的作用将会更大，并且规划‘最终的具体表现’就是‘拟定程序’。”我们认为同设计学派一脉相承的学者们也站在了类似的立场上，他们明确地区分了非正式的战略形成过程和较正式的战略实施过程，后者是通过规划过程进行的。例如，纽曼、沃伦（Warren）和施尼（Schenee）1982年合著的文章中规划部分的副标题就是“战略的实施”。蒂尔斯则早在1972年就认为，“不幸”的是，“美国公司的许多规划人员拒绝承认直觉的有效性，因而造成了一个糟糕的开端。他们将规划过程视为实施者判断力的替代品，而不是明确考虑并探索战略的结果的一种方式”。

一些职业规划师最终也接受了这样的解释。通用电气的风波平息后，公司首席规划师在一次采访中讲道：

> 我区分了规划和战略，它们是不同的。战略意味着在公司竞争优势的基础上思考……而规划的重点是使战略发挥作用，例如增加产能或强化销售团队。从历史上看，通用电气的战略方针更倾向于规划而非战略。

然而，值得强调的是，即使战略程序被贴了一个恰当的标签——战略规划，也不应该将它视为“最佳方法”。战略程序化不是紧随战略制定之后的强制过程，在某些确定情况下，它甚至是不可取的过程。只有当一个组织需要明确阐述其战略时，例如前文提到的加拿大航空公司需要严格协调复杂的活动，规划的程序角色才有意义。本小节末尾将探讨程序的适用条件。

战略程序一般包括一系列步骤，下面将具体讨论其中的三个步骤：①编制战略，包括阐明和清楚表述；②将战略细分为各个子战略、具体的方案以及行动计划；③将这些子战略、方案和计划转化为常规预算项目和目标。可能还需要增加两个步骤：在编制战略之前明确战略，以及在编制战略之后检验战略。但是，这两个步骤不一定遵循规划也就是程序的顺序，至少传统的规划模型中没有考虑前者，因此我们会在规划人员的角色部分再讨论它们。话题回到那三个步骤，从中可以看到，确定战略后，规划便开始占据主导角色，因此规划困境的两个要素开始依次出现。一个是通过综合来创建方向，另一个则是通过分析来阐明和指引方向。事实上，这样的角色顺序在我们的认知结构中根深蒂固，正如奥恩斯坦在其研究左右脑的著作中所指出的那样：

> 我们最具创造性的成就是这两种模式发挥互补作用的产物。在科学意义上，我们的直觉知识从来都不是明确的、准确的。只有当我们的智力能够应对直觉的跳跃，能够解释直觉并将直觉“翻译”为可行且实用的知识时，对直觉的科学

认识才变得完整。文字转化能力的作用，就是将直觉融入线性模式，这样就能以科学的方式明确地检验和交流想法。

第一步：编制战略

假设已经存在某种形式的战略，无论是作为通用观念还是具体定位的战略，也无论是作为预期计划还是渐进模式的战略，程序化的第一步都是“编制”，或者说是“校准”这个战略。“编制”一词是一家大型金属公司的首席规划师在与我们的私人谈话中提到的，“校准”一词出自奎因的著作。实际上，只要战略得到充分阐明和清楚表述，就足以正式运作，并且战略实施的结果也可以推导出来。用哈夫西和托马斯的话来说就是，规划使“所有隐含的假设变得……明显”，将“主要障碍”纳入考虑，确保“将一切考虑在内”，并揭示、消除所有不一致和不连贯之处。因此，规划使战略变得有序，并将战略转化为可以恰当地向组织中其他人明确表述的形式。

在这方面，奎因指出了规划的一个用途：“将战略管理的核心理念提炼为少数的主要目标，组织可以围绕这些目标安排资源投入，并衡量管理者的绩效。”① 他还提到，作为程序的规划“有助于明确和支持达成的共识和承诺”。

> 通常，首席规划师会先拟定一份大致的总体目标陈述文案，来指导下属人员制定规划。然后在更正式的目标制定会议上，所有规划人员阐述自己对这个目标的理解……最后，全体规划人员帮助下属团队……理解企业总体目标的含义。

由此可以想象这样一幅画面：执行委员会会议结束时，一名规划人员与

---

① 亚维兹和纽曼写道：“在战略思想转化为行动的过程中，推动力是不可或缺的重要一环，如果不把推动力包含在战略规划中，可能会使选定的目标飘浮不定。”

首席执行官坐在一起，将刚刚做出的决策象征性地摆放在桌面上。首席执行官指着这一堆文件，对规划人员说：“决策就是这些，梳理清楚后把它们整齐地打包在一起，以便告知其他人。”因此，索耶将规划人员的角色称为“抄写员”，即“把想法写在纸上的人”，或称为“记录者”，即“总结结论并传播的人”。因此，“组织将记录下决策，下次可以在此决策的基础上修订和改善”。与索耶类似，马什等人在关于资本预算的研究中将规划人员称为“阐明者”，而在兰利的研究中，一位管理者也有类似的观点。

> 想法并不是规划出来的……各种想法在酝酿之中。规划迫使我们努力将想法汇集在一起，更清楚地定义这些想法的方向。我认为规划并没有多么惊艳，对大多数人来说，规划只是提供了一个清楚表达想法的机会而已。

规划不是机械的工作，而是需要进行大量解释的工作。如果战略编制得不好、不恰当或者不成熟，可能就会导致各种各样的问题。除了过早结束之外，最大的危险可能是会在表述过程中丧失质量与精细之处。从笼统想法到具体指示的转换，就像把宽泛目标转化成精确目标，或将软数据转换成硬数据一样，不可避免地会丢失一些东西。

战略可以是丰富的愿景，也可以是错综复杂的设想，它们可以打开深层次的视角。只有最了解它们的人（尤其是它们的创建者）用自己的方式阐明——通常是描绘或比喻，而不是用具体的标签，才可以确保战略的丰富性。但是如果为了在不同的组织层级间沟通，而将它们正式地分解、描述，即用精确的语言或（更糟糕的是）用数字来呈现它们，可能就会丧失丰富的想象和复杂的关联。这时战略就会失去灵魂，沦为一具空壳，就像一幅伟大的画作被文字简化为各种分类元素——大小、颜色等。因此，当古尔德（Goold）和奎因声称“目标应该尽可能精确而且可以衡量，否则规划可能会缺乏可靠性和专属性”时，最明显的反应就是规划的质量没有组织绩效的质量重要。

与此相应，如果必须编制战略，编制人员就必须充分意识到相应的结果。这样一来，他们至少可以在必须编制战略时更谨慎一些，保留其中的精微之处，更重要的是，他们可以在不必编制战略时质疑这种行为。事实上，很多时候，可以充分利用图像来传达战略，例如SAS首席执行官扬·卡尔松（Jan Carlzon），他用一本“红宝书”漫画来描述他的转型战略。或者，有些战略可以通过比喻等方式形象地传达，例如口口相传的逸事。换言之，战略不必总是直接用文字和数字，或者用正式文件来传达，它也可以通过更多渗透过程来推广。

第二步：细分战略

完成编制工作后，第二步就可以细分战略了。可以把战略分解成一个层级结构，先分解为各个子战略，再进一步分解为各种应急方案，最后是具体的行动计划——用以指明人们必须采取什么行动来实现预期战略。这个结构正是前文提到的四个层级（见图2-10），即组织沿着战略层级寻求联系，再沿着程序层级寻求联系，这些过程都是自上而下的。

首先，将战略分解为各个子战略，包括公司、业务和职能层面。其次，需要描绘必要的资金计划。最后，制订行动方案和运营计划，详细说明必要的应急行动（一次性的行动）及其执行顺序和时间安排。纽曼、沃伦和施尼就“建立规划层级结构”评论道：

> 战略的推动要素包含一系列行动，例如在圣保罗开设办事处或者公开募股。每个推动要素都可以细分为具体到个人的步骤和子步骤。这种细分工作会一直持续。以圣保罗办事处为例，细分工作会具体到谁负责找场地、谁负责确定设备和布局，及谁负责雇用人员等。

总体结果就是“一定条件下资源配置的时间序列”。

在必要时，这些细分计划也可以是应急性的。也就是说，它们不会有任何预定时间表，而仅仅在需要时才会被触发。这样的计划成本高昂，但正如前文所指，如果可以描述出一些可能会发生的重大意外事件的结果，那么这样的计划就是适宜的。

毫无疑问，上述讨论听起来都像是我们重新发现了被抛弃的传统规划模型。其实，我们只是在传统规划模型与环境脱节的时候才会抛弃它，而接受它有两个关键条件。第一，传统规划模型明确地将战略形成排除在外。换句话说，我们认为传统规划模型与战略的编排和实施有关，但与战略的创建无关。第二，我们所说的战略程序化并不是某种命令，而是一个只在某些特定条件下才适用的过程。这一点将在下文进行描述。

第三步：转化已细分的战略

同样，在传统模式中也有必要确定即时战略（或程序化）变革对组织惯例的影响。这意味着需要跨越前文所说的大鸿沟，从战略和程序（行动规划）的层级转入预算和目标的层级，即绩效控制。为此，需要重申目标、编制预算，以及重新审议政策和标准经营程序，并考虑具体的行动变化所产生的结果。

我们在讨论四个层级结构时指出，跨越鸿沟的步骤不太容易理解，也不太便于执行。对于该如何跨越大鸿沟，现有文献的论述并不充分，它们通常只是围绕过程来讨论，就好像这个过程是一个既定的结果。组织确实会以某种方式解决这个问题，毕竟预算最终确实会随着战略的变化而变化，但这一切是如何做到的，或者如何才能使过程更高效，似乎都无法在计划学派公布的证据中找到答案。不过，德文斯在 1950 年对英国飞机制造部的战时规划的经典讨论是一个例外，也是计划学派亟须的一种研究模式。德文斯对战略程序化过程中的问题和不确定性给予相当大的关注，说明了这样一个看似简单的过程其实很难执行。1970 年，凯恩克罗斯（Cairncross）研究了德文斯的著作，并做出了一个恰当的总结："他发现，实践证明，我们所尊崇的规划与即兴创作相差无几：在缺乏远见的情况下，通过努力协调能够勉强应对。"

总之，我们认为传统的"战略规划"模型应该定位在战略实施过程中，而非战略制定过程中。但需要强调的是，我们只是出于对意外的考虑才会如此定位：只有在特定情况下，正式地编制战略程序，即编排、细分并转化为常规行动，才是有意义的。如果有切实可行的战略，也就是在预期战略开展后，一切都有望保持不变或会发生可预测的变化，战略程序就是有意义的。因此，从逻辑上来说就是，先制定、后实施。由此，只有在完成必要的战略学习，并且战略思考以适当的方式形成模式之后，战略程序才有意义。草草收场的战略程序化过程确实代价高昂，只有当组织切实需要明确编制和细化战略时，战略程序化过程才是值得的。所以，在下面的讨论中，我们会限定几种适用条件。而在其他条件下，战略程序可能会取代组织应对环境变化所需的灵活性，因而对组织造成伤害。[①] 我们得出结论，传统的规划模型与其说是错误的，不如说是应用不当。

战略程序的适用条件

显然，作为程序的规划，并不是在任何条件下都适用于所有组织的"最佳方法"。尽管如此，却没有任何人愿意在规划的实践和方案中指明这些条件。因此，1987 年，胡夫和雷格在对战略过程研究的回顾中评论道："令人惊讶的是，很少有文献讨论规划方案这一领域的具体条件。"同年，查克拉法思（Chakravarthy）在对高管人员的调查中发现：高管人员的规划系统似乎总是与组织的外部环境和内部需求都不匹配，但这对他们来说似乎"无关紧要"。尽管如此，还是有足够的证据描述了对战略程序最有利的条件。

① 关于这一点，第 5 章涉及将战略的形成与实施分离所存在的风险那部分有详细讨论。

稳定性。第 3 章详细讨论了稳定性、可控性和可预测性的条件，得出的结论是：这些条件对于有效的规划是必要的。这里只关注稳定性，因为正如第 3 章中总结的那样，环境的可控性固然更重要，但在极端情况下实际是一种强加的稳定性，而可预测性的问题在于根本无法预测。

如果进行规划，即编制战略程序，是为了使战略具体化，那么条件最好具备稳定性，用索耶的话来说就是："规划在某个时间点是冻结的。"戈默和穆雷陆续于 1974 年和 1978 年发现，规划系统不适应 1973 年石油危机发生后的动态情境；而弗雷德里克森（Frederickson）于 1984 年发现，决策过程的"综合性"（与规划的整合性和正式化相关）与稳定环境中的绩效正相关，与不稳定环境中的绩效负相关[①]。1982 年，阿姆斯特朗在一项对 21 名规划人员的非正式调查中发现：只有 1 人认为正式规划在"所有情况下"都适用；有 14 人"认为环境变化是影响规划适用性的一个重要因素"；有 11 人"认为对于剧烈变化，正式规划不太适用"。卡彭（Capon）等人的调查结果则表明，绝大多数调查对象将"巨大的环境不确定性"作为"阻碍企业规划"的一个因素。或许来自拉丁美洲的一位高管说得更透彻："规划固然很好，但如果你连明年的政府是什么样都不知道，你要如何规划？更不用说做长远规划了。"

行业成熟度。成熟的行业往往特别稳定：技术和产品线都已经围绕着"主导设计"安定下来；市场增长已经放缓并趋向稳定；经营流程已经趋于标准化，甚至成为"行业标杆"；行业内各个领域甚至出现了"通用"战略（通常称之为"战略集群"）；竞争程度趋于缓和、竞争机制趋于成熟，幸存公司之间的关系或多或少会变得明确——成为领导者或追随者，领导者往往

① 库卡利斯发现了"环境复杂性"与规划过程各个方面之间的关系，具体体现为规划过程具备"延伸性"，并且规划的视野越短浅，规划审查就会越频繁。但他测量复杂性所使用的许多指标实际上都指向了稳定性。例如，需求变化的可预测性、新产品推出的频率等。视野越短浅、审查越频繁，这可能与我们这里的结论一致，但具备延伸性这一观点未必如此。

拥有更强大的市场力量。这一切显然都有利于规划本身所支持的分类。克汉德瓦拉（Khandwalla）于 1977 年发现，规划与行业增长率之间存在显著的负相关关系，高增长行业更倾向于创业型或适应性更强的经营模式。他还发现，认为自身经营环境具有限制性的公司倾向于用规划的方法来制定决策。①

1976 年，我们在对加拿大航空公司的研究中清楚地看到了这一切。由于确立了航线结构、经营流程以及与其他航空公司之间的关系，所以该公司摇身一变，成为规划的资深使用者。它在加拿大航空市场中占据了主导地位，同时在国际航空市场中成为世界级航空公司俱乐部的一员，进而成为加拿大航空市场的标杆。该公司一位高管甚至放言："我们可以非常准确地预测未来。"事实上，那时候他们确实可以做到。如图 6-3 所示，数十年来，该公司的收入近乎完美地呈现指数级增长。具有讽刺意味的是，为了摆脱加拿大政府的控制，这家国有航空公司将自己牢牢封闭在自身的产业结构中。在这个结构中的各家公司所制定的规划在潜移默化中塑造出了集体环境。②

资本密集程度。巨额的资本投入进一步激励人们从事规划活动。对某个规划项目投入的资源越多，就越需要谨慎控制这些资源及其应用环境，因此就越有必要编排战略程序，而且正如钱农（Channon）所说，规划周期也就会越长。这些重大投入是不可逆的，退出行业代价极大，资本密集型企业根本无法承受环境的动态变化所引发的风险。因此，它们必须了解投资期间市场会带来什么；如果它们没有预见到稳定性，就必须设法创建稳定性。1965 年，伍德沃德对制造企业的"分步"生产（这种生产方式的资本密集程度比"单件"或者"批量"生产要高得多）进行了描述，其中明确表达了一点：在构建生产线之前，必须确保产品一定会有市场。

---

① 库卡利斯 1991 年所做的调查并不支持这一点。

② 请记住，这里涉及两个受到高度监管的市场：（在我们的研究期间）国内市场受到高度监管；国际市场通常被视为垄断联盟，由行业协会设定费率，航空公司之间表面上是在竞争，实际上却是在联营。

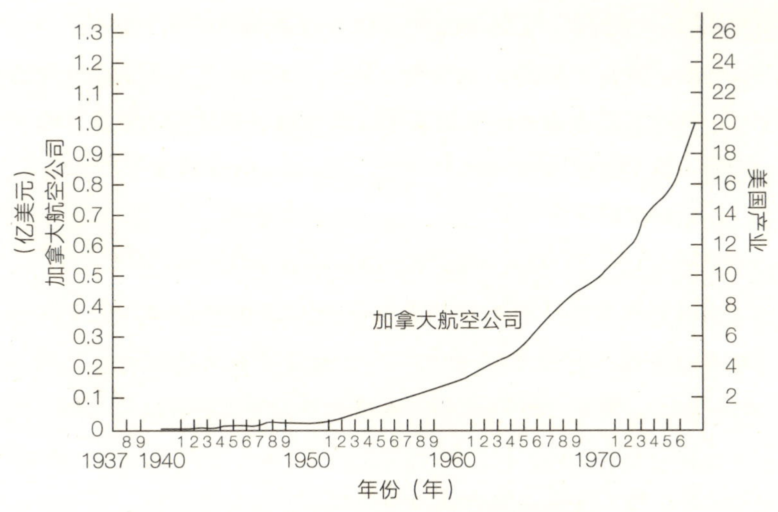

图 6-3　1937—1976 年加拿大航空公司总收入

资料来源：Mintzberg et al., 1986:30。

大规模。即使没有很大的规模，组织也可以开展规划活动，不过规模大肯定对规划活动有益处。正如纽曼在 1951 年所指出的那样："规划的成本很高。"① 此外，前文提到的一些因素往往也与大型组织有关，尤其是资本密集程度和市场监管程度。希恩、萨普（Sapp）、洛朗厄、巴扎兹（Bazzaz）和莱尔的研究均为组织规模与规划倾向，或组织规模与规划的正式程度之间的关系提供了强有力的证据。

首先，正式规划通常需要周密的管理机制，包括各种形式的预算和程序，更重要的是，规划人员不靠收取应收账款也能维持规划。其次，一线管理人员必须在这个过程中投入相应的时间。威尔达夫斯提到，"规划人员往

① 罗奇和艾伦认为，"'小公司'……必须比大公司制定更正式、更严格、更具分析性的规划，因此小公司会更具战略性"，这可能只是因为小公司拥有较少的人力和物质资源。可这听起来像是小公司应该避免正式规划的好理由！

往都是大豪客"，他们"对增加投资总额享有既得利益"，倾向于"追求大规模、大声势，而非小规模、小动静的投资。他们的才能更适用于分析那些具有重大影响的大型项目……项目成本让高昂的分析性投入具备了合理性"。因此，约翰·肯尼斯·加尔布雷恩提到了规划"与规模毫不掩饰的联盟"，他认为，当规划被用于规定环境时，这一点尤其正确。

> 通用汽车的规模不是为垄断或规模经济服务的，而是为规划服务的。对这种控制供需、资金供应和使风险最小化的规划而言，理想的规模没有明确的上限，可能规模越大越好。

大型组织可能不仅最有能力承担规划活动，而且最有能力应用规划，甚至可能最需要规划。小型组织可以通过非正式的手段来实现沟通和控制，有证据表明，大型组织必须更多地依赖非个人的、正式的手段（包括规划系统）才能实现这一点。

精细的结构。战略程序化旨在详细说明为实现预期战略必须做些什么事情。因此，要把战略分解为不同的程序，再分解为各种具体的活动。但前提是，组织本身可以分解为多个子单元，这些子单元又可以分解为不同级别的职能，并最终分解为各个具体任务，从而可以基于这些任务制订行动计划。绩效控制也是如此：预算和目标必须覆盖各个具体子单元，甚至分工明确的个人。因此，对这两种规划来说，理想的组织应该都是高度结构化的。结构松散的组织可能会把规划过程中极为有序的结果搞得一团糟。

紧密协调的经营。高度结构化的组织活动可能有助于支持行动规划，但需要紧密协调的组织活动，尤其是核心的经营活动，却反过来需要行动规划的支持。接下来，我们将探讨高度结构化但缺乏紧密协调的组织是什么样子。例如，一家理发店有 100 个理发师，每个理发师都以一种高度结构化的方式工作，同时完全独立于其他人，就没那么必要制定旨在正式沟通而非控制的行动规划。但是如果这家理发店有 100 个工人，并采用流水线方式生产理发椅，工人们的工作高度结构化且相互之间紧密协调，那么行动规划的必要性就会更加明显：通过将每个工人的工作标准化，规划成为紧密协调和控制工人工作的一种手段。因此，我们期望看到，通用汽车（流水线和供应商网络）与加拿大航空公司（迫切需要实现飞机、航线、机组人员和航班时间表之间的精确协调）的规划程度远高于3M公司（生产大量独立产品）或麻省理工学院（由独立的学术部门组成）。①

请注意，除了内部经营以外，紧密协调的方式也可以应用于产品上，用当前流行的行话来说就是“捆绑”，比如计算机公司同时提供软件和硬件；也可应用于外部因素，比如向一家炼铝厂供应铝矾土、碳和电力。正如瑞安曼所说，面对“相互独立的环境变化”，组织即使没有行动规划也能成功生存，只不过组织可能仍然必须采用绩效控制（甚至资本预算）的手段来进行协调、实现控制。

便于操作。正如第4章所述，作为紧密协调各项活动的一种手段，行动规划成为组织内实现集权化的一种力量。它规定了具体工作的决策权，即将工作的自主决策权从负责执行的人手中转移给负责设计的人，即组织规划制定者手中。但是对于这种集权协调，规划的能力并不十分成熟。正如前面所看到的，规划的综合能力非常弱，而分析能力也并不十分成熟。规划的本质仍然保持一贯的模样：一个被分解成简易步骤的简单模型（设计学派的模

---

① 事实上，蒂塔（Tita）和阿利奥（Allio）将3M公司的规划系统描述为：“自下而上”的；能够强化“企业家精神”；鼓励每个业务经理“根据个人兴趣制订工作方案，收集任何所需的数据”，并可以“在一年中的任何时候”提交。此外，“3M公司从未接受‘员工’规划的概念，只有少数头衔中带有‘规划’一词的经理”组成了“规划服务”小组。1988年，肯尼迪在关于该公司的一篇文章中描述道，3M公司变得更加重视战略规划，公司的3名副总裁轮流担任战略规划委员会的领导者。但它试图保持一种“务实的方式”，“不断质疑规划制定者的假设”，并“让核心经营管理者一起，切实采用‘自下而上’的方式”来制定规划。肯尼迪承认规划系统“对现有业务的分析和指导”价值，同时注意到，高管层对该系统“催生新业务”的能力持怀疑态度，从而对规划系统的“战略性”存在质疑。

型），这些步骤包含一系列简明扼要的清单，以及简单的日程安排和预算程序。

因此，我们必须为紧密协调添加一个大的（可能会有争议的）限定条件：只有在经营活动相对较容易理解的情况下，规划才是可行的。需要紧密协调的经营活动可能很多，它们之间的协调工作也很复杂（如航空公司的业务），要想通过规划技术对这些活动及周围的环境加以协调（也可以由无法控制它们的人来执行），首要的前提就是它们必须是容易理解的。

赞指出，规划是一种"将外部复杂因素简化为'易于管理的'形式的方法"。之所以需要规划，并不是因为任务有多么繁杂，而是因为必须确保高度协调一致地执行任务，而这不是某个人或某些人的非正式程序就能做到的。整个系统可能看起来很复杂，通过分解可能无法使其每个部分都变的易于管理，但一定会使每个部分变得简单且易于理解。例如，任何人都可以轻松理解一条汽车生产流水线上的每个职能和整个流程，但没有人能够非正式地组织运行与之相关的所有细节，因为细节实在太多了。航空公司的运营活动日程安排也是如此。不过，对做心脏手术或开发创新产品而言，并非如此。尽管一定程度的日程安排，即"什么时候""在哪里"是可取的，但"如何做"却是不可取的。因此，前者需要行动规划，而后者可能会受制于它。①

关于这一点，诺曼和瑞曼引用了阿什比的"必要多样性法则"：一个系统只能控制另一个复杂性或成熟度不如自己的系统。按照这种观点，规划就意味着简单的系统。

规划模型适用与否，通常取决于能否对问题做出准确的

① 这里需要说明的是，工作的复杂性与稳定性没有任何联系。这里讨论的是工作的复杂性，而不用管工作是否稳定。例如，心脏手术是一项复杂但具有稳定性的工作，而创意设计往往是复杂的、动态的（即不可预测的）。

定义……我们必须非常清楚在解决问题时必须考虑哪些因素，以及可以忽略哪些因素……在输入和输出都相当明晰的系统中，采用便于操作的规划可能有效。

这可能有助于解释哈夫和维克之间的分歧，前者认为规划会促进行动，后者则认为规划也可能导致行动瘫痪。胡夫怀疑，规划模型的延续和扩散“可能在某种程度上与简化的结构有关，这种结构诱使我们相信它能够使多元化的世界易于理解”。规划程序的“吸引力”在于其“简单化”性质——在概念上易于掌握；能够简化、构建信息需求；能够概述一系列后续步骤。简而言之，目标导向的规划的信仰体系认为规划是一种排列（或规避）工具，作用对象是可能导致行动瘫痪的复杂因素。上述观点在简单的环境中可能是正确的，但在复杂的环境中可能恰恰相反。如果只有规划，没有行动，“规划可能会螺旋式升级，成为目的而非手段”。[①]

外部控制。规划的最后一个激励因素是外部影响者，他们获得了授权并且有意向从外部对组织加以控制。要想实现控制，外部影响者就必须找到一个明确的立足点。规划是一个显而易见的选择。当外部影响者是一个组织机构，且其本身也在使用规划系统的时候，尤其如此，这就像母公司控制子公司一样。绩效控制是一个显著的方法，但同时也可以采用行动规划。当外部影响者由于职责所在，或产生了控制错觉，希望能够直接控制组织内部运营时，尤其如此。

外部控制对规划倾向具有强大影响力，这已经在许多研究中得到明确体现。例如，1972 年丹宁和莱尔（Lehr）对 300 家公司所做的抽样调查。他们将这些公司按结构分为 6 类，在外部所有权最显著的那类公司（跨国公司的子公司）中，规划的应用率明显最高（64.7%）；而在外部所有权最不显

① 正如金普尔和戴金在《管理与魔法》一文中所称，规划或计划，至少可以在人们缺乏行动时，让人们做点什么——无论是正式的还是非正式的行动都可以！但我们不得不问，目的何在？

著的那类公司（有多个部门的事业部）中，规划的应用率接近最低（11.1%）。1983 年，巴扎兹和格林尔同样发现，“依赖上级组织”与“主要客户”可能是规划活动的另一个激励因素。在另一项研究中，他们发现样本中有 4 家国有企业的“书面计划明显多于”其他企业，而且子公司的规划比母公司的规划还要多，“这也许是因为更高级别的组织把自己还不准备采用的规划程序强加给了下属公司”。

综合条件。我们该如何看待上述所有条件呢？我们需要分别考虑每个条件的重要性。稳定性是一个必要条件（但可能不是充分条件），这意味着没有适度的稳定性，就不可能有战略规划。在组织内部，便于操作同样也是一个必要条件，因为复杂的行动规划无法操作。这几个条件再与精细的结构和紧密协调的经营结合起来，似乎就形成了一组与战略程序有关的条件，如图 6-4 所示。大规模、资本密集程度、行业成熟度和外部控制可以鼓励或促进战略程序的应用，但它们都不是必要条件。

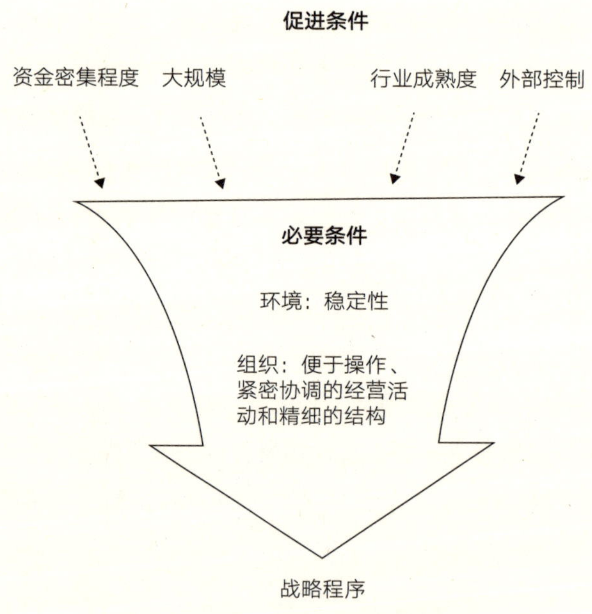

图 6-4　战略程序的形成条件

当然，这些条件并非毫无关联。例如，资本密集程度往往与大规模相关，精细的结构似乎需要相对简单的操作流程（如汽车生产线）。由此，与战略程序相关的条件似乎聚集在一起。在本章末尾，我们将描述各种类型的组织，其中有一类就与综合条件相匹配。我们称之为机械型组织，并且认为这是最常采用战略程序的组织形式。

规划的第一个角色：沟通媒介

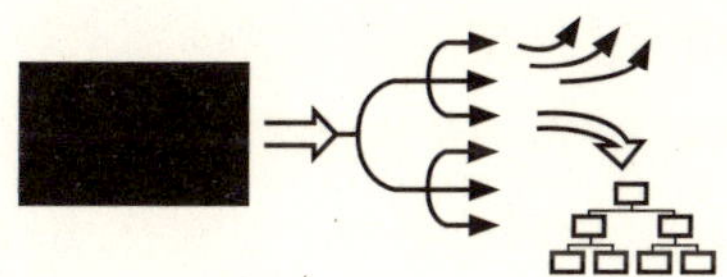

如果规划是程序，那么规划显然有两种功能，或者说两个角色：沟通媒介与控制手段（规划的这些“角色”当然就是规划存在的“理由”）。这两个角色都接近于规划的分析特性，也就是说，它们体现的是已经分解和明确的战略，即使不是定量的，至少也是可量化的。

为什么要编制战略？最明显的理由是为了协调，以确保组织中的每个人都朝着共同的方向前进，有时尽可能精确地阐明这个方向可以促进这个过程。由战略程序化过程产生的计划、日程、预算等可以充当沟通媒介，主要有助于沟通战略意图，还有助于组织中每个人为实现战略意图沟通必要的工作。当然，共同的方向比个人自主决策更重要。因此，奎因将正式规划活动描述为“履行战略协调的某些重要职能”，包括“建立愿景、达成共识和确认承诺”。规划“迫使管理者系统地沟通战略问题”。

1981 年，霍格思和马克利达基斯声称，“促进沟通和协调”不仅是规划的“附带功能”，更是从事规划活动的基本理由。兰利深入研究了三个采用分析方法的组织，并发现，沟通媒介“即使不是战略规划最重要的角色，也是相当重要的角色之一”。规划使沟通成为“一种方法，供管理者作为一个整体来定期讨论战略”。规划“在概念上的一致性”或许可以为“组织内部的沟通提供更好的表达方式”。更具体地说，管理层可以传达其意图，确保活动的一致性，并使资源分配合理化。

有两篇关于法国航空公司的论文强调了20世纪80年代中期该公司广泛采用规划时，规划的沟通作用。其中一篇来自哈夫西和托马斯，他们指出，法国航空公司将一份长达15页的“LE规划”简报分发给公司的每一名员工，总共35 000份！此外，还有“一系列音频和视频文件，包括一个与总裁讨论的视频”作为补充，更别提与该规划相关的好几期公司内刊和这份规划文件成形之前的800次讨论会了——平均每次会议时长3小时，有18 000名员工参与。哈夫西和托马斯的研究报告让人感觉，这些实践更多地与沟通有关，如获得认可与理解、达成集体共识，而没有试图通过系统来编制战略程序（不过，这并不是哈夫西和托马斯的立场①）。另一篇关于法国航空公司的论文，即该公司员工吉里克（Guiriek）和索罗（Thoreau）所撰写的《规划与沟通》（Planning and Communication），首先强调了沟通作用。他们将该规划称为“内部沟通和外部沟通的工具”。

> 企业规划是一种……受欢迎的沟通方式，可以用来向员工说明公司的情况，分析子目标和总体目标，以及明确地表达政策，从而为开展具体行动排除阻力。

回到哈夫西和托马斯的论文，规划“迫使员工们认识到公司的竞争态势……规划过程使他们能够更好地了解自己是谁，以及自己与其他公司的同

① 这800次讨论会议表面上是为了征求反馈意见而召开的。但是哈夫西和托马斯的报告指出，在这些会议上“一定能够讨论出关于调整规划的重要建议”，但这些建议不会被纳入当前的规划中，而是会被正式记录下来，然后留待制定第二年的规划时考虑采用。他们后来指出，“在某种意义上，总裁不太关心沟通过程中产生了什么规划（做出了什么战略决策），他更关心的是核心员工如何致力于执行公司做出的任何战略决策”。

类员工相比如何”。

沟通既可以是内部的，也可以是外部的，规划可以用于寻求外部影响者的物质支持和精神支持。这里指的不是前文所说的作为公关手段的规划，那只是“做做样子的规划”，只是看起来不错，而不是真的很不错。相反，我们的意思是，沟通意味着告知外部人员规划的基本内容，以便他们能够帮助组织实现规划。因此，除了 35 000 份简报之外，法国航空公司还向其他机构分发了 10 000 份长达 180 页的完整文件，其中就包括“与法国航空公司活动有关的政府机构的所有关键人员”。LE 规划“将公司的现实性，甚至合理性，强加给政府决策者……”。

规划的第二个角色：控制手段

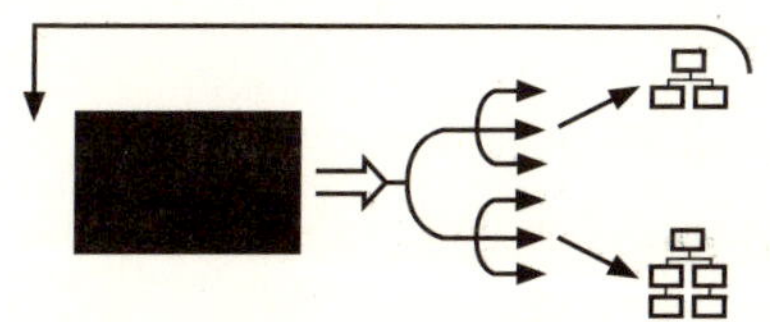

关于法国航空公司的报告中最后一句话是这样说的：“他们对管理层的决策几乎没有反对的余地。”这说明沟通有时与控制非常接近，在极端情况下，两者就像是一枚硬币的正反两面。

战略程序化实质上是为了进行有意的控制，也就是预先规定人们的行为，指示人们必做的工作以实现既定的预期战略。（继西蒙之后）哈夫西和托马斯称之为“设定……决策前提”，德文斯称之为“控制……资源的实际使用情况”。

规划作为沟通媒介，能够向人们传达预期战略及其结果。但作为控制手段，规划可以更进一步，能够规定具体的业务单元或个人为了实现战略所需的预期行为，然后将这些行为反馈到战略制定过程中，与实际成效相对比。也许正因这种控制作用，20 世纪 80 年代通用汽车的一位首席规划师将早年的规划部门称为“公司警察”。[①] 在个人认知的角度，心理学家米勒、加兰特和普里布拉姆认为，“规划”是指“指令的层级结构”，具体就是指“组织内可以控制一系列经营活动顺序的、分层级的过程”，相当于“一台计算机的运行程序”。[②]

当然，前文的一些讨论中也体现了规划的控制角色。例如萨里辛的研究——法国公司高管层如何将规划作为“重获战略决策控制权”的手段，以及关于资本预算的回顾——资本预算似乎并不是一种自下而上将决策相互关联起来的工具，而是一种自上而下控制资本支出的工具。

在一次简短的热烈讨论中，西尔特和马奇“对组织内的规划发表了 4 个洞见”。

> 规划是一个目标……规划预测，既是对销售、成本、利润水平等的预测，也是这些因素的目标。在某些（适当的）情况下，组织可以采取行动来确认其预测（目标）。
>
> 规划是一项日程安排。它规定了实现预测结果的中间步骤……（如果没有其他原因）规划强制为各个部门以及整个公司指定了合理的绩效标准……
>
> 规划是一种理论。例如，预算规定了销售和成本等因素与利润因素之间的关系。因此，销售和成本数据就成为衡量

① 前提是，他指的是规划过程本身的监管角色，即确保每个人都以规划部门认为可取的方式进行规划。

② 事实上，他们甚至在自己的书中声称，“有理由相信，在任何地方都可以用‘程序’代替‘规划’”。

利润水平是否令人满意的指标……

规划是预设的规定。它明确了一年之内的决策，从而为继续执行现有决策确立了初步理由。

第三个洞见表明了规划作为分析模型的角色，这一点将在下文讨论。其他几个洞见都明确了规划作为控制手段的角色。

作为控制手段，规划不仅服务于希望控制下属的高管层，还服务于相互影响的各个岗位。正如加尔布雷恩所描述的“新工业国”一样，大型公司也同样会用规划来控制其外部环境，包括市场、竞争对手、供应商，甚至是政府客户。法国航空公司分发给政府人员上万份文件就是一个极佳的例证。许多规划的存在都是为了施加规定，即强制施行关于外部环境的战略。

同样，外部影响者可以将规划作为外部控制的一种手段，强加于组织。最常见的就是绩效规划，比如总部为每个部门确立利润和增长目标。但是，这些规划也可以成为战略性规划，涵盖如何实施具体行动方案等方面。例如，在20世纪70年代，随着波士顿矩阵的应用，波士顿咨询公司总部开始热衷于将经营收益或加速增长等战略目标强加给各部门。同样，政府也可以通过行动规划将具体的意向强加给下属机构。具有市场支配力的公司也可以这样对待它们的供应商，比如指定在什么时间生产多少产品，实际上这就是将公司与供应商两者的行动规划结合起来。这种情况在零售商和自有品牌生产商之间很常见。

此外，正如前文所讨论的那样，规划的应用过程充斥着一整套作为控制手段的竞争戏码：投资者希望通过规划使公司进入公共金融市场，政府对自己资助的公立医院也有此类要求等。在这里，与其说是规划本身，不如说是组织对规划过程的参与是一种控制形式，或者至少形成了一种控制的错觉。如此一来，规划过程有可能会沦为公关工具，或一种管理“竞赛”。

在目标和技术不明确的组织中，规划和坚持规划的主张就会成为管理测试。如果某个部门非常想开展一个新项目，就会花费大量精力，通过将项目支出纳入某项“规划”的方式使支出“合理化”。如果一个管理者不希望对所有事情都说“是”，但对事情说“不”的时候又没有依据，他就会指望通过规划来测试该部门的承诺。①

战略控制

对战略而言，规划可以在许多方面实现控制，最明显的就是对战略本身的控制。事实上，长期以来被标榜为战略规划的一系列活动其实更多的是战略控制。传统观点认为，战略控制必须确保组织发展不偏离战略轨道，即通过合理分配资源来确保实现预期战略目标，并按规划实施。要做到这一点，就需要将预期战略及其结果置于战略规划的控制之下，并将控制成效作为衡量成果的标准。作为最可行的战略形式，规划自然要适应这种控制要求。如果在规划周期最后添加一个反馈回路，以评估规划的成果，战略规划就会成为战略控制。

但战略控制的含义远不止于此。在战略管理领域，这个概念是比较难理解的，关于它的讨论有很多，但还未有明晰的定义。我们认为，这是因为大多数学者并没有按照这个词自身的条件考虑清楚它的含义。相反，他们只是从经营和管理层面的常规应用中推断出“控制”的概念。最糟糕的是，他们把这一概念归于图表中四个层级结构的左侧，纳入日常预算和目标设定的范畴，只在更高、更广的层面加以考虑。可能正因如此，奎因才会评论道：“正式的规划往往只是另一种控制手段。”而我们认为，规划是一种数字游戏。

① 译文参考自由湛庐引进、浙江教育出版社于 2023 年出版的《战略反击》一书，并稍作修正。——编者注

略好一些的情况是，另一些学者聚焦于组织战略的基本效力，即战略在公司业务上的表现。罗迪内利（Rondinelli）将规划人员称为“评估型”规划者：“评估型规划者基于对以前决策的分析来估算结果。评估涉及业绩审计，从而对项目的修订、中止或继续执行提出建议。”西蒙斯认为这属于“控制论观点”。控制论是指“一种确保战略维持正轨的控制系统”。控制论“将战略形成等同于规划，将战略实施等同于控制”，这一观点的前提就是，“正如战略形成在逻辑上必须先于战略实施一样，规划也必须先于控制”。

古尔德和奎因在1990年的一篇文章中也发表了类似的观点，从批判角度探讨了战略控制。他们在文献中发现了“战略控制的悖论”，有些文献“明确主张建立某种战略控制系统，以监测战略进展并确保战略规划的实施”，但同时又认为“在实践中……很少有公司……会确定正式和明确的战略控制措施，并纳入控制系统”。两位学者积极地讨论道，需要详细说明“为使战略得以实施而需要实现的短期目标（或里程碑）”和“战略控制在更广义上的概念，这种概念使实际结果和规划结果之间的差异不仅导致个人行为的调整，而且会导致对规划本身的假设存在质疑”。他们对英国200家大型公司的调查显示，“只有一小部分公司（11%）声称使用了这种战略控制系统，并称之为‘成熟的’系统”。

古尔德和奎因的结论是，“战略控制的应用比这个领域大多数学者公认的应用情况要复杂得多”。因此，管理者“在实施战略控制系统时需要谨慎行事”，特别是要关注“环境动荡”程度是否较“低”，以及“明确和衡量确切的战略目标”是否较“容易”实施。

虽然我们还不足以得出古尔德和奎因那样的批判性结论，但是我们必须指出，这些学者和其他一些学者的阐述还不够深入。我们认为，他们之所以得出战略控制作用不大的结论，是因为战略形成的概念一直被误解，导致战略控制绕过了一个关键方面，即自发形成的战略出现的可能性。如图6-5所示，深思熟虑的战略的执行情况当然需要评估（B），退一步来说，战略的完成度也需要评估（A）。申德尔和霍弗在他们关于战略管理的著作中是这样描述的："是否：①战略按计划实施；②战略实施的结果符合预期。"但在此之前，必须先进行另一项活动（C），即评估已经实现的战略，而无论它是不是最初的预期战略。最后一项活动（D）必须扩大范围，包含对所有类型的战略的成效评估。换句话说，战略控制必须涉及行为和绩效评估。我们必须再次认识到，战略形成比制定规划复杂得多。

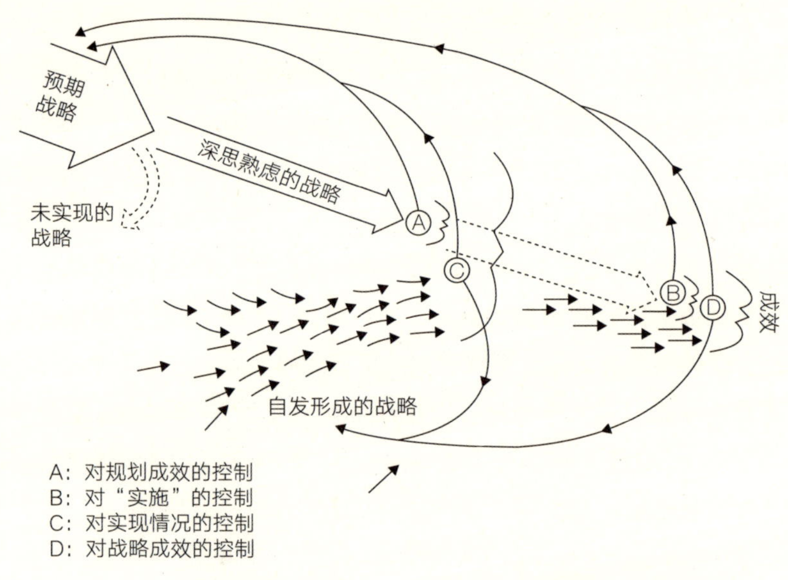

图 6-5　战略控制：传统概念（A 和 B）与延伸概念（C 和 D）

综上所述，我们将战略控制分为两步。第一步，跟进已经实现的战略，如图 6-5 所示的组织活动流程的模式，考察预期战略按规划实施的情况，以及出现非预期战略的意外情况。第二步，采用更传统的控制方式，考察正在实施的战略为组织带来的成效。

有一个经常被忽视的要点，即战略并非一定要经过深思熟虑才能奏效（反之亦然）！规划文献对未实现的战略进行了广泛关注，但它们把未实现的原因归结为战略实施的失败。深思熟虑的战略也许可以成功实施，却未必总是符合预期；而自发形成的战略有时却能够成功。前文提到的那些不够聪明的“愚人”，无法执行老板的预期战略。也就是说，战略实施的失败，不仅是战略制定的失败，而且表明他们没有认识到在许多情况下是无法将战略的形成和实施分开的，这反映出战略控制的传统概念是有问题的。

总而言之，战略之所以会失败，原因可能在于没有完成实施过程，也可能在于完成了不恰当的实施过程。同样，有些战略并非最初的预期战略，却也可能获得成功。规划人员不能仅仅因为某些成功的战略没有经过深思熟虑就放弃它们。战略控制必须关注的是组织绩效，而不是规划的实施情况。

因此，战略控制者会面对一个 2×2 矩阵（如图 6-6 所示），其中涵盖两方面的问题：预期战略是否成功实现？已经实现的战略是否成功？

		预期战略是否成功实现？	
		是	否
已经实现的战略是否成功？	是	深思熟虑的战略获得成功（理性的胜利）	自发形成的战略获得成功（战略学习的胜利）
	否	深思熟虑的战略失败（效率高但无成效）	全盘失败（重试）

图 6-6　战略控制矩阵

正如战略控制矩阵所示，所有情况都有可能发生。两个“是”意味着深思熟虑的战略获得成功，核心管理者成功完成了某些事，并取得成效。在这个过程中，理性至上。“是 - 否”的结论告诉我们，管理层开展了一项战略，实施过程是成功的，但最终却没有成效，也就是说，效率高但无成效。“否 - 是”的结论意味着未能实现预期的战略意图，但是最终实现的战略却取得了成效。是战略学习挽救了局面。核心管理者是幸运还是聪明？无论怎样，他们的行动可能缺乏效率，却收获了意外的成效。当然，两个“否”意味着全盘失败，没有人足够聪明、有效率，也没有取得成效（除非战略控制者能够解决问题）。

规划人员的第一个角色：战略发现者

对规划过程（即战略程序化），以及利用规划进行沟通和控制的过程来说，规划人员的角色至关重要。然而在这里，我们更关注那些独立于规划过程和规划本身的规划人员所承担的角色。洛朗厄称，规划人员的核心工作是“在战略规划系统的设计和实施过程中承担工具性角色，负责管理这些规划的过程”。然而，贾维登在一项调查中发现，规划的功能分为两类：一类对规划人员感知效能有“相对积极的影响”，另一类则有“相对消极的影响”。后者除了“鼓励对未来的思考”，还包括“对规划过程的协调”。换句话说，洛朗厄所说的核心角色，即规划本身，有时可能会妨碍规划人员的工作！

然而，我们的主张是：规划人员所承担的重要角色往往与规划甚至规划本身无关。因此，接下来我们将讨论规划人员的三个非规划角色：战略发现者、分析者和催化剂。最后，还要考虑第四个角色：战略家。

战略发现者也许是最新奇、最有趣的角色，至少与传统观念中规划人员的工作[①]相比是这样的。与战略程序一样，战略发现者这个角色出现在战略制定的黑箱后面，不过它只对黑箱进行了初步试探，往往表现得十分特别并且容易理解。本章曾两次提及这一角色，一次是在发现战略可能是战略规划的第一步的讨论中，另一次是在揭示已实现的模式是令战略控制的范围更广的一种方式时。对规划人员来说，这两方面指向同一个角色，我们将其描述为“战略发现者”，也可以用“行动诠释者”或“模式识别者”来描述这一角色。

行动的逻辑

“行动诠释者”这个表述来源于维克的启发。他的作品中通常都会提到一个重要主题：人们通过诠释自己的行动来理解世界。对战略概念的理解就是对行动模式的理解。与此类似，维克认为：“规划似乎往往基于理性，而非基于预测。规划通常涉及已经完成的工作，而不是有待完成的工作。”他的观点就是，行动本身没有意义，“只有将行动单独挑出来进行反思时，它们才变得有意义、合乎逻辑和相对独立”。引用一位企业规划人员的话来说就是，“规划就是为了找到行动的意义。”[②]

行动诠译者能够表明规划人员的一个作用（也许最终也是规划的一个目的），那就是赋予行动逻辑。维克的观点很有说服力，他认为要理解战略就要解释行动。而马奇是这样说的：

> 在组织中进行规划有很多好处，如果规划的功能是解释以往的决策，而非规划未来，那么它往往会更有效。它可以

---

① 尽管贾维登从积极的方面来看待规划人员的工作，即“确定部门战略”，但奇怪的是，他在文中将这一点与“巩固部门规划”统一描述为“主要协助部门管理人员制定部门战略规划”。

② 这句话来自罗伯特·伯格曼与其某名学生的私人信件。

> 作为组织活动的一部分，发展出一种全新的、一致的理论，将当前的行动整合成一个适度、全面的整体目标……管理者需要相对宽容地接受这样一个观点：通过对现有行动的体验和理解，能够发现过去行动的意义。

在我们看来，进行战略管理的意义在于跟踪组织中的行动模式，以识别战略类型——是应急的还是深思熟虑的。这样做有两个目的。首先，要在组织中发现自发形成的战略设想，从而考虑如何将它们变得更广泛、更具组织性。这可能要通过战略程序化过程来实现。其次，通过识别组织已实现的战略（即实际的行动模式）来实现战略控制。然后，用正式的规划文案或不太正式的管理报告等，将这些战略与预期战略进行比较。实际上，我们在这里提出的建议是，鉴于我们在麦吉尔大学所做的研究，规划人员也应该在自己的组织中开展类似的研究，定期跟踪已经实现的战略。但是就规划人员的情况来说，他们需要更加了解组织行为，以便识别战略类型，推进战略程序化和战略控制过程。

我们将行动诠释者纳入规划人员的角色之中，而不当作规划本身的角色，是因为我们不认为行动诠释者是系统的、常规的战略程序化过程的一部分。它为规划和控制提供了特别的支持。此外，由于行动诠释者具有判断和解释的特性，所以，该角色不符合规划即正式程序的定义。当然，行动诠释可以成为惯例和常规活动，但可能会损害必要的创造性和判断力。

全力以赴发现战略

战略规划首要考虑的并不是创建战略，而是要找出自发形成的战略，然后将它编排成可操作的形式。战略管理领域（尤其是设计学派）最流行的观点是，这样的战略直接来自高管层，他们将这些战略作为一套成熟的意向，以供规划人员编制战略规划。然而，所有严谨的研究证据都表明，战略并不是现成的，无法任人随时执行。很多时候，高管层只提供了模糊不清的意向，有时甚至完全无法理解。当环境不稳定的时候，他们可能会故意这样做，以避免受到明确的战略或战略规划的束缚。但是有时候，高管层可能没有能力制定出组织所需的预期战略。

然而，这里关注的是第三种情况。因为在第一种情况下，组织不需要战略规划；而在第二种情况下，员工分析并不能弥补自上而下的管理机制的不足。在复杂的、分权管理的学习型组织中，例如高科技公司、专业服务机构、研究实验室等，战略必定是自下而上形成的，所以这种情况并不普遍。在第三种情况下，可能具有战略性的模式往往以各种不寻常的方式不断形成和改良，这就像是一点一点摸索着解决大问题的过程。但是，严密的层级结构可能会使组织无法系统地掌握这种战略学习的能力。因此，战略过程的一个关键方面就是，要找到新的战略模式，然后基于整个组织的利益，仔细审查。如果能恰当运用这种方法，自发形成的战略就会呈现深思熟虑性质，且遍布各个角落，或者至少可以将其不一致性剔除。

显然，寻找新战略既是高管层的主要责任，更是中层管理者的主要责任，后者处于一个极重要的位置，承担着上传下达的重要职责。毕竟，直线管理者往往是直觉模式的识别者，他们拥有必要的组织信息“中枢”（既具有广度也具有深度），以及开展经营活动所需的职权。但是，他们必须以一种非正式的、特殊的方式来从事经营活动，然后由规划人员将相应的过程正式化和系统化。规划人员可能没有直线管理的职权，但他们拥有相应的时间。而且在理想情况下，有些规划人员能够在探索新模式的过程中激发一些创造性火花。在一定程度上，可以通过研究硬数据来实现这一点，例如通过分析公司产品的市场细分数据来发现新的客户群。但是，其中大部分工作可能都需要以更加灵活和非常规的方式去完成。

在与一家大型跨国能源公司的规划人员讨论多元化经营的问题时，我们指出，公司未来成功的线索可能要深入公司内部发掘。比如，马来西亚的子公司成功开拓了一个新市场，并可能成为在其他国家的子公司借鉴的范例。

近年来，规划人员往往会通过业绩报告和行业趋势分析，来探索战略成功的线索。其实，重要的线索也许就在自己家门口，隐藏在他们自己组织内部不被关注的试验中，只要他们能够深入挖掘，就有可能发现。

当然，规划人员也可能会利用自己的才能去跟踪竞争对手和其他组织的新模式，并作为参考框架，以便尽早推断出自己的战略（可能是深思熟虑的，也可能是自发形成的）。尽管这很棘手，但至少与波特大力提倡的正式竞争对手分析[①]一样重要。

在组织行动中寻找应急模式的战略，也可以融入战略控制的过程。事实上，这项工作可能在很大程度上依赖规划人员，因为作为行动模式的已实现的战略需要与预期战略进行全面、系统的比较，这反映出了规划人员的竞争优势。

非传统规划人员

拥有系统的、全面的和更正式的标签，并不意味着战略发现者是规划人员的传统角色。恰恰相反，这里所指的是完全不同的情况。

传统的规划人员在战略领域的行事习惯往往是这样的：贸然接受最容易理解的战略。他们经常延用组织现有的战略方向，或者直接效仿那些已经取得成功的企业（竞争对手或同行）的通用战略。某些传统的规划人员会退化为催化剂这个最没用的角色（将在后面讨论），指望死板的管理层去发现未采用的战略。其他规划人员则自行承担起制定这种战略的职责。在我们看来，这些行为通常都是徒劳的。

---

① 此处应是指波特竞争对手分析模型，该分析模型包含 4 个分析方面：企业的现行战略、未来目标、竞争实力和自我假设。——编者注

从组织（或参考组织）变化无常的行为中发现战略就像是一种侦察工作，需要规划人员四处侦察他们通常不关注的方面，比如一大堆失败的试验、看似随机的活动或杂乱无章的学习轨迹，从中发现战略模式。然后，规划人员必须对这些模式的预期结果进行评估，这需要他们做出大量的解释和判断。虽然在模式识别过程中，实际的行动跟踪工作可能更多的是分析工作，但这个过程是一个综合性的，而非分析性的。同样，任何关于“正式地、深思熟虑地制定应急战略”的结论，都要巧妙地将各种软因素考虑在内。回到战略制定的草根模型，规划人员必须能够发现那些看起来像杂草，实际上却能结出果实的种子。规划人员一定要小心谨慎，在这些种子的价值还没有显现之前，不要去干扰它们的自然涌现。只有这样，它们才能够生长、繁殖，成为有价值的植物，否则就会被当作杂草除掉。

因此，虽然贸然下结论在分析工作中很常见，但非传统规划人员绝不应该这样做。有些规划人员认为，所有战略，甚至包括未被发现的自发形成的战略，都必须清楚明确、便于编制，可以随时程序化或立即弃之不用，就像园丁检查幼苗的生长情况时，会把坏苗扔掉，让好苗茁壮生长一样。这些规划人员一旦发现现有战略没有用处，就会马上根除。正如前文所说，非传统规划人员这个角色最好由不以直觉思维为主要特征的规划人员来承担，他们能够将自己的分析才能与经过磨炼的直觉结合起来。随着规划人员的传统角色向非传统角色的转变，会越来越需要在大脑的两个基本取向之间取得平衡。

对规划人员来说，战略发现者这一角色似乎很奇怪，因为它与传统的规划概念相去甚远。但是，我们认为这个角色至关重要，因为传统的规划概念本身已经与战略形成过程脱节。那些希望冠以“战略”之名的规划人员本身需要承担的角色就与传统的战略规划人员不同。发现战略是战略形成过程中的一项重要活动，并且规划人员，至少是非传统规划人员，有时间和技能在这个过程中扮演助手的角色，因此他们作为战略发现者也就合乎逻辑了。更重要的是，战略发现者在战略制定过程中的重要性，以及许多规划人员有时间和技能来履行助手的职责。规划人员如果将工作局限于精心编制深思熟虑的战略上，就无法促进战略过程。无视现实复杂性的人，对战略形成过程是毫无帮助的。

规划人员的第二个角色：分析者

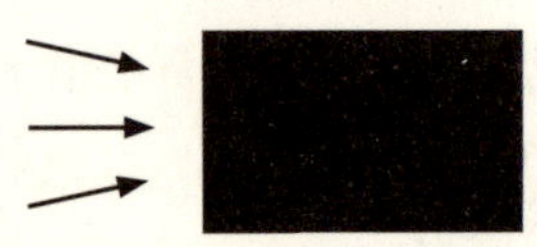

关于规划人员所做工作的深入研究大都指出，有成效的规划人员并不会把时间花在制定或鼓励制定规划上，他们会花大量时间来分析特定问题，并将分析结果应用到特定的战略制定过程中。[①] 我们将这一环节称为战略分析。奎因曾指出："在我的认知中，最成功的专业规划人员大都会将年度规划流程委托给其他人制定。他们自己则专注于研究一系列特定的干预因素……"他在一项专项研究中更详尽地描述道：

> 在我所研究的公司中，当正式规划作为"专项研究"，涉及公司战略的某些重要方面时，它可以直接带来显著的改变……这样的专项战略研究……代表战略形成过程的一个子系统……与年度规划活动不同。

为管理者所做的战略分析

这里所提到的是一个经典的经理角色：管理者必须对大量的硬数据进行分析，但他们缺乏系统性思考。

---

① 例如，巴扎兹和格林尔在采访调查中谈到，46%的规划人员承认，他们的作用是"报告、提议和忠告"；58%的规划人员承认，他们的作用是"设计和管理规划，以及启动规划过程"。

前文提到，有成效的管理者拥有获取软数据的特殊通道，能够掌握组织内部和外部环境的情况。但正如规划困境那部分内容所述，他们缺乏研究硬数据的时间和意愿。他们的工作本质往往是，行动胜于思考，快速反应胜于长期考虑，口头胜于书面，快速获取信息胜于准确获取信息。必须有人能够花时间研究硬性事实——消费者购买习惯的变化、竞争定位的重新调整、产品结构的变化等，并确保将研究结果纳入战略制定过程。

规划人员显然是这项工作的候选人：他们喜欢做分析，有分析所需的时间，愿意投入精力去考察硬性事实。他们可以利用任何看起来合适的管理科学技术来分析这些数据，然后将总结性结论提供给管理者，以供管理者制定战略。正如安索夫所说：

> 规划人员是数据的生成者和分析者。他们需要预测、评估目前的状况，提出行动方案，并分析这些方案对公司的影响，还要对选定的指导方案和限制条件进行规划。在这个过程中，直线管理者承担着一个核心角色，且需要接受规划人员的建议，并结合自己对问题的看法，做出决策。这些决策可能都是基于不完整信息做出的，因此存在风险。

我们赞同安索夫的观点，但需要明确指出的是，这些不是规划过程中的有序步骤，而是管理方面的特定投入。

之所以强调这些战略研究的特定性，是因为它们为战略制定过程提供了信息依据，而它们本身是没有规律的，也没有日程安排和标准的步骤顺序。根据前文的结论，规划过程中的规律性会干扰战略思考，导致管理者错过重要的非连续性因素。相比之下，特定的分析可以激发反思和响应行为。事实上，罗斯比关于长期规划的文章中提出了一个存在争议的观点，即规划人员的特定分析有时可能会很有效，但却会损害正式规划。

公司首先应该了解清楚的不是如何更准确地预测未来，以便为未来做出更好的决策，而是如何避免做出超前的决策，这样也许能找到提高业绩的重要方法。

当然，如果管理者无须连续制定战略，他们就必须至少对战略问题进行持续监管。这意味着他们需要经常进行战略分析（在考虑重大战略变革时尤其如此）。因此，索耶、阿莱尔和菲希罗托的主张是可取的，即管理者需要系统来确保相关的硬信息源源不断。但规划人员面临的挑战是，如何以程序化的方法提供硬信息，同时确保这些信息的效用不会减弱。

在我们看来，战略分析的结果通常并不能代表最终的建议，因为还必须考虑许多可能只有管理者才知道的"软"因素，比如个性和文化因素、时间问题等。如前文所说，虽然管理者通常必须考虑各种问题的相互作用，但实际上，分析工作需要集中，也就是一次集中分析一个问题。因此，这些分析性研究的结论可能不是"这样做"或"那样做"，而是"注意这一点"或"考虑那一点"。亚伯拉罕·卡普兰的评论抓住了要点："总的来说，规划旨在促进决策并使决策合理化。它通过使选择明确化和备选方案具体化来促进决策；通过阐明价值和确保决策的一致性，将决策合理化。"

实际上，战略分析有时能够提供的是一种视角，而不是一种定位，因为对问题的深刻诊断可能比提出解决方案更重要。技术通常适用于后者，特别是对特定备选方案的评估，规划人员必须小心，避免陷入"工具法则"的陷阱：规划人员拿着一把锤子，所以在他们看来，任何管理问题都像钉子。①

此外，特定的战略分析必须按照管理者的要求进行，也就是要适时并能切中要害。以公认的首例运筹学研究为例，"对 1940 年 5 月法国投入使用的

---

① 这意味着僵化的规划人员会让管理变得死板。——编者注

英方战斗机有多少损失的初步分析，促使英方做出重大决定，不再向法国派遣任何英方战斗机”。相关领导者评论道，这是“一项临时的、时长两小时的研究”。多年后，一项调查发现，截至目前，运筹学领域的研究平均需要“10.1 个月”！但即使是处于和平时期的军队或任何时期的企业，其领导者们通常也等不了那么久。也许这就是运筹学分析师对战略制定的影响十分微弱的原因之一。

规划人员不必落入同样的困境。那些希望为管理者服务的人，通常不得不跨入“战略窗口”[①]，抓住机遇，更不必说应对迫在眉睫的危机了。他们为此必然会进行大量的“实时”战略分析。换句话说，就是要将战略分析适时列入管理者的日程安排中。但是，正如前文关于规划困境的文章中所指，这仍然需要利用规划人员的自然竞争优势。

> 在某种程度上，规划人员已经做了管理者在有时间的情况下可能会做的事情，但前者的工作更充分，时间压力也小得多。因此，管理者能够继续履行必要的管理职责，如关注与自己有邮件和电话往来的人，而规划人员关注问题。这个系统的关键是杠杆作用。管理者可能只需要用一小时向规划人员说明问题，然后在一周后再用一小时听取规划人员的建议。在这一周内，规划人员和他的 8 名同事可能要处理两个人用一个月才能解决的问题。

面对危机和稍纵即逝的机会时，管理者通常不会进行透彻的分析，他们不是丝毫不做分析，就是“快速粗略”地做一做分析。如果规划人员团队能够与管理者保持密切联系，并且非常了解管理者所关心的问题，就应该能迅速采取行动，分析现有的硬数据，并评估预期行动方案会带来哪些影响。当然，如果这个团队可以放弃那些烦锁且往往需要许多不易获得的数据的技

---

① 指能够采取先期或后期行动的机遇期。——编者注

巧，那么“快速粗略”的分析工作就有可能会促成更明确、更深思熟虑的决策。

决策过程可以分为三个阶段：诊断、设计和决定（西蒙最初称之为“信息、设计和选择”）。第5章有一个观点是：总体设计，即战略创建，已超出规划的范围（特定部分的设计方案有时可能需要战略分析）。战略分析可能在诊断和决定阶段有着关键作用。

在诊断阶段，特定的战略分析可以为管理者提供两方面的服务。一方面，规划人员可以提出管理者应该意识到但可能忽视了的问题。规划人员可以向管理者提供原始数据（例如某个关键的细分市场中一直在下降的销售数据），或为管理者分析这些数据，解读它们背后的含义（例如如何重新分配市场力量以应对销售额下降的情况）。另一方面，更有难度的方法是试着改变管理者看待重要问题的视角，改变他们的“心智模型”、“思维定式”和“世界观”，使他们能够“更明确地说明自己的关键假设”。以前文讨论过的壳牌公司为例，情景分析使管理层了解到石油业务可能会发生重大转变，而正如维克所表明的那样，难点在于如何重新定义壳牌公司管理者所理解的自身业务。

> 每个管理者都有一个基于经验和知识的心智模型。管理者必须做出决定时，就会基于这个心智模型考虑行动方案……
>
> 公司的看法是……一家公司对其商业环境的感知和它投资、进行基础建设一样重要，因为它的战略来自这种感知。……（为了改变管理行为）必须重新校准内部指南针。
>
> 一旦意识到这一点，我们就不会再把撰写未来5年或10年的商业环境分析报告当作任务目标。我们真正的目标与决策者的心智模型有关。但除非我们能够影响关键决策者的心理认知和对现实的理解，否则我们的设想是不可靠的。

唐纳德·迈克尔（Donald Michael）在一次采访中声称，对未来的研究就是"讲故事"，并提到"我们无法预知未来"，因为"并不存在""最可能的未来"，预测只能描绘出各种可能的未来，以开拓组织前景并提高组织的自我意识。"规划人员最好被视为教育者，尤其是在愿意学习的组织中。"他们的"主要角色之一是讲述关于长期问题的故事，以使它们成为今天的战略问题"。

在一篇题为《游戏的规划》（Playful Plans）的文章中，鲁腾伯格（Rutenberg）进一步探讨了这个主题。他提到了如何将规划视为"玩具"，以及管理者应该选择哪一个玩具、什么时候玩，从而更好地理解当前形势。

> 按照这个比喻，一个好的公司规划应该是这样的：让高管们能够全神贯注地参与其中，设想不同的情景，迫使他们从不同角度思考，同时努力寻找一种共同的语言，以便探讨不连续性与不确定性。[①]

一般来说，我们可以将战略分析限定在三个方面：外部环境分析、内部环境分析和战略审查（后者涉及构思出预期战略后的决策选择）。

外部战略分析

世界上的各种活动都留下了痕迹，许多是可感知的，有些会预示未来可能发生的事情，至少对有洞察力的观察者来说是这样。在壳牌公司的情景规划案例中，维克展示了一个内容丰富的例证。

有大量关于环境的战略分析文献（其中一些在第2章"外部审查阶段"一节中有提到）。波特的研究使很多人将环境分析局限地视为行业分析和竞

① 壳牌公司规划部门的负责人德赫斯（de Geus）将其中一项情景分析称为"游戏许可证"。

争分析，比较流行的（也可能不贴切的）术语是“环境扫描”。事实上，以波特为代表的定位学派在很大程度上依赖这种外部的战略分析，这种分析有助于描述通用战略可以应用的情景，且实际上取代了总体规划作为主要活动的地位。

在一篇题为《组织竞争对手分析系统》（Organizing Competitor Analysis Systems）的论文中，戈沙尔（Ghoshal）和威斯特尼（Westney）展示了对三家大型公司的分析系统的“详细研究”结果。他们发现了三个活动集群：一是“信息处理或数据管理”，涉及信息或数据的“获取、分类、存储、检索、编辑、核对、汇总和分发”；二是“分析”，目的是解释信息的“深层次”含义，以“理解或预测竞争对手的行为”；三是“可能产生的结果”，即“处理应该如何做或如何回应的问题”。这些问题涉及活动产生的影响，主要指整个过程“缺乏相关性”“分析人员和分析本身缺乏可信度”，以及“硬数据和软数据有矛盾的倾向，因此把硬数据（数字）排除，从而在解释方面造成严重困难”。

戈沙尔和威斯特尼还指出，竞争对手分析在组织中有 6 种功能，这些功能共同反映了战略分析的一般作用：

- **感应。**通过挑战“组织对特定竞争对手的现有假设”来“改变队伍”，包括“在某些情况下重新定义关键的竞争对手或竞争领域”。
- **对标。**“提供一套具体的衡量标准，将公司与竞争对手进行比较……”。
- **合理化。**“证明某些建议是合理的，并说服组织成员相信所选择的行动方针是可行的和可取的”。
- **灵感。**给予“人们解决问题的新思路”，在这个过程中“识别其他公司在类似情况下做了什么……”。
- **规划。**“利用竞争对手分析，辅助制定正式规划”。有趣的是，这个过程“更依赖正式的竞争对手分析所提供的信息”。

- **决策。**指“直线管理者对业务和战术所做的决策”，得到采用的次数仅次于规划。

除了与行业分析和竞争对手分析有关的功能外，还有许多其他环境分析技术，特别是在（如前所述的）预测方面。由于预测与常规规划过程难以耦合，所以我们觉得预测实际上更多的是一种特定分析，而不是正式规划系统中的首要步骤。虽然我们对硬性预测技术的看法并不乐观，但我们相信，情景构建等软性技术是有用的，敏锐的分析师以描述性的方式应用它们时尤其如此。情景构建不是预测，而是简单地向管理者解释和澄清未来可能会发生的事情。规划人员可以通过研究和解释组织行为模式来识别自发形成的战略，也可以通过研究和解释外部环境中的模式来识别可能的战略机会和威胁，比如研究竞争对手的行为模式以识别其战略。

内部战略分析与模拟的作用

组织也有自己的倾向，而对组织内部的管理者来说，这些倾向并不总是显而易见的。战略分析会关注组织内部环境，因此有时有助于揭示组织行为模式和组织能力。

本书提出了许多正式分析技术，尤其强调利用计算机模型进行模拟分析的方法。无论什么形式的模型，都是规划工作的关键，因为它们能够描述现象，而所有的规划、预测和分析工作都依赖这种描述的结果。计算机模型是最正式的一种模型，其中所有的关系都必须基于可操作的变量精确地进行推导。但正如我们将看到的，理论和预算也都是一种模型，一切管理工作都依赖于管理者头脑中的模型，其中一些是潜意识的模型。

本章曾讨论了弗罗斯特提出的“社会系统的反直觉行为”这一观点，认为管理者可能难以处理某些复杂的反馈循环。在某些情况下，他们的非正式模型可能没有想象中那么好用。这可能表明规划困境在放大，超越了时间、技术和信息的界限，延伸至管理者和规划人员对特定信息的处理能力。因此，当组织不得不依靠直觉来进行综合分析时，或许可以通过管理者以外的人员的系统性方法来完成分析工作，或至少在他们的辅助下完成分析工作。亚维茨和纽曼在讨论“完全依赖‘大领导’来制定战略”的危险时，是这样描述的：

> 很少有人能仅凭一己之力就理解社会、政治、技术和经济领域的动荡。战略变革通常需要公司的若干部门进行调整，并且需要专门的技术判断以预测这些调整可能产生哪些影响。

回到弗罗斯特的观点，我们对其观点的总结性结论是，当有问题的数据不敏感（即数据是“硬性”的），管理者的隐性知识对理解问题无关紧要的时候，计算机模型可能是一个很好的替代方案。弗罗斯特在《工业动力学》中列举了许多早期模型，以模拟商业组织的资金流动。显然，模拟组织的预算系统模型可以帮助管理者追踪某些变动对财务的影响。

然而应该注意的是，系统动态模型已经存在了很长时间，但几乎没有得到广泛使用。也许是因为它难以构建，或者一些错误的假设阻碍了许多尝试。文献中展示了一些有趣的模型。最著名的是罗马俱乐部所做的一项有争议的研究——增长的极限，该研究预测了 21 世纪的各种资源使用情况，并预言了灾难性的资源枯竭。罗杰·霍尔（Roger Hall）的一项研究很有意思且更接近我们的观点。该研究展示了《星期六晚邮报》的一些管理者用模型来改变他们对杂志行业的认知，从而避免了停刊的危机。在另一篇论文中，霍尔与孟齐斯一起模拟了温尼伯的一个小型体育俱乐部的活动，据说这个俱乐部采取了更有效的会员制战略。

回到预算（规划的一种形式）的话题。应该指出，预算系统本身就是一种模型，涉及组织的某一方面。这与西尔特和马奇在《企业行为理论》一文中所表达的意思相近。

> 规划和其他标准的作业程序一样，都旨在将复杂的世界相对简化。在相当大的范围内，组织用规划代替一切……有时是使一切适应规划，有时是假装使一切配合规划。

规划，特别是预算等业务形式，可以用来衡量潜在变化对组织当前业务的影响，包括对新战略的测试。换句话说，规划可以反馈到战略制定过程中，从而在组织中承担第三个角色——模型（这个角色似乎不如沟通媒介和控制手段常见）。

应该强调的是，模型不需要多么正式就能发挥作用。在规划人员提供给管理者的最佳模型中，有一些只是对规划工作的概念化解释，例如一种观察组织的营销系统或竞争对手行为的新方法。描述性理论也是一种模型，其中规划人员的作用是调查他们感兴趣的领域中最新理论的发展情况，并提出相关观点，供管理者考虑。鲁腾伯格认为，规划人员可以“帮助……管理者了解自己头脑中的‘地图’”，德赫斯则认为“有效规划的真正目的”“不是制定规划，而是改变……决策者的……心智模型”。后文很快会探讨这一点。

弗罗斯特和其他文献中的观点一致：每个管理者都按照自己的心智模型来处理各种情况（如工厂应对客户压力的方法或组织架构中的决策流程）。我们发现，有些模型可以清晰简明地表达出来，另一些则仍然藏在潜意识深处（这一点与弗罗斯特的观点不同）。规划人员如果想向管理者提出替代性的、更正式的模型或概念性理论，就必须能够意识到这些非正式模型的存在，并考虑它们的优势（如可以利用隐性知识）和不足（如可能会受困于经验）。需要再次强调的是，系统可能是“反直觉的”，也可能是“反分析的”。

战略审查

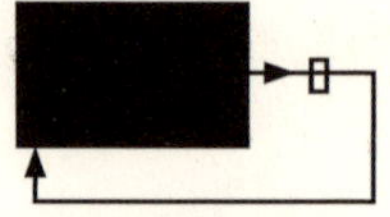

战略分析的第三个方面涉及对（预期）战略提案的调查和评估。与前两个方面不同，战略审查是战略制定过程之后的流程。战略审查有助于确认管理人员的直觉会产生哪些影响或至少有助于降低风险。赵（cho）从公共部门的角度指出，相比于在前端为战略制定提供分析模式，战略审查是一项更切实可行的活动。

> 普遍认为，政策分析对政策评估比对政策制定更有价值，因为它更适用于对数据和经验进行系统分析，而相对不适用于制定一项政策或方案。无论政策分析人员具有何种技能（政治学、经济学、社会学或其他相关背景），他们主要接受的训练都是发现模式、展开解释并构建框架，而不是发明新的解决方案。

金普尔和戴金认为，这是一个合理化的过程，旨在“使基于直觉的决策合理化”。战略审查也可以用来区分好战略和坏战略。总之，常规的合理化并不总是坏事！但是，马佐尼不会轻易改变对合理化的观点，他觉得这些观点很有价值。他提出了一个有意思的论点，即这种分析“在做出决策之后才需要，以便提供概念基础，表明它适用于现有政策的框架，可以用来发现新的含义，并预测到或回应相应的批判”。马佐尼认为，“对既有决策的争论”是“政策制定过程中不可或缺的……环节，旨在加强决策的说服力，以及对结论进行理性控制”。

在规划文献中，与战略审查这种分析方法有关的常见术语是“评估”，它通常被认为是战略形成过程的一个步骤——位于战略的编制和实施（即规划）两个步骤之间。但我们倾向于将这些活动定义为“审查”，以体现这样一种想法：它能够基于数据分析评估战略可行性。奎因发现：

> 只有当机会在概念层面（通过数据分析）受到全面调查并获得认可后，才能在财务方面进行全面分析，然后通过一个独立的、更详细的过程来获得最终批准。

审查是特定分析的步骤，而不是规划周期中的一个步骤，理由是很充分的。事实上，定位学派的文献更倾向于从个体的角度来评估战略，而忽视了战略在整个规划流程中的整体性。前文所描述的战略制定过程表明，战略可以在各种意外时刻，以各种意外的方式，从各种意外之处出现。战略审查必须将这些意外因素纳入考虑范围。有些战略可能是管理者推断出来的，有些战略可能借鉴了竞争对手的战略，还有些战略是在跟踪研究组织内部行为的过程中发现的新模式。必须根据每种战略本身的优点和出现的时间对它们加以考虑，还要与其他组织的战略进行比较。因此，规划人员必须四处寻找可能的战略，并做出回应，以便就可行性进行尽可能充分的辨析。

即使是可接受的战略，通常也不会自动编制成形。通过各种审查，它们会成为战略形成过程中的替代部分，而程序化和评估等步骤之间是相互影响的。例如，马佐尼在关于合理化的评论中暗示了这一点，比如他提到了在这种分析中“发现新的含义”的可能性。因此，战略审查与战略制定并行，在战略制定过程中持续循环。

事实上，战略审查（与其他形式的战略分析一样）都有可能会引起对规划的质疑。[①] 换句话说，规划人员有时应该质疑传统的战略制定过程，有时

① 施密特（Schmidt）认为他所谓的“战略评估”是“对公司战略和相关投资的特定审查”，可以作为“正式规划系统的可替代部分”。

也应该提倡非传统的战略形成过程。高管团队定期提出的明确战略不能理所应当被认为是好战略而被接受，深陷泥潭的组织中模糊不清的、自发形成的战略也不能理所应当被认为是坏战略而被抛弃。

规划人员的第三个角色：催化剂

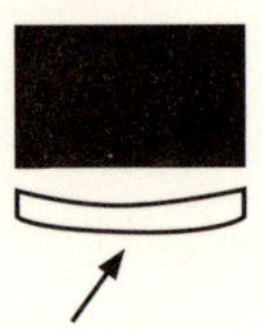

如前文所示，规划文献长期以来一直提倡将规划人员作为催化剂角色。查克拉法思引用洛朗厄的话指出，“企业规划人员的角色……更多的是‘催化剂’，而不是‘战略家’”。洛朗厄的著作中也将规划人员称为“系统催化剂，而不是规划分析师”。

然而在这里，我们看到了不同于传统规划人员的催化剂角色。海湾石油公司规划师是这样描述的，传统规划人员被视为“公司决策者及规划方法的提供者”。艾克曼（Ackerman）认为，规划人员“负责管理长期规划系统，确保规划的综合性，并促进规划的思想和技术”。我们认为，规划人员应该督促组织关注的对象不是“规划”本身或“规划”的观念，而是“规划”的倾向。他们应该努力推动的不只是能带来明确结果的正式程序，还有对未来更广义的思考。

释放战略思维

正如人们所见，鼓励战略规划实际上就是鼓励战略程序化，但可能会因此而阻碍战略思考。当然，鼓励规划有时是恰当的。例如，度过成长阶段的创业公司有时会因公司领导者不愿意阐明和规划已有的可行的战略而遭受损失。因此，规划人员可以适当地推动战略规划，以便能够更系统、更广泛地执行这些战略。但是，这样的战略规划并不总是可取的，当关键的战略学习不够完善、外部环境不够稳定，或组织需要将战略设定为丰富和灵活的个性化愿景时，尤其如此。在以上情境下，最重要的是避免草草结束战略。如果规划人员此时强行要求管理者投入正式的战略规划，可能就会对组织造成重大损害。

让我们后退几步。人们需要的是更有成效的组织。人们都相信，好战略有助于产生高绩效（也许这是一句空话，人们如何知道它是一个好战略呢？除非它能使组织有成效）。人们可能也都相信，更好的战略思考（与更好的战略行动相结合）会产生更好的战略。但并非所有人都相信，更好的（或更多的）战略规划会产生更好的战略思考。因此，至少在我们看来，催化剂角色更适合集中在战略思考和战略行动方面，而不是战略规划方面。当然，有时战略思考必须是深思熟虑的，而无论它着眼于远见还是秩序。但有时战略是自发形成的，规划人员作为催化剂，必须摒弃传统规划的行事方式。著名的壳牌公司规划负责人德赫斯在他关于“规划即学习”的文章简明扼要地描述道：“……我们认为规划即学习，公司规划是制度学习”。

因此，我们必须得出结论，规划人员最好不要鼓励非正式的战略行动，因为这种行动是自然而然的，这类似于鲁腾伯格关于游戏的观点。在这方面，作为催化剂的规划人员不会进入战略制定的黑箱，因此里面只会有活跃的直线管理者。换句话说，那些直线管理者鼓励别人以创造性的方式思考未来。正如某公司的首席执行官所说：“规划人员的角色不是政策制定者，而是更像一个心理医生……他应该是一面镜子，并且应该提出问题：‘大卫，你长大后想做什么？你想让公司朝什么方向发展？’”

事实上，这种催化剂角色很接近前文讨论过的其他角色。当其他任何角色从关注规划人员的成果转变为支持管理者的工作过程时，他们就会开始进入催化剂角色。换句话说，这些规划人员的工作内容影响管理者的工作进程。鲁腾伯格将规划人员的角色称为“游戏师”，似乎正是将这一角色放在了分析人员和催化剂之间。

> 规划小组的任务不是直接面对高管，而是在规划人员、高管和未来之间建立一种三角关系。有时，规划人员与未来的交互方式不同，高管看待未来的方式也就会不同。有时，规划人员会与高管互动，以帮助高管厘清受制约的权力关系。从长期来说，规划人员的任务是改善高管与未来之间的互动。

同样，兰利在研究中发现，“组织中的正式分析和社会互动过程必然紧密交织在一起”，“正式分析在产生组织承诺和确保行动的社会互动过程中充当了一种黏合剂”。同样，当战略规划的制定工作由规划人员负责变为由规划人员辅助直线管理者完成时，规划人员会再次担任催化剂角色。正如兰利总结的那样，“（正式规划）对战略发展的贡献没有通常假设的那样直接”。

一旦作为“最佳方式”的规划被更广义的战略制定概念所取代，规划人员的催化剂角色就有了新的意义。根据我们的经验，在一些更有意思的规划部门中，规划人员自然而然地成为组织中关于战略形成的思考者。正是他们引发了关于战略过程是什么以及应该如何运作的最新思考。作为战略家，直线管理者通常忙于制定战略，因而没有时间从概念的角度进行思考，更不用说阅读最新文献或参加会议了。首席执行官不得不更关注自己所从事的业务，而相对忽略了战略管理业务。但是规划人员有时间和意向培养这样的专长，然后像老师一样在组织中广泛应用。因此，阿莱尔和菲希罗托声称，公司层面的规划人员的“首要任务”必须是“评估和质疑战略定义的准确性”，大概也包括规划系统本身。奎因是这样描述“最成功的规划人员”的：

通常是公司里最常参加会议和高管课程的人。与其自己建立固定的员工队伍，他们更愿意引进一批志向相投的外部专家，让知识渊博的顾问或其他部门的员工进行专门研究……许多公司引进相关专家或团队来主持小型研讨会，涉及的话题远超公司的工作时间范围。

正式化角色

到目前为止，我们已经从不同的意义上阐述了催化剂角色的作用，用鲁腾伯格的话说就是，打开战略思维，变得更加“有趣”。但这种角色也涉及正反两面，给战略形成过程的松散部分带来一些秩序。正如兰利所写，创造战略的是人而非系统，但系统有时可以“作为一种纪律，发出指令”。因此在这里，即使有可能被指责自相矛盾，我们也甘愿冒险重新引入正式化的概念。

在混乱的管理领域，任何事情都有可能处理不当。议程事项可能会被遗忘，最后期限可能会被错过，硬数据可能被忽视。再想想马奇和西蒙的“格雷欣规划法则”——日常事务驱逐了战略规划，以及用他们的话更准确地讲，程序化的任务“往往优先于”非程序化的任务。因此，催化剂的部分作用是在某种程度上正式化以避免这些问题，但仅限于避免过程的自发运行。

正式化与时间、地点、参与、议程和信息有关，也与过程本身有关，但必须投入大量的精力才能实现。正式化有助于集中注意力、激发辩论、跟踪问题、促进互动和达成共识。此处可以引用兰利采访过的一位管理者的话：

创意不是从规划中产生的……创意在空气中。规划迫使我们努力把事情集中起来，然后明确方向。我认为规划并不是多么特别的事情。对大多数人来说，这只是一个表达想法的机会。我做过的研究提供了一个类比。在某种情况下，你做了很多工作，收集了很多数据。然后你必须在某个地方展示它……你没有任何创新，你只能把数据收集起来，进行整合……仔细地进行综合性研究。通常，把数据集中起来的时候就会产生新的创意……

请思考一下战略“退却”，即将各种战略行动者集合在一个孤立的环境中，为期一天或几天，让他们思考更广泛的问题或解决一些具体问题。我们已经清楚地表明，战略不是在会议中按照要求创造出来的碰巧被贴上“战略”标签的东西。没有特定的时间或地点来形成战略。变革时机成熟的组织有时会发现，这种战略行动对达成必要的共识至关重要。战略退却规定了讨论的时间，也让参与者可以正式地参与到过程中来。1986 年，通用电气首席执行官杰克·韦尔奇创建了“一个企业执行委员会，在每个季度，14 名企业领导人和人事部门的负责人以及首席执行官都会集中审查商业规划，交流想法、提出建议，寻求实现协同和实施的实用方法”①。

与复杂的规划工作相比，战略退却只需规划人员跟踪战略议程中的事项即可。正如一位管理者所说：“规划人员就像一名监督者，需要让执行工作保持正规。有些事情必须在这个时候开始，在另一个时候完成……”“当我们确定了大致框架时，他们需要把它写下来”。

此外，一个系统可以进行“结构讨论”并充当“促进组织学习的工

---

① 应该指出的是，这个值得关注的观念当然不是新观念。法约尔在近一个世纪前是这样描述一项非常类似的活动的：“在这些会议上，每个部门的负责人依次解释他的部门取得的成果和遇到的困难，然后进行讨论，由首席执行官做出决定。会议结束时，每个人都掌握了他人的最新信息，以确保协作关系。”

具”。因此，当德州仪器的 OST 系统发挥出最佳作用时，就有助于将管理人员的注意力集中在创新需求上。而在制定资本预算的情景下，马什等人写道：

> 正式系统通过年度预算机制，以及各种预先设定的委员会和董事会会议日程……以便设定最后期限，从而控制项目执行进度。它们促使信息流在组织内部四处流动，使项目能够引起重视和承诺。同时，它们制定了一套机制，以跨层级面对面交流。

系统也有助于达成共识。事实上，“古希腊的政治家们把德尔菲的神谕作为达成共识的主要工具”。规划人员有助于沟通愿景和相应的投入，兰利将这一角色称为“团体治疗师”：作为“治疗师”，规划人员将经验结构化；作为分析人员或“哲学家”，他们将知识结构化。

正式化的边缘

为了加强一些松散的边缘部分，正式化是必要的，但正式化有一些规划人员不会涉足的微妙边缘。正式化是一把双刃剑，很容易带来适得其反的结果。

正如第 5 章所讨论的，正式化显得有些奇怪，它有可能会导致活动的本质在阐述过程中消失，但这并不是说正式化在所有方面都会产生这样的结果。将战略过程中的时间和参与情况正式化可能就是有益的。作为催化剂的规划人员需要非常敏锐地察觉到正式化边缘。例如，规划人员的工作“与管理需求不一致”，以及“当管理者……准备提出他们的愿景时，规划人员仍在收集信息”。

在战略退却时，即使采用分步方法，例如上午讨论目标、下午讨论优缺点，有时也可能会扼制创造性的讨论。重复一遍，规划的目的不是分析而是综合，不是评估而是设计。正式的数据输入可能会有所帮助，用来考虑关键问题的概念框架也可能会有所帮助。但是强制将松散的过程变为有序的步骤可能会起到反作用。通常，正式化不应超出时间、地点和参与行为的规范。

也许这个微妙边缘有两面性，可以视为“激发思考的系统”和“尝试行动的系统”。这两者之间的差异可能很细微，但通常很容易识别。一方服务于已经存在的过程，以自己的方式做出回应；另一方则试图强行施加自己的指令，从而实现控制。德州仪器公司的一位高管在谈论该公司系统时说:“我们把系统变成了官僚形式。我们把系统当成是控制工具，而不是推动工具。这就是区别。”正式的规划过程应该是“催化剂，而不是诱因”。因此，当斯泰纳和其他学派的人声称“重要的是过程”时，他们是正确的，但此过程非彼过程!

图 6-7 描述了正式化边缘，展示了正式化模式从逐渐形成边缘到落入控制深渊的过程。

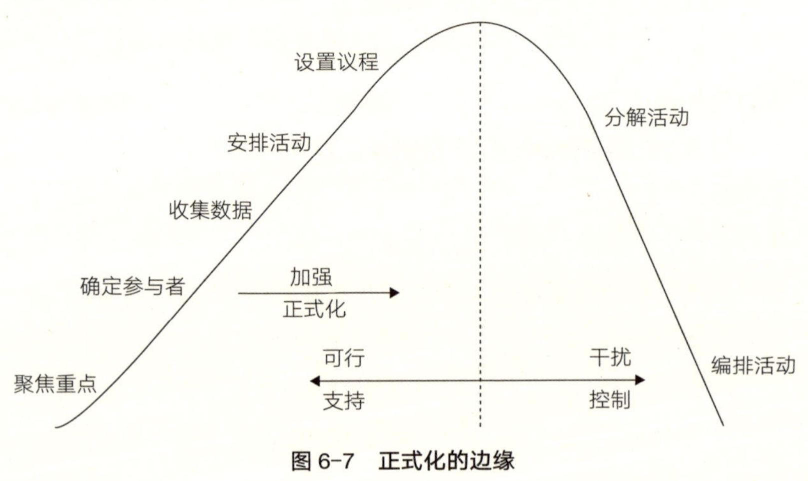

图 6-7　正式化的边缘

西蒙斯的交互控制

兰利发现，规划人员的正式方法“既是一个理性的分析过程，也是一个社会过程”。这是西蒙斯在一系列论文中所研究的主题，这些论文捕捉到了正式化边缘安全的一面。

西蒙斯将他所谓的“交互控制”与传统的“诊断控制”进行了对比。他的论点是，高层管理者通常会选择一个或多个“相对简单且技术不复杂”的系统为己所用，他们每天给予“很多……关注”，从与相关的“一线人员面对面会谈”中获得数据并进行解释。实际上，这些系统融入了他们自己的管理方式，但也带有大型的、复杂的组织运行所必需的正式化印记。他们“为组织成员提供指导”并“激励整个组织的学习”。

> 高层管理者会选择具有交互性的系统（及其他规划）进行控制，这些选择为组织参与者提供了关于应该监控什么，以及应该在哪里提出和测试新想法的信号。这些信号激发了组织学习，并使辩论和对话围绕交互控制过程进行。随着时间的推移，新的战略和策略开始出现。

西蒙斯指出，“这些系统不会与战略制定‘共存’；交互系统推动战略制定，它们是制定战略的盒子”（请记住，这些是管理者的系统，而不是规划人员的系统）。

偏好采用交互控制系统的一个例子是预算系统，“它不是纯粹的财务文件，而是与整个组织的策略、新营销理念和产品开发规划有关的议程表”。通过交互控制的方式，有些公司已经使用了项目管理系统、广泛的收支预算系统、情报系统（尤其是制药公司）和人力资源开发系统。强生则是“没有规划部门”的那类公司。

使用两种技术使长期规划成为交互活动，而不是例行公事。首先，规划范围是固定的，因此管理者要对早期的评估和规划持续负责。其次，要对长期规划开展激烈的辩论，并发起质询。在强生公司的长期规划和财务规划中，所有管理者都需要不断评估、修改现有方案并提出新的方案，这使得系统具有高度互动性。

发挥催化剂的作用

利彻特（Litschert）和尼科尔森（Nicholson）在广义上将作为催化剂的规划人员描述为“企业权威人士”，此类规划人员的技能与传统角色的技能完全不同。瓦克则指出，改变管理者的看法或思维模式“比编制一个相关的方案要艰难得多”。

此类规划人员认为，他们的作用在于让其他人质疑思维定式，尤其在于帮助人们摆脱惯性思维（在稳定战略方面拥有长期经验的管理者们很容易深陷其中，不能自拔）。非传统的规划人员有时会尝试对这一点进行质疑，我们可以用冲击战略来描述这一行为：提出难题并挑战常规假设。对于这种情况，胡夫设计了许多“规划的隐喻框架”。一是将规划比作咨询：

如果规划人员专注于为人们提供“看看他们有什么意见”的机会，规划人员的作用可能就更大了。将这一思路与咨询隐喻结合起来，表明规划人员可能会致力于创造低风险、无须判断的规划情境，让组织成员可以自由地发表意见。

二是将规划比作“视力测试”，规划人员就类似于企业“验光师”：

如果通过一组限制性信念和假设来过滤信息，那么验光师——规划人员可能会给“镜片”提供有用的定期检查。组织成员通过“镜片”来理解活动的意义。规划人员可以组织人们寻找当前信念和假设中的缺陷或不足，还可以帮助人们提出备选假设，从而促成一系列不同的活动[①]。

奎因特别清楚地描述了规划人员这种创造性的催化剂角色，鼓励他们积极地发挥这种作用。他在《教会管理者们规划未来》一文中写道：

> 有充足的理由可以证明，大多数一线管理者都只关注当前紧迫的事情。成功的规划人员都知道，每个高管在最放松的时候才愿意进行更多的实质性对话或更实际地考虑未来。下班后的谈话、鸡尾酒会、午饭时间、高尔夫球场、通勤路上和商务旅行都为不拘时间和场合的高管人员提供了考虑未来的机会。

奎因还讨论了“建立对新选择的认识”、“加强支持和更便于执行”以及“明确共识或承诺”等话题。最后一个话题可能反映在编制战略的步骤上，奎因引用了一家大型信息产品公司战略规划负责人的评论，该负责人接受了催化剂的角色。

> 当我得知一位高管要讲话或在内部做报告时，我会采取行动。此时关于未来的资料就会有用。我会向演讲稿撰写者简要介绍我认为可以展示的想法，并且我认为这些想法可能会令人振奋。有时，这只是一种使高管更了解公司需求的方法。一旦高管公开谈论一件事，他就会更愿意了解它，并致力于为此做些什么。

---

① 梅森（Mason）和米特罗夫等人称之为“战略假设对规划进程的铺陈及测试”，但要记住一点，即使是这种程度的正式化也可能存在问题。

作为战略家的规划人员

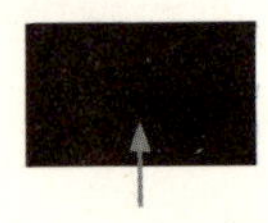

作为战略制定过程的概念性知识的监管者，规划人员可能倾向于战略思考。但是，倾向于战略思考并不意味着能成为战略思想家。战略思想家除了满足信息、参与和想象等方面的要求，还要有头脑和综合的基础知识。我们在规划人员的其他倾向中没有发现任何迹象能表明，他们在这些方面比管理者更有优势。也许恰恰相反，规划人员的工作扼制了获得正确信息的机会，妨碍了必要的参与，并鼓励他们只关注分析而不关注综合。

尽管如此，顶着“规划师”的头衔，也不妨碍他们发挥想象力。事实上，一些规划人员虽然没有跟上规划技术前进的步伐，但却是我们在组织中见过的最有创造力的人。拥有这个头衔，并不会阻碍信息的自动流入（不过它确实让获取软信息增加了难度）。一些规划人员成功地吸引了消息灵通的管理者的注意；另一些规划人员则担任了直线管理者的职务，他们（在一段时间内）带来了必要的知识；还有一些幸运的规划人员，让组织中的硬数据变得对战略制定至关重要（就像在政府财政部门，数据就是其产品一样）。这些规划人员中的任何一个都可能是战略家，他们即便不是战略愿景的创造者，也是战略的捍卫者。这些人可能不是传统的规划者，但他们克服了规划者在战略制定方面的相对劣势。这就是我们称之为“作为战略家的规划人员”，但不将其列为规划人员的第四个角色的原因。

我们现在准备归纳总结前文关于规划、规划制定过程和规划人员的角色的讨论。后文会先在一个综合的框架中展示它们，然后以更正式的方式介绍传统和非传统规划人员，最后具体说明各种角色的特征以及这两种规划人员的适用背景。

规划人员的规划

我们已经讨论了规划、规划制定过程和规划人员的各种角色，汇总到一起便是图 6-8 中的战略制定黑箱。此图旨在归纳总结本章的讨论，并为规划功能提供一个综合的框架——也可以说是为规划人员提供一个规划。

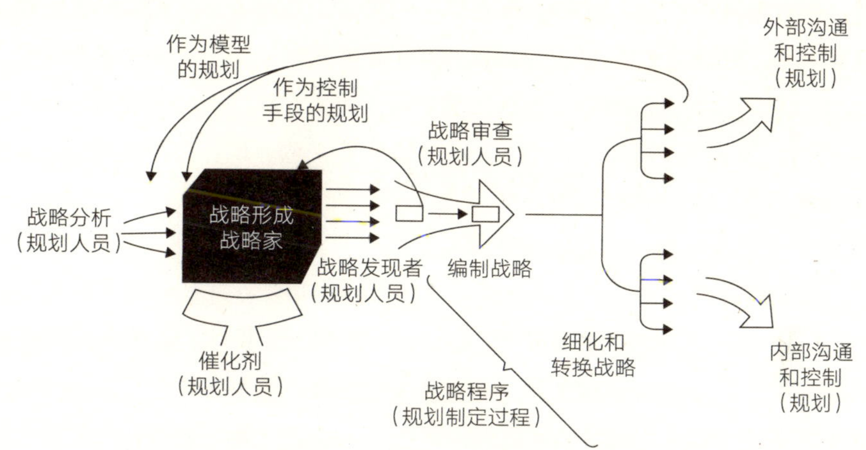

图 6-8　规划、规划制定过程和规划人员框架

第一，作为规划的角色之一，战略程序处于黑箱之外，从制定或发现战略开始，并按照编制、细化和转化三个步骤制定规划，最终的结果是形成周密的战略规划。这些规划本身在三个方向上起着沟通和控制的作用——向外延伸到外部环境，向下延伸到组织内部，并经由反馈循环返回战略形成过程的输入端。第二，规划的另一个角色，即模型，也从战略分析开始形成了一个闭环。

规划人员最常见的角色是战略分析者，战略分析是对战略形成黑箱的一系列输入。他们在输出端和输入端都起到了战略审查的作用。作为战略发现者的规划人员在寻找战略过程中，细心探索黑箱，之后便从输出端输出。最后，催化剂角色的作用是支持黑箱以鼓励战略思考。此外，战略家角色被暂时放置在黑箱中，为那些试图进入黑箱的规划人员留出了空间。

综上所述，对于组织为何参与战略规划这一问题，我们的回答是：①为了编制战略，即让行动变得可操作；②为了沟通和控制（以及协调），这些工作是规划角色的职责。至于为什么组织让规划人员参与战略规划，原因除了他们在上述两方面的作用之外，还包括两点：①他们能帮助寻找和发现战略，将数据和分析输入战略形成过程，审查形成的战略，以及激发他人进行战略思考，并获取更多关于战略制定的通用知识。

规划人员的左右脑

我们的讨论表明，规划人员可以承担不同的角色，并且可能涉及两个截然不同的方向。其中一类规划人员必须是一个善于分析的、思维收敛型的思想家，致力于为组织带来秩序。最重要的是，此类规划人员需要制定预期的战略规划，并确保它们得以清楚地传达和实现控制目的。规划人员需要不断进行研究，以确保与战略形成有关的管理者们考虑到易被忽略但必要的硬数据。规划人员还需要确保管理者制定的战略在实施之前得到仔细、系统的评估。规划人员认为自己的作用是“将直觉过程正式化”，但实际上往往就是在分析。本书大部分内容中提到的“传统”规划人员倾向于用左脑进行分析。我们称之为右手型规划人员。

另一类几乎可以说是非传统规划人员，至少与大多数规划文献相比，他们一点也不传统，且仍然存在于许多组织中。这些规划人员是相当有创造力的思想家，往往具有发散性思维，偏好开放性的战略制定过程。作为“软分析人员”，他们随时准备进行“快速粗略”的研究。他们喜欢在特别的地方发现战略，并仔细审查，而不会正式评估。他们鼓励其他人基于鲁腾伯格的游戏而不是其他学者的步骤进行战略思考。他们有时会陷入战略制定的混乱局面中。与其他类型的规划人员不同，这类规划人员很可能是一群“另类”，正如奎因所描述的那样，能够“在整个组织内激发出非同寻常的解决办法”。这类规划人员的右脑更发达，更具直觉性思维。我们称之为左手型规划人员。

显然，这两类规划人员必须区分开来，可以说，他们是管理者的左右手。那些擅长制定战略程序和分析硬数据的人可能缺乏创造力和趣味性。正如丘奇曼所说，那些“不断提出最具探索性、最激进、最荒谬的问题”，拥有“不切实际的思维”的规划人员，不太可能会在意预算和行业分析这样琐碎的细节工作。此外，那些具有创造性、发散思维的游戏型规划人员很难在战略形成过程中系统地考虑必要的数据，并顺利制定出相关战略规划。

事实上，将这两类人统称为“规划人员”可能是一种曲解，因为他们只有一个共同之处，那就是关注发生在战略形成黑箱周围的事情。除此之外，他们的目的不同，方法不同，甚至他们在黑箱周围的定位也是不同的（一类主要是在黑箱的前面和下面，另一类主要在黑箱的后面）。也许我们应该用形容词来区分它们，比如一类是“分析型规划人员”或“战略编制人员”，另一类是“综合型规划人员”或“战略大师”。（这种区分方式应该适用于计划学派，该学派认为规划一词只能与形容词一起使用，而不能与“战略”一起使用，如此可以避免许多混乱！）

利彻特和尼科尔森对 115 个规划小组的调查证实，这两类规划人员都存在于规划部门，但前者占主导地位。两位研究者认为，他们调查的大多数企业中的“规范”能“协助管理层制定长期规划和战略”。但有 24 家企业确实“与规范要求有很大差异”，其中 10 家侧重于资本预算和其他形式的资本控制；11 家侧重于项目开发，包括项目可行性研究。这些企业中的规划人员的角色更像是分析人员，但不一定是右手型规划人员。另外 3 个规划小组中的成员是左手型规划人员，被看作“智囊团”，负责“考虑公司愿景”，并鼓励“直线管理层以非传统的方式思考和感知，而不是询问一些浅显的问题”。

谁应该坐上规划的头把交椅呢？一些观察者反对职业规划师的概念，认为直线管理者应该循环进出规划过程，以便拥有有限的时间进行思考。通过这种方式，规划与组织运营就能保持密切关系（这是他们理解的管理过程的要求）。正如一家大型公司的首席执行官迪玛所说：

> 永远不要聘用或雇用职业规划师，他们的唯一职业就是规划师。这个脱离现实的群体的表现没有最糟糕，只有更糟糕。如果让那些拥有成功的一线经验的人来规划，那么他们在两三年后视野得到拓宽，便会想要重新回到一线。永远不要让疲惫的高管将规划当作退休之前的歇脚点。

我们对这一观点深表同情，尤其是对那些必须带领规划小组从事一线活动的人。一位美国名将曾说，“没有什么比知道自己必须执行规划更让规划人员觉得压力巨大”。但是，至少对一些职业规划师来说：这项工作的方向与传统的一线管理工作是不同的。正如米特罗夫和文卡绰曼所指，“将规划定义为一种一线管理功能过于草率”。他们主张“客观的视角……反对目光短浅和惰性”。

> 企业规划的某些方面需要专家和了解相应业务和职能的人。然而，其他方面需要客观的、深入的视角，以及挑战现有经营的前提和假设的意愿和能力。在这种情况下，规划人员不仅需要具有直线管理者的身份，还需要有专业的视角。

上面的评论很有意思，而且表明了一点，即职业规划师可以是左手型的，也可以是右手型的。他们要按照管理人员的要求进行质询和反思。这样的规划人员很难被称为“专业人士”，但他们也不是传统类型。于是，就需要有专业人士来承担正式角色，投入规划过程，成为擅长“解析数据”的分析师，能够处理预算问题、做行业分析等。由此，直线管理者往往不需要那么系统地进行分析。虽然我们不确定什么是“专业性”，但我们知道这类工作没有标准的资格要求，也没有相关机构提供相关培训[①]。这些右手型规划人员似乎更接近专业人士。

规划人员的背景

在不同的组织中，哪类规划人员更受青睐？是否所有的组织都需要这两类规划人员呢？或者只需其中一类？抑或是一类都不需要？洛朗厄建议，需要设置“两种不同的（规划）高管或官员”职位，一种负责管理规划过程，另一种负责解答“首席执行官在实质性战略事项上的咨询问题”。奎因用一种等级关系来描述这两种规划人员：“大多数成功的规划人员学会了将年度规划的技术部分委托给下级人员，并积极参与战略制定过程的核心工作。”然而我们认为，组织的需求各不相同，规划、规划制定过程和规划人员的角色都能适当地发挥作用，因此需要对两种类型的规划人员进行组合。下面将以规划的背景为主题进行最后讨论。

组织的类型

本书一直在批判管理文献和规划文献中流行的“最佳方式”的观点。组织是差异化的，就像动物一样各有不同；让所有组织采取同一种规划，就像为所有哺乳动物（如熊和海狸）提供同一种住所一样，都没有意义。这种问题之所以会出现，部分原因是缺乏一个广泛认可的框架来讨论不同的组织类型。简单地说，无论是管理领域还是生物领域，都需要分类。

在早期的工作中，我们提出了 5 种基本组织类型组成的框架，如下所述（使用了 1989 年明茨伯格起的名字）。我们将从这些内容入手，考虑在不同

① 可能有人认为 MBA 课程更适合作为右手型规划人员的培训课程，可以平衡直线管理职位的要求。

的情况下，规划、规划制定过程和规划人员的具体表现。

机械型组织。典型的科层制组织，高度规范化、专业化和集权化，并在很大程度上依赖工作流程的标准化来进行协调；常见于成熟、稳定的行业，如航空业、汽车业、零售业，该行业具有理性化和经营模式重复化等特征。

创业型组织。组织结构简单、灵活，通过直线管理者的协作，首席执行官会牢牢控制组织，常见于创业和进行重大变革的公司。

专业型组织。该组织在相对稳定的环境中开展专业性工作，因此强调技能的标准化，组织单元的分类通常由自主权较高、影响力较大的专家负责完成。同时，管理人员往往会提供支持而不会意图控制。常见于医院、大学，以及拥有其他技术和工艺的服务机构。

灵活型组织。这类组织在高度动态的环境中开展专业性工作，专家必须以项目小组的形式合作完成工作，并以灵活的、矩阵式结构进行协调。这类组织遍布在航空航天等“高科技”行业和电影行业，以及不得不缩减机械化的成熟业务以专注于产品开发的组织中。

事业部型组织。这类组织分解成半自主性的事业部以服务于多元化的市场，“总部”依靠财务控制系统对事业部实现标准化输出，这些输出往往比较机械。

机械型组织中的战略程序

我们的大部分讨论都集中在“传统”的规划和“规划人员”上。在这里，我们要讨论的内容是，传统的规划（我们已经将其确定为战略规划）和规划人员最适合机械型组织。事实上，机械型组织本身就是传统的组织。可以毫不夸张地说，21 世纪以来关于管理和组织的绝大多数著作，从法约尔和泰勒到安索夫和波特，虽然未言明，但都是针对机械型组织的。这类组织中占主导地位的是自上而下的层级管理、明确分工，强调标准化和控制，当然还有对职能部门，特别是对规划的考核。机械型组织在管理文献中是“一种最佳方式”，传统规划与其倡导者的关系，就像鱼和水的关系一样。

正如我们在1979年出版的拙作中所述，机械型组织内部高度结构化，组织结构通常与经营紧密结合，经营工作十分细化，易于理解、便于执行，无须太多专业知识（就像典型的大规模生产装配线一样）。组织所处环境总体稳定性强、行业成熟度高，不确定性不大。机械型组织通常规模很大且资本密集。我们在考虑最易受规划影响的组织时，如第3章讨论的加拿大航空公司和通用电气的许多部门、传统军队（尤其是在和平时期）、法国政府及其下属机构等，发现这些组织基本吻合本章前面描述的战略规划的条件。换句话说，机械型组织具备前面提到的结构特征，与传统规划天然契合。

在经营上，这类组织也符合传统的规划模式。它们往往有发展良好的“技术结构”——员工团体，其中包括重要的规划人员，负责开发正式的规划和控制系统，组织和协调其他人的工作。此外，机械型组织喜欢中央集权，正式权力位于等级制度的顶端，在那里的高管会制定战略，让下属去执行。这些战略通常需要精心编制，分解为细致的执行步骤并详细说明，以消除不确定因素。

因此，这类组织喜欢一致的目标和明确的战略。它们依据硬数据进行决策，这通常是稳定性强、成熟度高的行业的惯用方法。硬数据往往在规模较大的组织中大量存在。

最重要的是，我们在1979年出版的拙作中还提到，机械型组织注重控制，会运用规章制度来控制不同层级的员工。难怪“系统正在发挥作用”的观点会开始盛行。所有这些机制都是为了确保经营的稳定性和科层级制的顺利运作。在《神经质组织》一书中，德弗里斯和米勒称这种组织为“强迫型”

组织，规划就是这种强迫性的主要表现。

> 强迫型公司的战略制定形式表明，公司重视预先设定详细程序的工作。首先，一举一动都经过精心策划，通常有大量的行动规划及预算和资本支出规划。每个规划项目都经过精心设计，有许多检查点、详尽的绩效评估程序和极其详细的时间表。通常有一个庞大的规划部门，成员来自许多专业职能领域。

下面是乔治·斯坦纳对规划过程的描述。

> 正式的规划系统以一套程序的形式建立起来并持续发展。它明确了人们采取行动的进程。通常，会有一套指导手册以明确谁将做什么、什么时候做，以及将发生什么事情……决策过程经常采用书面形式，最终的结果也被写入了规划中。

除了传统的机械型组织之外，其他类型的组织情况如何呢？

结构给系统带来一种整合的感觉。系统中不存在因变量和自变量，每一个因素都会相互影响。例如，机械型组织需要稳定性才能运行，它也会采取行动以确保稳定性。事实上，规划在两方面都会发挥作用，它致力于确保经营（有时也影响环境）稳定性，防止会破坏稳定性的激进变革。因此，规划不是这种结构中可有可无的部分，而是一个不可或缺的部分。机械化需要规划，规划也需要机械化，而且规划可以通过规范决策过程、鼓励分解和加强中央集权来提高机械化。

机械型组织中的左手型规划人员和右手型规划人员

在机械型组织中，规划承担着沟通媒介和控制手段的角色，那么规划人员承担什么角色呢？显然，右手型规划人员占据重要的位置，他们不仅要做大量的战略规划工作，而且要进行各种战略分析，特别是在组织要对战略定位进行细致调整的时候（因为机械型组织更倾向于维持既定的战略视角，而不是进行战略革新）。兰利在谈到她所研究的机械型组织时指出，“首席执行官擅长以非常明确的术语准确地定义所需分析的内容”。在这种情况下，硬数据以及组织对此类分析的响应也能起到推动作用。定期的业务审查和竞争分析似乎非常适合机械型组织。

但是，这类组织中没有左手型规划人员的位置，他们需要做更有创造性和激进的分析，寻找自发形成的战略，并承担催化剂角色，促进新的战略思考。一方面，这些角色可能会让人心烦意乱。传统的规划对机械型组织来说就像马的眼罩一样，让马按照指定的方向前行，而不会被周围的风景分散注意力。具有创造性的规划人员会打破现状，而那些规划人员原本知道自己应该做什么，并且只需要确保自己尽可能高效地完成工作就可以了。

另一方面，最好考虑一下变化和可能破坏既定方向的力量，如新技术、客户偏好的变化、不可预见的竞争等，并针对它们考虑必要的创造性战略。高管可能不会考虑这些事，毕竟他们（迄今为止）仍是成功的战略方向的守护者，更何况战略本身就是他们制定的。因此，这种担忧往往落在左手型规划人员身上，他们扮演着催化剂的角色。

在机械型组织中承担这个角色并不容易，因为它必然要挑战现状。左手型规划人员必须具有开拓倾向，鼓励拓展视角，同时温和而微妙地开拓自己的想法和分析过程。当威胁迫在眉睫，必须进行彻底的变革时，如果高管层仍然对此视而不见，左手型规划人员就不得不变得更加激进，强化自己的催化剂作用，甚至可能采取政治行为（例如直接找有影响力的外部人士）。

请记住，左手型规划人员往往要在管理者之前，甚至是在威胁出现之前，就有所警觉！机械型组织可以利用既有战略在稳定的环境中舒适地生存多年（我们自己的研究表明可能是几十年），但左手型规划人员会变得焦躁不安。让一群具有创造性的规划人员随心所欲地在组织中四处寻找可行的战略，对任何人都没有好处。毕竟，组织要生存就必须高效地生产产品和服务，不必为了变革而变革。左手型规划人员可以在必要时发挥关键作用，向组织发出信号，或者为组织未来起草方案和应急规划。

其他条件下的战略规划

我们已经知道了什么条件有利于规划人员创建特定的组织结构。在探讨其他组织类型之前，让我们回顾一下与前面讨论的条件相反的情况。

稳定环境的对立面是动态环境，也就是会发生变化的环境，变化的频率和方式都不可预测（因此也不可控制）。我们已详细阐述过这一点，简而言之，正式的规划在这样的环境中是没有意义的。但战略分析恰好相反，且意义重大，至少左手型规划人员灵活地、创造性地进行战略分析在这里可能很有意义，不过这并不意味着灵活的规划能起到什么作用。如果无法做出可靠预测，那么制定战略只会阻碍组织对突发情况的临场反应。

这可能有助于解释为什么 OST 系统（即经营目标、经营策略、实现手段）最终在德州仪器公司会遇到困难，为什么通用电气首席执行官杰克·韦尔奇会如此强烈地反对规划，以及为什么像 NASA 这样的组织会在阿波罗计划期间，通过不那么正式和严密的规划将许多复杂活动融合在一起（引自钱德勒和西尔斯的研究，将在后面讨论）。左手型规划人员在这些情况下可能有用，“在动荡、充满政治因素、嘈杂的组织环境中，规划分析家需要提出问题，并分析问题”。但右手型规划人员则不然。

新兴行业和衰退行业远不如成熟行业那样稳定，前者中存在争夺市场地位、周期性震荡、市场增长不稳定等现象，因此很难依赖正式的规划。缺乏详细的结构也使规划难以制定，因为它依赖任务分解系统。缺乏紧密协调的运营可能也是没有正式规划的主要原因。

组织经营高度复杂，意味着需要有能力的专家，规划也会遇到困难。如前所述，特别是如阿什比的必要多样性法则所述，规划制定过程不需要多么复杂。许多关键信息只有训练有素的专家才能理解。由于缺乏将这些信息内化的手段，规划系统和规划人员的工作往往面临无足轻重的风险。例如，将大学教师的出版物作为其研究产出的替代衡量标准，却无法判断其研究质量，或者对研究和研究设施加以控制——涉及工作时间、预算类别、操作程序等方面，这些做法实际上降低了产出的质量。

至于小型组织，我们已经知道它们的规划成本相对较高。如果可以通过工人之间的相互调整或直线管理人员的直接监督实现必要的非正式协调，就没有必要进行规划。在某些情况下，其他因素可能会凌驾于规模之上，鼓励小型组织进行正式的规划。的确存在一些相当小的机械型组织。但往往小型组织不鼓励正式规划。最后，外部控制和资本密集都是有利条件，它们的存在可能会推动规划，但即使没有它们，也不一定会妨碍规划。是否制定规划将取决于其他条件。

基于以上结论，现在让我们讨论其他类型的组织中的规划、规划制定过程和规划人员。

专业型组织中的战略分析

如上所述，相关文献和实践都体现出这样一种观点，规划普遍适用于机械型组织，正式规划对所有组织来说都是“最佳方式”。这种观点漫延至专业型组织，往往带来糟糕的后果。因此，就有许多书籍和文章对大学和医疗机构的正式战略规划进行了探讨。几乎所有的组织都依赖传统的规划假设，即战略应该来自组织高层，目标明确，核心部分必须正式实施，员工（教授、教师或医生等）能够（且必须）对这些集中实施的战略做出反应，等等。好像整个结构应该转变为适应规划的样子。

事实上，这些假设是错误的，它们对非机械型组织如何运作存在误解（或不愿意去理解）。这些假设试图将规划的方钉塞进圆孔中，结果造成了极大的浪费。但对规划人员来说，即使钉子坏了——规划失败了，他们只是浪费了些时间。这在大学里似乎很常见，因此广泛的行动规划常常会受到抵制（当然，除了某些机械型服务部门）。最坏的情况是，圆孔也坏了——规划人员成功了，组织浪费了时间，并且可能在这个过程中变得功能失调。一位大学院长的话可能代表了许多教育者同行，甚至医疗人员等的看法："规划是一个不断扩大的层级机制，对我几乎没有帮助，但能够创造几个没用的结构。"

之所以会出现这些问题，原因不难理解，毕竟存在非机械型组织。大学、医疗机构、工程公司等更像是专业型组织，经营活动高度复杂但执行情况相对稳定。由于这一重大差异，所以机械型组织和左手型规划的前提条件丧失了，尤其是自上而下的控制和集权式战略制定方式不再适用。此外，专业型组织的作业核心极为松散，如教授们的课程和课题研究几乎完全相互独立，涉及不同的专业部门时尤其如此，许多医疗实践也是如此。

因此，相比于机械型组织和传统模式，非机械型组织的战略制定过程几乎截然不同。我们在早先一篇关于"大学环境中的战略形成"的文章中，总结性地将各种模型分为了不同的类别。许多人都参与了这个过程，包括运营专家，他们通过满足客户需求制定了许多关键产品－市场战略。管理者的直接影响往往局限于对战略的支持上；而且他们与专业经营人员一起倾向于进入复杂的、互动的集体决策过程，这种过程带有集体和政治色彩。这导致战略形成过程缺乏完整性，组织的战略通常是各种个人和集体战略的集合。马奇和他的同事倾向于将这些过程视为"有组织、无秩序"的混乱的"垃圾桶"，但我们相信它们可以变得有秩序。具有讽刺意味的是，专业型组织的总体战略方向似乎相当稳定，而一些特定战略不停变化。

总体战略的稳定性可能意味着行动规划的作用，但专业工作的复杂性及专业运营员工的分散性在很大程度上妨碍了它的作用，至少将它限制在了支持性员工的非专业工作或非常模糊的组织活动边缘上（如建造新设施或场所使用排期）。

兰利在自己的研究以及她与哈迪等人的论文中都指出，战略分析在专业型组织中起着主要作用，而不是一般作用。因为大部分分析工作是由专家自己主导实施的，而不是由普通规划人员实施的，而且这些分析工作的主要作用是支持对集体决策过程的辩论并与后者相互影响，而不是集权控制和协调。换句话说，"分析人员"既是左手型规划人员，也是右手型规划人员。

> 由规划小组构建并向中央管理层提报的（大学）任期规划模型，引起了受到威胁的教职员工的大力"反分析"……然后又引起了规划人员的反－反分析。在系主任理事会和高管层的充分考虑和反复讨论下，最终达成了妥协的结果，这在很大程度上有利于规划人员，但也对一些教职员工有利。然而，问题的关键是，即使分析是由中央管理层发起的，也经常与决策的互动过程密切地联系在一起。

事实上，这种分析与米特罗夫关于"党派"分析的报告是一致的，报告指出，分析家们各立门派，且各有主张。罗迪内利将这种情况称为"倡导式规划"，它"不会假装客观"，它代表"一种政策立场或特定'公众利益'的看法"。这种分析有助于揭露倾向性和不一致，以及思想"涌现"。因此，哈迪等人得出这样的结论：

> ……分析在集体和政治过程中都有重要地位……由模棱

> 两可的目标和参与者的多样性推动。在模棱两可的情况下，通过分析可以发现更多问题，以及更多的解决方案，将问题有逻辑地结构化。如果参与者具有多样性，他们就会有更多的理由以自己的方式构建问题，以便通过理性分析来指导他人思考……

马奇和西蒙的观点更简明："讨价还价经常被分析框架所掩盖。"

> 总之，大学里的分析往往是一种对互动过程施以影响的手段，而不是解决方案。它也有助于个人或团体之间的互相理解，也有助于交流和集中注意力，并且可以作为一种使决定合理化和建立共识的工具，也许最重要的是作为一种说服工具。由此，分析有助于确保决策的合理性。

兰利在论文中详细阐述了规划和分析在三类组织中的角色，包括一个专业型组织（医院）、一个机械型组织和一个灵活型组织。在专业型组织中，规划是一种具有高度参与性的活动，在很大程度上由专业人员负责开展。这种规划有三个目的：①建立"公共关系"（与机械型组织形成鲜明对比，机械型组织对规划高度保密）；②获得信息，即"自我认识和完成战略愿景输入信息"，这也是战略分析的一种形式；③"团体治疗，即建立共识、促进沟通和使战略愿景合理化"，显然这需要规划人员的催化剂作用和规划的沟通作用。

兰利根据自己的经验指出，医院里的战略规划相当于"各个医疗部门的购物清单，没有消除任何可能性，没有不同的选择，也没有任何一致的模式"。也就是说，这种规划"没有为未来的行动提供非常明确的指导"。对医院的规划进行深入研究后，她观察到，高管的说服和谈判工作使规划变得更加合理。该规划确实"提出了一些重点问题"，特别是在哪些方面应该有更多投入（此时的它是一种绩效控制方式）。"新的方案仍然必须来自专家们，但规划充当了一种过滤器，以确定哪些方案应该受到支持，哪些应该得到反对。”尽管取得了有限的成就，但规划仍被证明是‘比机械的科层制更难用的控制工具’。”

灵活型组织中的规划与分析

灵活型组织拥有项目制结构，可以汇集不同专家的复杂技能来应对不同的环境，包括复杂和动态的环境。因此，规划似乎在所有方面都失去意义了。然而，有些灵活型组织确实需要对大量的复杂任务进行整合，比如1970年以前NASA的人类登月尝试。NASA采用了松散的战略规划形式，概述了主要目标和一系列里程碑，同时保留相当强的灵活性，以应对潜在的死角和创造性发现，以及规划未涵盖的路线。从某种意义上说，这些规划看起来更像是一般的行为控制，而不像是特定的行动规划，或者更像是介于两者之间。引用钱德勒和西尔斯的话，NASA的“阿波罗计划”是：

> 大型发展系统中一个相当特别的部分，其中包含大量不确定性因素。传统上，管理者们被教导要确定最终成果和目的，设定有助于实现这些成果的目标，然后制定行动规划。不幸的是，在大型系统中，这些便捷的、合乎逻辑的步骤被打乱了。明确的目标往往掩盖了相互冲突的目的，这反映了临时结盟的团体之间存在分歧。……规划成为一个动态的、反复的过程。这不可避免地削弱了规划的可靠性，因为一小群专家、高水平的“规划人员”不足以确定战略。

因此，当劳斯比写道，为了保持灵活性，“也许最好的做法是尽量避免做正式的长期规划”，他首先谈论的就是灵活性问题。“这并不意味着公司应该回避什么，而是意味着尽可能不要预先决定未来的行事方式。”

另外，左手型规划人员在这里可能起着协调一致的作用。战略形成过程非常复杂和脱离传统，尤其具有前面讨论过的草根模型（学习学派提到）的影子。因此，参与者必须理解它，这突出了催化剂角色的重要性。而且，由于具有灵活性的战略是自发形成的，所以战略发现者的角色同样至关重要，这再次为左手型规划人员提供了机会。此外，根据兰利的说法，灵活型组织的环境如此复杂，变化非常迅速，以至于人们往往认为战略分析是不够可靠的。兰利将自己对三类组织的研究发现总结如下。

> 这项研究似乎表明，不同类型的组织可能会采用不同的正式分析方法，但分析方法都以结构为基础。机械型组织采用自上而下的决策方式，分析旨在获取信息、指导和控制，以促进决策，并确保高层做出的决策得到细化和执行。在专业型组织中，战略倡议通常是自下而上的，涉及一个从提议到审批的过程。分析旨在促进这个过程所需的沟通（直接说服）和信息（反应性验证）。最后，在灵活型组织中，决策参与者很多，且决策权不正式，不明朗，因此正式分析往往是为了促进沟通（特别是为了定位和直接说服）。

创造性的规划人员会发现他们适合在灵活型组织中工作。事实上，我们也认为真正有创造力的左手型规划人员，在灵活型组织中更有可能受到欢迎。

创业型组织中不受重视的角色

在创业型组织中，规划、规划人员和规划制定过程可能会遇到相当大的阻力，这种组织依赖与其他组织不同的协调和控制手段。在创业型组织中，至少是在理想情形下，一切都围绕着首席执行官运转，他直接监管和控制经营活动。正如我们在斯坦因伯格连锁超市研究中所讨论的那样，重要的规划要按照领导者的想法制定，不会自由发展，这同样是计划学派对管理直觉的看法。对战略分析而非正式规划更感兴趣的规划人员，如果能引起首席执行官的注意，或许就能为自己谋得一席之地。事实上，右手型规划人员可能在这方面有优势，因为领导者通常需要通过系统思考来调和直觉。但是，进行战略分析可能并不容易，因为领导者头脑中输入了如此多的关键信息，但他们却有机会主义倾向。

至于规划人员的其他角色，大多数创业型组织的领导者不喜欢在别人的指导下制定战略；在任何情况下，制定战略的过程都应该只存在于他们自己的（潜意识）头脑中。他们不需要任何人帮助他们寻找或发现战略，因为他们不允许任何战略出现在自己的控制之外。在任何组织中，尤其是在典型的小型、简单和灵活的组织中，具有良好直觉的领导者在战略制定方面通常比下属员工做得更好。当然，随着组织的成长、稳定，它就会开始呈现机械型组织结构，领导者的远见战略可能会通过战略规划来确定，因此规划人员的影响力也会相应提高。

事业部型组织中的绩效控制

事业部型组织往往是精细化的机械型组织。机械型组织的规模扩大到一定程度，传统市场逐渐饱和，便会在其他地方寻求扩张，它通常会采用多元化产品－市场战略，并将组织结构转变为事业部形式，每个事业部都致力于某一个战略。因此，每个事业部内部的关系都很紧密（就像机器一样），但部门之间的关系往往是松散的。

事业部型组织的核心是总部与各事业部之间的关系。总部必须对某些方面进行控制，通常是融资和业绩方面，但也要提供足够宽松的环境，允许各事业部自主管理业务。最简单的办法是设定总体目标和预算，也就是使用绩效控制系统。因此，总部不得不依靠战略规划，尽管也可以采用波士顿矩阵和资本预算等技术，但是主要依赖规划实现财务控制。这种外部控制可以鼓励各事业部在内部进行战略规划。因此，“战略规划”在美国事业部型公司中发展起来并非巧合。

但正如谚语所说，浅学误人。对专业业务缺乏了解的总部越是试图规划下属部门的战略，或出于错误的原因让部门重复做某些事，甚至试图让规划人员担任其他角色（尤其是战略分析人员），就越可能削弱下属部门的有效性（以前常用的工具——波士顿矩阵，就是一个教训）。总部的规划人员可以扮演催化剂角色，传授战略规划知识，但除此之外的角色，应该留给各事业部内部的规划人员承担。

政治与文化背景下的规划

继一本关于结构类型的拙作之后，我们在另一本关于权力的拙作中，将最初的 5 种结构类型扩展为 7 种，新增的 2 种是政治型组织和意识形态型组织。前者中政治占主导地位，后者中则由一种强大的文化支配，我们更愿意称这种文化为意识形态。下面我们将对规划和规划人员的倾向性展开介绍。

在有着强烈政治色彩的组织中，正式的规划似乎在逻辑上会减少。在这里，传统规划的假设——如目标可以达成一致的、战略必须由权力最高的高管层制定、行动有序地层层向下得到执行，一旦失败，就必须找到其他方法来做出决定并采取行动。在范甘斯特纳所谓的传统规划模式下，“执行层面没有政治！规划的执行应该是中立的、非政治的、服从的”。否则就无法执行。因此，关于公共政策制定的重要文献将其描述为高度分散和政治化的，这个文献并非一直批判规划，而是提倡基于各种独立行为者之间非正式的相互调整来推动制定政策的模式。

当然，规划人员也可能存在于政治型组织中。毕竟，他们在整个政府机构中随处可见。在商业领域，资深规划人员并不会因为政治内斗占据上风而完全消失。一些规划人员只是加入斗争，使用战略分析来保护和提升他们自己的利益（正如本书第 4 章所述）。那些试图保持中立的人可能会被一方（或所有方）吞并，否则可能会被踢出局：在激烈的政治斗争中，保持中立是很难的（在我们看来，规划人员可以脱离政治斗争，进行某种客观的“利益相关者分析”)。但公开的党派分析很难被视为规划人员的常规工作(除非他们正式代表某一派)。正如我们在第 4 章中总结的那样，在某些时候，尤其是在剧烈变革期间，破坏性的政治因素对组织来说可能比有序的规划影响更大。

具有强烈文化氛围的组织，拥有根深蒂固的、独特的历史背景，倾向于从员工那里获得承诺，因此降低了规划的倾向(这印证了第 4 章中与计算和投入有关的观点)。在意识形态型组织中，正式的规划似乎过于客观和依赖技术，它们更喜欢通过社会化和教条对理念进行标准化来进行协调。即使是左手型规划人员在这里也会遇到困难，因为这类组织不喜欢分工，不会划分什么规划人员和一线工作人员(更不用说经理了)。对于那些得出的结论与公认的意识形态规范相背离的规划人员来说，尤其如此!

对许多人来说，日本企业是意识形态型组织的缩影，至少在商业领域是如此。那么，请想一想它们的规划。林发现在自己的研究中，大多数日本企业“只有战略目标，没有明确的行动纲领”，“缺乏规划和预测技术”，“普遍不信任企业规划”。“一位规划负责人说，他的企业规划包括确定主要问题和创建有利于在公司内部发展创造性想法和努力工作的氛围”。

大前研一总结说，“大多数美国大型公司……”，强调中央规划，会给管理者们制定详细的行动规划。在他看来，这是“对组织创造力和企业家精神的极度扼杀”。相比之下，他将日本公司描述为“比西方组织缺乏规划，僵化程度较低，更有远见，由使命驱动”，所有这些都表明了意识形态取向。

不同文化背景下的规划

最后，让我们考虑一下民族文化对规划的影响。有证据表明，有些国家更倾向于采用某种规划，这也许是因为它们具有某种组织特征。

依然以日本企业为例，它们偏爱强大的内部文化，似乎在某种程度上不喜欢制定行动规划。有趣的是，大前研一将日本企业与行动规划联系在一起，而我们可以预料到日本的政治体系就是建立在这种规划之上的。我们甚至可以预料到法国也是同样情况，法国人长期以来一直喜欢笛卡儿式的思想形式。德国和瑞士估计也是如此情况，因为它们喜欢有序的结构。但为什么实用主义的美国人也如此喜欢集中规划呢?

我们的讨论已经非常清楚地表明了一种微妙的关系。美国是计划学派的发源地，通用电气和德州仪器公司在行动规划方面处于领先地位，ITT 在性能控制方面处于领先地位，美国联邦政府在 PPBS 方面处于领先地位。正是美国产出了浩瀚的规划文献，也正是美国创立了庞大的规划学会，而大多数战略咨询机构也是在美国诞生的。

在一项国际研究中，斯坦纳和汉默发现，规划在美国十分普遍且非常正式，英国、加拿大和澳大利亚紧随其后，最后是日本和意大利（意大利可能因其盛行的政治因素和大规模创业行为，导致规划发展相对迟缓）。因此，美国人在规划方面起到了领军作用，而规划的发展趋势在整个盎格鲁－撒克逊体系中都流行起来。①

这种现象如何解释？也许这反映了美国人（以及普通的盎格鲁－撒克逊人）对“专业管理”的热爱，以及对控制的痴迷——作为人，首先是物质，其次是社会，最后是人际交往。或者，对规划的关注仅仅反映了对美国通过其他方式（即创业倡议）催生大型组织的探索。换句话说，规划可能代表着通过系统的战略规划来促进规模增长的努力［这一结论与钱德勒（1962 年和 1977 年）对美国大企业演变的分析相一致］。如果是这样，那么我们相信，这是一项失败的努力，而且代价高昂（在我们看来，其全部效果尚未显现）。

---

① 巴扎兹和格林尔也发现，瑞士和美国同步发展，领先于英国。列赫尔（1986）还指出，“宿命论”在一些文化中是阻碍规划的一个因素。

结论

本书的结论是，“战略规划”不起作用，是因为其形式（规划的“合理性”）与功能（战略制定的需要）不一致。规划从来都不是“最佳方法”，但将其重新塑造为战略程序，有时可能会是一个好办法。在恰当的环境中，战略程序能够在组织中发挥重要作用，规划和规划人员也是如此。太多或者太少的规划都可能会导致混乱。

在广泛的讨论中，我们了解到很多东西。几十年的战略规划经验告诉我们，需要放慢战略决策的发展过程，不要试图通过正式化武断地封闭它。通过描述大量的谬误以及反复讨论，我们一定了解了规划不是什么、规划不能做什么；也了解到规划是什么、可以做什么，以及规划人员在规划之外可以做什么；还了解到，在开出处方之前，需要加强对复杂现象的理解，并正视自己在这些方面的无知。只有认识到自己的错觉，我们才能开始欣赏现实的奇妙。在战略规划方面的经验让我们产生了这种理解。最后可以得出的结论是，无论有没有正确的规划，规划的长期实践都会有所收益。

未来，属于终身学习者

我们正在亲历前所未有的变革——互联网改变了信息传递的方式，指数级技术快速发展并颠覆商业世界，人工智能正在侵占越来越多的人类领地。

面对这些变化，我们需要问自己：未来需要什么样的人才？

答案是，成为终身学习者。终身学习意味着具备全面的知识结构、强大的逻辑思考能力和敏锐的感知力。这是一套能够在不断变化中随时重建、更新认知体系的能力。阅读，无疑是帮助我们整合这些能力的最佳途径。

在充满不确定性的时代，答案并不总是简单地出现在书本之中。“读万卷书”不仅要亲自阅读、广泛阅读，也需要我们深入探索好书的内部世界，让知识不再局限于书本之中。

湛庐阅读 App：与最聪明的人共同进化

我们现在推出全新的湛庐阅读 App，它将成为您在书本之外，践行终身学习的场所。

- 不用考虑“读什么”。这里汇集了湛庐所有纸质书、电子书、有声书和各种阅读服务。
- 可以学习“怎么读”。我们提供包括课程、精读班和讲书在内的全方位阅读解决方案。
- 谁来领读？您能最先了解到作者、译者、专家等大咖的前沿洞见，他们是高质量思想的源泉。
- 与谁共读？您将加入优秀的读者和终身学习者的行列，他们对阅读和学习具有持久的热情和源源不断的动力。

在湛庐阅读 App 首页，编辑为您精选了经典书目和优质音视频内容，每天早、中、晚更新，满足您不间断的阅读需求。

【特别专题】【主题书单】【人物特写】等原创专栏，提供专业、深度的解读和选书参考，回应社会议题，是您了解湛庐近千位重要作者思想的独家渠道。

在每本图书的详情页，您将通过深度导读栏目【专家视点】【深度访谈】和【书评】读懂、读透一本好书。

通过这个不设限的学习平台，您在任何时间、任何地点都能获得有价值的思想，并通过阅读实现终身学习。我们邀您共建一个与最聪明的人共同进化的社区，使其成为先进思想交汇的聚集地，这正是我们的使命和价值所在。

北京市版权局著作权合同登记号　图字：01-2023-1730

图书在版编目（CIP）数据

战略规划的兴衰 /（加）亨利·明茨伯格著；赵剑波，王亮译. -- 北京：中国财政经济出版社，2023.4
书名原文：The Rise and Fall of Strategic Planning
ISBN　978-7-5223-2130-1

Ⅰ.①战…　Ⅱ.①亨…　②赵…　③王…　Ⅲ.①企业战略－战略管理　Ⅳ.①F272.1

中国国家版本馆 CIP 数据核字（2023）第 056134 号

责任编辑：王　飏　　　　责任校对：胡永立
封面设计：ablackcover.com　　　　责任印制：张　健

战略规划的兴衰
ZHANLUE GUIHUA DE XINGSHUAI

中国财政经济出版社 出版
URL：http://www.cfeph.cn
E-mail:cfeph@cfemg.cn

社址：北京市海淀区阜成路甲 28 号　　邮政编码：100142
营销中心电话：010-88191522
天猫网店：中国财政经济出版社旗舰店
网址：https：//zgczjjcbs.tmall.com
石家庄继文印刷有限公司印装　　各地新华书店经销
成品尺寸：170mm×230mm　　16 开　　26 印张　　398 000 字
2023 年 6 月第 1 版　　2023 年 6 月河北第 1 次印刷
定价：149.90 元
ISBN 978-7-5223-2130-1
（图书出现印装问题，本社负责调换，电话：010-88190548）
本社图书质量投诉电话：010-88190744
打击盗版举报热线：010-88191661　　QQ：2242791300